항공운송업무론

Cengage

Theory of Aviation Industry: Aircraft Weight and Balance

Park Se Eun

Cover Image: alvarez / Getty Images

For product information and technology assistance, contact us at **asia.infokorea@cengage.com**

For permission to use material from this text or product, please email to **asia.infokorea@cengage.com**

ISBN: 978-89-6218-536-2

Cengage Learning Korea Ltd.
14F YTN Newsquare 76 Sangamsan-ro
Mapo-gu Seoul 03926 Korea

Cengage is a leading provider of customized learning solutions with employees residing in nearly 40 different countries and sales in more than 125 countries around the world. Find your local representative at: **www.cengage.com**.

To learn more about Cengage Solutions, visit **www.cengageasia.com**.

Printed in Korea
Print Number: 01 Print Year: 2022

Theory of Aviation Industry

Aircraft Weight and Balance

항공운송업무론

박세은 지음

Cengage

Australia • Brazil • Canada • Mexico • Singapore • United Kingdom • United States

저자 박세은

항공대학교 MBA 항공전문가
항공대학교 항공경영학 석사
前) 광주여자대학교 항공서비스학과 겸임교수
前) 초당대학교 항공서비스학과 외래강사
前) 배재대학교 항공서비스학과 외래강사
前) 한성항공 객실사무장
前)Business Air Groundstaff Manager
前) 에어코리아 인천공항 외국항공사사업부
Hawaiian Airlines weight and balance team teacher
Business Air weight and balance team
Philippine Air check-in counter team

연구논문「항공기 weight and balance가 경제운항에 미치는 영향에 관한 연구」

항공운송업무론

초판 1쇄 인쇄 | 2022년 4월 7일
초판 1쇄 발행 | 2022년 4월 15일
지은이 | 박세은
편집 | 김민정
발행인 | 송성헌
발행처 | 센게이지러닝코리아㈜
등록번호 | 제313-2007-000074호(2007.3.19.)
주　소 | 서울시 마포구 상암산로 76 YTN 뉴스퀘어 14층
전　화 | 02) 330-7000
이메일 | asia.infokorea@cengage.com
홈페이지 | www.cengage.co.kr

ISBN-13: 978-89-6218-536-2

정가 33,000원

항공업계에서 일하기를 꿈꾸는 학생들이 사회에 발을 내딛기 전에, 항공운송업을 전반적으로 훑어보고 그 업무를 가늠할 수 있는 책을 집필하고 싶었다. 그래서 기본적으로는 항공운송산업의 이론적인 내용을 설명하고, 더불어 공항에서 실질적으로 수행되고 있는 지상직 업무의 상세한 내용을 다루어 이론적 지식과 실무적 지식을 겸비할 수 있게 하였다. 또한 세계 항공업의 최근 현황을 짚어 보고 혁신적인 최신의 항공기를 소개하면서 항공운송산업에 대한 여러 유관기관의 전망도 수록하였다.

사회 경험이 미숙하거나 관련 지식이 불충분한 학생이더라도 공항에서 일을 하면 어떻게 업무를 진행하게 될지 생생하게 떠올리며 상상해 볼 수 있도록, 최대한 현장에서 사용하는 용어들과 진행 순서를 따라 현장감 있게 내용을 구성하였다. 특히 공항 실무를 바탕으로 항공운송업의 광범한 내용을 파트별로 분류하여 정리하고, 해외 자료와 국내 자료를 조사하여 최신의 기록으로 갱신하였다.

교재의 구성을 살펴보면, 1부 '세계 항공산업의 이해'에는 세계 항공산업에 대한 전반의 이해를 돕고자 항공운송산업의 분류와 특징, 국제공항 및 항공동맹체, 국제업무기구에 대해 개괄하였다. 2부 '항공기 안전관리 및 지상직 업무의 이해'에서는 지상직 업무의 기본 지식으로 항공기의 비행원리 및 운항절차, 시점별 지상직 업무 진행과정, 항공기 비정상 상황과 안전관리, 항공안전등급, 공항 현장 실무에 필요한 기본 운송 용어를 자세하게 다루었다.

3부 '수하물 및 탑재관리의 이해'에는 항공기 안전운항과 직결되는 수하물과 항공화물 운송, ULD 컨테이너, 항공기 탑재관리(Weight and Balance) 용어와 업무절차 내용을 담았다. 그리고 마지막 4부 '항공기 탑승수속 및 발권'에서는 해외비자, 항공여행 정보시스템, 항공운임, 예약 시스템, 포네틱 알파벳을 설명하여 실제 공항에서 업무를 수행할 때 유용한 정보로 활용할 수 있도록 하였다.

이 책이 훗날 공항에서 일하게 될 예비 항공인들과 취업 준비생들에게 항공운송업을 경험해 볼 수 있는 안내서가 되었으면 한다. 코로나19 사태의 종식으로 학생들과 눈을 맞추고 수업할 날이 속히 오기를 기대하며, 이 책을 교재로 사용하실 교수님들께도 늘 행운이 있기를 바란다. 지금의 나를 있게 해 주신 수많은 스승님들과 선배님, 후배님, 동료들, 가족에게 감사를 전하며 어려운 시기에 출판 기회를 주시고 기꺼이 도와주신 센게이지러닝코리아 관계자분들께도 감사드린다.

차례

Part 1 | 세계 항공산업의 이해

Part 2 | 항공기 안전관리 및 지상직 업무의 이해

Part 3 | 수하물 및 탑재관리의 이해

Part 4 | 항공기 탑승수속 및 발권

Part

1

세계 항공산업의 이해

항공산업의 정의 및 구성요소 | 항공운송사업 | 항공기 제작 및 공급 사업 | 항공우주산업

항공산업 역사 및 특성 | 세계 항공산업의 변천 | 우리나라 항공산업의 변천 | 항공산업의 특성

우리나라 항공산업 현황 | 전 세계 항공산업 일자리 및 GDP 현황 | 우리나라 항공산업 부문별 현황 | 항공협정에 따른 노선 확대 | 신규 사업자 진입 및 경쟁 심화 전망 | 항공기 제작산업 | 항공기 사용산업

국제항공 운송 협정 | 국제항공 체계의 확립 | 국제항공 협정방식 | 시카고 협약

세계 항공운송산업 현황 및 전망 | 항공운송산업의 양적 성장 | 비즈니스 모델의 다양화 | 저비용 항공사의 장거리 노선 확장 | 항공운송산업의 기술혁신

Chapter 1

항공운송사업

1. 항공산업의 정의 및 구성요소

'항공산업'은 통상적으로 항공기가 제작되어 유통되고 활용되며 유지, 보수되는 모든 과정에 따른 산업활동을 포괄하는 개념으로, 주로 민간 항공산업을 말한다. 항공산업 전반의 구성요소 구분과 정의는 목적에 따라 국가나 기관마다 다소 상이하나 유사성을 띤다. ICAO(국제민간항공기구)에서는 통계를 구축하고 데이터를 활용하기 위해 민간 항공산업 활동을 분류하여 상업용 항공운송산업, 공항서비스, 항행서비스, 상업용 항공기 제작산업, 항공훈련, 정비서비스 등으로 구분하였다(ICAO2013, Reference Manual on the ICO statistics programme).

■ **우리나라 항공사업법의 분류법**

항공산업에 속하는 사업과 해당 사업자를 항공기 사용사업, 항공기정비업, 항공기취급업, 항공기대여업, 초경량 비행장치 사용사업, 항공레저 스포츠사업, 상업서류송달업, 항공운송 총대리점업, 도심공항 터미널업 및 공항운영자로 분류하고 있다(항공사업법 제2조).

그중 항공사를 중심으로 하는 세 가지 항공산업, 즉 항공운송사업(Air Transport Industry), 항공기를 제작 및 공급하는 사업(Aircraft Industry), 인공위성과 발사체를 개발하는 항공우주산업(Aerospace Industry)의 특징과 업무를 알아본다.

1) 항공운송사업

항공운송업(Air Transport Industry)은 항공법(제2조 31항)에서 타인의 수요에 응하여 항공기를 사용하여 유상(有償)으로 여객 또는 화물을 운송하는 사업으로 정의된다. 일반적으로는 일정한 요건을 갖춘 항공사에 의해 수행되는 상업활동으로 구성되는 산업이며, 민간부문의 시장수요에 따라 이루어지는 운송활동을 의미한다. 단, 국방을 목적으로 정부가 수행하는 운송활동은 제외된다.

항공운송사업은 항공운송의 유형에 따라 분류할 수 있으며, 다시 운송대상, 운영지역 범위, 운항계획 제공 서비스, 항공사업법으로 구분할 수 있다.

(1) 운송대상에 따른 구분

■ 여객수송

승객을 운송하는 행위를 여객수송이라 한다. 항공기의 객실 운영은 기체마다 다르지만 대형 항공사를 기준으로 이코노미(일반석)/비즈니스(이등석)/퍼스트 클래스(일등석)라는 기본적인 세 등급으로 운영되며, 항공기의 크기, 취항노선의 거리와 특성 등에 따라 다르게 편성된다.

■ 화물수송

운송의 대상이 승객이 아니라 화물이 될 때 화물수송으로 분류되며, 대부분의 항공사는 여객수송과 화물수송을 겸하고 있다. 반면에 DHL, FedEx Express, UPS 등의 물류회사는 화물영업만을 전문으로 하며, 여객항공사만큼 많은 항공기를 보유하고 개별적으로 운항하고 있다.

■ 우편수송

20세기 초중반에는 우편수송이 주를 이루다가 20세기 후반과 21세기에는 우편수송이 화물영업에 통합되어 운영되고 있다. 독일의 우정사업 회사인 도이체 포스트(Deutsche Post)가 DHL을 인수하여 자회사화한 후 독일-한국 간 항공 소포는 DHL이 운송하고 있다.

(2) 운영지역 범위에 따른 구분

■ **국내선**

한 국가 내에서는 국적기가 여객수송과 화물수송을 한다. 외국 항공사는 원칙적으로 국내선 영업을 할 수 없으며, 코드쉐어*로만 운영이 가능하다.

■ **국제선**

한 국가와 다른 국가를 오가며 항공기를 이용하여 여객 및 화물을 수송하는 항로를 의미한다. 20세기 초반까지도 국제 대륙 간 교통을 독점하던 여객선 회사의 역할과 지위를 항공사들이 그대로 이어받았다. 그러나 현대에는 외국 공항에 착륙하더라도 해당 국가의 국내선 영업이나 해당 국가에서 외국으로 출항하는 노선의 영업은 원칙적으로 금지되었다. 1978년 항공운송 자유화*로 인해 항공기 이착륙의 자유가 생기면서 국제선 운영이 더욱더 활발해졌다.

(3) 운항계획에 따른 구분

■ **정기편**

항공사가 사전에 공시한 운항계획에 따라 운영되는 노선을 의미한다. 정기편은 항공사들이 계획을 세워 사전에 국토교통부의 인허가를 받고 타임테이블을 정하여 정해진 시간에 운행해야 한다. 정기편 계획은 분기별로 세워 승객이 필요한 시간에 예약할 수 있도록 미리 공시한다.

■ **부정기편**

부정기편(Charter Flight)이란 정기편을 제외하고 부정기로 운영되는 항공편을 의미한다. 여행사에서 전세기를 계약하여 정기편 외에 추가로 항공기를 운행하

*** 코드쉐어**
항공동맹체의 항공편 공동운항을 코드쉐어라고 한다.

*** 항공운송 자유화**
미국 내 시장에서 먼저 시작된 항공 자유화는 1978년 카터 행정부가 항공규제완화법을 제정, 발표함으로써 그동안 있었던 많은 제약들이 없어지고 항공운송시장의 자유화를 여는 큰 시발점이 되었다. 이후 1995년 세계무역기구(WTO)가 출범하면서 시장 자유화가 가속화되어 오늘날에 이르고 있다.

는 경우가 많은데, 주로 성수기에 부정기편을 많이 운영하며 이외에 폭발적으로 승객의 수요가 증가할 때 부정기편으로 항공편을 늘려 운행하기도 한다.

(4) 제공 서비스에 따른 구분

■ 대형 항공사

좌석의 차등 서비스, 위탁 수하물 서비스, 기내식 서비스, 휠체어 서비스, 한가족 서비스, 기타 기내 서비스 등이 모두 포함되어 제공되는 항공사를 대형 항공사(FSC; Full Service Carrier)라고 한다.

■ 저가 항공사

단일 기종의 이코노미 클래스 좌석 서비스만을 제공하며 서비스 포함 내역을 줄이고 기본적인 운송 서비스를 제공하여 저렴한 가격에 항공권을 판매하는 항공사를 저가 또는 저비용 항공사(LCC; Low Cost Carrirer)라고 한다. 위탁 수하물 서비스, 기내식 서비스, 음료 서비스, 담요 서비스 등 기내에서 필요한 여러 서비스를 이용할 때 추가 금액을 지불해야 한다.

(5) 항공사업법에 따른 구분

항공운송사업(항공사업법 제2조 8항)에 따르면 항공운송사업자는 국내항공 운송사업자, 국제항공 운송사업자, 소형항공 운송사업자로 구분된다. 국토교통부의 요구조건을 갖춘 운송사업자가 국토교통부장관의 면허를 취득해야만 항공기 운항을 할 수 있다.

■ 국내항공 운송사업자

국내선을 운행하는 회사로 항공기 보유대수가 1대 이상이어야 하며 법인을 기준으로 자본금 50억 원 이상을 갖춰야 한다. 면허발급 조건이 국제항공 운송사업자에 비해 낮으며, 보통 저비용 항공사들이 국내항공 운송사업으로 시작하고 차후에 국제항공 운송사업으로 변경하여 면허를 받는다.

■ **국제항공 운송사업자**

국제선을 운행하는 회사로 항공기 보유대수가 3대 이상이어야 하며 법인을 기준으로 자본금 150억 원 이상의 조건을 갖춰야 한다.

■ **소형항공 운송사업자**

국내/국제항공 운송사업자와 달리 등록 요건만 갖추면 항공운송이 가능하며 '소형'항공 운송사업자인 만큼 항공기 좌석 수의 제한이 있다. 9석 이하 항공기를 운행하는 회사는 법인을 기준으로 자본금 7.5억 원 이상, 항공기 1대 이상을 갖추고, 50석 이하 항공기를 운행하는 회사는 법인을 기준으로 자본금 15억 원 이상, 항공기 1대 이상을 갖춰야 한다.

■ **항공기 사용사업**

항공기를 이용하여 사진 촬영, 농약 살포, 건설자재 운반 및 조종사 양성을 위해 비행 훈련을 하는 행위를 항공기 사용사업으로 구분한다(항공사업법 제2조 15항).

■ **초경량 비행장치 사용사업**

초경량 비행장치를 이용하여 농약 살포와 사진 촬영을 하는 경우에는 초경량 비행장치 사용사업자로 분류된다.

■ **항공레저 스포츠사업**

소형 항공기를 이용하여 비행 체험 및 관광비행업을 하는 경우 항공레저 스포츠사업자로 분류된다. 비행선과 활공기를 활용한 조종교육도 포함되며 세스나 항공기*를 사용하는 사업이 많다.

*** 세스나 항공기(Cesna Airplain)**

1946년에 미국 세스나에서 개발되어 현재 미국 텍스트론(Textron) 산하 항공기 제작사에서 생산되고 있는 자가용 비행기로, 경비행기의 대명사로 불릴 만큼 잘 알려져 있다.

2) 항공기 제작 및 공급 사업

민간항공기, 군용항공기, 인공위성, 방위산업 및 우주항공과 관련된 시스템을 설계하고 서비스를 제공하는 사업을 의미한다. 항공기 제작 및 공급 사업(Aircraft Industry)에 두각을 드러내고 있는 기업으로는 미국의 보잉과 유럽연합의 에어버스가 있으며, 그중 더 보잉 컴퍼니(The Boeing Company)는 세계 최대 항공기 제작회사이자 방위산업체이다. 미국 일리노이주 시카고에 본사가 있으며, 워싱턴주 시애틀 근처의 도시 에버릿(Everett)에 대규모 공장이 있다.

보잉은 크게 두 개의 회사로 나눌 수 있는데, 보잉 종합방위시스템(Boeing IDS; Boeing Integrated Defense Systems)은 군사 및 우주 부문의 사업을 하고, 보잉 상업항공(BCA; Boeing Commercial Airplanes)은 민간항공기를 제작하고 있다.

3) 항공우주산업

항공우주산업(Aerospace Industry)은 항공기, 우주 비행체, 관련 부속 기기류 또는 관련 소재를 제조, 가공, 조립, 재생, 개조하거나 수리하는 사업과 항공기 및 우주 비행체를 활용하는 사업 일체를 뜻한다(항공우주산업개발촉진법 제2조 1항). 항공우주산업은 생산, 판매되는 제품에 따라 항공기산업과 우주산업으로 구분되며, 시장의 수요자에 따라서는 민수산업과 방위산업으로 나누어진다. 세부적으로는 무인 항공기, 미사일 및 우주선, 인공위성, 항법 장비 통제시스템 정비유지, 시험평가 장비를 활용하는 분야들이 모두 항공우주산업의 범주에 속한다.

산업통상자원부(2018)에 따르면 우리나라 항공우주산업 업체는 대기업 3개사, 중소·중견기업은 96개사로 총 99개사이다. 그중 기체구조, 엔진, 항공전자, 보조기기류, 위성체 제작 등 항공우주 분야의 주요 업체는 약 38개사이다.

IBK 경제연구소는 KAI(주)를 포함하여 아스트(주), 하이즈항공(주), (주)샘코 등이 글로벌 시장에서 경쟁력이 있다고 보고 있다. 그러나 국제부품 수주 경쟁이 갈수록 치열해지고 있어 정부에서는 항공 부품산업 공정기술 개발 지원, 중소업체의 설계, 제작 등 역량 확충을 위한 전문인력 양성, 중소기업의 설비투자 촉진을 위한 보증 지원을 추진하고 있다.

2. 항공산업 역사 및 특성

이 절에서는 먼저 세계의 항공산업 역사를 간략하게 살펴본다. 1900년대 초 라이트 형제의 최초 동력비행 성공을 기점으로 발전해 온 항공산업, 1970년대 후반부터 1990년대 중반까지 항공운송 자유화와 시장개방으로 인한 변화, 2020년대 초반의 COVID-19에 따른 세계경기 침체와 항공운항 수요 급감 현황을 파악하고 향후 항공산업의 성장 회복을 전망해 본다. 그다음 1948년 대한국민항공사(KNA) 설립부터 2021년 대한항공의 아시아나항공 인수합병에 이르는 우리나라 항공산업의 시기별 특징을 짚어 본다.

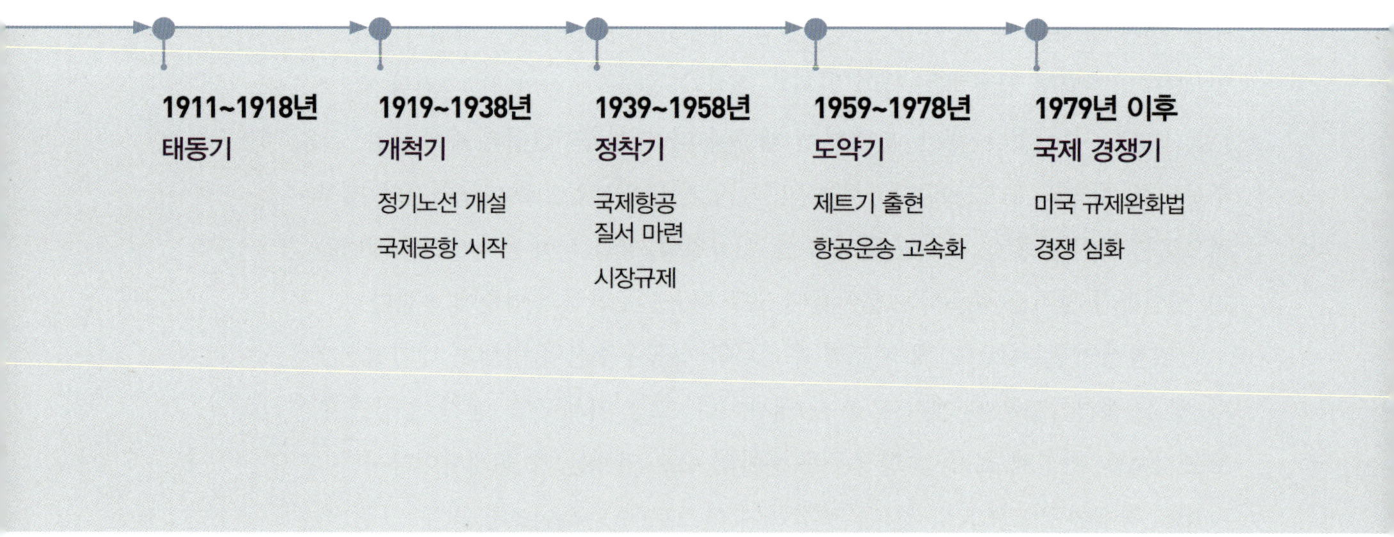

그림 1.1 세계 항공산업의 변천사

1) 세계 항공산업의 변천

(1) 1900년대 초중반의 항공산업

항공산업은 1903년에 라이트 형제가 인류 최초의 동력비행에 성공한 후, 항공기술의 발달과 시장수요의 지속적인 증가에 힘입어 1910년대에 미국에서 우편물과 화물의 항공기 운송이 가능해지면서 그 효용성을 인정받기 시작하였다. 1920년대부터는 오늘날의 정기 항공사들이 연이어 등장하였으며 미국의 항공산업을 중심으로 민간항공이 발달하면서 글로벌 시장경제에 중요한 산업으로 자리매김하게 되었다.

(2) 1978~1995년 항공운송 자유화와 시장개방

미국 내 시장에서 먼저 시작된 항공 자유화는 1978년 카터 행정부가 항공규제완화법을 제정, 발표함으로써 항공운송시장에도 본격화되었다. 운임 자유화와 함께 진입장벽을 제거하고 노선 개설 및 운항을 완전히 자유화하였으며 시장에

1990년대 초기
수요 감소기

- 세계경제 침체
- 1991년 걸프전쟁
- 국제분쟁에 의한 항공기 테러

1990년대 중기
회복기

- 항공사 경영 합리화 노력
- 세계경기 회복
- 소련, 동구 공산정권 붕괴
- 냉전시대 종식
- WTO 등장
- 국제 시장경제 출현

2001년
새로운 도약

- 미국 뉴욕 항공기 테러
- 항공여행 수요 격감
- 항공보안 대책 마련
- 저비용 항공사 성장에 따른 공급 과잉과 원가 상승으로 인한 구조적 불황 타개

2007~2013년
국제 경쟁 심화

- 대형항공사 인수합병
- 메가캐리어 등장
- AF/KLM*, DL/NW*, UA/CO*, AA/US* 합병

2020년
뉴노멀 시대 도래

- COVID-19 팬데믹
- 항공업계 불황

---

* AF/KLM 에어프랑스와 KLM 네덜란드
* DL/NW 델타항공과 노스웨스트
* UA/CO 유나이티드항공과 콘티넨털항공
* AA/US 아메리칸항공과 유에스에어

서 자유경쟁을 촉진하는 정책을 시행하였다. 1990년대 중반 이후로는 세계경기의 회복과 동시에 각국의 영공통과가 이전보다 활발해지면서 운항시간이 단축되고 항공기술의 발달과 함께 항공기의 안전성과 효율성이 향상되어 항공운송 여건이 크게 개선되었다. 항공 자유화로 인한 항공 네트워크의 확대로 항공사들은 밀도의 경제*를 실현할 수 있는 허브 앤 스포크(Hub & Spoke) 네트워크를 앞다투어 구축하기 시작하였다.

1990년대 중반부터 인터넷이 상용화되면서 인터넷이 비즈니스의 도구로 자리 잡게 되었다. 항공, 관광산업은 타 산업에 비해 일찍 인터넷을 비즈니스의 도구로 도입하여 기업 경영에 활용하였다. 인터넷 사용에 따른 운영비용 절감의 일환으로 미국, 유럽의 항공사들이 여행사들에 지급해 온 판매수수료를 점진적으로 축소하여 현재는 대부분의 국가에서 무수수료 제도를 채택하고 있다.

1990년대 후반부터 등장한 저가 항공사와 기존의 대형 항공사 간의 시장경쟁이 확산되면서 항공사들의 동맹체가 출현하게 되었다. 따라서 21세기 항공운송산업 시장은 e-비즈니스의 확산, 저가 항공사와 대형 항공사 간의 시장경쟁, 항공사 동맹체 간의 경쟁 등으로 새로운 항공운송 비즈니스 모델의 개발과 적용이 개별 항공사들의 지속가능성에 영향을 미칠 것으로 예측된다.

(3) 2000년대 항공산업

21세기에 들어 항공산업의 호황이 지속되는 듯했으나 2001년 미국 뉴욕에서 발생한 항공기 테러로 항공여행객이 감소하여 스위스항공과 벨기에의 사베나항공, 뒤이어 호주의 안셋항공사 등이 파산하였고 세계 최대 항공사인 미국의 유나이티드항공과 아메리칸항공 등이 심각한 경영난을 겪었다. 이때부터 항공기 테러에 대한 보안 문제가 국제적으로 널리 부각되고 보안제도가 강화되기 시작하였다. 이후 항공산업의 꾸준한 성장과 함께 호황을 맞이하였는데, 2019

*** 밀도의 경제**
항공사 좌석의 공급은 소비자의 편익과 직결되며 운항노선의 밀도를 촘촘하게 하면 공급자와 수요자가 모두 이득을 본다. 운항빈도와 탑승률을 높이고 연결편을 늘리면 항공사는 편당 고정비를 절감하고 고객은 노선과 스케줄의 선택권이 넓어진다. 글로벌 제휴그룹이 스카이팀, 스타얼라이언스, 원월드로 묶인 것도 자원 공유로 노선의 밀도를 높이고 범위를 넓히기 위해서이다.

년 COVID-19 사태로 인해 기업들은 더 나은 미래를 실현하기 위한 새로운 사고방식을 수용해야 하는 전환점에 서게 되었다. 2019년의 팬데믹은 그동안 기업의 운영방식과 사람들의 생활방식에 대한 오랜 규범을 무너뜨리고 사회 전반에서 급격한 변화를 불러왔다. 항공사 수요가 전년 대비 65.9% 감소하여 2020년 항공사의 경제적 총손실은 1180억 달러에 이른다.

(4) COVID-19 아시아·태평양 전망: 단기적 고통, 장기적 성장 회복

국토교통부(2021)의 보고서에 따르면, 코로나19로 세계경기가 침체하고 항공운항 수요가 급감하여 항공 시장은 일시적으로 축소될 것으로 전망된다. 그러나 장기적으로는 경기가 회복하면서 다시 성장할 것으로 내다보았다. 2020년 세계 항공산업 규모는 2019년에 비해 대략 36%가 감소한 약 4687억 달러에 그쳤으나, 10년 뒤인 2030년경에는 약 9462억 달러로 증가할 것으로 예측하였다(그림 1.2 참조). 그리고 2021년에는 5682억 달러로 약 21%의 성장을 하고, 2022년에는 6473억 달러 수준으로 꾸준히 상승하다가, 2024년경에는 코로나19 이전인 2019년 수준으로 회복할 것으로 예상하였다.

2019년	민항기	군용기	무인기	부품/장비	MRO*	
7324억	3024억	579억	121억	1972억	1628억	
⊖2636억(36%)	⊖1512억	⊖98억	⊕7억	⊖711억	⊖322억	
2020년	민항기	군용기	무인기	부품/장비	MRO	
4687억	1512억	481억	128억	1261억	1306억	
⊕4774억(102%)	⊕2497억	⊕44억	⊕185억	⊕1234억	⊕660억	⊕154억
2030년	민항기	군용기	무인기	부품/장비	MRO	UAM*
9462억	4009억	525억	313억	2495억	1966억	154억

그림 1.2 세계 항공산업시장 전망(단위: 달러)

자료: 국토교통부(2021), 제3차 항공산업발전기본계획

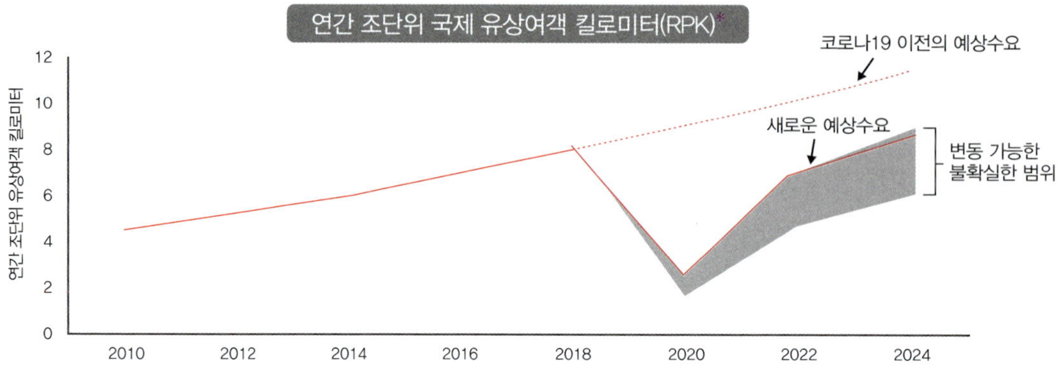

그림 1.3 세계 항공운항 수요 변화

자료: 국제항공운송협회(IATA, 2020), IATA Economics' Chart of the Week

구체적으로 항공여객과 항공화물의 수요를 들여다보자. 방역조치와 경기하락의 영향을 받아 여행객 수요가 감소하면서 2020년 항공운항 수요도 동반 하락하였으나 2~3년 후에는 예년 수준으로 회복할 것으로 전망된다.

국제항공운송협회(IATA)의 발표에 의하면, 전년도에 비해 2020년 전 세계 항공여객 수익은 3710억 달러(약 60.6%) 감소하고 순금융손실은 약 843억 달러에 이른다(Forecast International, 2020). 반면에 항공화물 분야는 항공여객 수요를 대체하면서 매출이 증가세로 전환하였으며 이로써 항공화물 매출은 전년 대비 약 20% 상승하였다(World ACD, 2020). 2019년 말경부터 급감한 항공운송 수요가 2021년부터 회복해 가는 추이를 그림 1.3에 나타내었다.

COVID-19 등 외부 요인으로 수요가 급감하였던 민항기 시장은 회복세를 보이고 있다. 민항기 시장은 2019년 보잉 737 MAX 사태로 인한 단일 통로기 시장 부진, 장거리 운항 수요 감소에 따라 침체되었으나 2021년 하반기부터 점진적으로 회복하고 있는 모습이다. 백신 개발과 접종 개시 등 세계의 보건안전

*** MRO(Maintenance Repair and Operation)**
항공기가 정상적으로 운용되도록 정기적으로 수리 및 정비를 수행한다.

*** UAM(Urban Air Mobility)**
도심항공 모빌리티의 약자로 하늘을 이동통로로 활용하는 미래의 도시 교통체계이다.

*** 유상여객 킬로미터(RPK; Revenue Passenger Kilometer)**
항공회사의 수송량을 나타내는 단위로 유상으로 운송한 여객의 수에 수송한 거리를 곱하여 계산한다.

이 확보되면 글로벌 민간 항공기 시장은 다시 완만한 성장세를 올라탈 것으로 전망된다.

한편 군수산업은 군용기 시장에 차세대 전투기의 개발과 도입이라는 호재 요소가 일부 있으나 중장기적으로는 국방예산 동결로 소폭 성장할 것으로 전망된다. 그중 괄목할 사업은 무인기 시장으로, 2020년 128억 달러에서 2030년 313억 달러로 규모가 급성장할 것으로 기대하고 있다. 향후 무인화 및 비대면 서비스의 증가에 따라 무인기의 활용범위가 지속적으로 확대될 것으로 예상되기 때문이다.

표 1.1 완제기 시장 현황 및 전망

구분		2020(억 달러)	2030(억 달러)	연평균 증가율(%)
민항기	대형 항공기	1213	3487	11.1
	중형 항공기	71	148	7.6
	Business Jet	169	259	4.4
	General Aviation	22	33	4.1
	민수용 헬기	36	82	8.3
	소계	1512	4009	10.2
군용기	군수용 고정익기	358	404	1.2
	군수용 헬기	123	120	−0.2
	소계	481	525	0.9
무인기	민수용 무인기	50	209	15.4
	군수용 무인기	77	104	3.1
	소계	128	313	9.4
	총계	2120	4847	8.6

자료: 국토교통부(2021), 제3차 항공산업발전기본계획

2) 우리나라 항공산업의 변천

우리나라는 1964년 최초의 상업운송이 시작된 이래 50여 년이라는 대한항공의 독과점 시대를 거쳐 아시아나항공이라는 경쟁사가 출현하고 새로운 저가 항공

사들이 설립되면서 시장 환경이 많이 변화되었다. 최근에는 대형 항공사 간의 인수합병이 이루어져 초대형 항공사가 출현하는 한편, 소규모 저비용 항공사들이 다수 설립되어 운영되고 있다. 디지털 기술을 기반으로 한 정보기술의 발전은 공항 운영사업자와 항공사 간 시스템, 업무처리 절차를 대폭 변혁시켰으며, e-ticket의 도입은 항공권 유통경로의 다양화, 항공사와 여행사 대리점 간의 관계 변화에도 큰 영향을 미쳤다.

항공운송산업은 2000년대 이후 미국과 유럽을 중심으로 기존 항공사들의 합병이 꾸준히 이루어지고 있다. 최근 우리나라에서도 자금의 유동성 위기를 겪고 있는 아시아나항공의 매각이 결정되어 대한항공이 인수합병을 추진하고 있다.

표 1.2 우리나라 항공산업의 시기별 변화

변화 내용	시기
대한국민항공사(KNA; Korean National Airlines) 설립	1948년
KNA의 신청에 의해 우리나라와 영국 간 항공협정 체결	1954년
대한항공공사법의 제정에 따라 국영항공사인 대한항공공사 설립	1962년
제트여객기 DC-9 도입 후 본격적인 제트기 시대 개막	1967년
정부가 대한항공공사를 한진상사에 매각함으로써 민영화	1969년
대한항공의 한국-일본 노선과 동남아 노선의 개척, 정비, 확장	1970년대
미주노선 여객운송 시작	1972년
서울-파리 노선의 개설을 계기로 유럽시장 진출 확대	1973년
항공운송 자유화와 시장개방	1978~1995년
제2 민항인 아시아나항공이 등장하면서 복수 민항시대 도래	1980년
인천국제공항 개항	2001년
저가 항공사의 출현(한성항공, 제주항공)	2004~2005년
에어부산, 이스타항공, 진에어, 에어서울의 설립과 운항	2007~2015년
한성항공이 예림당에 인수되어 티웨이항공 설립	2010년
제주특별자치도와 애경그룹의 합작으로 설립된 제주항공의 코스피 상장	2015년
플라이강원, 에어로케이, 에어프레미아의 항공운송사업 면허발급	2019년
경영악화로 아시아나항공 매각, 대한항공과 합병	2021년

> **저가 항공사의 벤치마킹 모델, 사우스웨스트항공(Southwest Airlines)**
>
> 여객운송 기준으로 세계 3위인 미국의 저비용 항공사이다. 허브공항으로 하츠필드 잭슨 애틀랜타 국제공항, 볼티모어 워싱턴 국제공항, 미드웨이 국제공항, 댈러스 러브 필드, 덴버 국제공항, 윌리엄 P. 호비 공항, 매캐런 국제공항, 로스앤젤레스 국제공항, 오클랜드 국제공항, 올랜도 국제공항, 피닉스 스카이 하버 국제공항을 사용하고 있다. 미국의 항공회사가 일제히 적자에 시달리고 있을 때 사우스웨스트 항공만 흑자를 유지하여 전 세계 저가 항공사의 벤치마킹 모델이 되었다. 저가 항공사의 성공적인 비즈니스 모델로서 효율적인 경영 노하우를 갖고 인적자원관리와 외부고객관리에 성공한 기업으로 평가받고 있다.

항공산업은 통상적으로 항공기가 제작되어 유통, 유지, 보수되는 전 과정의 산업활동을 포괄하는 개념으로 그 규모가 커지면서 항공산업의 분류 또한 다양해졌다. 우리나라 항공산업은 항공사업법에 따라 인가받거나 등록된 사업체와 관련 기체를 제작하는 사업체로 구성되는데, 국토교통부(2018)에 따르면 우리나라 전체 항공산업 사업체 수는 약 2800개, 종사자 수는 약 12만 6000명이다.

다양한 항공산업 중 주요 부문은 항공운송산업, 항공기 제작산업, 항공기 사용산업이며, 그중 항공운송산업에서는 조인트벤처, 하이브리드 모델 등 다양한 사업모델과 전략이 개발되고 있다. 이를 기반으로 저비용 항공사들은 장거리 노선으로 네트워크를 확장해 나가는 추세이다.

3) 항공산업의 특성

항공교통산업은 교통 및 운송 수단으로서 육상교통, 철도교통, 해상교통 등 타 교통산업에 비해 가장 늦게 시작되었으나 매우 빠른 속도로 발전해 왔다. 현대에 장거리 교통과 국제운송에서 큰 비중을 차지하고 있는 항공산업은 다음과 같은 특성이 있다.

(1) 고속성

항공기는 평균 800km/h 이상 빠른 속도로 선박 70km/h, 고속철도 300km/h, 고속버스 100km/h에 비하면 타 교통수단에 비해 10배 가까운 속도를 낸다. 이러한 고속성은 항행에 대한 마찰력이나 저항력이 가장 낮은 공중에서 운항하며 고성능 엔진이라는 기술이 뒷받침된 결과라고 할 수 있다.

(2) 정시성

항공사의 정시성은 곧 항공사의 신뢰도와 직결된다. 항공기는 교통체증이나 장애물에 의한 교통방해가 없는 하늘을 운항하기 때문에 정시운송을 실현할 수 있다. 항공기 운항 중 가장 큰 장애물인 기상악화도 지상 항행 안전시설과 항공기의 첨단화를 통해 운항에 미치는 영향이 줄고 있다.

(3) 안전성

국가물류통합정보센터(National Logistics Information Center)에서 인용한 국가교통DB(Korea Transport Database)에 의하면, 항공교통은 철도 다음으로 안정성이 높다. 항공기 사고가 발생하면 막대한 인명 피해와 재산 손실을 초래하고 대형 사고로 이어지기 쉬운데, 항공기 사고 발생률은 타 교통수단에 비해 현저히 낮은 편이다.

한국교통안전공단의 교통통계를 참고해 보면 2019년을 기준으로 1년 동안 교통사고 발생 건수는 총 22만 9600건이며 사망자 수는 3349명에 이른다(국가물류통합정보센터, 2020). 반면에 철도 사고는 동년을 기준으로 1년에 단 7건 발생하였으며, 10년간 항공, 철도 조사위원회에서 조사한 철도 사고는 총 79건에 그쳤다(항공·철도사고 사례집, 2020). 그리고 동년을 기준으로 초경량 비행장치와 동력 패러글라이딩을 제외한 여객기 관련 사고는 국내에서 발생하지 않았다(항공·철도사고 사례집, 2020).

(4) 시간가치의 경제성

항공교통 운임은 거리비례 운임제도를 따른다는 점에서 다른 교통수단과 동일하지만, 단위거리 운임이 타 교통수단보다 월등히 높다. 그러나 현대 사회에서 시간가치의 중요성에 대한 인식이 강화되면서 항공교통은 높은 운임에도 불구하고 고속성에 의한 운항시간 단축으로 시간을 아끼는 기업인들이나 현대인들에게 오히려 경제성이 있는 교통수단으로 인식되고 있다.

(5) 기타 특성

- 생산과 판매의 동시성: 항공기의 출발과 동시에 서비스의 생산과 판매가 이루어진다.
- 높은 운영비와 진입장벽: 현금흐름이 좋으나 인건비와 항공기 운영비 등이 타 산업에 비해 높으며 진입장벽도 높다.
- 기술적 파급효과: 첨단기술의 개발과 활용으로 기술적 파급효과의 영향을 많이 받는다.
- 정책의 영향: 정부 국가 간의 국가 안보와 항공우주 정책의 영향을 많이 받는다.
- 유가환율 변동성: 항공산업 운영의 대부분의 비용이 유류비로 국제유가와 환율의 변동성의 영향을 크게 받는다.

3. 우리나라 항공산업 현황

전 세계의 항공산업 일자리와 GDP를 알아보며 세계의 현황을 개괄한 후 우리나라 항공산업을 부문별로 나눠 매출액과 부가가치, 항공협정에 따른 노선 확대, 신규 사업자 진입과 경쟁 심화 전망, 항공기 제작산업과 항공기 사용산업의 현황을 알아본다.

1) 전 세계 항공산업 일자리 및 GDP 현황

Aviation Benefit Beyond Borders*는 전 세계적으로 항공운송산업 전반에서 향후 20년 동안 항공운송 수요가 연평균 3% 증가할 것으로 예상하였다. 2038년까지 항공운송산업이 1370만 개의 직접 일자리와 1.7조 달러의 GDP로 세계 경제에 기여할 것이라고 예측하였으며, 간접 일자리를 포함한 7600만 개의 일자리와 GDP 4.3조 달러, 글로벌 관광의 영향을 고려하면 항공운송산업은 1억 4300만 개의 일자리와 6.3조 달러의 GDP에 기여할 것이라고 밝혔다.

그리고 국제 무역 및 경제 발전을 중심으로 한 항공산업 예측에 따르면, 세계 경제는 국제 무역에 더욱 의존하게 될 것으로 보이는데, 중국, 인도 및 기타 신흥 시장이 선두를 달리면서 세계 GDP의 두 배 이상 상승할 것으로 예상하였다.

---

* **Aviation Benefits Beyond Borders**
항공운송산업의 모든 부문을 대표하는 유일한 글로벌 협회인 ATAG(Air Transport Action Group)가 운영하는 웹사이트(https://aviationbenefits.org/)이다. 이 웹사이트에서 전 세계 항공 뉴스를 볼 수 있다.

2) 우리나라 항공산업 부문별 현황

항공산업으로 분류된 사업체 수는 2018년을 기준으로 총 2808개이고, 항공산업 내 총 종사자 수는 약 12만 6611명으로 추정된다. 종사자 수가 가장 많은 사업은 항공운송사업이며 항공기 정비업, 상업서류 송달업, 초경량 비행장치사업 순으로 종사자가 많다. 반면에 종사자의 수가 적은 사업은 항공기용 엔진제조업, 항공레저 스포츠사업, 도시공항 터미널업, 항공기 대여업 순으로 나타났으며, 정확한 통계치는 표 1.3에 정리하였다.

표 1.3 항공산업 부문별 사업체 및 종사자 수 현황

사업		사업체 수(개)	구성비(%)	종사자 수(명)
핵심산업	항공기 운송사업	16	0.57	38091
	항공기 사용사업	42	1.50	1165
	초경량 비행장치 사용사업	1715	61.08	13321
	항공레저 스포츠사업	27	0.96	84
	항공기 제조업	1	0.04	4900
	공항운영업	2	0.07	3519
	항공기 정비업	24	0.85	19306
	항공기 리스업	0	0.00	0
	소계	1827	65.06	80386
1차 연관산업	항공기 취급업	38	1.35	10590
	항공기 대여업	13	0.46	374
	상업서류 송달업	620	22.08	16221
	항공운송 총대리점	90	3.21	1819
	도심공항 터미널업	2	0.07	269
	항공기 부품제조업	202	7.19	12040
	항공기용 엔진제조업	1	0.04	25
	항공기 우주선 및 보조장치 제조업	15	0.53	4887
	소계	981	34.94	46225
	합계	2808	100.0	126611

자료: 국토교통부(2018), 항공산업일자리통계조사 보고서

표 1.4 항공산업 부문별 매출액 현황

구분	분류	사업체 수 (개)	매출액		사업체당 매출액(백만 원)
			금액(백만 원)	비중(%)	
운수업	항공운송업	38	22670258	69	596586
	항공여객 운송업	29	18367785	56	633372
	항공화물 운송업	9	4302473	13	478053
	항공운송 지원서비스업	7	3934099	12	562014
	항공 및 육상화물 취급업	78	973403	3	12480
	소계	123	27577760	84	224209
제조업	유인 항공기, 항공기 우주선 및 보조장치 제조업	6	2163122	7	360519
	무인 항공기 및 무인 비행장치 제조업	9	51916	0	5768
	항공기용 엔진제조업	2	–	–	–
	항공기용 부품제조업	133	2891167	9	21738
	소계	150	5106195	16	34041
	합계	273	32683955	100	119721

주: 항공기용 엔진제조업은 관련 자료 없음
자료: 통계청(2018), 2017년 기준 운수업 조사보고서 및 광업 및 제조업 조사보고서

(1) 항공산업 부문별 매출액

운수업과 제조업의 매출액은 총 32조 원이며, 그중 약 84%가 '운수업'의 매출액이다. 항공산업 부문별 매출액과 사업체당 매출액은 표 1.4에 나타내었다.

(2) 항공산업 부문별 부가가치

항공산업 부문의 부가가치는 총 14조 원으로 그중 약 85.6%가 '운수업' 부문에서 창출되는 것으로 나타났다. 항공운송업에서 부가가치는 약 9조 원으로 전체 항공산업 부가가치의 절반을 상회한다. 사업체당 부가가치 측면에서도 타 사업 대비 높은 편으로 나타나 우리나라에서 가장 주축이 되는 항공산업은 '항공운송업'이라고 볼 수 있다.

표 1.5 항공산업 부문별 부가가치 현황

구분	분류	사업체 수 (개)	부가가치 금액(백만 원)	부가가치 비중(%)	사업체당 부가가치(백만 원)
운수업	항공운송업	38	9146423	63.0	240695
	항공여객 운송업	29	7361322	50.7	253839
	항공화물 운송업	9	1785101	12.3	198345
	항공운송 지원서비스업	7	2775677	19.1	396525
	항공 및 육상화물 취급업	78	505910	3.5	6486
	소계	123	12428010	85.6	855195
제조업	유인 항공기, 항공 우주선 및 보조장치 제조업	6	792709	5.5	132118
	무인 항공기 및 무인 비행장치 제조업	9	20805	0.1	2312
	항공기용 엔진제조업	2	–	–	–
	항공기용 부품제조업	133	1275877	8.8	9593
	소계	150	2089391	14.4	144023
	합계	273	14517401	100.0	999218

자료: 통계청(2018), 2017년 기준 운수업 조사보고서 및 광업 및 제조업 조사보고서

3) 항공협정에 따른 노선 확대

우리나라는 1970년대 말부터 미국의 주도하에 진행되고 있는 항공 자유화 동향에 적극 대응하기 위해 1998년 4월 한-미 간 항공 자유화 협정을 체결하였다. 이로써 40여 년 지속되어 온 양국 간 항공협정상의 불균형이 해소되고, 항공사가 정부의 규제 없이 노선운용 및 양국 항공사 간 영업협력 등을 자율적으로 추진하게 됨에 따라 아시아와 미국 간 항공수요를 좀 더 효과적으로 유치할 수 있는 기반을 마련하였다.

국토교통부(2017)에 따르면 우리나라는 총 101개 국가와 항공협정을 체결하였으며, 그중 복수제는 93개국, 단수제는 8개국이다. 항공 자유화 협정을 체결한 국가는 여객과 화물 29개국, 여객 2개국, 화물 13개국이다.

표 1.6 우리나라 항공협정 현황

지역별 구분	현황
협정체결 국가 (92개국)	동북아시아(6), 동남아시아(10), 서남아시아(6), 러시아 CIS(8), 아프리카(10), 미주(10), 유럽(27), 대양주(5) 중동(10)
동북아시아	대만, 마카오, 몽골, 일본, 중국, 홍콩
동남아시아	라오스, 말레이시아, 미얀마, 베트남, 브루나이, 싱가포르, 인도네시아, 캄보디아, 태국, 필리핀
서남아시아	네팔, 몰디브, 방글라데시, 스리랑카, 인도, 파키스탄
러시아 CIS	러시아, 벨라루스, 아제르바이잔, 우즈베키스탄, 우크라이나, 키르기스스탄, 투르크메니스탄, 타지키스탄
아프리카	남아프리카공화국, 라이베리아, 모로코, 알제리, 에디오피아, 케냐, 튀니지, 세이셸, 가봉, 르완다
미주	멕시코, 미국, 브라질, 아르헨티나, 에콰도르, 칠레, 캐나다, 파나마, 페루, 파라과이
유럽	그리스, 네덜란드, 독일, 루마니아, 룩셈부르크, 몰타, 벨기에, 불가리아, 스위스, 스페인, 영국, 오스트리아, 유고슬라비아, 체코, 슬로바키아공화국, 터키, 폴란드, 프랑스, 핀란드, 헝가리, 크로아티아, 세르비아, 포르투갈, 라트비아, 이탈리아, 조지아, 유럽연합(HA)
대양주	뉴질랜드, 피지, 팔라우, 호주, 파푸아뉴기니
중동	사우디아라비아, 아랍 에미리트, 오만, 요르단, 이라크, 이란, 이스라엘, 이집트, 카타르, 쿠웨이트

자료: 외교부(2021.8), 항공협정체결현황

표 1.7 국적 항공사 취항국가(38개 국가)

지역별 구분	대한항공(18)	아시아나항공(1)	복수 취항국가(19)
유럽(14)	노르웨이, 덴마크, 스위스, 이탈리아, 체코, 프랑스, 터키, 스웨덴, 스페인	–	네델란드, 독일, 벨기에, 영국, 오스트리아
대양주(3)	뉴질랜드, 피지	–	호주
동남아(12)	몽골, 인도네시아, 네팔	–	말레이시아, 베트남, 싱가포르, 인도, 타이완, 태국, 필리핀, 홍콩, 캄보디아
동북아(2)	–	–	일본, 중국
미주(2)	캐나다	–	미국
서남, 중동, 아프리카(3)	아랍 에미리트, 이집트, 이스라엘	–	–
CIS(2)	–	우즈베키스탄	러시아

자료: 외교부(2021.8), 경제협정체결동향

표 1.8 국적 항공사 취항도시(117개 도시)

지역별 구분	대한항공(53)	아시아나항공(20)	복수 취항도시(44)
유럽(16)	오슬로, 코펜하겐, 취리히, 로마, 밀라노, 프라하, 파리, 이스탄불, 바젤, 스톡홀름, 마드리드		암스테르담, 프랑크푸르트, 브뤼셀, 런던, 비엔나
대양주(4)	오클랜드, 나디, 브리즈번	–	시드니
동남아(21)	쿠알라룸푸르, 울란바토르, 덴파사, 자카르타, 뭄바이, 첸나이, 카트만두, 세부	–	하노이, 호치민, 싱가포르, 델리, 타이베이, 방콕, 마닐라, 홍콩, 푸켓, 페낭, 코타키나발루, 시엠레아프, 프놈펜
일본(25)	가고시마, 고마스, 나가사키, 니이가타, 삿포로, 아오모리, 아키타, 오카야마, 오이타, 하코다테	구마모토, 다카마쓰, 도야마, 마쓰야마, 미야자키, 센다이, 오키나와, 요나고, 후쿠시마, 히로시마, 아사히카와	나고야, 도쿄, 오사카, 후쿠오카
중국(26)	곤명, 무한, 제남, 하문, 삼아, 우루무치	계림, 남경, 장춘, 하얼빈, 중경	북경, 상해, 서안, 심양, 연대, 천진, 청도, 위해, 광저우, 연길, 항주, 대련, 심천, 창사, 성도
미주(16)	괌, 달라스, 애틀랜타, 워싱턴, 호놀룰루, 밴쿠버, 토론토, 마이애미, 라스베이가스	사이판	뉴욕, 로스앤젤레스, 샌프란시스코, 시애틀, 시카고, 앵커리지
서남, 중동, 아프리카(3)	두바이, 카이로, 텔아비브	–	–
CIS(6)	모스크바, 블라디보스토크, 상트페테르부르크	사할린, 하바롭스크, 타슈켄트	–

자료: 외교부(2021.8), 경제협정체결동향

노선 증대를 위한 정부의 지속적인 노력으로 최근 이에 합의를 이룬 국가들은 주로 러시아와 동남아 국가들이다. 2017년 9월에 한국-태국 항공회담에서 지정 항공사 수를 각각 4개에서 8개로 확대하기로 합의하고, 11월에는 한국-필리핀 항공회담에서 마닐라를 제외한 한국-필리핀 간 여객 자유화 및 한국-마닐라 간 충분한 운수권 설정에 합의하였다. 또 12월에는 한국-러시아 항공협정에 따라 노선별 항공사 수가 1개로 제한되었던 규정이 해제되었다.

가장 최근에는 2019년 1월 16~17일 한국-몽골 항공회담을 통해인천-울란바토르 노선 운수권의 약 70%가 증대되었으며, 독점체제에서 경쟁체제로 전환되었다. 또한 부산-울란바토르 노선이 주 1회 증대되었고, 총 운항 좌석 제한이 상향 조정되었다.

정부의 노력 외에 항공사도 자체적으로 보유하고 있는 노선 또는 항공 자유화 협정이 체결된 노선을 최대한 활용하려는 노력을 기울였다. 2016년 이후 국제선 운항횟수가 증가하였는데, 하계 기준으로 2016년 대비 2018년 운항횟수가 가장 많이 증가한 국가는 일본이다. 2017년 하계에 주 154회, 2018년 하계에 주 189회 증가하였다. 일본 다음으로 홍콩이 주 40회, 2018년에는 베트남이 주 143회로 운항횟수가 많이 증가하였다. 이러한 운항횟수 증가는 LCC(Low Cost Carrier)의 활약에 힘입은 바가 크다. 2016년 이후 LCC의 운항횟수가 대폭 증가하였는데, 이는 일본과 동남아, 러시아의 운항횟수 증가 및 신규취항 확대에 따른 결과인 것으로 판단된다.

4) 신규 사업자 진입 및 경쟁 심화 전망

2019년 3월 5일 플라이강원, 에어로케이, 에어프레미아 등 3개 신규 사업자에게 항공운송사업 면허발급이 결정되었다. 국토교통부는 해당 신규 사업자는 사업계획이 적정하였으며 기존 사업자들과는 다르게 사업전략에 차별성이 있다고 판단하였다고 밝혔다.

플라이강원은 양양공항을 거점공항으로 운영하며 TCC*를 표방하고 있다. 에어로케이는 청주공항을 거점으로 경기 남부, 충청권의 중국, 일본, 동남아행 수요를 흡수하여 운영하는 것을 전략으로 내세우고 ULCC(Ultra Low-cost Carrier)로서 초저가 운임을 제공하겠다는 계획으로 항공사에 진입하였다. 에어프레미아는 하이브리드 항공사를 표방하고, 중장거리 프리미엄 이코노미 서비스에 주력할 계획이다. 기존 LCC와 달리 미국, 캐나다, 동남아 등 중장거리 노

---

* TCC(Tourism Convergence Carrier)
여행사들과 연계하여 단체 승객 수요를 공략하는 항공사이다. 해외에서 국내로 유입되는 인바운드 항공 수요의 창출을 목적으로 한다.

선 취항을 계획하고 있어 와이드 보디(Wide Body) 항공기를 도입할 예정이다.

이러한 사업전략의 차별화는 항공운송 시장 경쟁이 치열함을 반증한다. 대한항공과 아시아나항공은 일등석을 줄이고 프리미엄 이코노미 좌석을 늘렸으며, 대한항공은 2018년 5월 미주 노선에 대해 델타항공과 조인트벤처 협정을 맺었다. 국내 6개의 LCC는 2019년 5월 중국 유니온페이카드와 협약을 맺어 통합 마일리지 서비스를 제공하기로 하였다.

5) 항공기 제작산업

과거부터 우리나라 항공기 제작산업은 주로 국방산업을 뒷받침하는 역할을 하였으며 오늘날까지도 군용 완제기(유인기와 무인기) 및 민항기 부품 제작을 중심으로 이루어진다. 민항(완제)기는 항공우주산업(KAI; Korea Aerospace Industries)에서 주로 제작하며, 대한항공에서도 일부 제작하고 있다.

2015년 기준 국내 항공산업 생산액을 보면 군수 비중이 약 61%로 민수 비중보다 더 높음을 알 수 있다. 생산액 추이를 내수와 수출로 구분하여 살펴보면 내수 부문에서는 완제기가, 수출 부문에서는 기체가 차지하는 부분이 많음을 알 수 있다. 우리나라는 주로 수출되는 부품의 종류가 동체이며, 그 외 엔진이나 조종계통 부품의 제작은 해외 의존도가 높아 모든 부품의 생산이 어려운 실정이며 수출되는 물량 대부분도 절충교역*에 따른 것이다.

6) 항공기 사용산업

한국항공협회(2019)의 「2019 포켓 항공현황」에 의하면 항공기 사용산업의 경우 2019년 3월을 기준으로 총 53개의 업체가 등록되었다. 항공기 사용사업을 주 사업으로 하지 않는 대한항공과 한국공항공사를 제외하면, 실제 등록업체는 약 51개로 파악된다. 해당 업체들은 주로 사진 촬영, 산불 진화, 항공 촬영, 항공

*** 절충교역(Offset Orders)**
『한경경제용어사전』에 따르면 무기를 판매하는 국가가 수입하는 국가에 기술 이전 및 부품 발주 등 반대급부를 제공하는 것을 의미하며 주로 방위산업에서 이루어지고 있다.

방재, 항공 감시, 항공 훈련 등의 사업을 수행하며, 항공기 사용사업만 하는 것이 아니라 항공기 정비업, 항공기 취급업 등에도 등록하여 해당 업무를 수행하는 경우가 많다.

또한 항공기레저 스포츠사업도 항공기 사용사업의 일종으로 볼 수 있다. 드론산업의 경우, 우리나라는 현재 초기 단계로 분류별 사업자 현황이 정확하게 확인되지 않는다. 에어택시와 연계되어 진행되는 사업이 일부 있어 드론산업에 속한다고 단정하기 어려운 경우도 많다. 한국교통연구원(2019)에 의하면 드론을 포함하여 무인 항공기 제작업체는 40여 개, 드론이 포함되는 초경량 비행장치 사용사업체는 1700여 개가 된다. 초경량 비행장치 사용사업체 대부분은 농업, 측량, 촬영업 등 주 사업이 별도로 있고 단순히 초경량 비행장치를 구입하여 등록한 후 이용하는 것으로 보인다.

초기에는 강원 영월, 경남 고성, 충북 보은, 전남 고흥, 전북 전주, 대구 달성, 부산 영도 일곱 개 지역만 드론시범 공역으로 지정되었으나, 2018년 6월 경기 화성, 전남 광양, 제주 서귀포 세 지역이 추가로 지정되었다. 2019년 10월에는 국토교통부, 과학기술정보통신부, 국무조정실이 함께 드론 분야 규제혁신 로드맵을 발표하였으며, 해당 로드맵은 인프라와 활용 분야로 구분하여 단계별 시나리오를 구축하고 있다. 이로써 기업투자 촉진, 전후방산업 확산, 미래유망 신모델 창출을 비롯하여 경제적 파급효과와 일자리 창출효과까지 나타날 것으로 기대하고 있다.

Special Section 1

항공산업 생태계의 개념 및 정의

산업 생태계(Business Ecosystem)는 1993년 제임스 무어(James F. Moore)에 의해 기업의 경쟁전략을 세우기 위한 개념으로 처음 제시되었다. 무어는 산업 생태계 구조를 핵심산업(Core Business), 확장기업(Extended Enterprise), 산업 생태계(Business Ecosystem)로 구분하고 있다. 여기서 산업 생태계는 생산자와 그 경쟁자, 소비자, 기타 이해관계자 등 상호작용하는 조직들과 개인들로 구성된다.

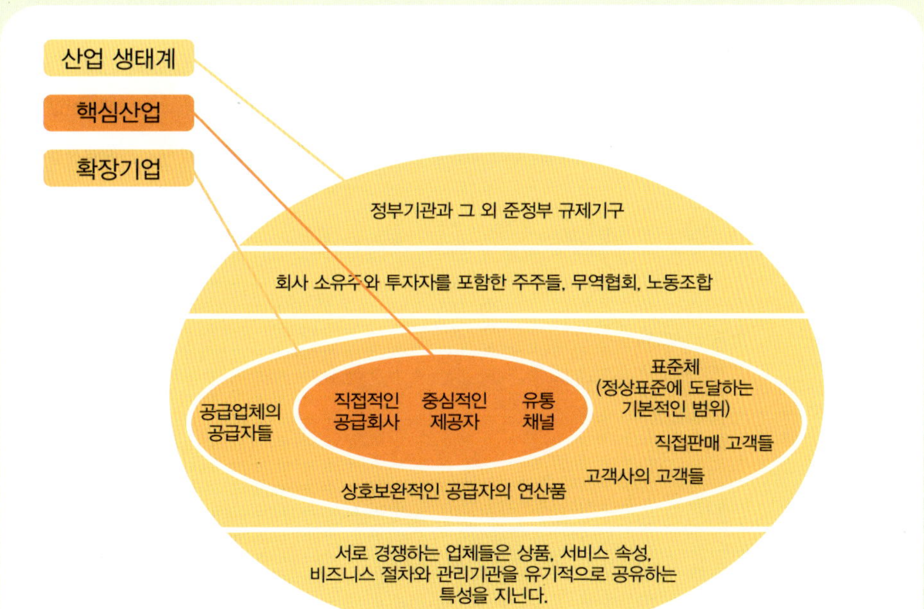

그림 1.4 산업 생태계 구조

자료: James F. Moor(1996), Business Ecosystem; Marko Karhiniemi(2009), Creating and Sustaining Successful Business Ecosystems, p.35에서 재인용

무어가 제시한 협의 및 광의의 산업 생태계로 구분한다면 협의의 항공산업 생태계에는 핵심산업과 1차 연관산업이 포함되며, 광의의 항공산업 생태계에는 연관기관과 2차 연관산업 및 외부환경이 포함된다. 경제적, 정치적, 사회적, 기술적, 문화적 환경의 영향을 받는 항공산업 생태계는 핵심산업으로는 항공운송업, 공항운영업, 항공기 사용사업, 초경량 비행장치 사용사업, 항공기 정비업, 항공기 제조업, 항공기 리스업의 영향을 크게 받는다. 1차 연관산업, 연관기관(국제기구, 정부관련 부처, 지자체, 지역사회, 연구기관) 및 2차 연관산업(금융업, 관광산업, 의료산업, IT 산업, 무역업, 제조업, 신소재 화학산업, 반도체산업)과 유기적으로 연결되어 있다.

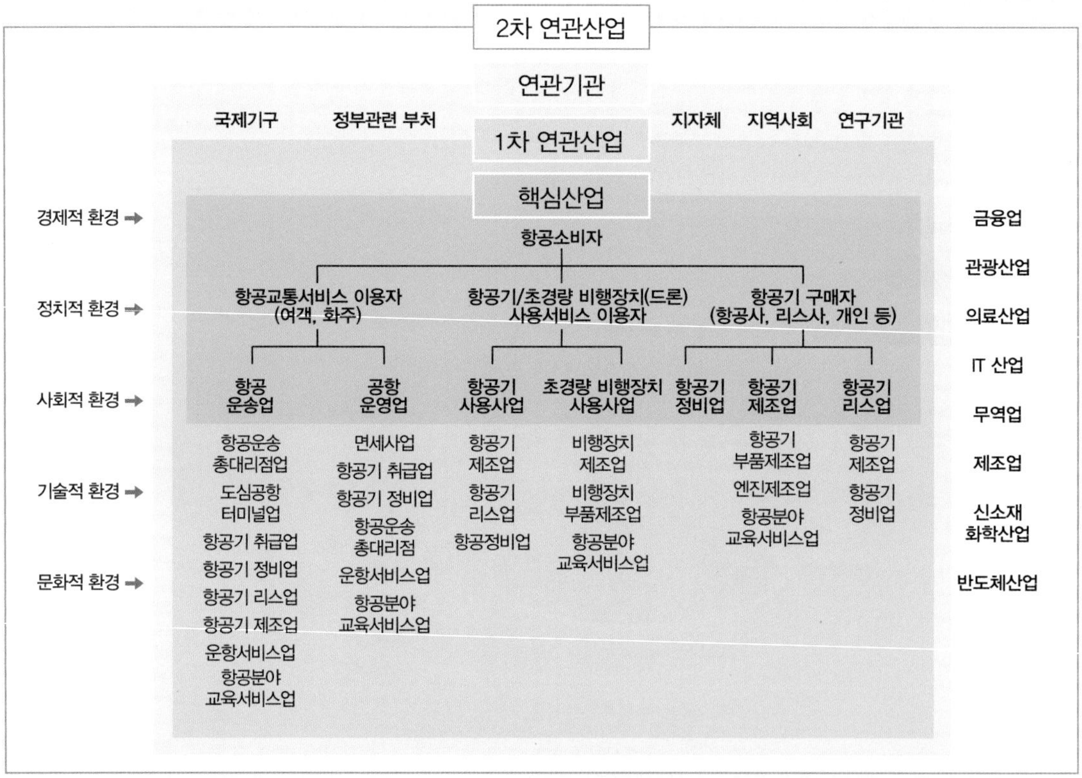

그림 1.5 항공산업 생태계 구조

자료: 한국교통연구원(2019), 항공산업부문의 혁신성장방안연구

4.
국제항공 운송 협정

전 세계적으로 항공운송산업의 태동기부터 제2세대(약 1970년대)까지 항공산업은 수요가 지속적으로 증가해 왔으며, 1970년대 후반부터 규제완화 정책이 시행되어 2000년대부터는 수요가 더 큰 폭으로 증가하며 뚜렷한 시장경쟁 체제로 돌입하였다. 우리나라 항공정책 역시 국내의 민간 항공운송 역사가 시작된 1945년부터 전 세계의 항공수요와 이에 따른 정책 변화의 영향을 받았으며, 세계의 항공수요가 크게 상승한 시기에 맞춰 경쟁체제로 바뀌게 되었다.

각국의 항공사들은 글로벌 경쟁에 도전적으로 뛰어들어 타 국가와의 자유화 협정을 통해 국제선 시장을 개척해 왔다. 우리나라도 2005년 이후 출현한 저비용 항공기를 통해 항공산업의 다양성과 경쟁력을 확보하고, 최근에는 정치, 경제, 감염병 등 불확실한 요인이 강하게 작용하는 항공운송시장의 변화에도 안정적인 수요를 창출하기 위한 경영전략을 수립하고자 노력하고 있다. 이 절에서는 항공운송시장이 국내 항공사만이 아니라 세계 열강 항공사들의 각축장임을 상기하며, 글로벌 경영 환경과 그 역사에 대해 알아본다.

1) 국제항공 체계의 확립

(1) 국제민간항공회의

국제민간항공회의(International Civil Aviation Conference)는 1944년 12월 미국 시카고에서 52개국이 모여 개최한 최초의 국제항공운송회의를 말하며 '시카고 국제회의'라고도 한다. 이 회의에서 항공운수권 및 운항권을 다루는 '하늘의 자유(Freedom of the Air)'를 확립하고 국제민간항공조약(Convention on International Civil Aviation)을 체결하였으며, 1947년에는 국제민간항공기구

(ICAO; International Civil Aviation Organization)를 설립하였다.

(2) 항공 자유화 협정

항공 자유화 협정(Open Sky Agreement)은 하늘의 자유라고도 하는데, 항공사가 국가의 영공통행이나 운수권 등을 자유롭게 설정할 수 있도록 한 협정이다. 즉, 자국의 비행기가 어디에 가서 착륙할 수 있고 어디서 어디까지의 영업이 가능한지를 9단계의 권한으로 구분하고, 단계마다 다시 3~4개의 하위단계로 세분하였다(표 1.9 참조).

이 협정은 목적지 노선권, 운항횟수, 코드쉐어, 여객수용능력 및 운임에 관한 제한 없이 완전히 자유로운 항공운송을 허용하는데, 자세한 내용은 다음과 같다.

① 취항가능한 항공사 수의 무제한 허용
② 모든 노선에서의 운항횟수 및 공급규모의 무제한 허용
③ 제5 자유의 전면적 허용 및 상대국에서의 기종 변경
④ 양국이 모두 불허하는 운임이 아닌 경우 운임의 효력 인정
⑤ 개방적인 전세기 운항협정
⑥ 상대국에서 발생한 수익의 자유로운 본국 송금 허용
⑦ 공정한 경쟁원리에 입각한 규정
⑧ 항공예약시스템(CRS; Ccomputerized Reservation System)의 자유로운 경쟁 보장 및 불공정한 운영 금지
⑨ 안전에 관한 규정 준수
⑩ 운항편명에 대한 공동사용 기회 확대

vaalaa/Shutterstock.com

항공 자유화로 인해 국가 간의 항공교통량이 증가하면 경제적 이익이 발생한다. 항공업의 경제 성장을 통한 고용창출 효과를 기대할 수 있게 되고, 이로 인해 국가에서 지급하는 국적사 보조금 지급이 증가함으로써 항공교통의 성장이 국적사의 경제적

손실을 상쇄하며 순경제 이익을 발생시키는 효과를 가져온다.

항공 자유화 방법에는 일방적 자유화, 점진적 자유화, 완전 자유화가 있으며 이외에도 소비자 편익 증대, 교통 성장(12~35% 성장), 저비용 및 지역 항공사 활성화, 일자리 창출, 경제 성장이라는 부가효과가 있다.(미국 규제완화지역 320개 국가를 대상으로 시뮬레이션을 한 결과 평균 약 63%의 교통 성장, 24.1백만 개의 전일제 일자리 창출, 4900억 달러의 추가 GDP가 발생할 것으로 예상된다.)

2) 국제항공 협정방식

(1) 항공협정

운수권(Traffic Right)이란 여객, 화물, 우편물을 수송하는 권리이다. 따라서 국가 간의 운수권 교섭 시에는 시장접근, 공급력, 운임, 면세, 주재근무, 자국민 채용, 항공업무를 총망라하여 협상이 진행된다. 운수권은 정부 간의 항공협정(Air Service Agreement)에 의해 최종적으로 교환되지만, 회담 이전에 해당 국가의 항공사 간에 수차례의 협상을 하여 어느 정도 조정된 협상안을 양국 정부에 제출하여 정부 간 협상을 시작하는 것이 관례이다. 협정방식에는 시카고 유형과 버뮤다 유형이 있다.

■ 시카고 유형

정부 간의 협정으로 3개국 이상이 참여하는 다자간 협정을 시카고 유형이라 한다. 최초의 시카고 유형 협정은 1946년에 미국과 영국이 맺은 버뮤다 협정인데, 이 협정 내용은 미국에 유리하였으므로 1976년 영국에 의해 파기되고 다음 해 1977년에 2차 협정을 통해 개정되었으며 이후 유럽연합과 안데스 그룹*의 국가 간에 다자간 협정이 체결되었다.

*** 안데스 그룹**
남미 태평양 연안의 안데스 산맥 주변에 위치한 볼리비아·콜롬비아·에콰도르·페루·베네수엘라 5개국의 경제 블록이다.

- **버뮤다 유형**

정부 간 협정방식으로 2개국이 참여하는 양자 간 협정이 버뮤다 유형이다. 오늘날의 항공협정은 대부분 양자 간 협정이며 최초의 협정국은 1946년 미국과 영국이다. 버뮤다 유형의 협정은 당사국 간의 이해관계에 따라 협약내용이 다양하고 구체적인 사항을 다루어 항공기업 지정, 수송력, 운임 등의 운송조건을 규정하고 양국의 운영노선표 합의를 포함한다. 국제항공업무는 공공성이 높기 때문에 한쪽에서 협정 파기를 통보해도 협정내용은 1년간 효력을 유지한다.

(2) 상무협정

상무협정(Commercial Agreement)이란 항공사가 주체가 되어 항공사 간에 체결하는 모든 종류의 상업적 협정을 의미한다. 국교가 없거나 국교가 있더라도 국가 간의 어느 한쪽이 노선을 개설하려는 적극적인 의사가 없을 경우 항공사 간의 협정, 즉 상무협정을 체결하고 운수권을 교환하며, 이는 국가 간 항공협정에 준한다.

3) 시카고 협약

시카고 협약(Chicago Convention)은 시카고 국제회의에서 채택된 민간항공 운영을 위한 기본조약으로 1947년 국제운송 질서와 관련하여 두 가지 협정, 즉 국제항공협정(하늘의 자유에 대한 5개 원칙 규정)과 국제항공업무통과협정[항공기의 영공통과(제1 자유) 및 기술착륙(제2 자유) 협정]을 체결하였다.

표 1.9 시카고 협약의 성과

구분	영국	미국
정책 방향성	보호주의	자유주의
하늘의 자유	제1, 2 자유	제1~5 자유
국제기구	노선, 수송력, 운임 통제	기술 협력 촉진을 위한 자문, 권고
경쟁원칙	비경제적 경쟁 배제	기회 균등에 의한 합리적 경쟁 촉진

(1) 영공주권의 원칙

국가안보 측면에서 볼 때 자국 영토의 상공을 외국 항공기가 자국의 허가 없이 비행한다는 것은 바람직하지 않다고 판단하여 영공주권주의를 인정하였다. 회원국마다 자국의 영공에서는 배타적인 주권을 가짐을 승인한다고 제1조에 규정하였다.

(2) 국가 소유의 항공기

국가 소유의 항공기는 국방의 공공업무 수행을 목적으로 할 때, 특별한 허가를 받지 않으면 다른 국가의 영공을 통과하거나 국가에 착륙할 수 없다고 제3조에 규정하였다.

(3) 무상 부정기 운항

항공기가 사전허가 없이도 상대국의 영공을 통과하거나 기술착륙을 하도록 허용하는 경우가 있는데, 이는 항공기가 여객과 화물을 적재하거나 하기하지 않고 기체 정비의 사유나 항공기 급유가 필요할 때에 한해 허용한다는 내용이다.

(4) 유상 부정기 운항

항공기가 유상으로 여객과 화물을 운송할 경우에 원칙적으로 상대국의 사전허가 없이도 영공을 통과하거나 영토에 착륙할 수 있다고 규정하였다.

(5) 카보타지 운항

카보타지 운항 조항으로 자국의 항공기가 아닌 다른 나라의 항공기가 정기 또는 유상으로 자국의 영역 내에 있는 지점 간의 여객, 화물 등을 탑승 및 탑재하여 운송하는 것을 금지할 수 있다. 카보타지 규정으로 자국 내 지점 간의 국내운송을 자국의 항공기만이 운항할 수 있도록 운수권을 규제하는 데 목적이 있다.

(6) 세관공항의 착륙

상대국의 영역에 취항하는 항공기는 특별히 허가받은 경우를 제외하고는 상대

카보타지(Cabotage)

연안운송 금지 또는 국내운송 금지로도 불리는 카보티지는 '한 국가 내 두 지점 간의 운송'이라는 사전적 의미가 있지만, 일반적으로는 특정 국가 내 두 개 지점 간 운송을 해당 국가의 소유하에 두며 해당 국가에 등록된 장비(항공기, 선박 등)에 한정하여 허용하는 개념을 의미한다. 쉽게 말해 자국의 항공기만이 운항할 수 있게 하는 규정이라 할 수 있다. 세계적으로 보편화되어 육상·해상·항공운송에 적용되나, 특히 미국에는 예외적으로 추가 조건이 있어 더 엄격히 적용되고 있다.

예로 들어, 외국 항공사가 미국 출발지-미국 목적지 구간의 승객을 수송하는 경우 발생한다. 미국에서 출발하여 미국에서 종료하는 여행에 대한 항공권 판매, 환승지역이 외국일지라도 여행구간 중 최소 하나의 구간은 미국 항공사에 의해 운항되어야 한다는 것이 카보타지 운항이다.

국에서 지정하는 세관공항에만 착륙할 수 있으며, 상대국의 영역을 출발할 때도 지정된 세관공항에서만 출발해야 한다.

(7) 항공기 규제

항공기의 출입국 영역 내에 있는 동안 운항 및 항행에 관한 상대국의 법령이 항공기의 국적에 관계없이 적용된다.

(8) 항공규칙

각국은 자국의 영공을 비행하는 국내외 항공기에 대한 교통관제를 위해 국제표준에 일치하는 항공규칙의 설정과 시카고 협약에 기초를 둔 공해의 상공을 적용대상으로 인정하고 있다.

(9) 공항 사용

각 체약국은 그 영역의 상공을 비행 또는 동 영역 내에서 동작하는 모든 항공기는 해당 지역에서 시행되고 있는 항공기의 비행 또는 동작에 관한 법규와 규칙을 따르는 것을 보장하는 조치를 취한다. 체약국이 자국 항공기에 대해 허가하고 있는 공항에는 타 국가의 항공기에 대해서도 균등한 조건을 사용해야 한다.

이는 무선전신과 기상의 업무를 포함한 모든 항공보안 시설을 각 체약국의 항공기가 사용하는 경우에 지불하는 금액에 적용된다.

(10) 하늘의 자유

표 1.10 항공 자유화 협정의 단계별 항공운송 형태

하늘의 자유	운송 형태
제1 자유	A국 항공기가 C국의 영공을 통과하여 비행할 수 있는 자유
제2 자유	A국 항공기가 C국 영공에 착륙할 수 있으나 승객과 화물의 운송 없이 급유 또는 승무원 교체 등 '기술착륙'만 한 뒤 B 목적지로 비행하는 자유
제3 자유	A국 항공기가 B국에 착륙하여 A국에서 실은 승객과 화물을 하기시킬 수 있는 권리를 B국으로부터 허용받은 자유
제4 자유	A국 항공기가 B국에 착륙하여 B국에 있는 승객과 화물을 싣고 항공기 국적국인 A국에 하강시킬 수 있는 권리를 B국으로부터 받은 자유
제5 자유	A국 항공기가 운송 목적으로 C국을 경유하여 제3국인 B국으로 비행하거나 또는 제3국인 Y국으로부터 역시 운송 목적으로 C국에 착륙할 수 있는 권리를 C국으로부터 허용받은 자유
제6 자유	B국에서 C국을 목적지로 운항하는 도중에 자국 영토에 착륙하여 비행기를 갈아타고 최종 목적지로 운항하는 형태의 자유
제7 자유	제6 자유에서 항공기 국적지인 A국을 중간 기착하지 않은 채 A국의 영공을 통과만 하면서 B국과 C국을 운송하는 권리를 허용받은 자유
제8 자유	국내의 항공운송에 외국 항공기가 참여할 수 있도록 한다면 이 외국 항공사는 카보타지, 즉 국내 구간에 대한 외국 항공기의 취항권을 확보한 것을 의미한다.

자료: 국토교통부(2018), 항공의 자유(1-9자유)

① 통과권(Transit Right)

제1 자유(영공통과의 자유)는 Over Flying으로 타국의 상공을 무착륙으로 횡단하는 자유이다.

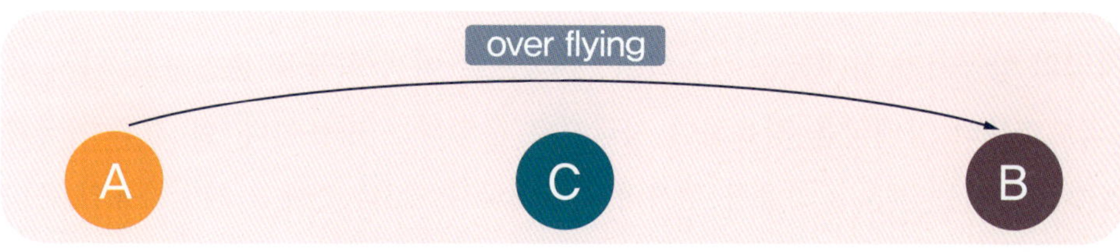

② **기술착륙의 자유(Technical Landing)**

제2 자유로 타국의 지점에서 여객/화물의 운수권 행사 없이 연료보급, 승무원 교체 등 기술적인 목적만으로 착륙하는 자유이다.

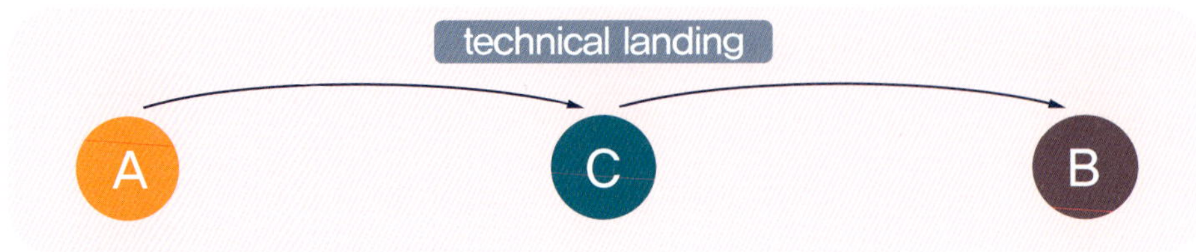

③ **운수권(Traffic Right)**

제3 자유로 자국의 항공기가 자국으로부터 여객/화물을 상대국까지 운송하는 자유이다.

④ **제4 자유**

자국의 항공기가 타국으로부터 여객/화물을 자국으로 운송하는 자유이다.

⑤ **제5 자유**

자국의 항공기가 상대국을 경유하여 제3국으로 여객/화물을 운송하고, 다시 제3국으로부터 상대국을 경유하여 자국으로 운송하는 자유이다.(이 경우 자국과 상대국 간에는 제3, 4 자유를 행사하고 상대국과 제3국 간에는 제5 자유의 운수권을 행사한다.) 예를 들어, 자국의 인천(ICN)에서 출발한 항공기가 싱가포르

(SIN)를 경유하여 로스앤젤레스(LAX)로 여객/화물을 운송하였고, 로스앤젤레스(LAX)에서 다시 출발하여 싱가포르(SIN)를 경유한 뒤 인천(ICN)으로 돌아오는 여정으로 가정하였을 때, 로스앤젤레스에서 싱가포르로 운송할 수 있는 자유 운수권이 제5 자유이다. 나머지 여정은 제3, 4의 자유에 해당된다.

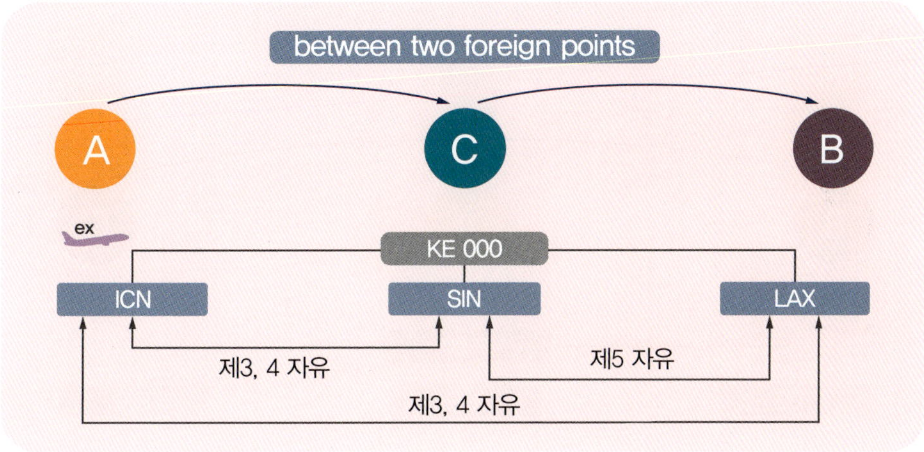

⑥ 제6 자유

자국의 항공기가 제3국 간의 여객/화물을 자국을 경유하여 운송하는 자유이다. 예를 들어, 한국 국적 항공사가 태국 방콕(BKK)에서 인천(ICN)을 경유한 뒤 파리(CDG)공항으로 여객/화물을 수송하는 형태의 자유로 인천공항이 허브공항의 역할을 하며 중간 경유지로 지정된다. 제3국의 승객인 태국 승객을 인천으로 모셔와 파리공항으로 운송할 수 있는 자유가 제6의 자유에 해당된다.

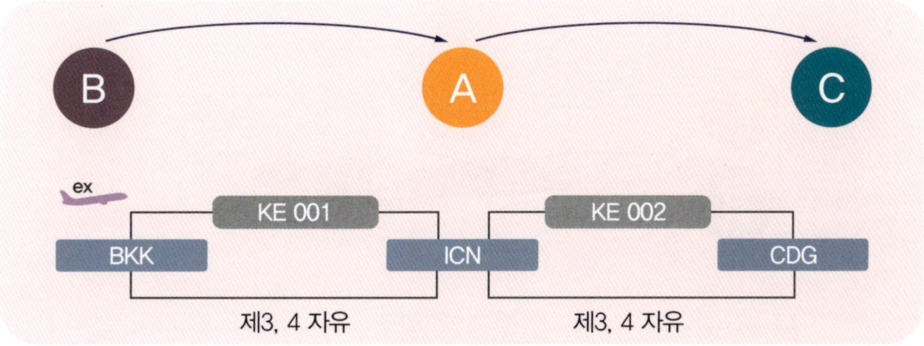

⑦ 제7 자유

자국의 항공기가 제3국 간의 여객/화물을 자국을 경유하지 않고 운송하는 자유이다. (제7 자유는 천재지변이나 전쟁 등 특수상황 이외에는 허용되지 않는 것이 일반적이다.) 예를 들어, 타이베이(TPE)에서 일어난 재해로 부상자를 긴급히 싱가포르(SIN)로 수송해야 하는 경우 한국의 항공사가 특별허가를 받아 수송할 수 있다.

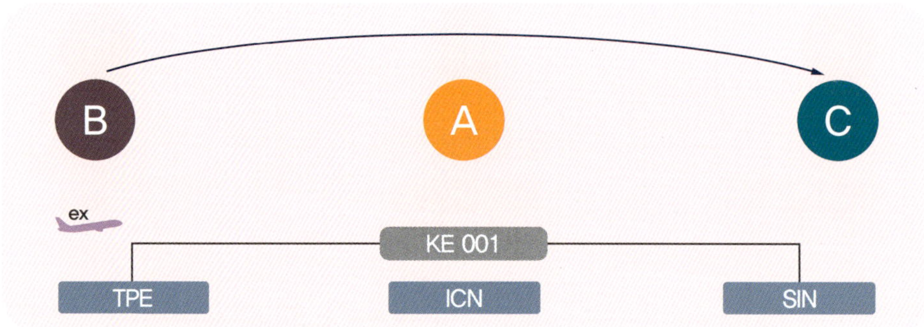

⑧ 제8 자유(카보타지 운항)

국내선 구간 운송을 자국 항공사가 아닌 타국 항공사가 운행할 수 있도록 허용하는 자유를 말한다. 예를 들어, 재해나 전쟁이 발생했을 때 식량과 경제원조를 받기 위해서 인천공항(ICN)에서 출발한 항공기가 로스앤젤레스(LAX)와 뉴욕(NYC)을 운항하도록 허용하는 것을 카보타지 운항이라고 한다. 원칙적으로 미국 내의 노선은 자국의 항공기, 즉 미국 항공사만이 운항할 수 있고 타국의 항공기는 운항이 금지된다.

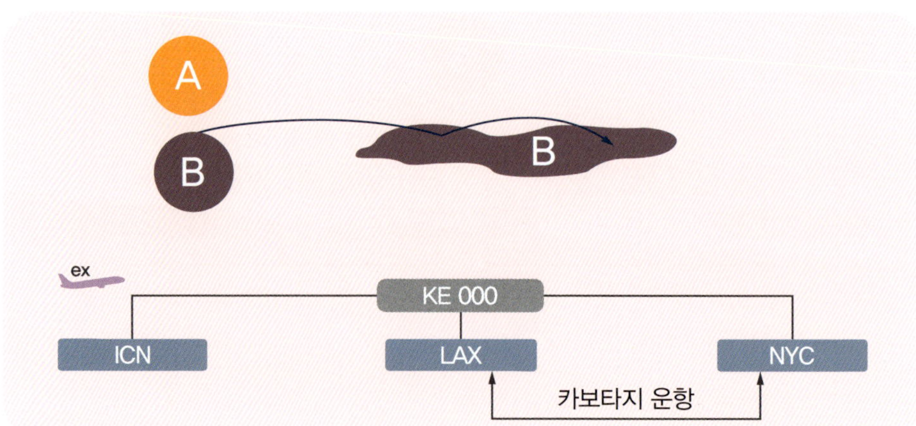

5.
세계 항공운송산업 현황 및 전망

경기 순환적 특성이 있는 항공운송산업에서 항공수요는 대체로 세계 GDP 증가율과 연관성이 높다. 일반적으로 세계 GDP의 증가는 국제무역을 촉진하고, 항공화물 수요를 강화하는 데도 크게 기여한다. 항공산업은 항공기의 보유, 교체 및 추가 도입과 정비비용, 취항 공항시설의 고정비용이 높은 자본집약적 산업이며, 항공사의 수익은 기본적으로 수요와 공급의 영향을 받으므로 궁극적으로 항공사는 수급 균형을 맞추고자 노력한다. 그 밖에 유가 변동, 환율 변동, 항공유 효율성 등의 영향을 받아 수익이 변동한다. 이 절에서는 항공운송산업의 양적 및 질적 성장의 배경에 대해 알아본다.

1) 항공운송산업의 양적 성장

ICAO(2018)의 「ICAO World Civil Aviation Report 2017」에 따르면 1944년 이후부터 항공운송산업은 전 세계적으로 성장세를 지속해 왔다. 1973년 석유위기, 1981년 이란-이라크 전쟁, 걸프전쟁 등을 거쳐 2009년 세계경기 후퇴까지 여러 번의 위기가 있었음에도 민간 항공운송은 수요가 지속적으로 증가하고 있다. 1995년부터 2012년까지 RTK*가 연간 5.2%씩 증가하였고, 2016년을 기준으로 세계 항공운송 실적은 여객의 경우 3.8억 명, 7.1조 RPK*를 보였으며 화물의 경우 운송량이 약 205억 톤킬로미터였다.

*** RTK(Revenue Ton Kilometer)**
항공사의 종합적인 판매량, 즉 여객과 화물의 총수송량을 나타내는 단위이다. [(여객·수하물의 평균 중량 X 여객 수 + 화물 중량) X 수송한 거리]

*** RPK(Revenue Passenger Kilometer)**
유상여객 킬로미터로 항공사의 여객 수송량을 나타내는 단위이다. (유상 운송한 여객 수 X 수송한 거리)

또 ICAO는 2012년부터 2042년까지 연평균 여객 및 화물 운송량이 4.5%씩 증가할 것으로 예측하고 있어, 전 세계시장을 기준으로 항공운송시장의 전망은 밝은 편이라고 볼 수 있다.

2) 비즈니스 모델의 다양화

세계 항공운송산업의 성장은 저비용 항공사(LCC; Low Cost Carrier)에 힘입은 바가 컸다. LCC는 최소한의 서비스를 제공하는 대신 저렴한 운임으로 여객수요를 증대시켰다. 보잉사에 의하면 지난 10년 동안 항공운임은 연평균 약 0.9%씩 감소하였는데, 저비용 항공사와 초저비용 항공사(ULCC; Ultra-Low-Cost-Carrier)의 기여가 컸다. ICAO는 전 세계 지역 내 LCC의 점유율이 2007년 약 21%에서 2016년 약 30%로 증가하였고, 특히 아시아와 태평양 지역에서 점유율이 약 11%에서 약 27%로 가장 큰 폭으로 증가하였다고 밝혔다.

보잉사는 수년간 LCC가 성장함에 따라 LCC의 비즈니스 모델 성공전략 중 하나인 단거리 노선에서 큰 점유율을 보였다. B737 등의 기종으로 단거리 노선을 중점으로 운영한다는 전략 외에도 통로가 하나인 Single Aisle의 항공기로 기종을 표준화하고 좌석등급을 이코노미석으로 통일하여 항공기 내 좌석 수를 늘리는 전략으로 성공을 거두었다. 대표적인 사례로 사우스웨스트항공, 젯블루, 라이언에어를 들 수 있는데, 공통으로 이 항공사들은 단일 기체로 기단을 구성하여 운영의 효율성을 높이고 있다.

ULCC가 등장한 것처럼 최근 항공산업 구조와 소비자들의 이용행태가 복잡해지고 있다. 하이브리드 비즈니스 모델, 저비용 장거리 모델(LCLH; Low-Cost-Long-Haul) 등 다양한 비즈니스 모델이 등장하고 있는데, LCC의 장거리 노선 취항 또는 LCLH에 대해 보잉사는 LCC의 성공전략에 적합하지 않으며 운영상 어려움이 있다고 분석하였다. 장거리 노선은 단거리 노선보다 추가적으로 준수해야 할 규정이 더 많고, 항공기의 사용횟수가 떨어지며 효율성이 낮고, 연료공급과 운영 비용을 고려하였을 때 비용우위 또한 줄기 때문이다. 그럼에도 2007년 이후 시장에 LCLH를 모델로 한 항공사가 15개나 신규 진입하였다.

CAPA*(2016)는 북미지역의 하이브리드 모델에는 이미 LCC와 FSC의 속성이 많이 혼합되었으므로 '하이브리드'라는 용어 자체가 구식이라고 언급하지만 세계적으로 하이브리드 항공사를 표방하는 항공사들은 지속적으로 나타나고 있다. Bogdan AVRAM*(2017)이 정의한 바에 따르면, 하이브리드 항공사 모델은 LCC와 FSC의 핵심 요소들을 갖고 있다. 예를 들어 LCC의 가격과 FSC의 가치의 균형점을 찾아내어 제공한다. 이와 같이 항공시장 내에서 FSC와 LCC로 명확히 구분되던 비즈니스 모델의 경계가 모호해지고 다변화하는 중이다.

3) 저비용 항공사의 장거리 노선 확장

LCC가 장거리 노선을 확장해 나간 데는 타 항공사와의 협력 외에 항공기 기술발전의 기여가 컸다. 에어버스사에 따르면 국내선과 지역 내 노선의 공급량을 볼 때 2007년에 비해 2017년에는 LCC의 장거리 운항이 증가하고 LCC와 ULCC의 점유율이 높아졌다. 이러한 변화는 항공기의 항속거리와 용량(좌석수)의 증가 등 항공기 성능의 발전에 의한 것이다.

4) 항공운송산업의 기술혁신

항공운송산업은 항공기 제작기술의 발전에 힘입어 다양한 전략을 시행할 수 있게 되었다. 항공기 사용산업은 저소음 고효율 항공기를 구입하여 장거리 노선을 효율적으로 운영하고, 드론의 개발과 상용화, 수직이착륙 항공기의 개발과 성공적인 시범운행 등으로 인해 확대되고 있는 추세이다.

(1) 미래형 초음속 여객기의 개발 착수

앵글로 프렌치(Anglo-French)사가 개발한 초음속 비행기의 한 모델이 콩코드(Concorde) 비행기이다. 초음속 비행기 중 콩코드만이 유일하게 상용화되어 영국항공과 에어프랑스에서 운항되었다. 영국과 프랑스는 공동투자를 하여

---

* **CAPA** 세계 최대 항공 컨설팅 전문기업(Centre for Asia Pacific Aviation)
* **Bogdan AVRAM** 독일의 항공 마케팅 전문가

1950년대 말부터 1970년까지 총 20대를 생산하였는데, 콩코드 비행기는 최대 마하수 m=2.2까지 낼 수 있어 일반 여객기가 대략 7시간 걸리는 노선을 3시간 30분 만에 갈 수 있었다고 한다.

그러나 혁신적인 시간절약이 시장성장으로 이어지지는 못하였는데, 낮은 연비, 높은 투자비와 유지비, 사고로 인한 승객 감소, 잦은 고장, 소음공해 등의 문제가 있었다. 항속거리가 짧은 점도 한몫을 하였는데, 항속거리가 7250km로 대서양 횡단은 가능하지만 태평양 횡단이 불가능하여 노선 확장에 어려움을 겪었다(인천-로스앤젤레스 9613km). 미국은 1971년 초음속기가 여객기로서 실용성이 없다고 판단하여 초음속기 개발을 공식적으로 포기하였는데, 현재 변화가 생겼다. 보잉과 록히드 마틴, 걸프스트림 이 세 회사가 NASA의 기술 도움을 받아 미래형 초음속 여객기를 개발하고 있다.

(2) 차세대 와이드 바디 및 고효율 항공기의 도입

최근 항공업계에서는 합작투자(Joint Venture)를 통한 노선 효율화, A350과 B787 등 중형 항공기 중심의 장거리 운항이 주를 이루고 있으며, A320NEO와 B737MAX 등 소형기의 항속거리 증대 등으로 비용구조 및 노선의 변화가 일어나고 있다(2021년 기준). 기체 제조업체는 항공기의 무게를 줄이기 위해 설계된 신소재 사용을 개발하고 있으며, 엔진 제조업체는 더 높은 추력, 더 효율적인 엔진을 성공적으로 개발하였다. 이러한 효율성의 향상은 연료연소, 유지보수 비용, 중량, 엔진추력 비용을 크게 줄인다.

보잉사의 B787 기종과 B727-MAX, 에어버스사의 A350, A350-ULR(Ultra Long Range), 봄바디어(Bombardier)사의 CS300 등 차세대 항공기가 국내외로 인도되고 있다. 해당 항공기들은 기체제작 시 신소재를 사용하고, 공기역학적 디자인으로 항속거리가 길며, 연료효율및 기내 환경을 개선한 모델이다.

특히 주목받고 있는 차세대 항공기는 싱가포르가 에어버스사에 주문 · 제작한 A350-900ULR(Ultra Long Range) 기종인데, 이 항공기는 A350-900에 연료탱크 용량을 증가시켜 약 20시간 이상, 17,000km까지 비행이 가능하다. 싱가포르항공은 2018년 10월 싱가포르-뉴욕 구간 비행에 A350-900ULR 기체 운용을 시작하였다. 이 구간의 비행시간은 약 18시간 45분, 비행거리는 약 15,289km 이다.

이후 2019년 콴타스항공은 시드니-뉴욕, 시드니-런던 구간 최장거리 비행시험인 선라이즈 프로젝트(Project Sunrise)에서 B787-9 드림라이너 기종을 운행하였다. 시드니-런던 구간은 약 17,800km로 비행시간만 약 19시간 19분이다. 콴타스항공은 시험비행 후에도 해당 구간을 정기적으로 운항할 계획이라고 발표하였고, 보잉사와 에어버스사의 차세대 고효율 항공기는 최장거리 노선운영에 활용되고 있다. 항공기 사양이 좋아짐에 따라 항공사들이 이를 활용할 수 있는 방안이 늘고 있으며, 이를 통해 이용자들에게도 다양한 선택권이 주어지고 있다.

(3) 도심항공 모빌리티 시장의 성장

도심항공 모빌리티(UAM; Urban Air Mobility) 시장은 2020년대 초반에 생태계가 형성되어 계속적으로 성장, 발전하여 2030년경에는 615억 달러 규모로 증가할 것으로 예측된다. UAM은 3차원 공간을 활용해 도시의 교통혼잡을 해소하며, 항공교통 서비스 시장에서 75%(461억 달러), 인프라 및 비행체의 25%(154억 달러)를 점유하고 있다(한국교통연구원, 2019).

모건 스탠리는 도심항공 모빌리티 및 관련 서비스 시장이 2035년 1만 6000대 규모의 시장으로 성장하며 2040년에는 약 1.5조 달러 수준으로 도약할 것이라고 예측하였다. 에어버스, 보잉 등 항공기 제작사, 현대, 도요타, 아우디 등 자동차 제작사, 이항(EHang, 億航), 볼로콥터 등 벤처기업이 기종 개발을 진행 중이며, 2020년을 기준으로 전 세계 약 130개 회사에서 약 300개 기종을 개발하고 있다.

그중 에어버스사의 소형 항공기를 활용한 도심교통망 구축에 귀추가 주목된다. 2017년 미국 오리건주에서 비행기와 헬리콥터를 혼합한 개인용 비행택시인 '바하나(Vahana)'의 시험비행에 성공하였고, 2018년 1월에는 1인이나 화물을 실을 수 있는 수직이착륙 전기 항공기(eVTOL; Electric Vertical Take-off and Landing)의 시범비행을 마쳤으며, Tilt-Wing과 배터리 동력을 활용하여 이륙(Hovering)이 가능한 중거리 항공기체를 선보였다. 에어버스사는 파리 공항공단(ADP) 및 파리 교통공단(RATP)과 협업하여 2024년 실제 운항을 목표로 한다고 발표하였다.

포르쉐 컨설팅(Porsche Consulting)사는 eVTOL을 활용한 모빌리티 서비스에 주목하고 이를 검토한 보고서 「The Future of Vertical Mobility」를 발표하였다. 이에 따르면 eVTOL은 초반에는 도심부 내에서 공항셔틀로 활용을 시작하고 정착 단계를 거쳐 다른 두 도시 간 통행까지 서비스 영역을 확장할 계획을 추진하고 있다. 향후 eVTOL 운영에 필요한 기반시설을 구축하는 데 공공의 역할이 중요함을 강조하며, 2035년까지 1만 5000대의 eVTOL을 보유하고 2025년까지 210억 달러 규모의 시장이 형성될 것으로 예측하였다.

eVTOL은 기존 항공운송사업 내 소비자를 대상으로 하지 않고 에어택시 잠재 수요를 가진 이용자를 대상으로 새로운 시장을 창출해 낼 것으로 전망된다.

(4) 수직이착륙 및 하이브리드 항공기의 개발

최근 들어 수직이착륙(VTOL; Vertical Take-off and Landing) 항공기의 개발과 운영이 활기를 띠기 시작하였다. VTOL 항공기는 항공기의 수직이착륙 기체나 그 기능이 있는 기체를 통칭한다. 활주 없이 제자리에서 이륙하고 공중에 정지한 지점에서 바로 착륙할 수 있는 비행체로 비행택시, 에어택시, 항공택시라고도 불린다.

Boykov/Shutterstock.com

볼로콥터(Volocopter)

2011년 독일에서 설립되어 수직이착륙(VTOL) 전기항공택시 개발을 선도하며 도심항공 모빌리티(UAM) 구축에 주력하는 항공기 개발사이다. 영국의 스타트업 건축회사 Skyports와 협업하여 이착륙 인프라 콘셉트 발표 후 싱가포르에서 2019년에 열린 ITS 세계대회에서 시범운영을 하였다.

이 항공기는 한 번 충전으로 갈 수 있는 거리가 최장 35km이며, 최고속도는 시간당 110km이다. 볼로콥터사는 볼로드론(VoloDrone)이라는 상품 운송용 드론을 개발하여 지속적으로 시범운행을 실시하고 있다. 볼로콥터사의 누적 투자금액은 2021년 3월 3억 9,800만 달러(약 4300억 3600만 원)로 향후 2년 안에 친환경 에어택시 상용화와 노선을 개통하겠다는 목표를 달성할 것으로 전망된다.

VanderWolf Images/Shutterstock.com

에어택시 산업에서 세계 최초로 '자율주행' 기술을 선보인 뉴질랜드 키티호크(Kitty Hawk)사는 자율비행 항공기 코라(Cora)로 2021년 VTOL을 상용화하겠다는 목표를 밝혔고, 일본 도요타가 신생 스타트업을 지원하여 VTOL 항공기를 도쿄올림픽에서 활용하겠다고 밝혔다. 두바이 도로교통청(RTA)은 VTOL을 대표 교통수단으로 활용하는 방안을 추진 중이며, 독일은 볼로콥터를 시범운영하며 그 성능과 효과를 테스트하고 있다. 볼로콥터는 2019년 유럽항공안전청(EASA)으로부터 자사 2인용 에어택시인 eVTOL(Electric VTOL)의 상업적 운행허가를 받았다.

수직이착륙을 활용한 모빌리티 서비스 제공을 위해 기체 제작사, 자동차 기업, 모빌리티 공유기업 등 다양한 기업들이 협업을 하여 우버(Uber), 에어버스

(Airbus), 포르쉐(Porsche), 나사(NASA) 등의 사업자들이 대거 시장에 진입하고 있다.

우선 세계적인 모빌리티 플랫폼 기업인 우버는 우버 엘리베이트 프로젝트(Uber Elevate Project)를 통해 eVTOL 항공기를 활용한 도심지역 모빌리티 서비스 제공을 목표로 UberAir 서비스를 추진하고 있다. 우버는 UberAir의 추진 현황 및 서비스 방향을 주제로 2017년 댈러스, 2018년 LA에 이어 2019년에는 워싱턴 DC에서 Uber Elevate Summit을 개최하였다.

2018년에는 협력 제조사와 실물안을 공개하면서 활용 항공기 및 스테이션 콘셉트를 구체화하였고, 2019년 댈러스에서의 구체적인 시범운영 계획 및 기체 내부 디자인, JUMP bike 등 개인 교통수단과의 연계 방안 등을 제시하였다. 우버는 다섯 곳의 항공기 제작사와의 협업하에 2021년 이후 시범 서비스 제공을 목표로, 미국 연방항공청(FAA)과 항행 규정을 협의하며 구체적 추진방안을 모색하고 있다.

VTOL의 개발에 힘입어 항공기 시스템의 전기화, 전기 추진 연구, 전기 또는 하이브리드 항공기 설계에 대한 투자가 증가하고 있다. 항공기 제조업에서는 초음속 여객기, 에어택시 서비스를 위한 eVTOL 개발이 큰 이슈로 떠오르고 있다. 보잉과 에어버스의 항공기 제조업 서비스 사업자가 핵심 기술을 보유한 신생 스타트업을 지속적으로 인수하면서 미래 기술 서비스 선점을 위한 기반을 구축

Arnold O. A. Pinto/Shutterstock.com

표 1.11 수직이착륙 전기 항공기 프로젝트

프로젝트	유형	종류	시장진입 목표연도
Airbus/Siemens/Rolls Royce E-Fan X	Hybrid-Electric*	Large Commercial Aircraft*	2030
Nasa X-57 Maxwell	Electric*	General Aviation/ Recreational Aircraft*	2021
Boeing Sugar VTOL	Hybrid-Electric	Large Commercial Aircraft	2030~2050
Uber Elevate	Electric	VTOL*	2023
Lilium	Electric	VTOL	2025
Wright Electric/Easy Jet	Electric	Large Commercial Aircraft	2027

자료: ICAO(2019), Electric and Hybrid Aircraft Projects

하는 가운데 ICAO는 최근 항공기 시스템을 전자화하고 전기 항공기 또는 하이브리드 항공기를 개발하는 항공기 제작사가 증가하고 있다고 밝혔다.

이러한 동향은 드론에만 한정되는 것이 아니라, 일반 항공기, 레크리에이션용 항공기, 대형 상업용 항공기 등에서 전반적으로 나타나고 있다. 해당 항공기들은 대부분 2020년에서 2030년 사이를 목표로 하여 개발되고 있으며, 그중 4개 프로젝트(릴리움, 시티 에어버스, 보잉 오로라 eVTOL, 바이 항공우주 썬 플라이어)는 2019년 첫 비행에 성공하였다.

수직이착륙 전기 항공기는 세 범주로 나뉘는데, 일반 항공/레크리에이션 항공기 범주에는 MTOW(Maximum Take-off Weight, 최대이륙중량)가 300~1000kg이고 주로 두 개의 좌석 용량을 가지며 이미 생산되고 인증된 항공기가 포함된다.

비즈니스 및 지역 항공기 범주에 속하는 항공기는 좌석 용량이 증가(약 10좌석)하여 1000km에 가까운 장거리 비행을 할 수 있다. 대형 상용 항공기 범주는 100~135의 좌석을 장착하고 2030년 이후 서비스 제공을 목표로 하며, 하이브

* **Hybrid-Electric** 전기와 휘발유 등 두 종류 이상의 동력원을 사용하는 방식
* **Electric** 전기를 동력원으로 사용하는 방식
* **Large Commercial Aircraft** 대형 상업용 항공기
* **General Aviation/Recreational Aircraft** 일반 항공/레크리에이션 항공기
* **VTOL** 수직이착륙(Vertical Take-off and Landing) 항공기

리드 전기 및 단일 통로 항공기에 초점을 맞춘 법안 발의가 진행 중이다.

(5) 메가캐리어의 등장

메가캐리어(Mega Carrier)란 '메가급 항공사'라는 뜻으로 자산의 규모와 안정적인 노선, 항공기 대수가 일반 항공사보다 월등한 항공사를 지칭하는데, 보통 항공사들이 인수합병을 하면서 메가급 항공사가 출현하게 되었다.

Mega + Carrier = Mega Carrier

유럽과 미국 등 대형 항공시장에서는 이미 대형 항공사 간 합병이 빈번하게 이뤄지고 있다. 2004년 네덜란드 국책 항공사 KLM이 프랑스 국책 항공사 에어프랑스에 인수되어 탄생한 에어프랑스-KLM 지주사는 183개 도시에 취항하는 대표적인 메가캐리어이다. 또 2009년에는 오스트리아항공이 독일 루프트한자 산하로 들어가고 스페인 국영 이베리아항공이 영국의 브리티시에어와 합병하였다. 미국에서는 이런 추세가 더 뚜렷하게 나타나 노스웨스트, 콘티넨털 등 대형 항공사들이 모두 델타항공에 흡수되었다.

한편 그동안 우리나라는 대한항공과 아시아나항공의 장거리 노선이 겹치면서 출혈 가격경쟁이 벌어져 왔다. 대한항공이 중장거리에 집중하고 아시아나항공이 중단거리에 집중하는 방식을 취해 덤핑처럼 이루어지고 있는 가격경쟁을 줄이면, 양사 재무구조에 도움이 될 것으로 보인다.

대한항공과 아시아나항공의 양사 합병에 대한 시장의 평가는 일단 긍정적이지만, 중단거리 노선을 중심으로 활동하고 있는 LCC에는 양사 합병이 날벼락이나 다름없다. 아시아나항공이 중단거리 노선에 집중한다면 말 그대로 초대형 경쟁자를 만나는 셈이기 때문이다. 특히 규모와 수준이 대형 항공사에 육박하고 있는 제주항공의 타격이 적지 않을 것으로 예상된다.

이로 인해 국내 항공업계에는 대대적인 지각변동이 발생할 것으로 보인다. 대한항공의 아시아나항공 인수로 세계 7위권의 초대형 국적 항공사가 등장하기 때문이다. 두 항공사의 합병으로 예상되는 연매출은 약 20조 원, 보유 자산은 40조 원대, 본사 직원은 약 3만 명, 항공기 보유대수는 250여 대로 늘어난다.

이는 글로벌 대형 항공사인 에어프랑스(약 220대), 독일 루프트한자(약 280대)와 맞먹는 규모이다. 항공업계에서는 두 항공사의 합병을 '규모의 경제' 측면에서 긍정적으로 평가한다. 통합 항공사는 연간 3000억 원 규모의 시너지를 낼 것으로 예측되는데, 이는 수익증대와 각종 비용절감을 추산한 값으로 주요 항목은 리스료, 이자비, 보험료, 항공정비와 같은 공동사업이다.

구분	대한항공	아시아나항공
보유 항공기	173대	86대
자산	26조 6801억	13조 4009억
임직원	1만 8681명	9079명
매출(2019년 기준)	12조 6800억	6조 9600억
점유율(2020년 상반기 국제선 기준)	20%	14%

그림 1.6 대한항공과 아시아나항공의 기업 개요
자료: 뉴데일리 경제(2020.12.31.) 내 표 재구성

공항 기능과 주요 시설 | 공항의 기능 | 공항의 구역 | 공항의 주요 시설

국내공항과 인천국제공항 | 국내공항 현황 | 인천국제공항 현황

주요 국제 허브공항 | 동북아시아의 주요 허브공항 | 동남아시아의 주요 허브공항 | 서남아시아의 주요 공항 | 유럽의 주요 허브공항 | 미국의 주요 허브공항

공항코드와 특징 | IATA 코드 | ICAO 코드

Chapter 2

국내공항과 외국공항

CeltStudio/Shutterstock.com

1.
공항 기능과 주요 시설

공항(空港, Airport)은 상업용 제반 항공기의 발착에 필요한 활주로, 유도로, 주기장, 항행 안전시설 등을 갖춘 비행장을 의미한다. 주로 여객기·화물기 등의 항공기 이착륙에 이용하며, 공항시설의 확장은 대부분의 도시에서 요청된다. 세계에서 가장 오래된 공항이 어느 공항인지에 대해서는 논쟁의 여지가 있지만, 1909년 라이트 형제가 설립한 미국 메릴랜드주의 칼리지 파크 공항이 현재 운영 중인, 세계에서 가장 오래된 이착륙장으로 간주된다. 한편 미국 애리조나주의 비스비 더글러스 국제공항은 1943년 프랭클린 D. 루스벨트에 의해 미국 최초의 국제공항으로 선언되었다.

공항에는 비행기가 뜨고 내릴 수 있는 활주로가 있어야 하며, 여객시설을 갖춘 터미널, 출·입국 관리의 3대 업무인 세관, 출입국관리, 검역을 위한 시설이 있어야 한다. 공항은 그 특성상 세관, 출입국기관, 경찰당국, 검역기관 등 각종 정부기관 출장소가 모여 있어 '작은 정부'라고도 불린다.

우리나라의 인천국제공항은 대략 하루에 1000회 이상의 운항을 처리할 수 있는 운항처리능력을 갖추었으며, 항공화물은 130만 톤, 여객수용능력은 연 2300만 명으로, 국제공항으로는 세계 1위 서비스를 자랑한다. 또 세계공항서비스평가(ASQ; Airport Service Quality) 및 국제공항협의회(ACI; Airports Council International)가 주관한 공항 서비스 평가에서 12년 연속해서 1위를 차지하였다.

1) 공항의 기능

일반적인 공항은 상업적 항공운송이나 항공기 업무보다는 항공운항 자체를 목적으로 한다. 주요 국제공항은 다양한 지역을 연결하는 국제 및 국내 서비스를 제공하는 데 목적이 있으며, 주요 지역공항은 공항 환승을 포함한 단거리 국제선과 국내 서비스 제공에 목적을 둔다.

2) 공항의 구역

(1) 랜드 사이드(Land Side)

화물과 여객의 처리시설, 주차장, 기타 부대시설 등이 있는 구역을 랜드 사이드라고 한다. 일반인이 자유롭게 출입할 수 있는 음식점 등이며 이외에 항공사 탑승수속 카운터, 수하물 보관소, 카페, 항공사 사무실이 포함된다.

(2) 에어 사이드(Air Side)

항공기의 이착륙을 위해 필요한 활주대, 착륙대, 유도로, 주기장을 포함한 구역으로 출입국 심사 지역을 경계로 일반인의 접근이 금지된 구역을 말한다. 에어사이드 안에는 면세점, 탑승게이트, 활주로, 유도로, 관제탑 같은 공항의 핵심 시설이 있다.

그림 2.1 공항의 구역 구분

3) 공항의 주요 시설

항공사에는 다음과 같은 7가지 주요 영역에서 서비스를 제공하기 위한 핵심 기반시설로 여객터미널, 계류장, 활주로, 유도로, 세관(Customs), 출입국관리(Immigration), 검역(Quarantine) 시설이 필요하다.

(1) 여객터미널

여객터미널은 승객이 이용할 수 있는 각종 시설과 항공기가 대기할 수 있는 계류장으로 구성되고 랜드 사이드와 에어 사이드로 구역이 나뉘는데, 이 구분은 출국심사대를 기준으로 한다. 랜드 사이드에는 승객이 출국심사대를 통과하기 전, 일반인이 자유롭게 출입할 수 있는 음식점과 항공사 탑승수속 카운터, 수하물 보관소, 카페, 항공사 사무실이 포함된다.

승객이 출국심사를 받고 난 후에는 에어 사이드로 들어가게 되는데, 에어 사이드에는 항공기의 이착륙에 필요한 활주로, 착륙대, 유도로, 주기장, 면세점, 관제탑 등이 포함된다. 이 구역은 일반인의 접근이 금지되고 인천공항의 허가증이 있어야 출입할 수 있는 곳으로, 항공사 직원들도 맡은 업무에 따라 출입하는 지역이 구분되며, 대부분의 지상직 직원은 에어 사이드 안의 항공기 운영에 필요한 모든 구역의 출입에 대해 사전승인을 받은 패스를 발급받게 된다.

d3sign/Getty Images

Jongcheol Park/EyeEm/Getty Images

■ **제1 여객터미널**

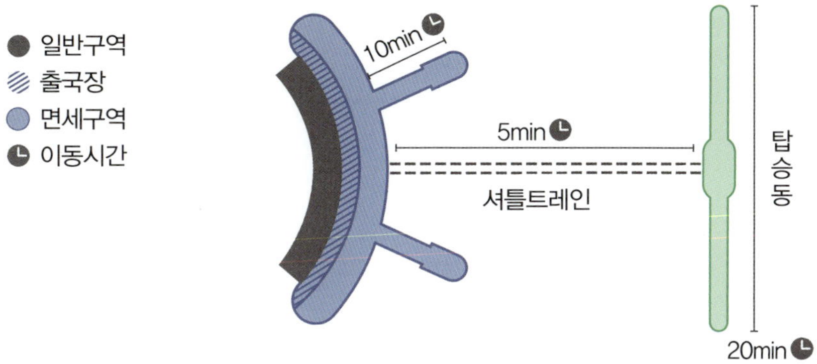

그림 2.2 제1 여객터미널 구조

제1 여객터미널은 현재 대한항공을 제외한 국내항공사와 외국항공사 등이 사용하는 터미널이며, 그림 2.2와 같이 여객동과, 셔틀트레인을 타고 5분간 이동해서 도착하는 탑승동으로 구성되어 있다.

■ **제2 여객터미널**

이 터미널은 2018년 1월 18일에 개장하였으며 380,000m² 면적에 지하 2층, 지상 5층의 건물로 유선형으로 길게 펼쳐져 있다. 활주로 간 이동로가 합동청사 남쪽에 위치하여 자동차를 탄 방문객은 공항 진입도로에서 거대한 비행기가 이동하는 모습을 눈앞에서 보는 특별한 경험을 할 수 있다. 또 우리나라에서 처음 선보인 원형검색기에 의한 보안검색도 원활히 운영되고 있다.

제2 여객터미널은 대한항공, 에어프랑스, 델타항공, KLM 등이 속한 항공사 동맹체인 '스카이팀(SkyTeam)'이 이용하는 터미널이다.

JackPark/Shutterstock.com

여객동에서 탑승동으로 이동하는 셔틀트레인

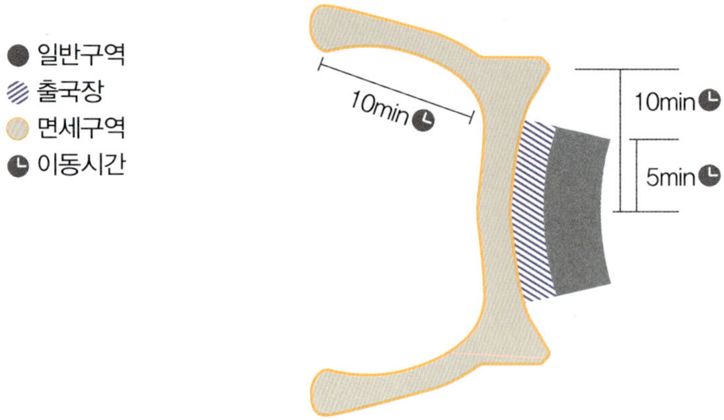

그림 2.3 제2 여객터미널 구조

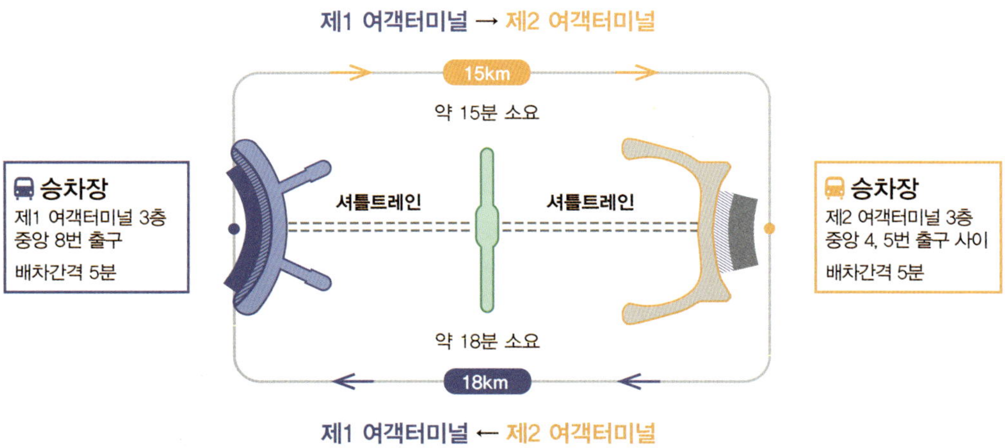

그림 2.4 제1 여객터미널과 제2 여객터미널 간 이동

제1 여객터미널로 환승하는 승객은 6분 간격으로 운행하는 셔틀트레인으로 1터미널과 탑승동으로 이동할 수 있다. 여객터미널 간의 이동 시 공항 셔틀버스를 이용할 수도 있는데, 보안검색을 통과한 에어 사이드 안쪽에서는 셔틀트레인으로 이동해야 하며, 공항 셔틀버스는 승객 수속 전 이동수단으로 사용된다.

2018년 1월 13일 공항철도가 인천공항 2터미널역까지 연장 개통하여 공항철도로도 인천공항 1터미널에서 2터미널로 이동하는 것이 가능해졌다.

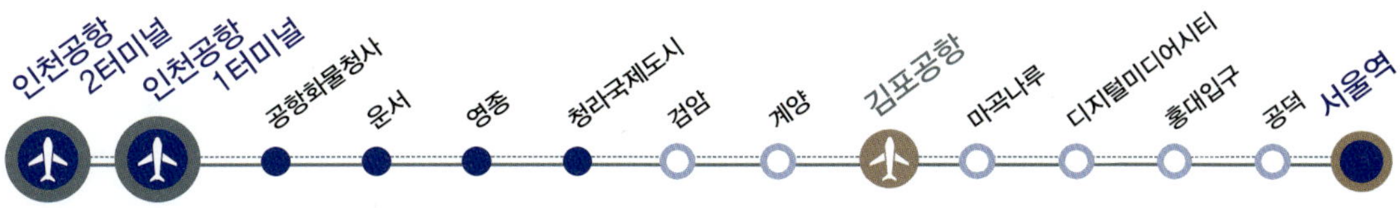

그림 2.5 서울역~인천공항역 구간 지하철 노선도

(2) 계류장

계류장(Apron)이란 공항 내에서 승객의 탑승과 하기, 화물과 우편물의 적재 및 적하, 급유, 항공기의 제·방빙, 정비 등의 목적으로 설정된 구역을 말한다. 주기장(駐機場)은 항공기의 주기를 위해 계류장 위에 지정된 구역을 말하는데, 공항에서 비행기가 출발 후 또는 착륙 후 활주로에서 항공기가 정지하는 장소로 게이트로 연결되는 탑승교가 접현되면서 항공기에 탑승할 수 있다.

■ 인천국제공항 계류장 현황

- 제1 여객터미널: 여객계류장 60개소, 접현계류장 44개소, 원격계류장 16개소, 화물계류장 24개소
- 탑승동: 여객계류장 49개소, 접현계류장 30개소, 원격계류장 19개소, 화물계류장 12개소
- 제2 여객터미널: 여객계류장 54개소, 접현계류장 37개소, 원격계류장 17개소, 화물계류장 11개소

Keitma/Shutterstock.com

Stock for you/Shutterstock.com

Photo Atrium/Shutterstock.com

travelview/Shutterstock.com

(3) 활주로

활주로는 항공기가 이착륙에 필요한 추진력을 내기 위해 특수제작된 긴 직선도로이며, 공항 터미널과 함께 공항의 필수 요소이다. 군사용이거나 개인 경비행기 이륙용이 아닌 여객기와 화물기용 활주로는 횡렬로 길 뿐 아니라 면적도 넓다. 활주로는 외견상으로는 아스팔트를 깔아 놓은 크고 긴 도로로 보이지만, 이륙이나 착륙 시 비행기가 지면에 가하는 강한 충격을 견디기 위해 매우 단단하게 설계되며, 눈이 올 때 눈을 녹여 줄 열선도 정비되어 있다.

활주로의 길이에 따라 운행할 수 있는 항공기 기종이 달라지며, A380과 B747 같은 거대한 기종일수록 활주로의 길이도 길어진다. 만약 기종과 맞지 않는 활주로에 착륙하면 오버런(Over-run; 활주로 이탈) 사고가 발생하여 대형 참사로 이어질 수 있다.

활주로는 길이나 면적만이 아니라 토목 하중도 매우 중요하다. 국토교통부의 골재 품질기준은 도로용, 성토용, 도로보조기층용, 동상방지층, 차단층용에 따라 각각 다른데, 노반과 노상 등에 있어 활주로 겸용 도로는 일반 도로와 다르게 설계된다. 활주로는 밤에도 사용할 수 있도록 전면에 유도등이 설치되며, 높이에 따른 색상 변화로 적정 고도를 알려 주는 파피라이트도 설치된다.

B737 정도의 제트엔진이 장착된 소형 여객기를 띄우기 위해서는 최소 1500~2000m, B747을 위해서는 2500m의 활주로가 필요한데, 장거리 비행을 위해 연료를 가득 실었다면 3000m의 활주로가 필요하다. 대부분의 거대규모 국제공항에선 B747만이 아니라 A380과 같은 초대형 비행기도 이륙해야 하는 경우가 많아 4000m 이상의 활주로가 최소 1개소 이상은 마련되어 있다.

■ **활주로의 구역 표시**

활주로는 통상적인 활주로 구간과, 블래스트 패드와 이설시단의 두 구간으로 나뉜다.

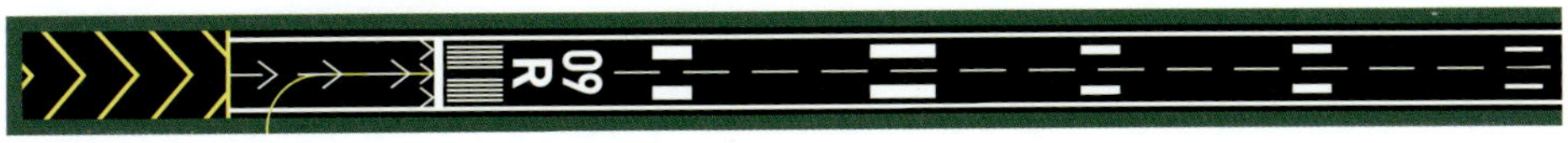

■ **블래스트 패드(Blast Pad)**

대형 항공기가 이착륙하는 활주로의 양쪽 끝에 표시되어 있다. 착륙 시의 오버런과 같은 비상상황을 대비하여 설치된 여분 공간이며, 통상적인 운행 시에는 이 구간으로 접근하는 것 자체가 금지된다. 또한 일부 대형 항공기의 제트 엔진에서 분출되는 배기가스로부터 활주로를 보호하기 위한 목적도 있다.

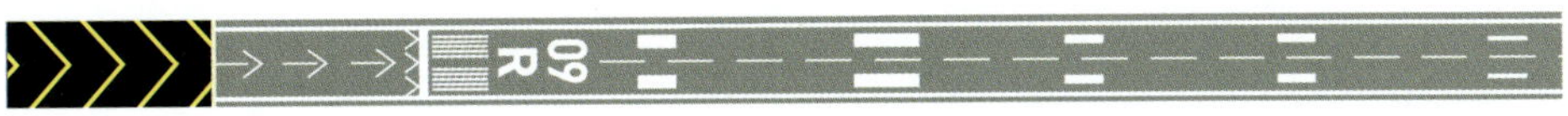

■ **이설시단(Displaced Threshold)**

이륙을 위한 추가 공간이 필요할 때는 이 공간을 사용할 수 있지만, 이 지점을 목적지로 착륙하는 것은 금지되어 있다. 다만 반대편에서 착륙을 시작하고, 터치다운 후 감속을 위해 이설시단까지 활주하는 것은 허용된다. 이설시단은 활주를 개시한 위치 주변에 장애물이 존재하여 기종에 따라 착륙이 불가능할 때 사용하거나 소음을 줄이려는 등의 목적으로 만든다.

또 지속적인 터치다운으로 활주로에 지반 침하가 발생한 경우 침하된 부분을 보수하며 활주로의 터치다운 존을 앞쪽으로 이동시킨다. 이 영역을 잘 활용하면, 장거리 운행을 위해 연료를 가득 채운 비행기의 활주거리가 넓어져 본래라면 뜨지 못하였을 비행기도 이륙할 수 있다. 세계에서 가장 긴 이설시단이 있는 활주로는 인디라 간디 국제공항의 11/29 활주로이다.

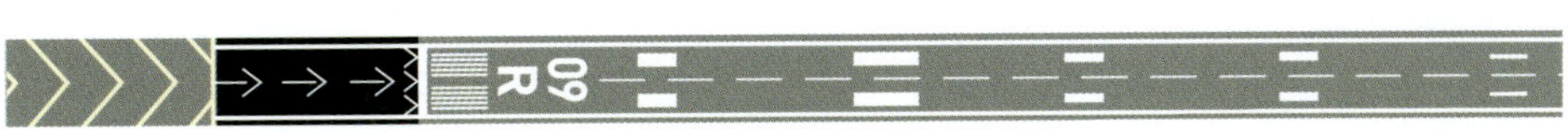

■ **활주로 노면 표시**

- 시단(Threshold): 이륙을 시작하는 지점이며, 줄의 개수로 활주로의 폭을 나타낸다. 줄 8개는 활주로 폭이 30m, 12개는 45m, 16개는 60m이다.
- 터치다운 존(Touch Down Zone): 착륙을 시작하는 지점이다.
- 고정거리 선(Fixed Distance Marks): 활주로 양끝에 설정된 선으로 활주로에서 남은 거리를 나타낸다. 직선들 간의 거리는 활주로 중심 기준으로 일정하게 설계된다.
- 중앙선(Center Line): 이 중앙의 점선에 중앙 유도등이 설치된다. 활주로 폭의 정중앙을 이은 선이다.

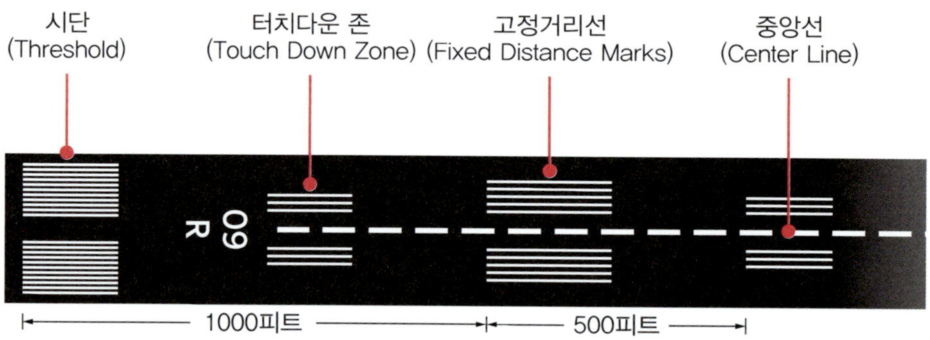

■ **활주로 방위 표시**

위의 활주로 노면 그림에 적힌 숫자 '09'는 방위를 36등분하여 360도로 볼 때 자북*을 0으로 잡고 시계방향으로 90도 위치, 즉 정동쪽을 가리킨다. 이 활주로를 통해 이륙하게 되면 동쪽으로 나가게 된다. 또한 알파벳 'R'(Right)은 평행활주로에서 활주로가 우측에 있음을 가리킨다.

단수 활주로(1개 활주로)에는 L과 R의 표식이 없다. 활주로가 2개 있는 경우 L과 R을 숫자 뒤에 붙여 구분하고, 3개 이상부터는 중앙 활주로에 C를 붙이거

*** 자북(Magnetic North)**
자석의 바늘 또는 나침반이 가리키는 북쪽이 자북이고 경년 변화가 나타나고 있으며, 우리나라에서는 진북으로부터 서쪽으로 6~7° 기울어져 있다.

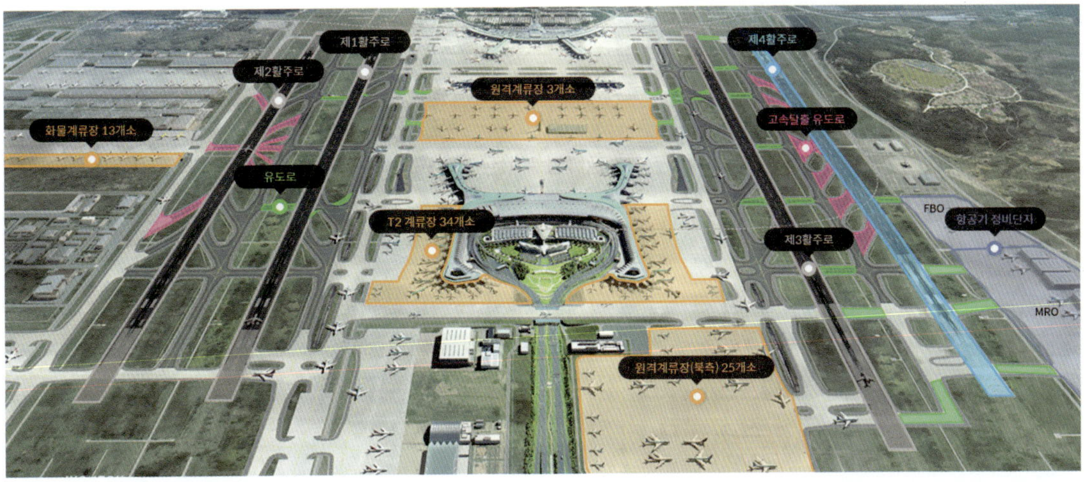

그림 2.6 공항 내 활주로 위치 예시

자료: 인천공항공사 홈페이지

나 완벽히 평행하더라도 조금씩 숫자를 바꿔 가며 명명한다. 예를 들어 싱가포르 창이 국제공항의 활주로는 02L, 02C, 02R로 표시되며 인천국제공항의 활주로는 33L, 33R, 34L, 34R 등으로 표시되어 있다.

(4) 유도로

항공기의 지상 주행 및 비행장의 각 지점 이동이 가능하도록 설정된 항공기 이동로이며, 계류장 유도로와 직각유도로, 평행유도로, 고속탈출 유도로가 있다.

zeynep boğo çlu/Getty Images

amriphoto/iStock/Getty Images Plus

(5) 세관

CIQ는 세관(Customs), 출입국관리(Immigration), 검역(Quarantine)의 머리글자를 딴 약칭으로 공항을 통해 입출국할 때 반드시 거쳐야 하는 세 가지 통관절차이다. 이 단계에서 해외로부터 유입될 수 있는 각종 질병을 차단하고 국제 범죄나 테러를 원천적으로 봉쇄하는 출입국관리가 이루어진다.

출발지에서 별도의 수하물로 탁송한 짐들이 엑스레이 검사를 마치고 나오게 되는데, 엑스레이 검사에서 점검이 필요하다고 판단되면 재검사가 실시되며 그에 따른 페널티를 지불해야 한다. 검사를 통과한 짐에는 세 가지 색상의 태그가 부착된다. 빨간색 태그는 위험물이 들어 있을 것으로 의심되는 짐, 노란색 태그는 면세 허용치 이상의 물품이 들어 있을 것으로 예상되는 짐, 초록색 태그는 반입금지 동식물이 들어 있을 것으로 의심되는 짐을 각각 나타낸다.

세관신고가 필요한 물품은 신고하고 세금을 내는 것이 합법적, 일반적인 절차이지만, 이를 지키지 않고 해외에서 고가에 구매한 면세품(Tax Free)을 신고하지 않고 입국하는 경우가 종종 있다. 자진신고를 하면 세액의 30%(최대 15만원 이내)를 감면받지만, 자진신고를 하지 않았다가 적발되면 불이행 가산세로 세액의 40%를 추가 납부해야 한다.

(6) 출입국관리

여권을 위조하고 신분을 속여 밀입국을 시도하는 범죄자나 불법체류자를 적발해 내는 곳이다. 우리나라를 출입국하는 사람들의 명단을 관리하는 정보분석과, 입국재심과, 감식과와 같은 부서가 있다.

(7) 검역

무빙워크를 타고 검역대 앞으로 이동하는 동안 검역대에 설치된 센서가 여행객의 체온을 감지하고 검역관이 모니터링하는 방식으로 고열이나 설사 등 전염병으로 옮길 수 있는 바이러스 보유자를 격리, 감독하기 위해 검역과정을 거친다.

동식물 반입에 대한 검역은 농림축산검역본부에서 담당한다. 허가받지 않은 동식물이나 육가공품 등의 반입이 철저히 금지되는 이유는 우리나라의 국민이나 자연생태계에 교란을 일으킬 수 있는 전염병균을 보유하고 있을 수 있기 때문이다. 동남아시아의 망고나 소시지, 홍콩의 비첸향 육포 등이 많이 적발된다.

Special Section 1

공항운영증명제도

공항을 운영하기 위해서는 공항운영증명*을 취득해야 하며 관련된 기준은 공항시설법 제38조, 동법 시행령 제47조와 시행규칙 제30조에 명시되었다.

국제 규정(ICAO Annex 14)에 의하여 국제 운영을 위한 비행장은 2003년 11월 27일 이후 공항운영증명제도 도입을 의무화하였고, 국내 규정으로는 항공법 제111조 2에 의하여 국토해양부령이 정하는 바에 따라 공항을 안전하게 운영할 수 있는 체계를 구비하고 있음을 증빙해야 한다. 또한 공항안전운영기준(AOS)(국토해양부 고시)에 따른 체계가 필요하다.

이 제도는 국제적으로는 1972년 미국에서 최초로 시행되고 2003년에는 국제민간항공기구(ICAO) 국제선 공항에서 시행되었다. 한편 국내의 경우 인천국제공항은 공항운영증명 최초 취득일자가 2003년 11월 26일이고 공항운영 등급화에 따른 1등급 증명 재취득 날짜는 2010년 9월 17일로, 현재 15개의 국내공항 중 9개의 국제공항이 공항운영증명을 취득하였다.

공항운영증명 신청서를 제출하기 전에 공항안전운영기준(국토해양부 고시)에 따라 공항의 물리적 특성, 시설, 장비 또는 운영절차 등 중대한 사항을 지정하여 운영규정을 만들어야 한다. 공항운영증명 정기검사는 공항안전운영기준 및 공항운영규정의 이행 여부 등을 확인하기 위해 정기적으로 연 1회 실시한다.

공항운영 자체 안전점검 프로그램도 운영하는데, 점검분야는 5개로 운항안전, 항행시설, 항공등화, 기반시설, 구조소방이다. 점검내용은 포장지역 및 비포장지역의 관리·운영에 대한 것이며, 자세한 내용은 아래와 같다.

*** 공항운영증명제도(AOM; Airport Operations Manual)**
안전하고 효율적인 공항운영을 위하여 공항운영자로 하여금 행정당국으로부터 인증을 받도록 하는 제도이다.

표 2.1 공항운영증명 교부 현황

공항	등급	공항 운영자	증명서 번호/교부일	공항	등급	공항 운영자	증명서 번호/교부일
인천	1	인천국제공항공사	제10호/'10.09.17	광주	3	한국공항공사	제15호/'10.12.23
김해	1	한국공항공사	제11호/'10.10.13	무안	2	한국공항공사	제16호/'10.12.24
제주	1	한국공항공사	제12호/'10.10.18	대구	2	한국공항공사	제17호/'10.12.27
김포	1	한국공항공사	제13호/'10.11.26	청주	2	한국공항공사	제18호/'10.12.28
양양	4	한국공항공사	제14호/'10.12.23	여수	3	한국공항공사	제19호/'12.04.05

자료: 국토교통부(2018), 정책자료

- 착륙대 및 유도로대의 관리·운영
- 이동지역 안전관리, 차량 및 장비 통제
- 시각보조시설의 관리·운영
- 장애물 및 야생동물 위험관리
- 구조소방 및 안전관리 시스템

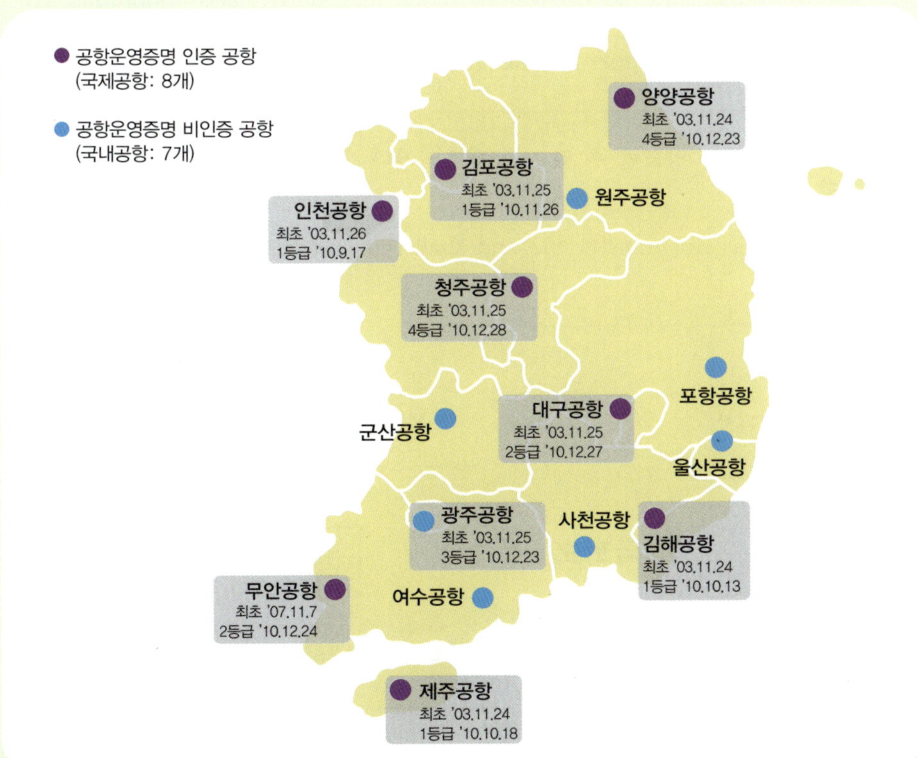

그림 2.7 국내공항 공항운영증명 취득 현황

공항운영증명번호 제 호
Certificate No.

공항운영등급:
Class of AOC

대한민국 국토교통부

The Republic of Korea Ministry of Land, Transport and Maritime Affairs

공항운영증명서

Airport Operating Certificate

1. 공항명: Name of Airport	2. 공항좌표: Latitude/Longitude	3. 공항운영자: Airport Operator

4. 이 증명서는 「항공법」 제111조의 2에 따라 발급하며, 상기 공항운영자가 「항공법」 및 이에 관련된 모든 규정과 국토교통부장관에 의해 인가된 공항운영규정상의 모든 조건을 준수하는 것을 조건으로 공항운영을 허가함

This Airport Operating Certificate is issued pursuant to Article 111-2 of the Aviation Act of the Republic of Korea, and authorizes the operator herein mentioned to operate the named Airport insofar as the airport operator complies with the foregoing and the regulations made thereunder, and conditions which are set out in the Airport Operations Manual approved by the Minister of Ministry of Land, Transport and Maritime Affairs

5. 이 공항운영증명서는 양도될 수 없으며, 취소되거나 운영이 정지되지 아니하는 한 무기한 유효함

This certificate is not transferable and shall remain in effect until suspended or revoked.

6. 발급일자: 년 월 일
Date of Issuance Year Month Day

국토교통부장관 직인

(MINISTRY OF LAND, INFRASTRUCTURE AND TRANSPORT) (Official Seal)

자료: 국토교통부(2018). 정책자료

2.
국내공항과 인천국제공항

공항 이름은 대개 도시나 특정 지역 이름으로 정해진다. 서양에서는 유명인의 이름을 따서 공항 이름을 짓기도 하지만 우리나라에서는 주로 지역명으로 정해진다. 공항에는 국내 각 지역을 거점으로 운영하는 국내공항과 국제선을 함께 운영하는 국제공항이 있다. 남북이 분단된 우리나라의 특성상 군사용 공항으로 공군과 공동으로 활주로를 사용하는 공항도 있는데, 이들은 활주로와 주기장을 함께 사용하나 항공기의 탑승 지역과 관리 지역이 각각 분리되어 있다. 이 절에서는 국내공항의 현황과 우리나라 최대 공항인 인천국제공항에 대해 알아본다.

1) 국내공항 현황

대한민국에는 서울의 김포국제공항, 부산의 김해국제공항, 제주의 제주국제공항 등이 국제공항으로의 현대화 계획에 의해 확장·개발되고, 인천국제공항이 1996년 착공되어 2001년 3월 29일 개항하였다. 대한민국의 민간항공이 취항할 수 있는 지역은 김포, 김해, 진주, 제주, 속초, 울산, 강릉, 대구, 포항, 광주, 목포 등으로 국제선의 발전에 발맞추어 국내선도 함께 성장하고 있다.

국내공항을 운영기관별로 나누면 인천국제공항공사에서 운영하는 인천국제공항이 있으며, 한국공항공사에서 운영하는 공항으로는 김포국제공항, 김해국제공항, 제주국제공항, 대구국제공항, 청주국제공항, 무안국제공항, 양양국제공항, 울산공항, 포항공항, 사천공항, 여수공항, 광주공항, 군산공항, 원주공항의 14개 공항이 있다. 그중 국제공항으로 운영되는 곳은 인천국제공항, 김포국제공항, 김해국제공항, 제주국제공항, 대구국제공항, 청주국제공항, 무안국제공항, 양양국제공항의 8개 공항으로, CIQ 시설이 갖추어져 있다.

현재 울릉도의 울릉공항과 흑산도의 흑산도공항이 공사 중이며, 부산은 김해국제공항의 김해신공항 2단계 추진과 가덕도 신공항 건립 계획을 추진하고 있다.

이외의 공항 중 군사용 공항으로 공군과 공동으로 활주로를 사용하는 공항이 있는데, 광주공항, 청주국제공항, 사천공항, 원주공항, 김해공항, 대구공항이다. 이 공항은 전투기나 군용헬기 등이 이착륙하는 곳이며, 군사기밀지역으로 분류되어 공항 활주로와 에어 사이드 내 사진촬영이 금지된다. 반면에 국내선 운항만을 목적으로 이용되는 공항은 포항공항, 울산공항, 여수공항, 군산공항으로 하루에 운영되는 운행편수가 많지 않아 운영상의 어려움을 겪고 있다.

한국공항공사에서 운영하는 김포국제공항은 국내선 터미널과 국제선 터미널을 분류하여 각각 출발터미널이 다르다. 김포국제공항에서 많이 취항하는 노선은 일본, 대만, 중국 등 운행거리가 비교적 짧으며, 서울에서의 접근성이 인천국제공항보다 좋아 단거리 노선을 이용하는 승객들에게 선호되고 있다.

김포국제공항은 24시간 운행되는 인천국제공항과 달리 커퓨타임제*를 운영하여 오후 11시부터 오전 6시까지 항공기 운항이 제한되며 이 시간대에는 항공기 이착륙이 허가되지 않는다. 가끔 연결편 사정으로 항공기가 지연될 경우 김포공항에 착륙하지 못하고 인천공항으로 착륙하는 이유가 바로 커퓨타임제 때문이다.

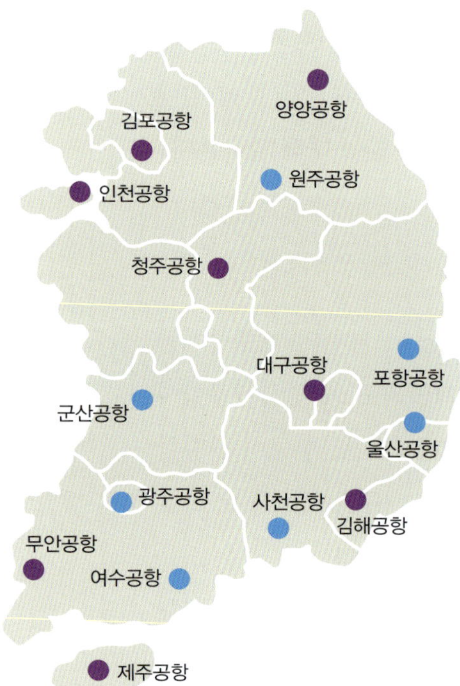

그림 2.8 운항 중인 국내공항

*** 커퓨타임제(Curfew Time)**
공항 항공기의 운항시간이 제한되는 제도이다. 김포국제공항은 시민들의 거주지에 인접해 있어 이착륙 시 소음 피해를 줄 수 있어 커퓨타임제를 운영한다.

Photo Atrium/Shutterstock.com

2) 인천국제공항 현황

인천국제공항(Incheon International Airport)은 인천광역시 중구 운서동에 위치한 우리나라 최대 규모의 공항이자, 영종도와 용유도 사이의 바다를 메워 간척지에 만든 해상공항으로 2001년 3월 29일에 개항하였다. 인천국제공항공사(IIAC)에서 운영을 담당하며 24시간 운영된다. 2029년까지 $47km^2$ 부지에 제5 활주로와 연간 1억 3천만 명의 여객 운송시설 마련을 목표로 발전하고 있다.

(1) 여객수용능력

공항의 여객수용능력은 국제사회에서 허브공항으로서의 능력을 인정받는 기준이 된다. 인천국제공항은 여객수용능력을 싱가포르 창이공항만큼 갖춰 2030년까지 1억 3천만 명으로 높일 것으로 예상된다.

인천국제공항은 현재 세 구역으로 구분되어 있다. 제1 여객터미널(Passenger Terminal 1) 여객동, 탑승동(Concourse), 제2 여객터미널(Passenger Terminal 2)이다. 제1 여객터미널 탑승 시 승객이 탑승구(Gate) 번호에 따라 여객동에서 탑승하는 경우가 있고 셔틀트레인을 타고 탑승동(C/C)으로 이동하여 탑승하는 경우가 있다.

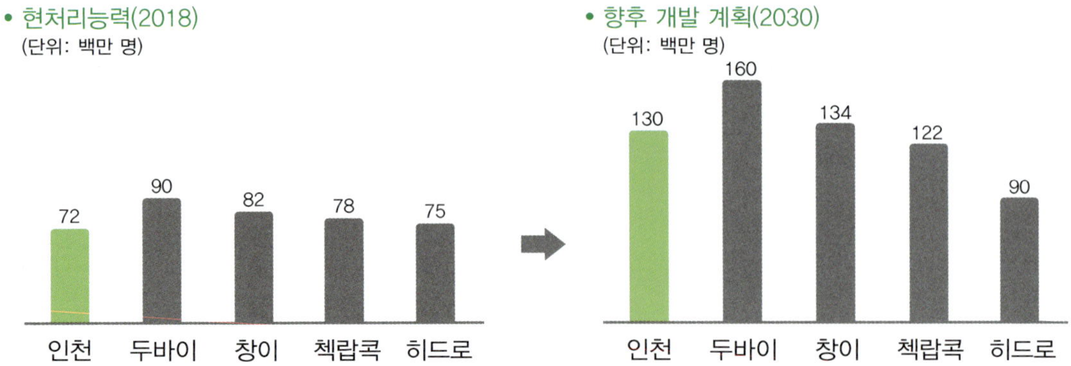

그림 2.9 여객수용능력의 현황과 향후 개발 계획
자료: 인천공항공사 홈페이지

(2) 제1 여객터미널의 탑승수속 카운터 현황

2001년 3월 개항과 함께 운영되고 있는 터미널이다. 1번부터 50번까지 총 44개의 탑승구가 있으며 체크인 카운터가 270개, 여권심사대가 120개, 보안검색대가 28개, 출발 여객수용능력은 시간당 6400명이다.

■ **탑승동(Concourse)**

여객터미널의 여객수용능력을 늘리기 위해 설치한 제1 여객터미널의 부속시설로 101번부터 132번까지 총 30개의 탑승구가 설치되었다. 탑승동의 승객은 제1 여객터미널의 27번과 28번 탑승구 사이에서 셔틀트레인을 타고 이동하며, 탑승동과 제2 여객터미널 사이에도 길이 1.5km의 셔틀트레인이 연결되어 있다. 셔틀트레인은 탑승동의 승객과, 제1 여객터미널과 제2 여객터미널 간의 환승객만 이용할 수 있으며, 셔틀트레인을 타고 이동한 승객은 반대 방향으로 되돌아갈 수 없다.

1992년 설계 당시 인천국제공항은 미국의 하츠필드 잭슨 애틀랜타 국제공항을 모델로 하여 여객터미널과 4개의 탑승동을 건설하는 것으로 설계되었고, 이러한 기본설계에 따라 애초에는 '탑승동 A'로 불렸다. 그러나 2009년에 탑승동 B·C·D 계획을 취소하고 제2 여객터미널을 건설하기로 하면서 '탑승동'으로 명칭이 변경되었다.

탑승수속 카운터	M	L	K	J	H	G	F	E	D	C	B	A
항공사	루프트한자	비엣젯항공 홍콩항공 하와이안항공	카타르항공 에미레이트항공 에티하드항공 세부퍼시픽항공 에어마카오 산동항공 캐세이퍼시픽항공 에어아시아엑스 톈진항공 에어아시아필리핀 에어인디아 심천항공 아메리칸항공 춘추항공 사천항공	스카이앙코르항공 팬퍼시픽항공 홍콩익스프레스항공 베트남항공 필리핀항공 영국항공 중국남방항공 몽골항공 로얄브루나이항공	오로라항공 중국동방항공 PAL 익스프레스 티웨이항공 핀에어 말레이시아항공 상하이항공 우즈베키스탄항공	티웨이항공 셀프존	이스타항공 S7 항공	터키항공 진에어 에어아시아타이 에바항공 피치항공 타이항공 중국국제항공 에어캐나다 유나이티드항공 스쿠트항공 폴란드항공 에어뉴질랜드	싱가포르항공 에어서울 진에어 에티오피아항공	아시아나항공	아시아나항공	아시아나항공(프리미엄)

주: 탑승수속 카운터는 항공사의 사정에 따라 변경될 수 있다.

그림 2.10 제1 여객터미널의 탑승수속 카운터별 항공사 현황

자료: 인천공항공사 홈페이지

■ 교통센터

제1 여객터미널과 장기주차장 사이의 부지에 자리 잡은 교통센터(Transportation)는 주차장과 철도시설 등 다양한 교통시설을 겸하고 있으며, 인천국제공항철도의 인천공항 1터미널역이 자리하고 있다. 지상 2층에는 인천공항 자기부상철도의 승강장이 위치해 있다.

(3) 제2 여객터미널의 탑승수속 카운터 현황

2018년 1월 18일에 개장하였으며 230번부터 270번까지 총 40개의 탑승구가 있다. 체크인 카운터가 204개, 항공권 자동 발급기인 셀프체크인 기기가 62대, 셀프백드롭이 34대, 자동 출입국심사대가 52대, 여권심사대가 20여 개, 보안검색대가 24개, 출발 여객수용능력은 시간당 약 5000명이다.

개장 초에는 스카이팀 항공사 중 대한항공, KLM, 에어프랑스, 델타항공이 사용하였고, 2018년 10월 28일에 아에로멕시코, 중화항공, 가루다 인도네시아 항공, 샤먼항공, 체코항공, 아에로플로트 등 7개 항공사가 추가로 배치되었다.

탑승수속 카운터	H	G	F	E	D	C	B	A
항공사	대한항공 (단체) (자동수화물 위탁)	대한항공 (일반석)	델타항공 에어프랑스 KLM 중화항공 (만다린항공 포함) 대한항공 (패밀리)	셀프존	셀프존	대한항공 미국행 일반석 아에로플로트 아에로멕시코 가루다 인도네시아 항공 체코항공 샤먼항공	대한항공 (모닝캄)	대한항공 (일등석, 프레스티지석, 밀리언 마일러)

주: 탑승수속 카운터는 항공사의 사정에 따라 변경될 수 있다.

그림 2.11 제2 여객터미널의 탑승수속 카운터별 항공사 현황

자료: 인천공항공사 홈페이지

■ 제2 교통센터

제2 여객터미널과 제2 합동청사 사이의 부지에 자리 잡은 제2 교통센터(Transportation Center 2)는 주차장, 철도시설, 버스터미널 등 다양한 교통시설을 겸하고 있다. 인천국제공항철도의 인천공항 2터미널역이 자리하며, 지상 1층부터 지하 2층까지 렌터카와 단기주차장 부지가 조성되어 있다. 인천국제공항공사에서는 노약자와 많은 짐을 소지한 사람을 위해 역과 터미널을 빠르게 이어 주는 카트 서비스를 가동 중이다. 또한 여행자와 상주 직원의 편의를 위해 음식점, 편의점, 캡슐호텔 등의 편의시설이 구비되어 있다.

(4) 인천국제공항 취항 항공사

인천국제공항은 84개 항공사를 통해 54개 국가, 180개 도시와 연결되고 있다(2020년 9월 기준).

표 2.2 인천국제공항 취항 항공사의 IATA 및 ICAO 코드, 터미널 정보

항공사명	국적	IATA	ICAO	터미널
Fedex 항공	미국	FX	FDX	T1
S7 항공	러시아	S7	SBI	T1
가루다 인도네시아 항공	인도네시아	GA	GIA	T2
대한항공	한국	KE	KAL	T2
델타항공	미국	DL	DAL	T2
라오항공	라오스	QV	LAO	T1
로얄 브루나이 항공	브루나이	BI	RBA	T1
루프트한자 독일항공	독일	LH	DLH	T1
말레이시아항공	말레이시아	MH	MAS	T1
몽골항공	몽골	OM	MGL	T1
미국남부화물항공	미국	9S	SOO	T1
베트남항공	베트남	VN	HVN	T1
비엣젯항공	베트남	VJ	VJC	T1
사천항공	중국	3U	CSC	T1
산동항공	중국	SC	CDG	T1
상하이항공	중국	FM	CSH	T1
샤먼항공	중국	MF	CXA	T2
세부퍼시픽항공	필리핀	5J	CEB	T1
스카이 앙코르 항공	캄보디아	ZA	SWM	T1
스쿠트항공	싱가포르	TR	TGW	T1
실크웨이 웨스트 항공	아제르바이잔	7L	AZQ	T1
심천항공	중국	ZH	CSZ	T1
싱가포르항공	싱가포르	SQ	SIA	T1
아메리칸항공	미국	AA	AAL	T1
아시아나항공	한국	OZ	AAR	T1
아에로멕시코	멕시코	AM	AMX	T2

아에로플로트 러시아항공	러시아	SU	AFL	T2
아틀라스항공	미국	5Y	GIT	T1
알리탈리아	이탈리아	AZ	AZA	T2
야쿠티아항공	러시아	R3	SYL	T1
에미레이트항공	아랍 에미리트	EK	UAE	T1
에바항공	대만	BR	EVA	T1
에어뉴질랜드	뉴질랜드	NZ	ANZ	T1
에어아스타나	카자흐스탄	KC	KZR	T1
에어재팬 주식회사	일본	NQ	AJX	T1
에어캐나다	캐나다	AC	ACA	T1
에어프랑스	프랑스	AF	AFR	T2
에어로로직	독일	3S	3SX	T1
에어마카오	중국	NX	AMU	T1
에어부산	한국	BX	ABL	T1
에어브릿지 화물항공	러시아	RU	ABW	T1
에어서울	한국	RS	ASV	T1
에어아시아엑스	말레이시아	D7	XAX	T1
에어인디아	인도	AI	AIC	T1
에어인천	한국	KJ	AIH	T1
에어홍콩	중국	LD	AHK	T1
에티오피아항공	에티오피아	ET	ETH	T1
에티하드항공	아랍 에미리트	EY	ETD	T1
영국항공	영국	BA	BAW	T1
오로라항공	러시아	HZ	SHU	T1
우주베키스탄항공	우즈베키스탄	HY	UZB	T1
유나이티드항공	미국	UA	UAL	T1
유니항공	대만	B7	UIA	T1
유피에스항공	미국	5X	UPS	T1
이스타항공	한국	ZE	ESR	T1
일본항공	일본	JL	JAL	T1
제주항공	한국	7C	JJA	T1
중국국제항공	중국	CA	CCA	T1
중국남방항공	중국	CZ	CSN	T1

중국동방항공	중국	MU	CES	T1
중국우정항공	중국	CF	CYZ	T1
중국화물항공	중국	CK	CKK	T1
중화항공	대만	CI	CAL	T2
진에어	한국	LJ	JNA	T1
천진항공	중국	GS	GCR	T1
청도항공	중국	QW	QDA	T1
체코항공	체코	OK	CSA	T2
춘추항공	중국	9C	CQH	T1
카고룩스 이탈리아항공	이탈리아	C8	ICV	T1
카고룩스항공	룩셈부르크	CV	CLX	T1
카타르항공	카타르	QR	QTR	T1
칼리타항공	미국	K4	CKS	T1
캐세이퍼시픽항공	중국	CX	CPA	T1
케이엘엠 네덜란드항공	네덜란드	KL	KLM	T2
타이에어아시아엑스	태국	XJ	TAX	T1
타이항공	태국	TG	THA	T1
터키항공	터키	TK	THY	T1
티웨이항공	한국	TW	TWB	T1
팔익스프레스항공	필리핀	2P	GAP	T1
팬퍼시픽항공	필리핀	8Y	AAP	T1
폴라에어카고	미국	PO	PAC	T1
폴란드항공	폴란드	LO	LOT	T1
피치항공	일본	MM	APJ	T1
핀에어	핀란드	AY	FIN	T1
필리핀에어아시아	필리핀	Z2	APG	T1
필리핀항공	필리핀	PR	PAL	T1
하와이안항공	미국	HA	HAL	T1
홍콩익스프레스	중국	UO	HKE	T1
홍콩항공	중국	HX	CRK	T1

자료: 인천공항공사 홈페이지

(5) 세계공항서비스평가(ASQ) 수상내역

인천국제공항은 국제공항협의회(ACI)가 주관하는 세계공항서비스평가(Airport Service Quality) 시상식에서 12년 연속 최고공항상을 수상하였다. 세계 1900여 공항을 제치고 글로벌 랭킹 1위를 차지한 인천국제공항은 아시아·태평양 최고 공항상, 연간 여객 4000만 명 이상 대형공항, 아시아·태평양 대형공항의 최고공항상도 함께 수상하였다.

인천공항 서비스가 국제적으로 높은 평가를 받은 것은 다양한 문화 프로그램으로 공항 서비스의 질을 향상해 온 노력이 뒷받침된 것이다. 인천국제공항은 출입국 관련 업무만이 아니라 다양한 문화행사를 기획하여 독자적인 문화공연을 정기적으로 펼치고 다양한 볼거리를 제공하며 문화거리를 재연하여 외국인들이 한국의 문화를 체험하고 한국의 정취를 느낄 수 있는 공간을 공항 커피숍이나 상점에 조성하고 있다.

뿐만 아니라 한국문화 박물관이나 전통공예 체험을 통해 한국문화를 알리고, 나아가 인천국제공항의 문화적 품격을 높이는 여러 시설물을 갖추고 있다. 전통복식 체험 기회와 국악공연 또한 지속적으로 제공하며 대한민국의 전통의상과 전통음악을 알리는 데도 일조하고 있다. 이와 같은 인천국제공항의 문화적 서비스가 공항 서비스 평가에 긍정적 결과를 가져온 것이다.

■ **한국을 알리는 다양한 문화 행사**

Jon Chica/Shutterstock.com

Jon Chica/Shutterstock.com

diyben/Shutterstock.com

Emily Marie Wilson/Shutterstock.com

Sorbis/Shutterstock.com

Dr. Victor Wong/Shutterstock.com

3.
주요 국제 허브공항

국제공항(國際空港, Internatioanl Airport)은 국가들을 연결하는 공항으로, 국제선 항공기가 타국과의 입출항을 지원할 수 있도록 일반적인 공항의 기능 외에 CIQ*를 위한 시설과 기능을 갖추어야 한다.

1919년 8월 잉글랜드 런던의 하운슬로 히스 에어로드롬(Hounslow Heath Aerodrome) 공항이 상업용 국제 서비스를 제공한 최초의 국제공항이다. 이 공항은 1920년 3월 크로이던 공항이 대신하면서 폐쇄되었다. 미국에서는 1928년 설립된 애리조나주의 비스비-더글러스(Bisbee-Douglas) 국제공항이 미국 최초의 국제공항이 되었다.

허브공항(Airline Hub)이란 항공기가 장거리 운행을 할 때 거점이 되는 지역의 중심 공항이다. 예를 들어 항공기가 아시아에서 미주 구간으로 장거리로 이동할 때 특정 공항을 거치는 경우가 있는데 이때 주요 환승거점이 되는 공항을 허브공항이라 하며, 이를 통해 공항은 사람 및 물류 운송의 중심지가 된다. 그 밖에 개별 항공사가 거점을 두고 주로 이용하는 공항을 뜻한다.

1) 동북아시아의 주요 허브공항

(1) 한국 인천국제공항

인천국제공항[Incheon International Airport, IATA 코드(ICN), ICAO 코드(RKSI)]은 인천광역시 중구 운서동에 위치한 국제공항이다. 대한민국 최대 규

---

* CIQ
Customs(세관), Immigration(출입국관리), Quarantine(검역)의 앞글자를 딴 약어이다.

모의 공항으로, 대한민국 국제선의 약 77%를 운항하고 있다. 1999년 2월 1일 설립된 인천국제공항공사(IIAC)에서 공항 운영을 담당하고, 대한항공, 아시아나항공, 제주항공, 진에어, 이스타항공, 티웨이항공, 에어서울, 델타항공, 폴라에어 카고, 타이항공 등의 허브공항으로 사용되고 있다.

국제공항협의회(ACI)가 주관하는 세계공항서비스평가(ASQ)에서 12년 연속 최고공항상을 수상하였다. 세계 1900여 개 공항을 제치고 글로벌 랭킹 1위를 차지한 인천국제공항은 아시아·태평양 최고공항상, 연간 여객 4000만 명 이상 대형공항, 아시아·태평양 대형공항의 최고공항상도 함께 수상하였으며, 국제사회에서 우수한 서비스로 높이 평가받고 있다.

(2) 일본 나리타 국제공항

나리타 국제공항[Narita International Airport, IATA 코드(NRT), ICAO 코드(RJAA)]은 일본 지바현 나리타시에 위치한 국제공항으로, 도쿄도 도심에서 동북쪽으로 약 62km 떨어져 있다. 1966년에 착공하여 1977년에 제1기 공사를 끝내고, 1978년 5월 20일에 도쿄 국제공항에서 국제선을 이관하여 개항하였다.

과거의 정식 명칭은 신도쿄 국제공항[新東京国際空港]이었다. 그런데 2004년 4월 1일에 나리타 국제공항 주식회사법이 시행되어 공항을 관리하던 '신도쿄 국제공항 공단'이 일본 정부의 100% 출자로 설립된 '나리타 국제공항 주식회사'로 개편, 민영화되면서 현재 명칭으로 변경되었다.

일본항공의 국제선 허브이며, 유나이티드항공의 동아시아 허브공항으로 이용되고 있어 경쟁공항인 인천, 상하이, 타이베이보다 더 많은 북미 항공편을 취항하고 있다. 나리타 익스프레스, 스카이라이너, 게이세이 전철 본선을 통해 도쿄도 도심과 가까이 연결되며, 1998년 11월에 도쿄 국제공항과 전철이 연결되어 양 공항 간 접근성이 편리해졌다.

MR.WICHAI THONGTAPE/Shutterstock.com

나리타 국제공항

(3) 중국 베이징 수도 국제공항

베이징 수도 국제공항[Beijing Capital International Airport, IATA 코드(PEK), ICAO 코드(ZBAA)]은 중국의 수도 베이징시 차오양구에 위치한 국제공항으로, 베이징 시내에서 북동쪽으로 25km 떨어져 있다. 1958년 3월 2일에 개항하였으며, 국영기업인 베이징 수도 국제공항 유한공사가 관리하며, 베이징을 기점으로 120여 개 도시를 취항하는 중국 국제항공의 메인 허브공항이다. 한국에 운행하는 편수가 많은 중국남방항공 또한 이 공항을 지역 허브로 삼고 있다.

베이징 수도 국제공항은 중국에서 가장 크고 교통량이 많은 공항으로, 2000년대에 공항 교통량 세계 순위가 가파르게 상승하여 2005년 이용객 수를 기준으로 홍콩 첵랍콕 국제공항을 제치고 아시아 2위, 세계 14위를 기록하였다. 2008년에는 이용객 수가 5594만 명으로 세계 8위, 화물처리량이 136만 5768톤으로 세계 18위에 올랐으며, 여객수용능력을 점차 늘려 2009년 기준으로 이용객 수 6533만 명을 수용하여 일본의 하네다 국제공항을 제치고 아시아 1위, 세계 3위 공항이 되었다. 그 후 허브공항으로 자리매김하며 2010년에는 이용객 수 7389만 명으로 미국 애틀랜타 국제공항에 이어 전 세계 2위 공항이 되었다.

이 공항의 활주로 사용한계는 연간 항공기 이착륙 수 62만 회(연간 이용객 수 1억 명)인데, 공항의 과밀화가 심해 중국민용항공국(CAAC)이 신규 취항을 상당히 제한하고 있는 실정이다. 단일 터미널로는 2008년에 두바이 국제공항 제3 터미널에 이어 둘째로 큰 제3 터미널을 개장하였다. 공항의 최대 여객수용능력은 연간 8200만 명대로, 이는 제3 터미널 개장 전의 연간 3550만 명에 비해 2.3배나 증가한 것이다. 폭발적인 항공수요의 증가로 제3 터미널 개장 후 5년이 지난 2013년에 이용객 수(8371만 명)가 여객수용능력을 넘어섰다.

TonyV3112/Shutterstock.com

베이징 수도 국제공항

(4) 홍콩 국제공항

홍콩 국제공항[Hong Kong International Airport, IATA 코드(HKG), ICAO 코드(VHHH)]은 홍콩의 서부 해역 첵랍콕섬에 자리한 국제공항으로, 섬의 이름을 따서 첵랍콕(Chek Lap Kok) 국제공항이라고도 부른다. 이 공항은 1998년 7월 6일에 옛 홍콩 국제공항(홍콩 카이탁 국제공항)을 대체하여 개항한 신공항으로, 홍콩을 통과하는 여객과 화물의 주요한 항공 관문이자 중국 본토와 동아시아, 동남아시아의 여러 국가를 잇는 환승 거점이다.

홍콩공항관리국(AAHK)에서 관리하며 도심에서 멀리 떨어져 있어 24시간 운영되고 있다. 2018년 기준으로 여객처리실적은 세계 8위, 화물처리실적은 세계 1위로 동북아시아에서 가장 큰 허브공항 역할을 하고 있다. 또 캐세이퍼시픽항공, 드래곤에어, 홍콩 익스프레스 항공의 허브공항으로 이용되고 있다. 이 공항의 제1 여객터미널은 연면적 57만m²로, 두바이 국제공항 제3 터미널, 베이징 수도 국제공항 제3 터미널에 이어 세계에서 셋째로 큰 공항 여객터미널이다.

표 2.3 동북아시아의 주요 허브공항 개요

구분	나리타 국제공항	베이징 수도 국제공항	홍콩 국제공항
IATA/ICAO 코드	NRT/RJAA	PEK/ZBAA	HKG/VHHH
소재지	일본 혼슈 지바현	중국 베이징시	홍콩 첵랍콕섬
설립연도	1978년	1958년	1998년
부지면적	1065만㎡	139만 500m㎡	1248만㎡
터미널 규모	여객터미널 3동(47만 9700㎡), 화물터미널 1동(31만 1300㎡)	3동(총 139만 500㎡)	여객터미널 1동(51만 5000㎡), 화물터미널 2동(32만㎡)
운송여객	4068만 7040명(2017)	1억 98만 3290명(2018)	7451만 7402명(2018)
운송화물	226만 2899톤(2017)	207만 4005톤(2018)	512만 811톤(2018)

자료: 네이버 지식백과(두산백과, 위키백과)

2) 동남아시아의 주요 허브공항

(1) 싱가포르 창이 공항

싱가포르 창이 공항[Singapore Changi Airport, IATA 코드(SIN), ICAO 코드(WSSS)]은 싱가포르섬의 동부 해안과 매립지에 건설된 국제공항이다. 매주 4천여 편에 이르는 항공편으로 세계 177개 도시를 연결하는 싱가포르 항공의 허

싱가포르 창이 공항

태국 수완나품 공항

DerekTeo/Shutterstock.com(좌)
SIHASAKPRACHUM/Shutterstock.com(우)

브공항이자 동남아시아의 대표 허브공항이다. 싱가포르 민간항공국(CAAS)에서 운영하며 공항 직원은 1만 3천여 명, 매출액은 연간 약 45억 달러에 이른다. 여객운송만이 아니라 화물운송도 세계에서 가장 활발하여 2004년을 기준으로 178만 톤의 화물을 취급하였다.

2006년 3월 26일에는 4500만 달러의 저가항공 터미널(Budget Terminal) 운영을 시작하였고 계속되는 성장과 이 공항에 기반을 둔 싱가포르 항공 덕분에 ASQ가 선정한 '세계 최고의 공항'이라는 명성을 구가하고 있다. 싱가포르 창이 공항의 제2 터미널 건물공사는 1억 5200만 달러를 들여 1986년 싱가포르 국가개발부가 발주하고 현대건설이 수주하여 1990년 8월에 완공하였다.

(2) 태국 수완나품 공항

수완나품 공항[Suvarnabhumi Airport, IATA 코드(BKK), ICAO 코드(VTBS)]은 태국 사뭇쁘라깐주 방플리군에 위치한 국제공항이다. 기존 군용 비행장인 돈므앙 국제공항이 협소하여 새 공항의 필요성이 제기된 후 1973년 방콕에서 동쪽으로 40km 떨어진 곳에 8천 에이커의 땅을 매입하였다. 국왕은 이 부지를 동남아시아에 있었던 것으로 추정되는 황금왕국 '수완나품(Suvarnabhumi: 수바르나부미: '금속의 진' 또는 '황금의 땅'이라는 뜻)'으로 명명하였다. 그러나 정치, 경제적 불안으로 공사가 여러 차례 보류되다가 2006년 9월 15일 일부 개항을 거쳐 같은 해 9월 28일 돈므앙 국제공항에서 모든 항공편을 인수하여 신국제공항으로 공식 개항하였으며 태국공항공사(AOT)가 운영하고 있다.

2006년부터 타이항공, 녹에어, 타이 에어 아시아, 방콕항공, PB에어, 원투고항공 등 6개 항공사가 국내선 20편의 기지로 이용하며 타이항공의 허브공항으로 사용되고 있다. 여러 가지 서비스 불만족 문제를 겪고 있지만 여러 노선의 중간거점 역할을 하고 있으며, 2019년 세계 100대 공항 중 46위에 올랐다.

(3) 말레이시아 쿠알라룸푸르 국제공항

쿠알라룸푸르 국제공항[Kuala Lumpur International Airport, IATA 코드(KUL), ICAO 코드(WMKK)]은 말레이시아에서 가장 큰 공항으로, 쿠알라룸푸르 도심에서 남쪽으로 약 43km 떨어진 슬랑오르주의 남쪽 세팡에 위치한다. 이 공항은 말레이시아 항공의 허브공항이며, MAS 카고, 에어아시아도 허브공항으로 사용하고 있다. 건설비용만 미화 35억 달러를 들여 1998년 6월 27일 개항하였다.

Markus Mainka/Shutterstock.com

쿠알라룸푸르 국제공항

표 2.4 동남아시아의 주요 허브공항 개요

구분	창이 공항	수완나품 공항	쿠알라룸푸르 국제공항
IATA/ICAO 코드	SIN/WSSS	BKK/VTBS	KUL/WMKK
소재지	싱가포르 창이	태국 사뭇쁘라깐주 방플리군	말레이시아 쿠알라룸푸르 근교 세팡
설립연도	1981년	2006년	1998년
부지면적	1695만 8754㎡	32.4㎢	4396만 9800㎡
터미널 규모	여객터미널 4동, 화물터미널 6동	여객터미널 1동 (56만 3000㎡)	여객터미널 2동(12만평)
운송여객	6562만 8000명(2018)	6337만 8923명(2018)	5264만 3511명(2016)
운송화물	219만 5000톤(2018)	149만 4599톤(2018)	64만 2558톤(2016)

자료: 네이버 지식백과(두산백과, 위키백과)

에어아시아는 2009년 1월에 에어아시아의 전용 공항터미널인 KLIA 동부터미널(KLIA East)을 신축할 계획을 밝혔으나 말레이시아 정부에 의해 중단되었다. 이후 2010년 9월에 새로운 저가 항공사 전용 터미널인 KLIA 2터미널을 착공하였으며, 활주로의 증설공사가 4월에 시작하여 2013년 6월 28일에 완공되었다. 2006년 3월 24일 LCC(Low Cost Carrier; 저가 항공사) 터미널이 공용 개시되었으나 KLIA 2터미널이 운영되면서 2014년 5월 9일자로 폐쇄되었다.

3) 서남아시아의 주요 공항

(1) 아랍 에미리트 두바이 국제공항

두바이 국제공항[Dubai International Airport, IATA 코드(DXB), ICAO 코드(OMDB)]은 아랍 에미리트 두바이에 위치한 중동 지역의 대표 허브공항으로, 유럽, 아시아, 오세아니아, 아프리카를 잇는 거점 역할을 하는 공항이다. 취항항공사는 85개 사이며, 세계 130개 도시로 취항하고 있다. 민간항공국(Department of Civil Aviation)에서 관리하며 24시간 운영하고 있다.

2016년 기준 여객처리실적은 세계 3위이며, 국제선 여객만 기준으로 하면 세계 1위이다. 2007년 국제선 여행객을 대상으로 조사한 자료에서는 세계 8위로 여객처리실적이 많았고 화물처리실적은 세계 5위를 차지하였다. 2008년에 약 45억 달러를 들여 제3 터미널을 개장한 후 3744만 1440명의 여행객을 운송하였다.

Daniela Collins/Shutterstock.com

두바이 국제공항

Mikhail Gnatkovskiy/Shutterstock.com

아부다비 국제공항

(2) 아랍 에미리트 아부다비 국제공항

아부다비 국제공항[Abu Dhabi International Airport, IATA 코드(AUH), ICAO 코드(OMAA)]은 아랍 에미리트의 수도 아부다비 도심에서 동쪽으로 약 32km 떨어진 곳에 있다. 아부다비공항서비스(ADAS)에서 관리하며 연중무휴로 24시간 운영하고 있다. 취항 항공사는 40여 개사이며 세계 70개 도시로 연결된다. 아랍 에미리트에서 두바이 다음으로 큰 공항인 에티하드 항공이 허브공항으로 사용하고 있다. 대한민국에서는 에티하드 항공이 인천-아부다비 노선을 독점 운항하고 있다.

(3) 인도 인디라 간디 국제공항

인디라 간디 국제공항[Indira Gandhi International Airport, IATA 코드(DEL), ICAO 코드(VIDP)]은 인도의 수도 델리에 위치한 공항으로, 인도의 주요한 국제 및 국내 관문의 하나이다. 제2차 세계대전 당시 인도 공군이 팔람 공항으로 설립하여 공군 주둔기지로 이용하였고 이후 인도 공항청으로 관리가 이관되었다. 1962년부터 민간 항공기가 취항하며 1970년대에 이용률이 급상승하자 팔람 공항 근처에 4차례에 걸쳐 터미널을 추가 건설하였다. 이 공항의 명칭은 1986년 제2 국제터미널이 완공된 후 전 수상이자 자와할랄 네루의 딸인 '인디라 간디'에서 따왔다.

인도항공청(DGCA)의 조사에 따르면 2007년에 2300만 명이 이 공항을 이용하여 인도에서 2위를 차지하였다. 현재 GMR 그룹이 소유하고 있으며, 델리 인터내셔널 공항 회사(Delhi International Airport Limited)가 민간 운영하고 있다. 제1 터미널인 구 팔람 공항은 주로 국내선 용도로 사용되며, 제3 터미널을 건설 중이고 제4, 제5 터미널 건설도 계획하고 있다.

Tooykrub/Shutterstock.com

인디라 간디 국제공항

표 2.5 서남아시아의 주요 공항 개요

구분	두바이 국제공항	아부다비 국제공항	인디라 간디 국제공항
IATA/ICAO 코드	DXB/OMDB	AUH/OMAA	DEL/VIDP
소재지	아랍 에미리트 두바이	아랍 에미리트 아부다비	인도의 델리 중 뉴델리
설립연도	2010년	2009년	2차 세계대전 중
터미널 규모	여객터미널 3동	여객터미널 3동	여객터미널 3동
운송여객	8824만 2099명(2017)	902만 6000명(2008)	69억 2300명(2021)
운송화물	265만 4494톤(2017)	35만 3820톤(2008)	104만 1000메가톤(2021)

자료: 네이버 지식백과(두산백과, 위키백과); 아부다비 국제공항 홈페이지; 인디라 간디 국제공항 홈페이지

4) 유럽의 주요 허브공항

(1) 독일 프랑크푸르트 암마인 공항

프랑크푸르트 암마인 공항[Frankfurt Airport, IATA 코드(FRA), ICAO 코드(EDDF)]은 독일 헤센주 프랑크푸르트 암마인의 서부 슈반하임(Schwanheim)에 있는 국제공항이다. 독일에서 이용객이 가장 많은 제1의 공항으로, 독일 국적 항공사인 루프트한자의 허브공항이자 영국의 히드로 공항, 프랑스의 파리 샤를드골 공항과 함께 유럽을 대표하는 대형 허브공항이다.

이 공항은 기존의 터미널 2개로는 항공수요를 감당하지 못해 1997년부터 제4 활주로 건설이 논의되어 2009년 초에 착공, 2011년 10월에 길이 2800m로 개장하였다. 제3 여객터미널은 연간 2500만 명의 여객을 운송할 목표를 갖고 과거 미국 공군기지가 있던 공항 남동쪽 부지에 2015년 10월 터미널 건설에 착공하였고, 여객터미널과 계획된 4개의 탑승동 중 우선 2개를 2022년에 개장하여 연간 1500만 명의 여객을 운송할 예정이다. 터미널 1과 2를 연결하는 교통수단으로 무료 셔틀버스와 신교통시스템(스카이라인) 버스를 운행한다.

(2) 영국 히드로 공항

히드로 공항[Heathrow Airport, IATA 코드(LHR), ICAO 코드(EGLL)]은 영국 런던 힐링던에 있는 국제공항이다. 영국 항공사인 영국항공의 허브공항으로, 1944

Vytautas Kielaitis/Shutterstock.com(좌)
Philip Lange/Shutterstock.com(우)

프랑크푸르트 공항 히드로 공항

년 영국 정부가 현재의 공항부지에 공군기지를 건설하면서 운항을 시작하였다. 제2차 세계대전이 끝나자 영국 정부가 민간공항으로 전환하였고, 개·보수를 거쳐 1946년 5월에 18개의 취항노선을 기반으로 개항하였다.

2개의 활주로(길이 3900m, 3660m)와 5개의 여객터미널, 연간 125만 톤을 처리할 수 있는 화물터미널을 갖추고 있다. 특히 20년의 공사를 거쳐 2008년에 개장한 제5 터미널은 길이 396m, 너비 176m, 높이 40m로 축구장 면적의 50배 크기이며 단일 건물로는 영국 최대 규모의 건물이다.

히드로 공항은 유럽 공항 중 이용객이 가장 많은 공항으로, 2013년 이용객 수를 기준으로 미국의 애틀랜타 국제공항, 중국의 베이징 수도 국제공항에 이어 전 세계 3위를 기록하였다. 반면에 시설이 노후하고 이용료(이착륙료 포함)가 세계에서 가장 비싸 이용객의 서비스 만족도는 높지 않다.

표 2.6 유럽의 주요 허브공항 개요

구분	프랑크푸르트 암마인 공항	히드로 공항
IATA/ICAO 코드	FRA/EDDF	LHR/EGLL
소재지	독일 헤센주 프랑크푸르트 암마인의 서부 슈반하임	영국 런던 힐링던
설립연도	1936년	1946년
부지면적	1900만㎡	1227만㎡
터미널 규모	여객터미널 2동(70만 4000㎡), 화물터미널 6동(110만㎡)	여객터미널 5동, 화물터미널
운송여객	5300만 9221명(2010)	6800만 명(2007)
운송화물	227만 5000톤(2010)	125만 톤(2007)

자료: 네이버 지식백과(두산백과, 위키백과)

5) 미국의 주요 허브공항

(1) 로스앤젤레스 국제공항

로스앤젤레스 국제공항[Los Angeles International Airport, IATA 코드(LAX), ICAO 코드(KLAX)]은 미국 캘리포니아주 로스앤젤레스 도심에서 남서쪽으로 24km 떨어진 곳에 있다. 1928년 10월에 개항하였으며 1961년에 제트항공기용 터미널을, 1984년 6월에는 톰 브래들리 국제선 터미널을 공식 개관하였다. 세계에서 가장 많은 항공노선(단순한 환승노선 제외)을 운항하는 공항으로, 여객 수를 기준으로 세계 5위, 화물량을 기준으로 세계 6위의 공항이다. 2004년을 기준으로 6천만 명의 여객과 2백만 톤의 화물을 운송하였다.

(2) 존 F. 케네디 국제공항

존 F. 케네디 국제공항[John F. Kennedy International Airport, IATA 코드(JFK), ICAO 코드(KJFK)]은 미국 뉴욕시 퀸스구의 맨해튼 도심에서 동쪽으로 24km 떨어진 곳에 자리 잡고 있다. 1948년 7월에 '뉴욕 국제공항'으로 공식 개항하였고 1963년 12월에 암살된 존 F. 케네디 대통령을 추모하기 위해 존 F. 케네디 국제공항(JFK)으로 개명하였다.

미국으로 들어가는 최대의 국제 관문 역할을 하는데, 미국 전체적으로 동쪽에 치우쳐 있고 외곽의 다른 공항과 기능을 분담하고 있어 화물 및 여객수송은

로스앤젤레스 국제공항

존 F. 케네디 국제공항

Michael Gordon/Shutterstock.com(좌)
EQRoy/Shutterstock.com(우)

시카고, 댈러스, 애틀랜타 등의 공항에 뒤처지지만, 국제선 노선 수와 이용객 수는 미국에서 가장 많은 공항으로 꼽힌다.

(3) 오헤어 국제공항

오헤어 국제공항[O'Hare International Airport, IATA 코드(ORD), ICAO 코드(KORD)]은 미국 일리노이주 시카고 도심에서 27km 떨어진 곳에 자리하고 있다. 유나이티드 항공이 허브공항으로 사용하고, 아메리칸 항공이 제2의 허브공항으로 사용하는 공항으로 대한민국의 인천국제공항 노선 시카고행 여객기의 목적지가 오헤어 공항으로 운행된다.

1955년 10월에 민간 상용 국내선 공항으로 개항하였으며, 1962년 3월에 여객터미널을 완공하였다. 1997년부터 2005년까지 세계에서 교통량이 가장 많은 공항이었으나, 항공기 연착이나 지연을 줄이기 위한 연방정부의 규제로 애틀랜타 국제공항에 밀려났다. '오헤어'는 태평양 전쟁 때 미국 해군의 전투기 조종사인 '에드워드 헨리 오헤어'의 이름에서 따온 것으로, 여러 대의 일본 전투기를 격추하고 에이스로 전사한 공을 기리기 위한 것이다.

표 2.7 미국의 주요 허브공항 개요

구분	로스앤젤레스 국제공항	존 F. 케네디 국제공항	오헤어 국제공항
IATA/ICAO 코드	LAX/KLAX	JFK/KJFK	ORD/KORD
소재지	캘리포니아주 로스앤젤레스	뉴욕시 퀸스구	일리노이주 시카고
설립연도	1928년	1948년	1955년
부지면적	1473만㎡	1995만 724㎡	3115만 9667㎡
터미널 규모	여객터미널 9동(37만 1130㎡), 화물터미널 15동(210만 5282㎡)	10동	여객터미널 4동, 화물터미널 11동
운송여객	6014만 2588명(1997)	3135만 5268명(1997)	7038만 5073명(1997)
운송화물	187만 2862톤(1997)	166만 7581톤(1997)	140만 7307톤(1997)

자료: 네이버 지식백과(두산백과, 위키백과)

4. 공항코드와 특징

현재 전 세계에는 약 1만 개의 공항이 운영되고 있으며 전 세계의 모든 공항에는 IATA 3 Letter Code, 즉 공항코드가 부여되어 있다. IATA에서는 도시코드를 3레터 코드(Three Letter code)로 부여하고, 항공사코드에는 2레터 코드(Two Letter code)를 부여하였다. 이러한 코드들은 항공사 예약 시스템을 단순화하기 위해 지정되었으며, 전 세계적으로 통용되고 공통으로 사용된다. 공항코드와 항공사코드는 IATA와 ICAO에서 각각 지정하며 공항별로 부여된 코드가 공항을 대표하는 문자가 된다.

1) IATA 코드

항공부문에서는 도시의 고유한 이름에 코드를 부여하여 시스템상에서 분류 및 관리하고 항공업 종사자들은 도시의 이름보다 이 코드를 더 빈번하게 사용하며, 주로 항공사의 스테이션별로 전문을 보내거나 예약시스템에 도시코드를 입력할 때 사용한다.

이 코드는 국제민간 항공운송을 주관하는 IATA(International Air Transport Association; 국제항공운송협회)에서 전 세계 대부분 국가의 도시를 세 자리 문자로 코드화한 것이다. 예를 들어, 우리나라의 서울은 IATA 도시코드로 'SEL'이다. 서울의 영문 철자와 비슷하여 어느 정도 센스가 있다면 코드만 보고도 대략 도시명을 짐작할 수 있다. 그 밖에 제주는 'CJU', 부산은 'PUS'를 코드로 사용한다.

IATA 코드는 항공기가 운항하는 도시, 즉 공항이 있는 도시를 중심으로 도시코드와 공항코드를 각각 구분하여 정한다. 한 도시에 공항이 한 개뿐이라면 대부분 도시코드와 공항코드가 동일하다. 하지만 한 개의 도시에 여러 개의 공항이 있는 경우, 도시코드와 공항코드는 구분한다.

우리나라 서울(SEL, Seoul)을 예로 들면 서울은 'SEL'을 도시코드로 사용하지만, 서울을 대표하는 공항인 김포공항과 인천공항은 각각 'GMP', 'ICN'을 공항코드로 사용한다. 미국의 대도시 중 항공 교통량이 많기로 유명한 도시 뉴욕(NYC, New York)은 출/도착하는 항공편이나 뉴욕 교통관제를 받는 통과 항공기가 많아 제시간을 지키기가 힘들 정도이다. 그래서 여러 개의 공항이 운영되고 있는데, 존에프케네디공항(JFK), 라과디아공항(LGA), 뉴욕공항(JRA) 등이다. 이렇게 한 도시에 여러 개의 공항이 운영되는 경우에는 각각의 공항에 공항코드를 부여하여 사용한다.

2) ICAO 코드

ICAO(International Civil Aviation Organization, 국제민간항공기구)에서 부여한 코드는 네 자리 문자로 되어 있다. 지명 또는 공항명 자체를 세 문자로 축약한 IATA 공항코드에 비해 더 체계적이다. ICAO에서 제정한 공항코드는 전 세계를 지역코드로 분류하고 다시 국가에 따라 2차 코드, 도시(공항)에 따라 3차 코드로 분류하여 총 네 자리 영문자로 구성된다. 세계 전체에서 지역을 가리키는 첫 문자, 해당 지역에서 국가를 가리키는 둘째 문자, 국가별 규칙에 따라 배당되는 셋째와 넷째 문자로 조합된다.

Pavel V.Khon/Shutterstock.com

또한 ICAO 코드는 공항만이 아니라 비행정보구역(FIR)에도 부여된다. 예를 들어 우리나라는 북서부 태평양 지역을 가리키는 지역코드 'R'과 대한민국 국가코드 'K'를 조합하여 시작하며, 미국은 지역코드이자 국가코드인 'K'로 시작한다. 인천(Incheon)공항은 'RKSI', 김포(Gimpo)공항은 'RKSS', 미국 뉴욕 JFK 공항은 'KJFK', 프랑스 파리(Paris) 샤를드골 공항은 'LFPG' 등이다.

ICAO 도시(공항)코드는 애초는 미국과 캐나다의 무선통신 구역을 구분하기 위해 사용되던 코드가 항공기 운항 시 반드시 접촉해야 하는 스테이션으로 인식되면서 공항코드, 비행정보구역 코드로 사용이 확대된 것이다. 조종사 등 항공기 운항 관계자들은 IATA 코드가 아닌 ICAO 코드로 교신하고 통신한다.

Inspired By Maps/Shutterstock.com

Special Section 2

주요 공항의 IATA 코드

위치	공항명	IATA 코드
	미국	
라스베이거스	매캐런 국제공항	LAX
뉴욕	라과디아 공항	LGA
	존 F. 케네디 국제공항	JFK
시애틀	보잉 필드	BFI
	시애틀 터코마 국제공항	SEA
	킨모어 에어 하버 시플랜 베이스	LKE
	워싱턴 D.C.	
워싱턴 D.C.	로널드 레이건 워싱턴 내셔널 공항	DCA
	워싱턴 덜레스 국제공항	IAD
	일리노이주	
시카고	시카고 록퍼드 국제공항	RFD
	시카고 미드웨이 국제공항	MDW
	오헤어 국제공항	ORD
	조지아주	
애틀랜타	하츠필드 잭슨 애틀랜타 국제공항	ATL
	캘리포니아주	
로스앤젤레스	로스앤젤레스 국제공항	LAX
산호세	산호세 국제공항	SJC
새크라멘토	새크라멘토 국제공항	SMF
샌버너디노	샌버너디노 국제공항	SBD
샌디에이고	샌디에이고 국제공항	SAN
샌프란시스코	샌프란시스코 국제공항	SFO
오렌지군	존 웨인 공항	SNA
오클랜드	오클랜드 국제공항	OAK

하와이주		
카일루아	코나 국제공항	KOA
호놀룰루	대니얼 K. 이노우에 국제공항	HNL
힐로	힐로 국제공항	ITO
캐나다		
갠더	갠더 국제공항	YQX
리자이나	리자이나 국제공항	YQR
멍크턴	그레이트 멍크턴 로메오 르블랑 국제공항	YQM
몬트리올	몬트리올 미라벨 국제공항	YMX
	몬트리올 피에르 엘리오트 트뤼도 국제공항	YUL
밴쿠버	밴쿠버 국제공항	YVR
빅토리아	빅토리아 국제공항	YYJ
캘거리	캘거리 국제공항	YYC
켈로나	켈로나 국제공항	YLW
퀘벡	퀘벡 장 르사주 국제공항	YQB
토론토	빌리 비숍 토론토 시티 공항	YTZ
말레이시아		
조호르바루	세나이 국제공항	JHB
코타바루	술탄 이스마일 페트라 공항	KBR
코타키나발루	코타키나발루 국제공항	BKI
쿠알라룸푸르	쿠알라룸푸르 국제공항	KUL
베트남		
하노이	노이바이 국제공항	HAN
싱가포르		
싱가포르	싱가포르 창이 공항	SIN
태국		
방콕	돈므앙 국제공항	DMK
	수완나품 국제공항	BKK
치앙마이	치앙마이 국제공항	CNX
푸껫	푸껫 국제공항	HKT
대한민국		
대구	대구국제공항	TAE
무안	무안국제공항	MWX
부산	김해국제공항	PUS

서울	김포국제공항	GMP
양양	양양국제공항	YNY
인천	인천국제공항	ICN
제주	제주국제공항	CJU
청주	청주국제공항	CJJ
	중국	
	남동부	
광저우	광저우 바이윈 국제공항	CAN
마카오	마카오 국제공항	MFM
난창	난창 창베이 국제공항	KHN
샤먼	샤먼 가오치 국제공항	XMN
선전	선전 바오안 국제공항	SZX
제양	제양 차오산 국제공항	SWA
주하이	주하이 진완 공항	ZUH
푸저우	푸저우 창러 국제공항	FOC
홍콩	홍콩 국제공항	HKG
후이저우	후이저우 핑탄 공항	HUZ
	남부	
구이린	구이린 량장 국제공항	KWL
구이양	구이양 룽둥바오 국제공항	KWE
난닝	난닝 우수 국제공항	NNG
류저우	류저우 바이롄 공항	LZH
베이하이	베이하이 푸청 공항	BHY
시창	시창 칭산 공항	XIC
싼야	싼야 펑황 국제공항	SYX
장자제	장자제 허화 국제공항	DYG
창사	창사 황화 국제공항	CSX
취안저우	취안저우 진지양 국제공항	JJN
쿤밍	쿤밍 창수이 국제공항	KMG
하이커우	하이커우 메이란 국제공항	HAK
	동부	
난징	난징 루커우 국제공항	NKG
난퉁	난퉁 싱동 공항	NTG
닝보	닝보 리서 국제공항	NGB

뤄양	뤄양 베이자오 공항	LYA
상하이	상하이 푸둥 국제공항	PVG
	상하이 훙차오 국제공항	SHA
쉬저우	쉬저우 관인 국제공항	XUZ
우시	수난 쉬팡 국제공항	WUX
웨이하이	웨이하이 다슈이보 공항	WEH
원저우	원저우 룽완 국제공항	WNZ
옌청	옌청 난양 국제공항	YNZ
옌타이	옌타이 펑라이 국제공항	YNT
저우산	저우산 푸퉈산 공항	HSN
정저우	정저우 신정 국제공항	CGO
지난	지난 야오치앙 국제공항	TNA
창저우	창저우 번뉴 공항	CZX
칭다오	칭다오 류팅 국제공항	TAO
항저우	항저우 샤오산 국제공항	HGH
허페이	허페이 신차오 국제공항	HFE
	북동부	
다롄	다롄 저우수이쯔 국제공항	DLC
단둥	단둥 랑투 공항	DDG
무단장	무단장 하이랑 공항	MDG
선양	선양 타오셴 국제공항	SHE
옌지	옌지 차오양촨 공항	YNJ
창춘	창춘 룽자 국제공항	CGQ
하얼빈	하얼빈 타이핑 국제공항	HRB
	북부	
둔황	둔황 공항	DNH
란저우	란저우 종촨 국제공항	LHW
베이징	베이징 난위안 공항	NAY
	베이징 수도 국제공항	PEK
	베이징 다싱 국제공항	DAX
스자좡	스자좡 정딩 국제공항	SJW
인촨	인촨 허동 국제공항	INC
장예	장예 간저우 공항	YZY
타이위안	타이위안 우수 국제공항	TYN

톈수이	톈수이 마이지산 공항	THQ
톈진	톈진 빈하이 국제공항	TSN
	서부	
라싸	라싸 공가 공항	LXA
우루무치	우루무치 디워푸 국제공항	URC
	중부	
몐양	몐양 난쟈오 공항	MIG
샹양	샹양 류지 공항	XFN
시닝	시닝 차오자바오 공항	XNN
시안	시안 셴양 국제공항	XIY
우한	우한 톈허 국제공항	WUH
청두	청두 솽류 국제공항	CTU
충칭	충칭 장베이 국제공항	CKG
	오스트레일리아	
골드코스트	골드코스트 공항	OOL
다윈	다윈 국제공항	DRW
멜버른	멜버른 공항	MEL
브리즈번	브리즈번 공항	BNE
시드니	시드니 공항	SYD
애들레이드	애들레이드 공항	ADL
캔버라	캔버라 국제공항	CBR
케언스	케언스 공항	CNS
	체코	
프라하	프라하 바츨라프 하벨 국제공항	PRG
	잉글랜드	
런던	개트윅 공항	LGW
	런던 사우스엔드 공항	SEN
	런던 스탠스테드 공항	STN
	런던 시티 공항	LCY
	런던 루턴 공항	LTN
	히드로 공항	LHR
	프랑스	
파리	파리 샤를드골 공항	CDG
	파리 오를리 공항	ORY

항공사 제휴의 의의 및 유형 | 인터라인(Interline) | 공동운항(Code Share) | 합작투자(Joint Venture) | 인수합병(M&A)

항공동맹체의 현황 및 종류 | 스타얼라이언스(Star Alliance) | 스카이팀(SkyTeam) | 원월드(Oneworld) | 유플라이 얼라이언스(U-FLY Alliance) | 밸류 얼라이언스(Value Alliance)

주요 항공국제업무기구 | 국제민간항공기구(ICAO) | 국제항공운송협회(IATA)

기타 항공국제업무기구 | 국제공항협의회(ACI) | 미국 교통부(DOT) | 미국 연방항공청(FAA) | 미국 국방 카운터인텔리전스 보안국(DCSA) | 미국 교통안전위원회(NTSB) | 미국 교통안전국(TSA)

Chapter 3

전략적 제휴 및 국제업무기구

1. 항공사 제휴의 의의 및 유형

현대 사회가 갈수록 첨단화, 세계화되고 있지만, 이에 발맞추어 한 항공사가 세계의 전 노선을 취항하고 항공 제반 시설을 확장 및 증설하는 데에는 한계가 있다. 게다가 저비용 항공사들의 급속한 발전과 소비자들의 요구 다변화 등으로 항공업계의 경쟁은 갈수록 치열해지고 있다. 이런 시대적, 사회적 배경에서 항공사들은 공동운항 협정을 맺어 항공동맹을 구축해 나가는 전략을 활용하게 되었다. 이는 항공기 및 항공시설을 늘리는 큰 부담은 줄이면서 다양한 국가의 많은 고객을 확보하는 효과가 있기 때문이다.

항공사 간의 전략적 제휴를 체결함으로써 항공사는 항공업 내의 경쟁기업과 일시적 협조관계를 구축하고 세계의 노선 네트워크를 활용하며 항공사 운영 측면에서 수익을 증대하고 원가를 절감할 수 있게 된다. 또한 항공편 운항 스케줄을 공동으로 운항하게 되어 소비자가 연결편으로 겪는 불편을 최소화할 수 있다.

그 결과 신규노선이나 추가 항공기의 도입이 없이도 고객을 확보할 수 있게 되며, 각자 보유하고 있는 시장을 공유함으로써 효율적인 마케팅과 원가비용 절감이라는 시너지 효과를 얻게 되는 것이다. 한편 소비자 입장에서는 항공동맹에 가입한 항공사를 이용하게 되면 마일리지를 공유할 수 있다는 큰 장점을 누리게 된다.

다양한 목적으로 연합한 동맹체 중에는 항공사 운영비 중 가장 많은 비용을 차지하는 급유의 원가를 낮추는 방법으로 원유를 공동 구매하여 비용을 절감하는 동맹체도 있다. 또한 항공사가 취항하지 않는 노선의 항공권을 항공동맹체의 항공권으로 함께 판매하는 코드쉐어도 제휴의 한 유형이다. 제휴의 유형은 인터라인(Interline), 공동운항(Code Share), 합작투자(JV; Joint Venture), 인수합병(M&A) 등으로, 초기에는 인터라인 협정이 주로 이루어졌으나 갈수록 공동운항부터 합작투자까지 항공사 간 협력 수준이 높아지고 있다.

■ 항공사 간 제휴의 이점

- 항공 서비스 협정에 의한 규제로 낮은 수익성을 타파할 수 있다.
- 변화하는 수요에 맞춘 탄력적인 운영으로 경쟁력을 높일 수 있다.
- 항공운항 계획을 다양하게 최적화할 수 있다.
- 동일한 목적지로의 비행빈도 증대로 대규모 투자비용을 줄일 수 있다.
- 항공 마일리지 적립과 다양한 노선 확보로 대고객 서비스를 향상할 수 있다.
- 제휴사의 기존 노선권과 슬롯을 이용하여 새로운 시장으로의 진출이 용이하다.
- 국경 횡단 네트워크가 상이한 국가들의 기술과 지식을 공유할 수 있다.
- 외국시장 진출에 대한 규제완화의 방편이 될 수 있다.

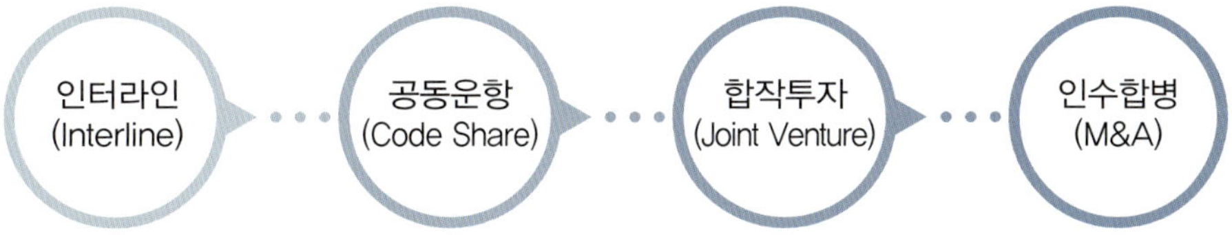

그림 3.1 항공사 간 협력 유형

1) 인터라인(Interline)

20세기 중반부터 시작된 초기 제휴의 유형은 여행사와 항공사가 여행자가 별도의 항공권 두 장을 구매할 필요 없이 한 운임으로 다른 항공사의 항공편을 함께 이용할 수 있는 인터라인 계약을 기반으로 하였다.

2) 공동운항(Code Share)

공동운항 또는 코드쉐어란 협력관계에 있는 두 개 이상의 항공사가 비행기 좌석을 공유하여 공동 판매하는 것이며, 우리말로는 편명 공유 또는 기내 좌석 공유라고도 한다. 예를 들어 승객이 대한항공 사이트에 접속하여 목적지가 프랑스 파리인 항공권을 구매하려고 한다고 가정해 보자. 대한항공과 에어프랑스는 프랑스 파리가 목적지인 항공권을 공동운항 티켓으로 판매할 수 있다. 에어프랑스는 대한항공과 공동운항 계약이 체결되어 있으므로 에어프랑스 노선의 항공권 판매를 대한항공과 공유하는 것이다.

고객이 좌석을 구매할 때 공동운항편이라고 명시되어 있는 티켓을 구분할 수 있는데, 예를 들면 'KE001(Codeshare AF002)'이라고 티켓에 명시된다. 이 경우 대한항공 사이트에서 예약, 구매하고 탑승수속도 대한항공 카운터에서 진행하지만, 실제로는 에어프랑스 항공기를 탑승하고 프랑스로 여행하게 된다는 뜻이다. 고객은 에어프랑스 비행기를 이용하면서 상용 고객 적립 또한 대한항공 마일리지로 가능하며, 종종 저비용 혜택을 받을 수도 있다.

동맹체에 가입한 항공사들끼리는 연결되어 있고 이들 항공사의 노선을 함께 이용하여 취항하지 않는 목적지의 항공권도 서로 판매할 수 있으므로, 공동운항은 항공권 매출 수익 향상에 큰 기여를 하게 된다.

3) 합작투자(Joint Venture)

항공사들은 합작투자의 형태로 항공제휴를 맺기도 한다. 이 유형의 제휴에는 다른 상업활동 간의 항공편 스케줄링과 가격 조정이 포함되는데, 계약을 통해 서로의 본사 판매시스템에서 받는 지원으로 네트워크를 확장할 수 있다. 오늘날의 합작투자는 일반적으로 수익점유와 이익점유라는 두 개의 형태로 나뉘는데, 이를 통하여 비용을 절감하고 각 노선에 적합한 항공기와 브랜드를 선택하는 것을 목표로 한다.

수익과 경쟁력을 높이고 궁극적으로 고객에게 더 나은 서비스와 가격을 제공할 수 있는 구조적 및 최적화 변경을 활용하여 이익점유율을 도모하는 항공사가 많다. 가령 델타항공의 버진 애틀랜틱 49% 소유로 인한 합작투자가 좋은 예이다. 델타항공은 합작투자 범위(예: 미국-영국 노선 및 시장) 내의 지역에만 초점을 맞추는 대신 버진 애틀랜틱의 브랜드를 유지하면서 버진의 전체 노선의 성과를 개선하기 위해 노력하고 있다.

이들 항공사의 최종 목표는 제휴 항공사들 간의 노선이 한 항공사 내의 노선만큼 원활하게 연결되고, 고객이 예약하기로 선택한 항공사와의 모든 상호작용이 제휴 항공사와의 거래로 이월되도록 하는 것이다. 예를 들어 고객이 여정의 한 구간에서 좌석을 선택할 수 있는 경우 두 항공사의 모든 구간에서 좌석을 선택할 수 있어야 하고, 수하물 정보도 공유되어야 한다. 디지털 통합으로 활성화된 이러한 전략은 서로의 항공편에서 추가 수익상품(업그레이드, 기내 구매 등)을 판매할 수 있기 때문에 추가로 수익성을 얻을 수 있다.

4) 인수합병(M&A)

인수합병은 두 회사의 경영 체계를 하나로 합병하여 운영하며, 한 기업이 매수한 기업을 자회사나 관련회사로 두어 해체하지 않고 조직을 흡수한다. 각 항공사의 노선과 인력 체계를 합병하여 두 기업의 상충된 조직문화의 갈등을 최소화하기 위한 항공사 제휴 진화의 마지막 단계가 국경을 넘는 인수합병이라고 할 수 있다.

항공사 통합이 항공사와 고객 모두에게 긍정적 영향을 준 가장 모범적인 사례가 있는데, 예를 들어 미국 항공, 노스웨스트, 콘티넨털, 에어트란의 합병 및 인수와 같은 통합이 있다. 이러한 항공사들이 타 항공사들을 통합하면서 현재 대형 항공사인 4개의 항공사가 미국의 주요 노선을 운영하고 있으며 미국 국내 시장에서 대형 항공사의 승객탑승 점유율은 전체의 86%를 차지한다. 이러한 항공사의 인수합병은 미국 항공사의 금융 안전성을 더 높여 미국 소비자들의 서비스 만족도와 안정성이 크게 개선되었다.

2.
항공동맹체의 현황 및 종류

21세기에 들어 그동안 항공사 제휴의 근간이었던 마케팅 제휴와 글로벌 제휴에 전략적 제휴가 추가되어 세 가지 유형의 제휴가 이루어지고 있다. 사실상 세계 항공업계 시장은 노선규모와 서비스 면에서 3대 글로벌 제휴에 의해 좌우되고 있다.

최근에는 프랑스항공이 네덜란드항공을 흡수, 합병하면서 다 같이 스카이팀에 합류하였고 이로 인해 변화가 극심한 21세기 항공시장 환경에서 유리한 고지를 점하며 항공사들의 선점 전략이 본격화되고 있다.

항공사들은 저비용 항공사들의 빠른 추격과 항공업계의 치열한 경쟁에 대응하기 위한 전략으로 항공동맹을 맺고 제휴 항공사를 통해 자원을 공유하며 시너지 효과를 창출하고 경쟁력을 강화하는 일에 주력하고 있다.

표 3.1 3대 글로벌 동맹체별 항공사 현황

구분	스타얼라이언스(Star Alliance)	스카이팀(SkyTeam)	원월드(Oneworld)
설립연도	1997년 5월 14일	2000년 6월 22일	1999년 2월
창립회원사	루프트한자, 스칸디나비아항공, 에어캐나다, 유나이티드항공, 타이항공 5개 항공사	대한항공, 델타항공, 아에로멕시코, 에어프랑스 4개 항공사	아메리칸항공, 영국항공, 캐나디안항공, 캐세이퍼시픽항공, 콴타스항공 5개 항공사
본사 소재지	독일 헤센주 프랑크푸르트 암마인	네덜란드 암스테르담 스키폴 국제공항	미국 뉴욕주 맨해튼
회원사	26개	19개	14개
라운지	1000개	750개	650개
일일운항 항공편	1만 9000여 편	1만 4500여 편	

항공동맹체는 여러 항공사들이 협력하여 소속 항공사 회원들에게 각종 서비스를 공동으로 제공하는 연합체로, 전 세계적으로 큰 규모로 자리 잡은 3대 동맹체는 스타얼라이언스, 스카이팀, 원월드이다. 우리나라 항공사인 아시아나항공은 스타얼라이언스에 가입되어 있으며 대한항공은 스카이팀에 소속되어 있다. 또한 저가 항공사가 출범하면서 저가 항공동맹체도 등장하였는데, 유플라이얼라이언스와 밸류 얼라이언스이다.

그림 3.2에서 항공사 동맹체별 규모를 보면, 유효좌석거리*를 기준으로 승객 수송력* 점유율은 스타얼라이언스(25.3%), 스카이팀(17.7%), 원월드(17.5%), 순으로 높다.

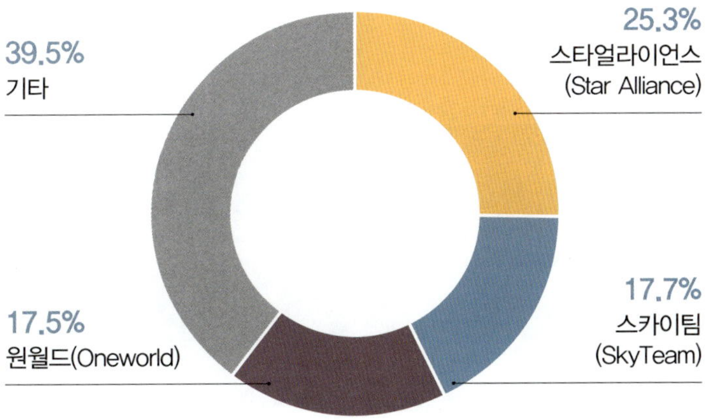

그림 3.2 글로벌 제휴 그룹별 국제선 유상여객 킬로미터(RPK) 실적 점유율

자료: 항공정보포털시스템(2017), IATA 항공통계편, 세계주요제휴그룹실적

*** 유효좌석거리(ASK; Available Seat Kilometer)**

항공기당 공급석 X 대권거리(실제 비행한 거리) = 항공사의 공급좌석능력, 실제 판매된 좌석 수와 비행거리를 곱해 계산하면 항공사의 유효좌석거리, 즉 항공사의 공급좌석능력이 된다.

*** 수송력(Capacity)**

수송기의 수송력은 구간속도(Block Speed), 탑재력(ACL), 가동시간(Vtilization) 3가지 요소로 결정되며, 시간당 수송력과 연간 수송력으로 대별된다.

1) 스타얼라이언스(Star Alliance)

1997년 5월 14일에 루프트한자, 스칸디나비아항공, 에어캐나다, 유나이티드항공, 타이항공 5개 항공사가 연합하여 설립한 최초의 글로벌 항공동맹체이자 오대양 육대주를 모두 포함한 유일한 동맹체이다. 가장 권위 있는 항공사 평가기관인 Sky Trax의 항공사 평가 결과를 보면, 2010년 선정된 '올해의 베스트 항공사' 중에서 3개의 항공사가 스타얼라이언스 소속이다. 2010년 승객이 뽑은 '올해의 항공사'에는 스타얼라이언스 소속 아시아나항공이 선정되어 상을 받았다.

스타얼라이언스는 2021년 9월 하루 19000편이 넘는 항공편을 운항하고 전 세계에 1000개의 라운지를 운영하고 있다. 독일 헤센주 프랑크푸르트 암마인에 본사가 있으며, 26개 회원사에서 제공하는 1300개 공항 전역으로 네트워크 범위를 확장하고 있다.

Patrick Pleul/picture alliance/Getty Images

Junko Kimura/Getty Images

2006년에 나리타 공항에서 열린 스타얼라이언스 Press Conference

표 3.2 스타얼라이언스 회원 항공사(26개)

회원사	국적	합류시점	소속 자회사	비소속 자회사
		창립 회원사		
루프트한자	독일	1997년 5월 14일	루프트한자 리저널 루프트한자 시티라인 선 익스프레스 독일 에어 돌로미티	
스칸디나비아항공	노르웨이 덴마크 스웨덴		침버항공	스칸디나비아항공 아일랜드

에어캐나다	캐나다	1997년 5월 14일	에어캐나다 익스프레스 에어캐나다 루즈	에어캐나다 제르즈
유나이티드항공	미국		유나이티드 익스프레스	
타이항공	태국		타이 스마일 항공	
		일반 회원사		
LOT 폴란드 항공	폴란드	2003년 10월 26일	노르디카항공	
TAP 포르투갈 항공	포르투갈	2005년 3월 14일	TAP 익스프레스	
브뤼셀항공	벨기에	2009년 12월 9일		
심천항공	중화인민공화국	2012년 11월 29일	쿤밍항공	
스위스 국제항공	스위스	2006년 4월 1일		에델바이스에어
싱가포르항공	싱가포르	2000년 4월 1일		스쿠트 실크에어
아비앙카항공	콜롬비아	2012년 6월 21일	아비앙카 과테말라 아비앙카 니카라과 아비앙카 에콰도르 아비앙카 엘살바도르 아비앙카 온두라스 아비앙카 코스타리카 아비앙카 페루	
아시아나항공	대한민국	2003년 3월 1일		에어부산 에어서울
에게항공	그리스	2010년 6월 30일	올림픽에어	
에바항공	중화민국	2013년 6월 18일	유니항공	
에어뉴질랜드	뉴질랜드	1999년 3월 30일	에어뉴질랜드 링크	
에어인디아	인도	2014년 7월 11일	에어인디아 리저널	
에티오피아항공	에티오피아	2011년 12월 13일		
오스트리아항공	오스트리아	2000년 3월		
이집트항공	이집트	2008년 7월 11일		
전일본공수	일본	1999년 10월	에어재팬 ANA 윙스	피치항공
중국국제항공	중화인민공화국	2007년 12월 12일	에어마카오	다롄항공
코파항공	파나마	2012년 6월 21일	코파항공 콜롬비아	
크로아티아항공	크로아티아	2004년 11월 18일		
터키항공	터키	2008년 4월 1일		선 익스프레스 아나돌루 제트
남아프리카항공	남아프리카	2006년 4월		

2) 스카이팀(SkyTeam)

Milosz Maslanka/Shutterstock.com

2000년 6월 22일에 대한항공, 델타항공, 아에로멕시코, 에어프랑스 4개 항공사가 창설하였으며, 연간 승객 수는 6억 3천만 명(2019년)으로 3대 동맹 중 둘째로 큰 규모이다.

2021년 9월 현재를 기준으로 스카이팀은 5개 대륙의 19개 항공사로 구성되었으며, '당신에 대한 배려'라는 슬로건하에 운영되고 있다. 항공사 운영은 여객운송과 화물운송으로 나뉘며 스카이팀 카고라는 10개 항공사의 화물동맹을 운영하고 있다.

SAM YEH/AFP/Getty Images

스카이팀은 네덜란드 암스테르담 스키폴 국제공항에 본사가 있으며, 전 세계에 790개 이상의 라운지를 운영하고 있다. 2021년 9월을 기준으로 175개국 1036개의 목적지로 운항하며 매일 1만 5445회 이상의 항공편을 통해 6억 7600만 승객을 운송하고 있다. 이 수치는 스카이팀 홈페이지에서 가져온 자료이나 항공동맹체의 목적지와 노선은 항공사 운영사정이나 기타 국제정세의 여건에 따라 변동될 수 있다.

표 3.3 스카이팀 회원 항공사(19개)

회원사	국적	합류시점
	창립 회원사	
대한항공	대한민국	2000년 6월 22일
델타항공	미국	2000년 6월 22일
아에로멕시코	멕시코	2000년 6월 22일
에어프랑스	프랑스	2000년 6월 22일
	일반 회원사	
에어로플로트	러시아	2006년 4월 14일
아르헨티나 아에로린네아스	아르헨티나	2012년 8월 29일
에어유로파	스페인	2007년 9월 4일
ITA 항공	이탈리아	2001년 7월 27일
중화항공	중국	2011년 9월 28일
중국동방항공	중국	2011년 6월 21일
체코항공	체코	2001년 3월 25일
가루다 인도네시아 항공	인도네시아	2014년 3월 5일
케냐항공	아프리카	2007년 9월 4일
KLM 네덜란드항공	네덜란드	2004년 9월 13일
중동항공	레바논	2012년 6월 28일
사우디아항공	사우디아라비아	2012년 5월 29일
타롬항공	루마니아	2010년 6월 25일
베트남항공	베트남	2010년 6월 10일
샤먼에어	중국	2012년 11월 21일

Markus Mainka/Shutterstock.com

3) 원월드(Oneworld)

원월드는 1999년 9월에 아메리칸항공, 영국항공, 캐세이퍼시픽항공, 콴타스항공 등의 항공사가 연합을 목적으로 창설하였다. 미국 뉴욕주 맨해튼에 본사가 있으며, 셋째로 큰 글로벌 동맹체이다. '세계 일류 항공 회사들의 동맹'을 슬로건으로 활동하고 있으며, 2021년 9월을 기준으로 전 세계에 650여 개의 라운지를 운영하고, 14개 회원 항공사가 170개국 1000여 개의 목적지로 승객을 운송하고 있다. 이 수치는 원월드 홈페이지에 공시된 내용이나 항공동맹체의 목적지와 노선은 항공사 운영사정이나 기타 국제정세의 여건에 따라 변동될 수 있다.

표 3.4 원월드 회원 항공사(14개)

회원사	국적	합류시점	소속 자회사
		창립 회원사	
아메리칸항공	미국	1999년 2월 1일	아메리칸 이글 항공 아메리칸 항공 셔틀
영국항공	영국		BA 시티플라이어 컴에어, 오픈스카이스 선에어 오브 스칸디나비아
캐세이퍼시픽항공	홍콩		
콴타스항공	오스트레일리아		제트 커넥트, 콴타스 링크

일반 회원사			
S7 항공	러시아	2010년 11월 15일	글로부스 항공
로열 에어 모로코	모로코	2020년 4월 1일	
로열 요르단 항공	요르단	2007년 4월 1일	로열 윙스 항공
말레이시아항공	말레이시아	2013년 2월 1일	MAS 윙스 파이어플라이
스리랑카항공	스리랑카	2014년 5월 1일	
알래스카항공	미국	2021년 4월 1일	
일본항공	일본	2007년 4월 1일	J-에어 일본 트랜스오션 항공
카타르항공	카타르	2013년 10월 30일	카타르 이규제큐티브 항공
핀에어	핀란드	1999년 9월 1일	노르딕 리저널 항공
피지에어	피지	2018년	

4) 유플라이 얼라이언스(U-FLY Alliance)

2016년 2월 18일 중국해남항공의 계열사인 홍콩 익스프레스, 우루무치항공, 럭키에어, 중국서부항공으로 이루어진 항공동맹체로, 최초의 저가 항공사 동맹체이다. 원래 중화권, 그것도 하이난 항공계열 항공사만 존재하였으나, 최초의 국외 항공사이자 대한민국 항공사인 이스타항공이 2016년에 가입하였다. 그러나 각자도생으로 인해 유명무실해지고 있는 실정이다.

표 3.5 유플라이 얼라이언스 회원 항공사(5개)

회원사	IATA 코드	국적	가입연도
홍콩 익스프레스	UO	홍콩	창립 회원
럭키에어	8L	중국	창립 회원
우루무치항공	UQ	중국	창립 회원
중국서부항공	PN	중국	창립 회원
이스타항공	ZE	대한민국	2016년

홍콩 익스프레스는 캐세이퍼시픽항공에 매각됨에 따라 탈퇴할 예정이다. 유일한 비하이난 항공계열 기업인 이스타항공 역시 제주항공이 인수를 포기함에 따라 파산절차를 밟을 것으로 예상되어 탈퇴 가능성이 높아졌다.

5) 밸류 얼라이언스(Value Alliance)

VALUE ALLIANCE

2016년 5월 16일에 창립한 아시아 · 태평양 지역의 저가 항공사 항공동맹으로, 저가 항공사끼리 모인 항공동맹 중에서는 규모가 가장 크다. 세부퍼시픽, 녹에어, 녹스쿠트항공, 스쿠트항공, 타이거에어 싱가포르, 타이거에어 오스트레일리아, 바닐라에어 8개 저가 항공사가 결성하였으며 제주항공과 세부퍼시픽을 제외하고는 회원사들이 스타얼라이언스 가맹 항공사들의 자회사이다. 다만 아시아 지역의 모든 저가 항공사가 가입한 것은 아니며, 특히 가장 큰 규모와 노선망을 자랑하는 에어아시아는 가입하지 않았다.

앞으로 밸류 얼라이언스는 회원사 소속 항공기 176대로 아시아 · 태평양 지역 160개 도시를 연결하는 노선망을 구축할 예정이다. 8개 회원사는 2015년도에 각 지역 17개 허브공항에서 160개 도시로 승객 4700만 명을 수송하였다. 최초 출범 시는 8개 회원사였으나 이후 추가로 가맹한 회원사가 없으며, 회원사 간 합병 및 회원사의 자회사 해산 등을 통해 5개 회원사로 줄었다.

표 3.6 밸류 얼라이언스 회원 항공사(5개)

회원사	IATA 코드	국적	가입연도
제주항공	7C	대한민국	창립 회원
세부퍼시픽	5J	필리핀	
세브고	DG	필리핀	
녹에어	DD	태국	
스쿠트항공	TR	싱가포르	

3.
주요 항공국제업무기구

항공국제업무기구는 국제민간항공의 안전과 발전을 위한 정보교환 및 협력과 평화 유지를 목적으로 설립되었다. 주요 기구는 ICAO와 IATA인데, ICAO는 국제민간항공기구로 국제민간항공조약에 기초해 발족한 유엔 전문기구이고, IATA는 항공사들로 구성된 국제항공운송협회이다.

ICAO와 IATA가 전 세계 항공 업무의 기준이 되는 규칙을 제정하고 항공사와 정부는 이 기준에 맞게 항공업을 운영하고 있다. 특히 IATA는 기타 업무기구들의 최상위 기관이라고 할 수 있으며, 모든 항공법과 안전관련 지침 등을 제정한다.

1) 국제민간항공기구(ICAO)

ICAO(International Civil Aviation Organization)는 유엔 산하의 전문기구로 민간항공의 안전과 발전을 주목적으로 1944년 시카고 조약에 근거해 1947년 4월 4일에 발족하였다. 현재 캐나다 퀘벡주 몬트리올에 본사가 있다.

ICAO의 주요 업무는 크게 국제민간항공의 안전과 발전을 위한 정보교환 및 협력, 평화적 목적을 위한 항공기의 설계 및 운송기술 장려로 나뉘며, 특히 항공기, 승무원, 통신, 공항시설, 항법기술의 표준화를 위해 활동하고 있다.

Bebeminze/Shutterstock.com

ICAO 조직은 총회, 이사회, 사무국, 전문위원회, 지역사무소로 구성된다. 총회는 이사국 선출, 회원국 분담금, 예산, 협약승인 등 3년마다 캐나다 몬트리올에서 개회한다. 전문위원회는 이사회의 보조기구로 항공운항, 기반시설, 비행점검, 불법간섭 방지 및 국제민간항공의 국경횡단 절차촉진에 관한 표준과 권고안을 채택하며, 항공 사고 조사를 위한 프로토콜을 정의한다. 지역 내 항공문제를 다루기 위해 지역사무소를 설치, 운영하고 있다. ICAO는 각국의 항공기 사고 조사에 관한 조약을 정하고, 각 공항의 안전을 위해 공항 규모를 기준으로 소방대의 기준을 규정, 제시하고 있다.

- 전문위원회: 이사회의 분야별 위원회가 총 7개 있다.
- 항행위원회(19인): 협약 부속서 제·개정 등 국제항공 안전 분야의 모든 기술정책을 실질적으로 결정하는 ICAO 내 핵심 위원회, 항공운송위원회, 기술협력위원회, 법률위원회, 재정위원회, 합동지원위원회, 불법행위예방위원회를 운영하고 있다.
- 사무국: 항행국, 항공운송국, 기술협력국, 법률국, 행정국으로 5개와 8개의 지역사무소(태국, 카이로, 다카, 리마, 멕시코, 나이로비, 파리, 베이징)를 운영하고 있다.
- 총인원: 800여 명

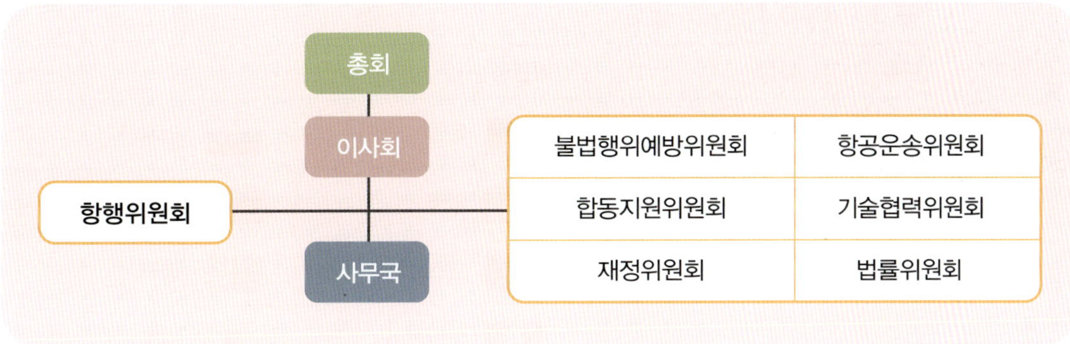

그림 3.3 ICAO의 조직 구성

시카고 협약에 가입하면 자동으로 ICAO 회원국이 되며, 2019년 4월을 기준으로 ICAO 회원국은 193개국이고, 우리나라는 ICAO에 1952년 12월에 가입하였다. 이사회 회원국은 표 3.7과 같이 세 분류로 나뉜다.

ICAO 공항코드는 국제민간항공기구(ICAO/OACI)에서 비행정보구역(FIR)과 공항에 부여하는 코드로, ICAO Document 7910, Location Indicators에 기재, 정리된다. 지명 또는 공항명 자체를 세 문자로 축약하는 IATA 공항코드에 비해 더 논리적으로 만들어진다. 세계 전체에서 해당 지역을 가리키는 첫 문자, 해당 지역에서 나라를 가리키는 둘째 문자, 국가별 규칙에 따라 배당되는 셋째와 넷째 문자로 조합된다. 다만, 기본적으로 각 나라의 자진 신고에 따라 코드가 주어지므로 특히 영토 분쟁지역에서 어느 한쪽 나라(주로 실효 지배국)가 코드를 신청하여 부여받았다고 해서 그 나라의 영유권을 인정받는 것은 아니다.

ICAO 최초의 한국인 여성 직원

2009년에 항공정책실 김구슬 주무관이 한국인 여성 최초로 ICAO 사무국 내 항행국 정직원으로 채용되었다. 우리나라는 세계 10대 항공 운송국이자 재정기여국이지만 그동안 ICAO에 정규직원을 배출한 적이 없었다. ICAO 항행국은 국제항공 안전기준의 제·개정 업무를 담당하는 부서로, 김 주무관은 국제항공기준 제·개정과 관련한 ICAO 업무계획을 관리·조정하고 전 세계 7개 지역사무소와 협의 등을 맡고 있다.

표 3.7 ICAO 회원국의 분류

분류	특성	회원국	
Part 1	항공운송에 주요한 영향을 주는 국가	독일	러시아
		미국	브라질
		오스트레일리아	영국
		이탈리아	일본
		중화인민공화국	캐나다
		프랑스	
Part 2	항공교통 시설에 큰 공헌을 한 국가	남아프리카 공화국	싱가포르
		나이지리아	아르헨티나
		멕시코	아일랜드
		사우디아라비아	인도
		스웨덴	이집트
		스페인	콜롬비아
Part 3	지리적 대표성을 지닌 국가	대한민국	케냐
		말레이시아	콩고공화국
		아랍에미리트	쿠바
		알제리	탄자니아
		에콰도르	터키
		우루과이	파나마
		카보베르데 공화국	

2) 국제항공운송협회(IATA)

1919년 헤이그에서 설립된 국제항공수송협회를 계승하여 1945년 4월에 쿠바 아바나에서 설립된 조직으로, 본부는 캐나다 퀘벡주 몬트리올, 스위스 제네바, 싱가포르에 있다. 정부 간 기구인 국제민간항공기구(ICAO)와는 성격이 전혀 다른 순수 민간단체로, 항공운송 발전과 제반 문제 연구, 안전하고 경제적인 항공운송, 회원 업체 사이의 우호 증진 등을 목적으로 한다. 주로 국제항공 운임을 결정하고 운항시간과 공항시설 사용료 조정, 항공기 양식 통일, 연대운임 청산, 일정한 서비스 제공 등의 활동을 한다. 회원 항공사들과의 협의를 통해 결정된 운임은 개별 항공사가 추후에 출발국 정부에 인가를 요청하는 형식을 띠지만 사실상 IATA의 결의내용이 그대로 반영된다.

1955년까지 독극물, 가연성 및 부식성 물질의 항공운항이 불가하여 IATA는 위험물질 규정을 만들고 1965년에는 동물도 항공으로 운송할 수 있는 규정을 만들었다. 1979년 10월 조직을 무역과 운임 부문으로 나누어 무역 부문에서는 기술, 법률, 재정, 교통 서비스, 기관업무 등을, 운임 부문에서는 여객운임, 화물운임, 위탁업무 등을 담당하고 있다.

조직으로는 총회와 집행위원회 외에 5개 상설위원회(재정·기술·법무·운수·보건)가 있고 해마다 연차 총회가 열린다. 초기에는 유럽과 북아메리카에서 31개국 57개 회원사로 시작하였으나 항공운송 수요의 증가와 함께 전 세계적으로 성장하여 2020년에는 120여 개국 290개 회원사가 있다. 우리나라는 대한항공이 1989년 1월 정회원, 아시아나항공이 2002년 5월 정회원으로 가입하였다.

IATA에서는 세 문자 IATA 공항코드와 두 문자 IATA 항공사코드를 할당하는데, 이 코드가 전 세계적으로 사용된다. 항공기의 출발지연을 파악하기 위해 IATA 지연 코드도 지원하고 있다. IATA는 운임을 계산하기 위해 전 세계를 세 곳으로 구분하였다.

- 유럽, 중동과 아프리카
- 지질학적으로 유럽인 곳과 모로코, 알제리, 튀니지
- 아시아, 오스트레일리아, 뉴질랜드, 태평양 섬

JUNG YEON-JE/AFP/Getty Images

JUNG YEON-JE/AFP/Getty Images

항공사의 규정준수와 관련 내용을 조사하고 각 국가의 항공사들에서 관련 자료를 보고받는 협회가 IATA이다. 항공권 판매에 대한 허가 여부는 각 국가가 결정하지만 항공권을 판매하는 전 세계 여행사를 공인하는 기구는 IATA이다. IATA는 미국을 제외한 전 세계 여행사를 공인하는 역할도 하는데, 이 일은 항공사 보고 조합에서 수행한다. IATA에서 항공운임과 그에 관련된 제반 사항에 관한 법을 제정하면 국가는 그 결의내용을 거의 그대로 반영하게 되며, IATA는 위험물* 분류에 대한 규정 제한과 IATA 위험물 제한에 대한 매뉴얼을 출판하기도 한다.

*** 위험물(Dangerous Goods 또는 Hazardous Materials)**
내재한 성질로 인해 건강, 안전, 자산, 환경에 위해를 끼치는 물질로 규정에 따라 9가지의 Class로 분류된다. 위험물에 대한 자세한 내용은 8장을 참고한다.

4.
기타 항공국제업무기구

앞에서 살펴본 주요 국제업무기구인 IATA, ICAO와 성격이 같은 기구로 전 세계 공항 운영에 관한 안전 업무를 수행하는 기관들이 있다. 국제공항협의회(ACI)와 미국에 소속된 FAA, TSA 등과 같은 기구들이 중추 역할을 하고 있으며, 전 세계의 항공사들이 이 기구들의 기준에 따라 운영되고 있다. 이 기구들은 IATA와 ICAO에서 제정한 법을 기본으로 하되 각국의 상황에 맞게 효율적으로 운영기관을 설립, 운영하고 있다. 이를 기타 항공국제업무기구로 분류하여 그 특징을 살펴본다.

1) 국제공항협의회(ACI)

ACI(Airports Council International)는 공항 관리 및 운영에 관한 공항의 공동 이익을 달성하고, 우수성을 홍보하기 위해 설립된 비영리 단체이다. 1991년 1월 1일 국제공항운영협의회(AOCI)와 공항협의조정위원회(AACC), 국제민간공항협회(ICAA) 등 공항 관련 3개 단체가 통합되어 설립되었다. 전 세계 회원 공항들의 대변인 격으로, 공항의 안전과 효율성, 재정적 자립 및 환경정책에 기여하고, 공항 상호 간의 협력과 지원, 정보교환 등 협력체제를 유지하기 위한 활동을 주로 한다. 세계 각국의 공항정책에 대해 한 목소리를 내는 압력단체의 역할을 수행하기도 하며, 국제민간항공기구(ICAO), 세계세관기구(WCO) 등과 긴밀한 협력관계를 유지하고 있다.

조직은 총회와 이사회, 집행위원회, 사무국, 전문상임위원회 등으로 구성된다. 본부는 캐나다 몬트리올에 있으며, 미국(워싱턴 DC), 아시아·태평양(홍콩), 유럽(브뤼셀), 남미(에콰도르 키토), 아프리카(카사블랑카) 등 다섯 곳에 지역

사무소를 두고 있다. ACI는 매년 세계 153개 공항에서 30만 명의 고객을 대상으로 청결도, 체크인 효율성, 직원의 친절도 등을 조사하여 우수공항 순위를 정한다. 현재 회원사 수는 179개국 580개 공항 운영 주체이다. 2011년에 본부를 스위스 제네바에서 캐나다 몬트리올로 옮겼다.

2) 미국 교통부(DOT)

DOT(Department of Transportation)는 미국의 포괄적인 교통정책을 수립하고 시행하는 미국 행정기관이자 연방정부의 한 부서로, 항공 외에 철도, 고속도로 등을 담당하는 별도의 하위부서를 두고 있다. 1966년 10월 15일에 의회법에 의해 설립되었다,

3) 미국 연방항공청(FAA)

FAA(Federal Aviation Administration)는 DOT의 하위기관으로 미국 내의 민간항공 안전을 위한 주요 업무를 맡고 있다. 구체적 기능으로는 국가 방위에 요구되는 사항을 수행하고 민간항공 안전을 위한 규정 정립, 새로운 항공기술을 포함한 민간항공의 개발과 진흥, 민간항공기와 군용항공기에 대한 항행 및 교통관제시스템의 운용과 개발, 국가 우주시스템과 민간항공기술의 조사연구, 항공기 소음 및 기타 항공관련 환경억제를 위한 프로그램의 개선과 발전, 미국 내 상업교통 관련 규정 등이 있다.

또한 FAA는 항공기의 인증, 생산 승인 및 지속적인 비행 적합성을 감독하고 있다. 국내 민간항공의 모든 운영과 유지보수 기업을 인증하며 약 7300명의 미국 민간항공사와 항공사업자에 대한 인증과 안전 감독, 민간비행 운영, 규정을 개발하고 있다.

4) 미국 국방 카운터인텔리전스 보안국(DCSA)

DCSA(Defense Counterintelligence and Security Agency)는 미국 연방정부의 보안기관이다. 1972년에 설립되었으며 산업보안을 감독하고 보안교육 및 인

식교육을 수행하며, DCSA 산업보안 담당자, 배경조사관 및 정보 시스템 보안 전문가는 자격증명 특수요원이다.

5) 미국 교통안전위원회(NTSB)

NTSB(National Transportation Safety Board)는 미국의 모든 민간항공 사고와 그 외 유형의 교통에서 중대한 사고를 조사하기 위해 의회가 기소한 독립적인 연방기관이다. 여기에는 철도, 고속도로, 해양이 포함되며, 미래의 사고 예방을 위한 안전 권고사항을 발행하고 있다.

6) 미국 교통안전국(TSA)

국토안보부의 일환으로 TSA(Transportation Security Administration)는 국가의 교통시스템을 보호한다. 항공사의 승객, 수하물, 화물을 선별하는 데 TSA가 기내 반입을 금지하는 '금지품목'과 FAA가 수하물 반입을 금지하는 '유해물질' 사이에는 중복이 있을 수 있다.

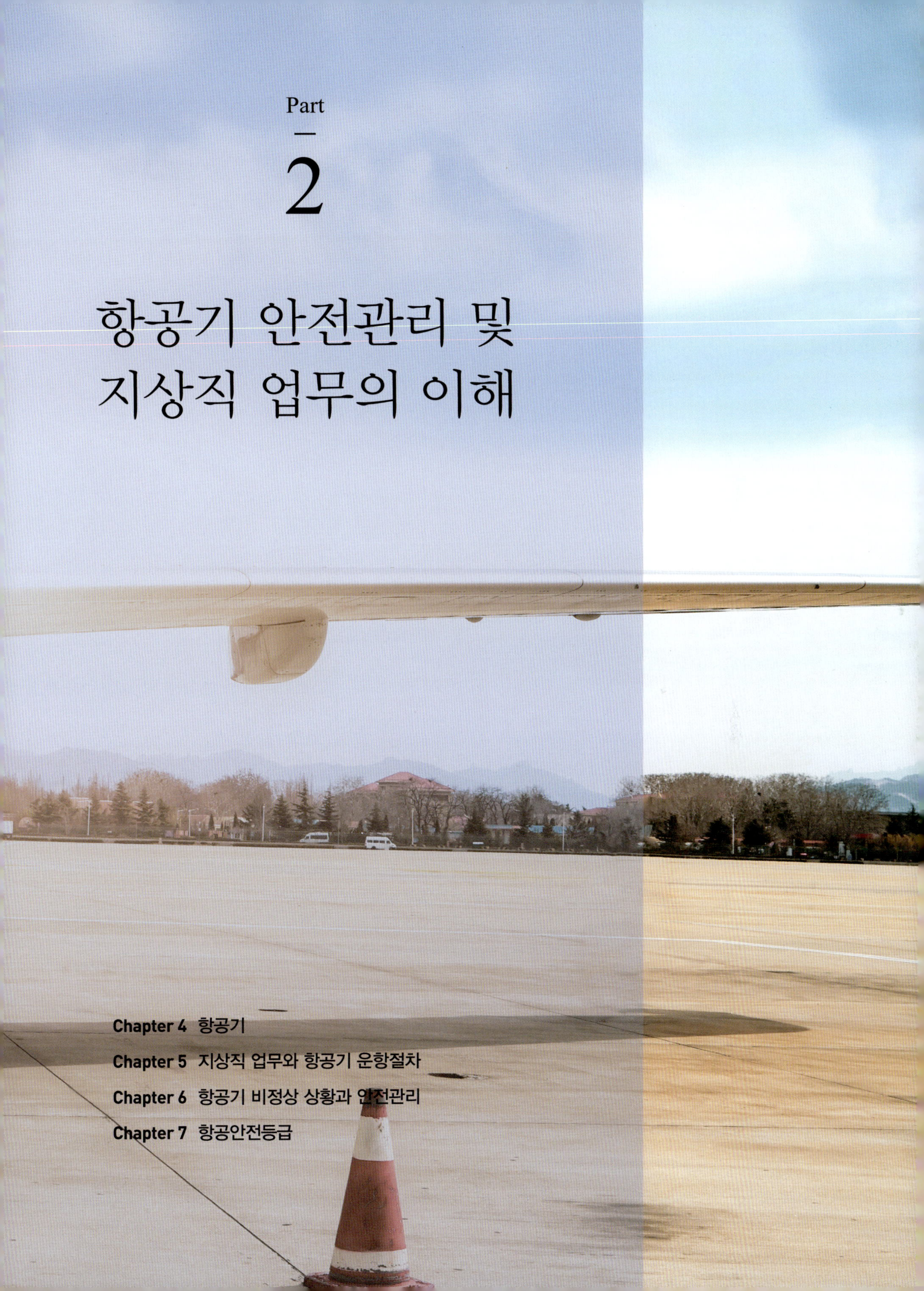

Part

2

항공기 안전관리 및 지상직 업무의 이해

항공기 구조 및 비행원리 | 항공기 구조 | 항공기 비행원리

항공기 무게중심 | Datum Line | Moment | MAC | C.G | MAC과 C.G의 관계 | 좌우 불균형(Lateral Imbalance) | 수평 안정판 트림 설정

단위 탑재 용기(ULD) | 컨테이너(Container) | 팔레트(Pallet) | ULD 규격

항공기 제조사 | 대륙별 항공기 수요 전망 | 항공기 제조사의 구분

Chapter 4

항공기

1. 항공기 구조 및 비행원리

1) 항공기 구조

항공기를 운항함에 있어 가장 많이 사용되는 주요 비행장치에 대해 알아본다. 항공기 운항에 필요한 주요 장치로는 ① 에일러론(Aileron), ② 승강키(Elevator), ③ 방향키(Rudder), ④ 플랩(Flap), ⑤ 스포일러(Spoiler), ⑥ 엔진(Engine) 등이 있으며, 이들의 각 위치를 파악하고 항공기 구조와 양력의 상관관계, 각 명칭의 역할에 대해 살펴본다.

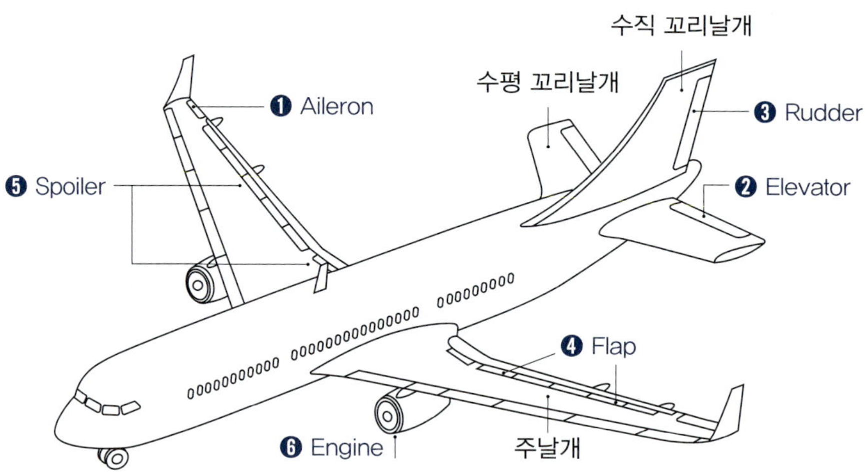

그림 4.1 항공기 각 세부 명칭

(1) 에일러론(Aileron)

에일러론(보조날개)은 주날개 맨 끝부분에 장착되어 비행기의 전후축을 회전시키거나 회전을 막아 공기가 옆으로 기우는 것을 제어하며 양쪽 날개에서 서로 반대로 움직이면서 항공기 세로축을 기준으로 롤링(Rolling)을 제어한다. 조종간을 오른쪽으로 눕히면 오른쪽 날개의 보조날개는 위로 올라가고 왼쪽 날개의 보조날개는 아래로 내려간다. 그러면 오른쪽 날개는 날개 단면의 캠버(옆에서 보았을 때 아래로 휘어진 정도)가 작아져서 양력(揚力)이 감소하고 왼쪽 날개는 캠버가 커져서 양력이 증대하므로 비행기가 오른쪽으로 기울게 된다. 이때 비행기는 옆미끄럼[橫滑]을 하면서 크게 선회하게 된다.

(2) 승강키(Elevator)

조종면의 일종으로 보통 항공기의 후방에 있어 항공기의 피치*를 변화시키면서 고도를 변경하는 것으로 날개의 받음각*을 변화시킨다. 일반적으로 받음각이 커질수록 양력도 증가하게 된다. 그러나 받음각이 일정한 수준을 넘어서면, 증가한 받음각은 날개의 모양에 의해 큰 항력을 발생시켜 속도를 잃게 만든다. 수평 꼬리날개 뒤쪽에 장착되어 항공기가 위아래로 이동할 때 사용하는 장치이며, 수평축을 기준으로 피칭(Pitching)을 제어한다. 뒤쪽 엘리베이터 장치가 위로 올라가면 항공기의 기수가 위로 향하고, 엘리베이터 장치가 아래로 내려가면 항공기의 기수가 아래로 향한다.

(3) 방향키(Rudder)

수직 안정판 뒤쪽에 경첩으로 고정시킨 조종날개면으로 조종석의 방향키 페달로 조작한다. 예를 들면, 왼쪽 방향키 페달을 밟으면 방향키는 왼쪽으로 돌고, 수직 꼬리날개에는 오른쪽 방향의 가로힘이 생긴다. 그래서 기체(機體)는 왼쪽 방향의 회전력을 갖고 회전하게 된다. 항공기 꼬리 쪽에 장착되어 수직축을 기준으로 요잉(Yawing)을 제어하며 항공기의 방향을 변경할 때 에일러론과 함께 사용한다.

*** 피치(Pitch)**

항공기의 무게중심(C.G)을 통과하면서 양쪽 날개 끝을 잇는 축, 즉 항공기의 가로축에 대한 항공기 기수의 상하운동이다.

*** 받음각**

항공기 날개에 맞는 양력이 생기도록 날개면을 바람이 부딪히는 방향에 맞추어 약간 위로 경사지게 조절하는데, 받음각이란 공기 흐름의 방향과 날개의 경사각이 이루는 각도를 말한다.

(4) 플랩(Flap)

항공기에 장착되는 고양력 장치 중 하나로, 양력 자체를 증가시키는 것이 아니라 양력 발생능력(Lifting Capability)을 증가시켜 준다. 플랩을 사용함으로써 더 낮은 속도를 내고 받음각에서 같은 양의 양력을 발생시킬 수 있게 된다. 대부분의 플랩은 주날개 앞뒤에 장착되어 비행기의 이착륙 시 펼쳐져서 날개의 캠버를 증가시켜 날개의 양력을 높이는 역할을 한다. 이렇게 양력의 효율성이 증가하면 더 낮은 속도에서도 같은 양의 양력을 발생시킬 수 있고 비행을 유지할 수 있게 된다. 다만 플랩이 펼쳐지면 양력 효율성이 커짐과 동시에 항력도 커지므로 필요시에만 필요한 정도의 각도로 플랩을 사용한다. 특히 최근에는 플라이바이 와이어 시스템과 연동되어 조종사가 일일이 조작할 필요 없이 자동으로 최적의 각도로 움직이는 경우도 많다.

(5) 스포일러(Spoiler)

항력을 증가시키는 장치로 속도 감속이나 강하 시 사용한다.

(6) 엔진(Engine)

추력을 발생시키는 장치로 항공기에서 가장 중심이 되는 역할을 한다.

2) 항공기 비행원리

(1) 비행에 작용하는 힘

비행 중인 항공기에는 그림 4.2와 같이 추력과 항력, 양력과 중력이 작용한다.

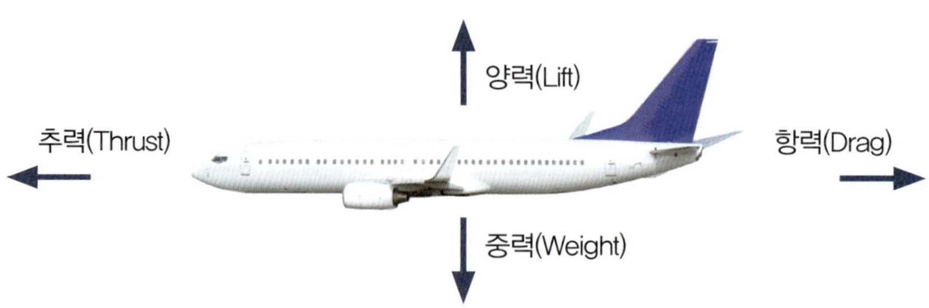

그림 4.2 비행 중인 항공기에 작용하는 네 가지 힘

- 추력(Thrust): 항공기를 앞으로 전진시키는 힘
- 항력(Drag): 항공기의 전진을 방해하는 힘으로 유도항력과 유해항력으로 구분
- 양력(Lift): 항공기가 공중으로 뜰 수 있도록 하는 힘으로 기체 위쪽으로 작용
- 중력(Weight): 항공기 아래쪽으로 작용하는 힘

(2) 항공기 운동축

항공기의 축은 무게중심을 기준으로 하며, 가로축, 세로축, 수직축으로 구성된다.

- 가로축(Lateral Axis): 항공기의 앞부분이 올라가고 내려가는 피칭(Pitching)에 영향을 주며 비행기 뒷부분의 수평 꼬리날개에 붙어 있는 엘리베이터를 아래로 내리면 수평 꼬리날개의 받음각이 커지면서 양력이 증가하게 되고 꼬리날개 부분이 올라가 결국 항공기 기수는 하강하게 된다. 반대로 엘리베이터를 위로 올리면 항공기는 상승한다.
- 세로축(Longitudinal Axis): 롤링(Rolling)을 조절하는 것은 주날개 양끝에 붙어 있는 보조익(에일러론)을 조종함으로써 가능하다. 왼쪽 에일러론을 내리고 오른쪽 에일러론을 올리면 왼쪽 날개의 받음각이 커져 양력이 증가하고 오른쪽 날개에서는 양력이 감소함으로써 오른쪽으로 선회하게 된다.
- 수직축(Vertical Axis): 비행기의 기수가 좌우로 움직이는 요잉(Yawing)에 영향을 주는 것은 수직 꼬리날개에 붙어 있는 러더를 조종함으로써 가능하다. 러더를 왼쪽으로 움직이면 수직 꼬리날개 전체에 오른쪽으로 양력이 증가하여 비행기의 기수는 왼쪽으로 돌아가게 된다.

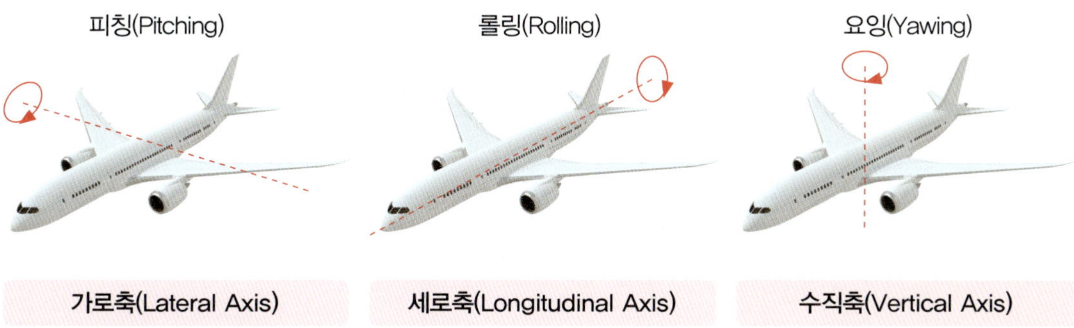

그림 4.3 항공기의 운동축

2.
항공기 무게중심

Pre-flight(비행 전 준비) 단계에서 연료와 수하물을 모두 적재한 후 무게중심(C.G)을 설정하는 과정이 있다. 항공기 무게중심을 산출하는 데 필요한 요소로, 기준선(Datum Line), 모멘트(Moment), 평균공력시위(MAC), C.G, MAC과 C.G의 관계, 좌우 불균형(Lateral Imbalance), 수평 안정판 트림 설정의 개념을 알아본다. 그다음 Boeing 737 항공기를 예로 들어, 시스템상에서의 C.G 변화를 직접 살펴본다.

1) Datum Line

기준선(Datum Line)은 일반적으로 어떤 대상과 떨어져 있는 위치를 나타낼 때 참고하는 평면상의 선으로 항공기의 무게와 평형을 계산할 때 기준이 된다. 구체적으로 그 개념을 살펴보면 제작사에서 항공기를 제작할 때 항공기의 C.G와 각 부품의 위치를 측정하기 위해 임의로 설정한 참조선으로, 대부분 항공기 기수로부터 일정한 거리를 두어 앞쪽에 설정된다.

이 기준선은 보통 항공기의 전방(Nose of Airplane), 방화벽(Fire Wall), 날개 앞전(Leading Edge), 벌크헤드(Bulkhead) 중 편리한 지점을 선정하여 지정한다. 항공기의 무게와 평형을 기록할 때에는 기준선의 위치를 정확히 기재해야 하며 모멘트까지의 거리는 기준선 후방으로 +, 기준선 전방으로 –로 계산한다.

이와 같이 기준선은 항공기 제작사에서 설정하는데, 탑재관리 업무에서 기준선으로부터 항공기 무게중심의 위치까지의 거리를 나타낼 때에는 ARM이라고도 지칭하며 Station Number도 ARM과 동일한 뜻을 지닌다.

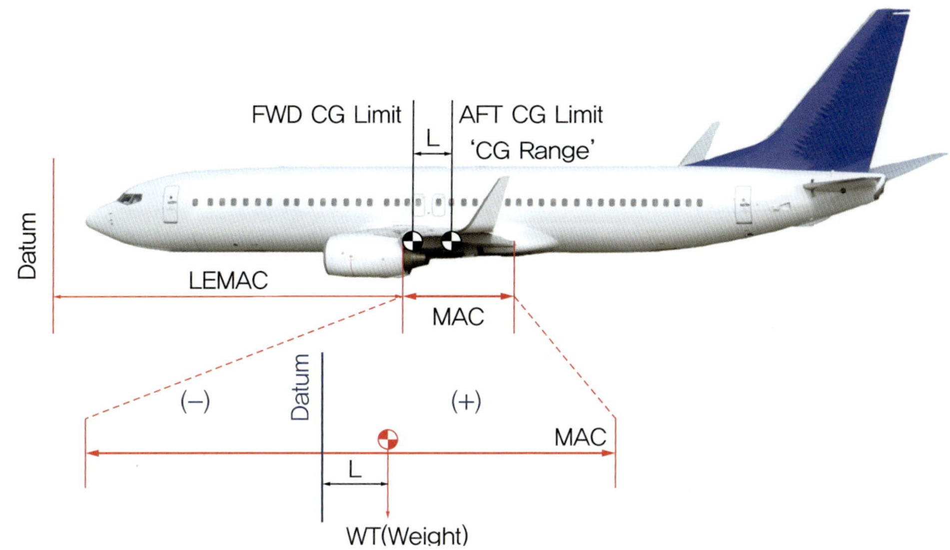

그림 4.4 항공기의 기준선(Datum Line)

2) Moment

항공기의 특정 지점에 작용하는 힘을 모멘트(Moment)라 하며 다음 식으로 구한다.

$$\text{Moment} = \text{Station Number(ARM)} \times \text{Weight}$$

항공사에서 지정한 Datum Line으로 항공기의 모멘트를 구하게 된다. 그림 4.4의 중심 아래에 위치한 L은 Datum Line에서 무게중심점까지의 거리이다. Datum Line에서 + 또는 −로 무게중심점이 이동하게 되는데 이 거리를 무게와 곱하면 항공기에 작용하는 힘의 지점이 계산된다(그림 4.4 참조).

3) MAC

이론적으로 평균공력시위(MAC; Mean Aerodynamic Chord)는 원주상의 두 점을 연결한 선분으로 날개에 공기역학적으로 작용하는 힘의 범주 안에 위치하게 된다.

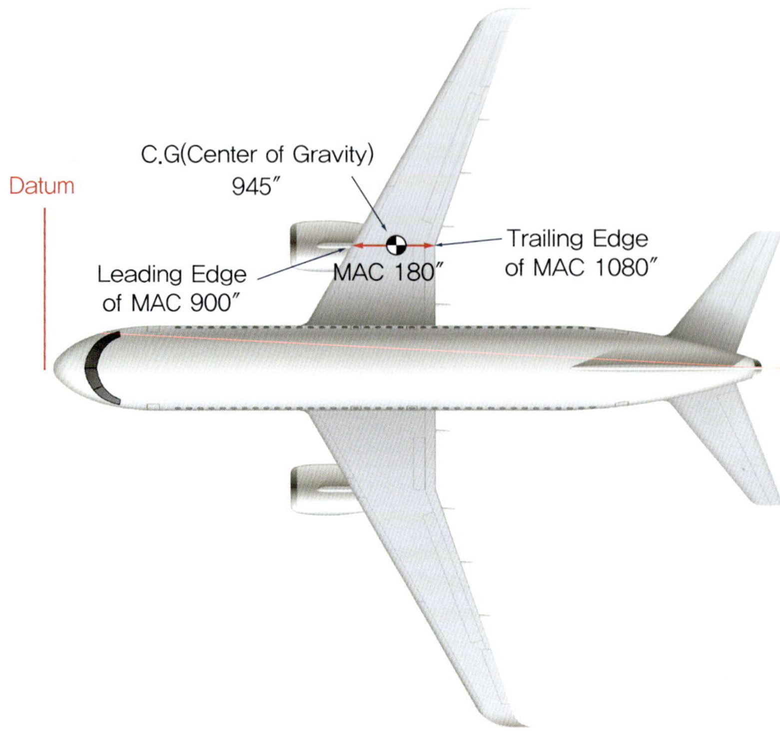

그림 4.5 MAC

항공과 관련하여 MAC이란 날개 각 부분의 시위선* 평균치로 항공기 날개에 미치는 양력의 이론적인 중심선을 그린 것이며 항공기 무게중심 위치와 양력중심 위치를 비교하는 기준이 된다. 기본적으로 항공기 무게중심은 항공기 MAC의 범주 안에 위치한다. 운송용 항공기의 무게중심은 거리 단위로 표시하지 않고 통상 MAC의 백분율, 즉 C.G%MAC으로 표시한다.

MAC의 위치와 길이는 항공기 제작사에서 공식법으로 산출하여 정하며 항공기 규격서, 비행교범, 항공기 중량 및 평형 매뉴얼 등에서 찾을 수 있다. 항공기에서의 MAC은 날개 위의 정해진 수평범위 안에서 구한 뒤 수평으로 지점을 이동하여 항공기 중심선 위의 일정 구간으로 움직이게 된다.

B747 기종을 예로 들면, MAC은 기준선(Datum Line)으로부터 약 8.3m 이

*** 시위선(Chord Line)**
날개 앞부분(Leading Edge)부터 뒷부분(Trailing Edge)을 연결하는 직선거리이다.

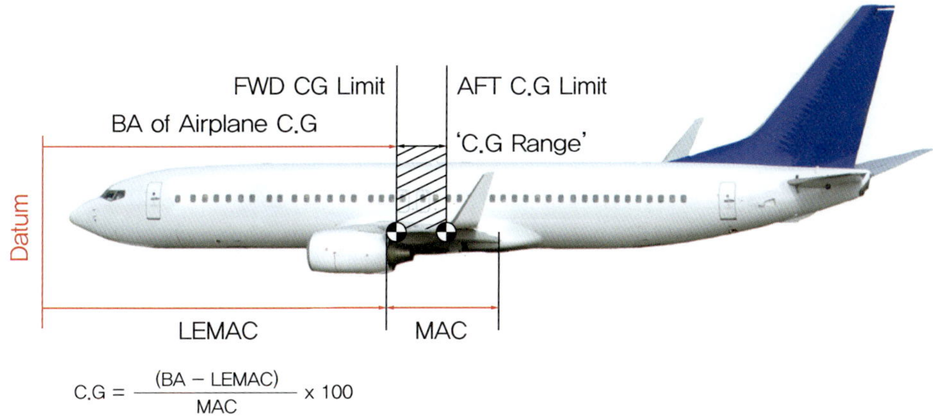

그림 4.6 C.G Percentage

동한 지점인데, 항공기의 무게중심은 통상 정해진 범위 내에 위치해야 하며 그 허용범위는 항공기 제작사에서 MAC의 백분율로 제공한다. MAC의 백분율을 C.G%MAC으로 나타낸다.

Datum Line으로부터 무게중심까지의 거리인 ARM이 MAC의 몇 %에 위치하는지를 나타낸 것, 즉 MAC의 백분율로 표시한 것이 C.G%MAC이다.

그림 4.6에서 FWD C.G Limit과 AFT C.G Limit의 중간범위 내에 C.G가 위치해야만 적정 C.G%MAC이 구해지며, 이 범위를 벗어나게 되면 항공기 안전에 치명적인 요소로 작용하게 된다.

4) C.G

무게중심(C.G; Center of Gravity)이란 항공기 전체의 무게중심을 말하며, 이는 항공기에 탑재되는 수하물, 화물, 승객의 수에 따라 그 위치가 변하게 되는데, 안전한 비행을 위한 무게중심의 허용 변화를 C.G 범위라고 한다. 항공기 C.G는 이륙, 비행, 착륙 중 항상 C.G 범위 한계 내에 위치하며, MAC의 백분율(%)로 표시한다. 예를 들어, B747 기종의 C.G 허용범위는 MAC의 약 10~32%이며 무게중심은 각 부분에 걸리는 모멘트의 총합을 총중량으로 나누어 구할 수 있다.

$$\text{C.G} = \frac{\text{총모멘트(인치} - \text{파운드)}}{\text{총중량(파운드)}} = \text{인치}$$

5) MAC과 C.G의 관계

MAC은 중심선상의 범위 내에서 직선으로 고정되어 있고, C.G는 MAC의 허용 범위 내에서 승객 좌석 배치, 수하물, 화물의 위치 조정에 따라 변동한다. 그림 4.7은 MAC의 범위 내에서 무게의 변화에 따라 C.G가 변화하는 곡선을 나타낸 것이다. C.G는 승객과 화물, 연료의 무게에 따라 변화하며 파란 직선 안의 범주에서만 허용된다는 뜻이다.

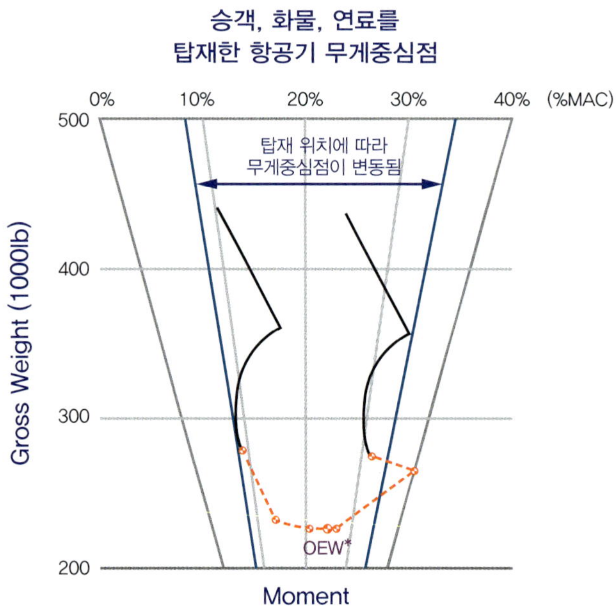

그림 4.7 MAC의 허용범위 내에서 무게 변화에 따른 C.G

다음에는 Boeing 737 항공기를 기준으로 시스템상의 C.G 변화를 살펴보고자 한다. 위의 이론을 바탕으로 직접 시스템에 입력하여 동일한 항공기 조건에서 화물의 위치를 조정하여 C.G가 얼마나 변화하는지 확인해 보자. 그림 4.8에 B737 기종의 자동 탑재관리 시스템 화면을 나타내었다.

---

* OEW(Operational Empty Weight; 표준운항중량)
항공기 자중(BEW; Basic Empty Weight) 또는 기단운항중량(FOEW; Fleet Operational Empty Weight)에 운항용 물품(Operational Items)을 추가하여 산정한 중량이다.

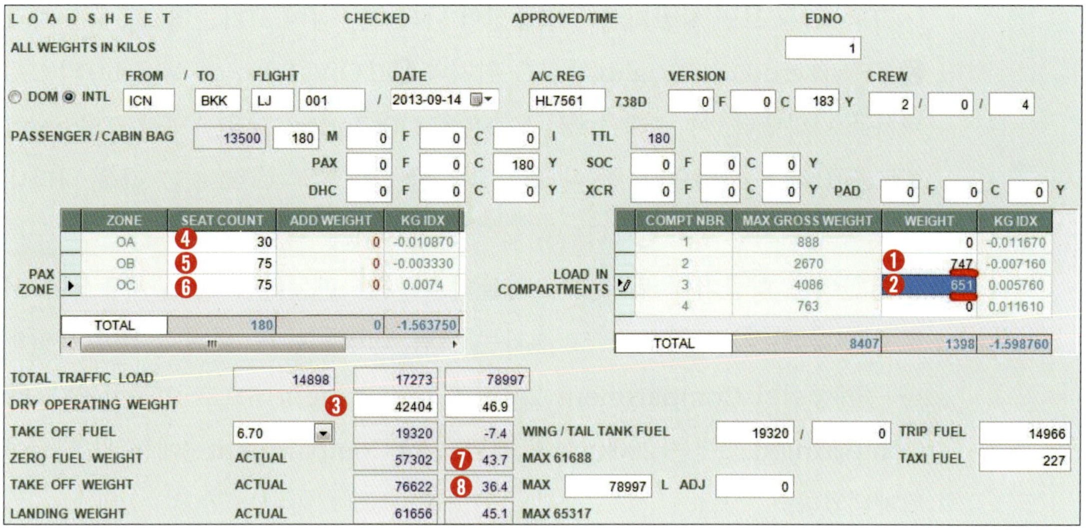

그림 4.8 B737 기종의 자동 탑재관리 시스템 화면

그림 4.8의 기종에는 승객이 총 180명 탑승하고 화물이 탑재되지 않았다는 가정하에 승객 수하물이 총 1398kg 탑재되었다. ❶ Compartment 2에 747kg이 탑재되고, ❷ Compartment 3에 651kg이 탑재되었다. 항공기의 가장 기초적인 기준이 되는 무게인 ❸ Dry Operating Weight은 42404kg이며 Dry Operating Weight Index 값은 46.9이다. ❹ A ZONE에는 승객이 30명, ❺ B ZONE에는 75명, ❻ C ZONE에는 75명이 탑승하였다. ❼의 값은 ZFW(Zero Fuel Weight)의 Index인 43.7이며 ❽의 값은 TOW(Take-off Weight)의 Index인 36.4이다. 이와 같은 운항 조건일 경우에 그래프는 그림 4.9와 같다.

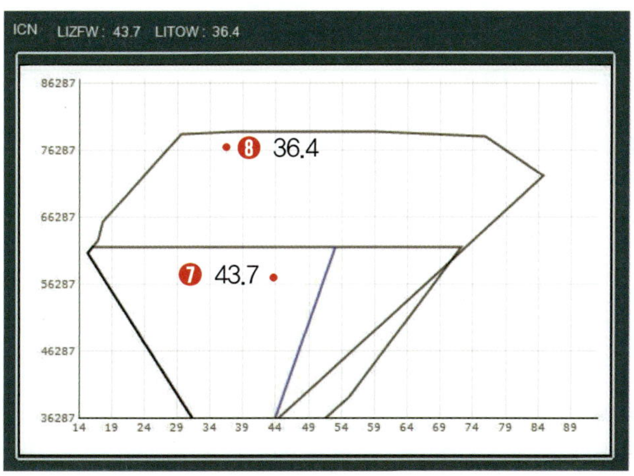

그림 4.9
그림 4.8의 무게중심 그래프

그림 4.9를 보면 항공기의 무게중심이 나타나는 점이 생기는데, 이 점은 각각 ❼ ZFW(Zero Fuel Weight)의 C.G 위치와 ❽ TOW(Take-off Weight)의 C.G 위치를 나타낸다. 이 그래프에서 X축은 C.G의 Index 값을, Y축은 Take-off Weight(kg)을 나타낸다. 즉 아래의 점은 ❼ LIZFW C.G*로 43.7 값을 나타내고 위쪽에 위치한 점은 ❽ LITOW C.G*로 36.4 값을 나타낸다.

이번에는 항공기에 탑재된 수하물의 위치만 변동하여 각 무게중심이 어떻게 변화하는지 살펴보자. 그 결과는 그림 4.10과 같다. 모든 조건이 동일하나 무게중심이 Compartment 2에서 Compartment 3으로 이동하였다. ❶ Compartment 2에는 200kg이 탑재되고 ❷ Compartment 3에는 1198kg이 탑재되었다.

총탑재량은 같으나 탑재 위치를 변경하였을 때 나타난 무게중심의 변화를 그림 4.11에 나타내었다. 이전의 그래프보다 무게중심이 뒤쪽으로 이동한 것을 볼 수 있다.

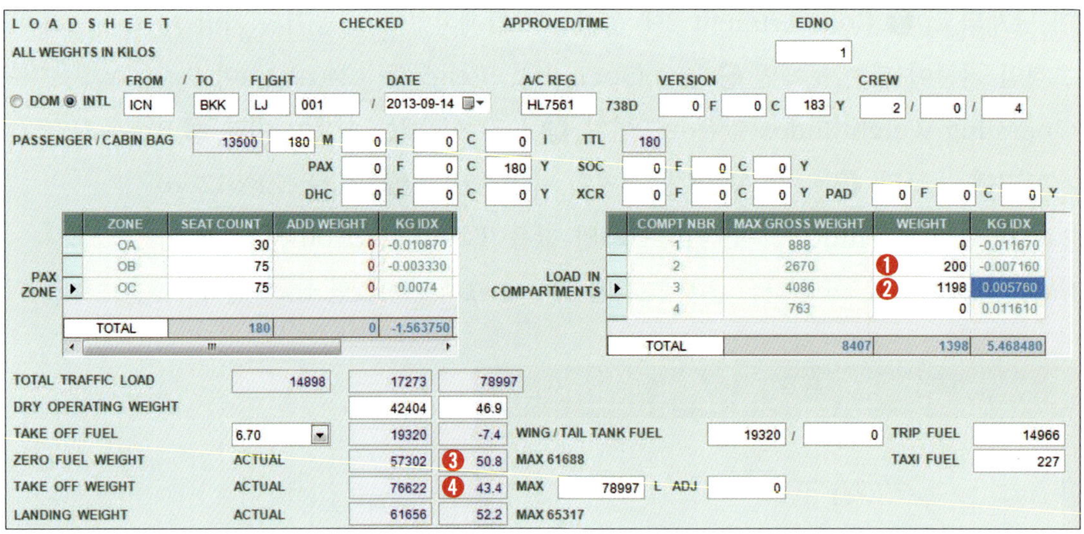

그림 4.10

---

* LIZFW C.G(Loading Index Zerofuel Weight Center of Gravity) 연료 미탑재 시 항공기 무게중심
* LITOW C.G(Loading Index Take-off Weight Center of Gravity) 이륙 직전 항공기 무게중심

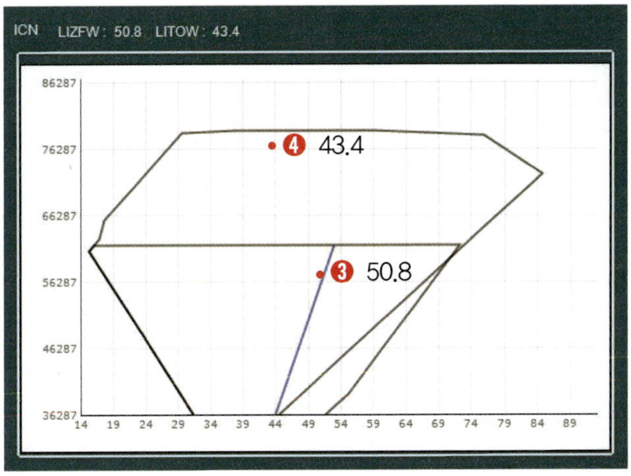

그림 4.11
그림 4.10의 무게중심 그래프

그림 4.11에서 오른쪽 하단에 있는 점 ❸을 보면 LIZFW C.G가 50.8로 이동하였고, 점 ❹를 보면 LITOW C.G가 43.4로 변경되었다. 승객의 짐 중 547kg이 뒤쪽으로 더 탑재되어 무게중심이 이동함으로써 LIZFW 값인 점 ❸의 지점이 7.1만큼 뒤로 이동하였다는 것을 알 수 있다.

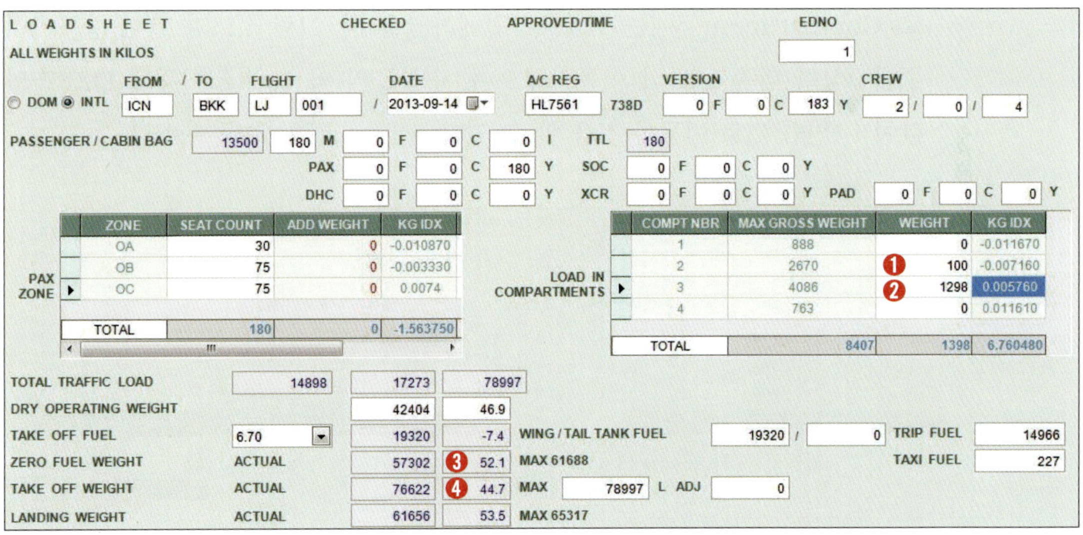

그림 4.12

그림 4.12는 앞쪽의 무게보다 뒤쪽의 무게를 더 무겁게 설정하여 무게중심을 설정한 경우를 보여 준다. ❶ Compartment 2에는 100kg의 짐을 탑재하였고, ❷ Compartment 3에는 1298kg의 짐을 탑재하였다. 이때 무게중심점이 나타난 그림 4.13의 그래프를 그림 4.11의 그래프와 비교해 보자.

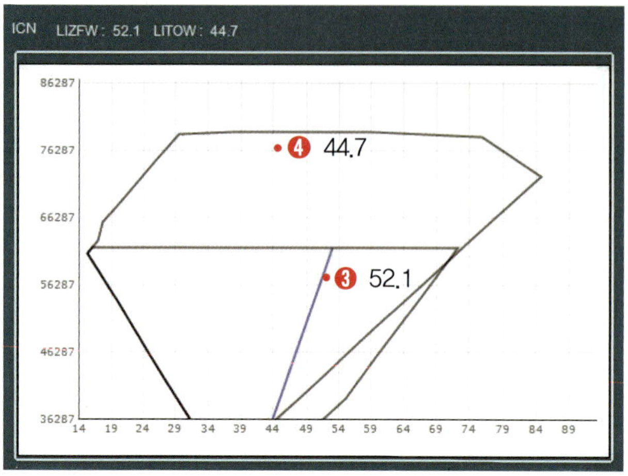

그림 4.13
그림 4.12의 무게중심 그래프

점 ❸의 위치를 확인해 보면 LIZFW가 52.1로 이동하였다. 수하물이 항공기 앞쪽에서 뒤쪽으로 탑재된 경우 무게중심점이 후방으로 이동한 것을 알 수 있다. 화물의 탑재 위치를 후방으로 이동시키면 후방의 무게중심이 위치하는 데 영향을 미치게 된다.

모든 조건이 동일한 상태에서 수하물을 Compartment 2에는 100kg 탑재하고, Compartment 3에는 1298kg 탑재하였을 때, 그림 4.13과 같이 항공기의 무게중심이 뒤쪽으로 더 이동하였으며, 수하물의 약 100kg 이동에 LIZFW의 값이 1.3만큼 뒤로 이동한 것을 알 수 있다.

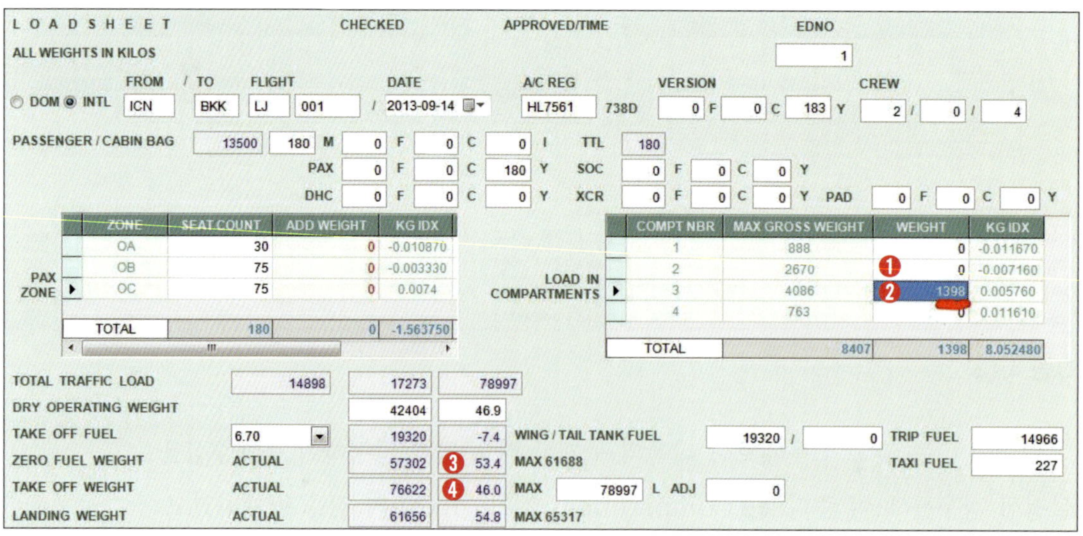

그림 4.14

그림 4.14는 모든 수하물을 ❷ Compartment 3의 뒤쪽에 탑재한 경우의 C.G 위치를 보여 준다.

모든 조건이 동일하며 수하물을 모두 Compartment 3에 탑재하였다는 가정하에 시스템을 변환하면 결과는 그림 4.15와 같다. 그래프를 보면 점 ❸인 LIZFW가 항공기의 무게중심이 뒤쪽으로 이동하여 Ideal C.G(이상적인 무게균형)선인 파란 선을 기준으로 뒤쪽으로 벗어나 위치하였다.

수하물의 100kg 이동에 ❸ LIZFW 값이 53.4로 변경되었고, 이 경우에는 '5) MAC과 C.G의 관계'에서 다룬 MAC의 허용범위 안에 C.G가 위치하므로 운항에는 지장이 없으나, 무게중심이 항공기 뒤쪽으로 약간 쏠렸다고 볼 수 있다.

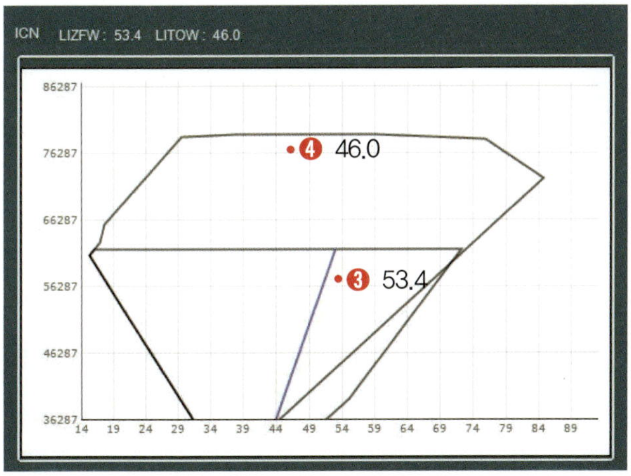

그림 4.15
그림 4.14의 무게중심 그래프

이와 같이 수하물의 탑재 위치에 따라 항공기 무게중심을 관리하며, Ideal C.G의 범위 안에 위치하여 운항되는 것이 가장 효율적이고 안전한 탑재 방식이라고 할 수 있다.

6) 좌우 불균형(Lateral Imbalance)

좌우 불균형은 항공기 가로축의 불균형으로 항공기 가로축의 모멘트가 비균형적으로 작용하도록 화물이 실렸을 때 발생한다. 좌우의 무게균형이 맞지 않을 때 비행 중인 항공기의 모습을 그림 4.16에 나타내었다.

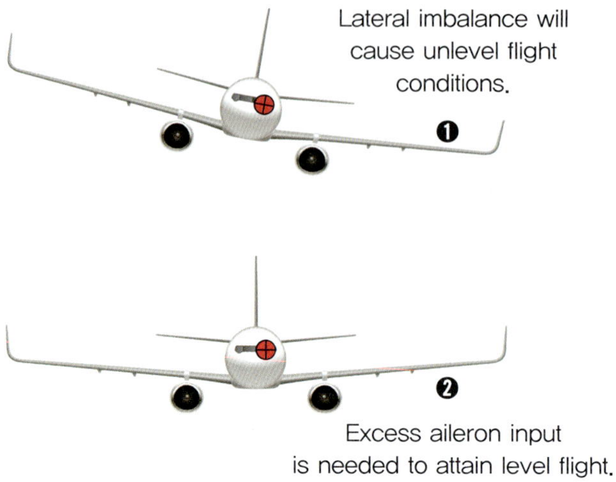

그림 4.16 항공기 화물 탑재 불균형의 예

❶ 항공기 양 날개의 무게 불균형은 평탄하지 않은 비행 조건을 초래할 수 있다.

❷ 항공기 수평 비행을 이루기 위해서 에일러론(보조날개)의 힘을 초과할 수 있다.

항공기 좌우 균형인 Lateral Imbalance는 항공기 운행에서 중요한 요소이다. 가로축 불균형 상태에서는 항공기의 항력이 증가하는 것을 제어할 수 없다는 문제가 생길 수 있기 때문이다. 따라서 항공기에 화물을 ULD 컨테이너를 사용하여 탑재하는 경우에는 항공기 가로축의 균형을 고려해야 한다. 그렇지 않을 경우, 항공기의 균형이 맞지 않아 항공기의 운항에 차질을 빚을 수 있다.

7) 수평 안정판 트림 설정

이륙을 원활히 하기 위해서는 이륙 전에 수평 안정판(Horizontal Stabilizer)을 적절한 위치에 설정해야 하는데, Stabilizer의 고정위치를 찾는 것이 탑재관리의 가장 중요한 결과이다.

Stabilizer의 위치에 따라 항공기의 기수(Nose)가 얼마나 들리는지가 결정되는데, 이것과 직결되는 것이 무게중심의 위치이다. 즉 중심이 앞쪽에 위치한다면 기수가 더 많이 들려야 하고 뒤쪽에 있다면 조금만 들려도 된다.

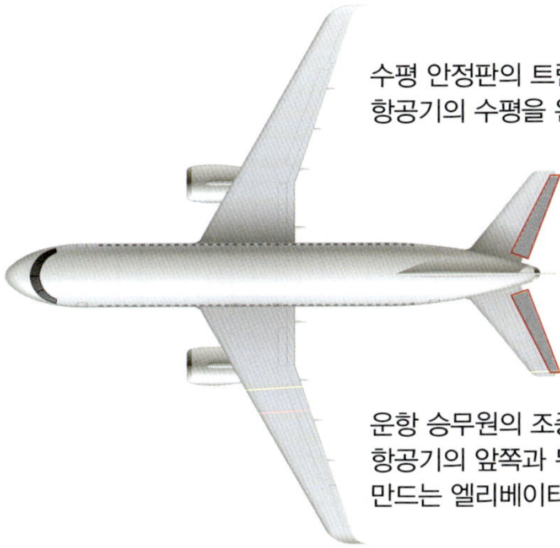

그림 4.17 수평 안정판

수평 안정판 위치를 설정하는 데 필요한 또 다른 요소에는 이륙 중량 혹은 플랩(Flap)의 각도 등이 있지만 가장 중요하고 절대적인 것은 역시 무게중심의 위치이다.

항공기 수평 안정판의 트림 설정(Trim Setting)으로 항공기 꼬리 쪽에 있는 엘리베이터가 작동하는 정도가 정해진다. 피칭이란 엘리베이터로 인해 C.G를 중심으로 움직이는 운동을 말하는데, 엘리베이터는 경첩으로 고정되어 섹션에 부착된 안정기의 뒤쪽에 있는 장치이다. 엘리베이터가 이동함으로써 꼬리 표면에 생성되는 힘의 양이 달라지는데, 이 힘이 항공기의 피칭 모션을 생성하고 제어하는 데 사용된다.

엘리베이터는 쌍으로 작동하는데, 오른쪽 엘리베이터가 올라가면 왼쪽 엘리베이터도 같이 올라가며, 항공기의 기수 위치와 날개의 받음각을 제어하는 데 사용된다. 엘리베이터의 움직임이 양력을 증가시키기 때문에 항공기 운항에는 엘리베이터 성능이 매우 중요하다. 엘리베이터가 위로 올라가면서 항공기 기수가 들려 항공기가 상승하는 원리가 적용되므로 항공기 무게중심인 C.G(Center of Gravity)를 기준으로 항공기 헤드가 위로 향하게 된다.

항공기의 이륙 중량 및 무게중심에 따른 Stabilizer Trim을 적절하게 설정해야 이륙이 안전하게 수행될 수 있다. 항공기의 무게중심이 전방에 있으면, 눌러

Takeoff Weight = 220,000 kg
Center of Gravity = 39%MAC

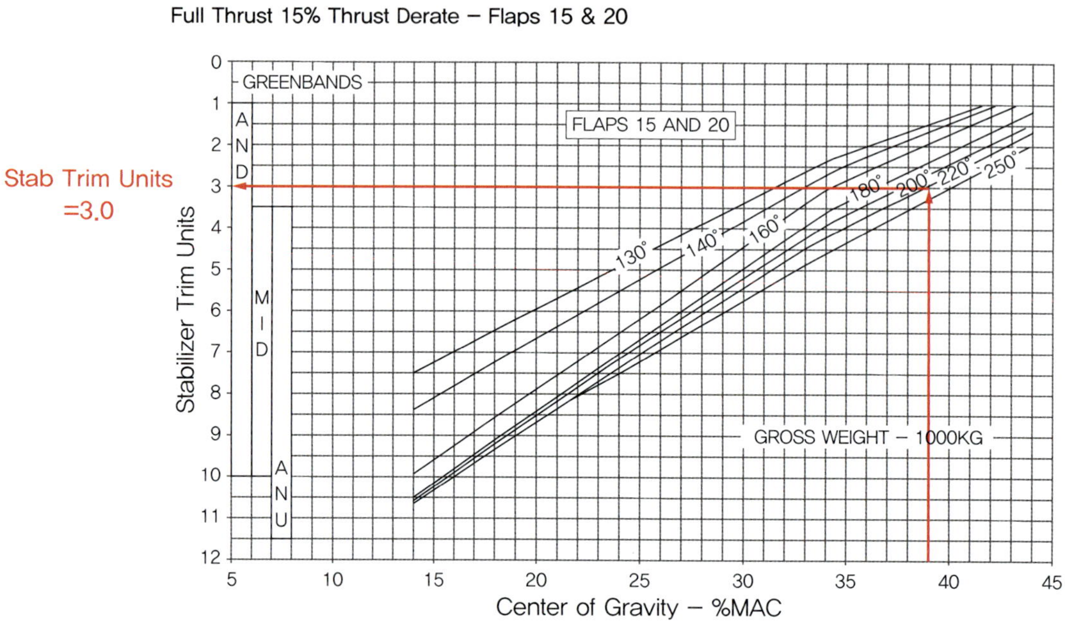

그림 4.18 Stabilizer Trim 설정 그래프(777-200ER)

주는 힘을 크게 하는 Stabilizer Trim을 설정한다. 항공기의 무게중심이 후방에 있으면, 눌러 주는 힘을 작게 하는 Stabilizer Trim을 설정해야 한다.

Stabilizer Trim을 설정하는 범위를 나타낸 그림 4.19를 보자. X축은 C.G를 39로 구하고 Take-off Weight의 값을 220,000에 맞추니 왼쪽의 Y축 Stab Trim Index 값이 나오게 되는데, 3.0이다. 실제로 운항 승무원이 항공기 시스템에 입력하게 되는 값은 이 3.0이라는 Stab Trim 값이다.

Weight and Balance Control은 아래와 같이 Stab Trim을 설정하는 값을 도출하는 과정이다. Stab Trim Index 값을 구하는 방법은 그림 4.19를 보면 왼쪽의 파란 가로선 220,000kg인 Take-off Weight의 지점과 항공기에 승객과 화물, 수하물 등이 탑재된 상태의 Index 값에 연료의 Index가 합해진 최종적인 Index 값(오른쪽 파란 세로선)이 만나는 지점이 Stab Trim의 위치가 된다. 그림 4.19에서 Take-off Weight이 220,000kg이라고 가정할 때 C.G는 39.0이며, Stabilizer Trim Unit은 3.0이다. 단, Stab Trim은 항공기 기종마다 다르며, 항공사에서 지정한 Index도 각각 다르다.

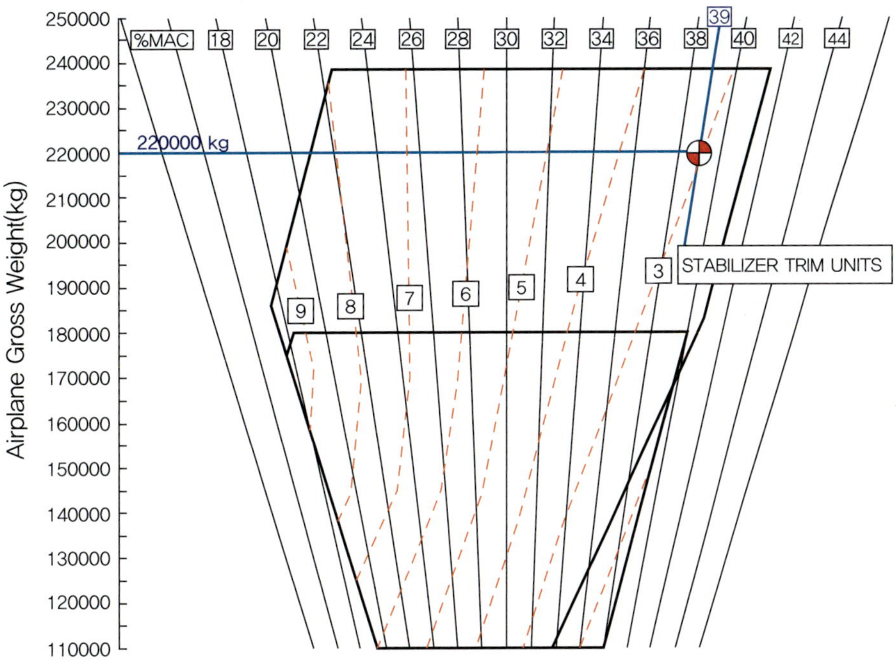

그림 4.19 Stabilizer Trim 설정범위(777-200ER)

3. 단위 탑재 용기(ULD)

항공기의 화물과 수하물은 ULD(Unit Load Device)에 포장되어 탑재된다. 항공기의 Compartment는 앞부분에 있는 FWD Cargo Compartment, 뒷부분에 있는 AFT Cargo Compartment, 꼬리 쪽에 있는 Bulk Cargo Compartment로 나뉜다. 주로 엔진 주변의 Compartment에는 무게감이 있는 화물을 탑재하고, 항공기 도어 가까운 쪽에 승객의 수하물을 탑재한다.

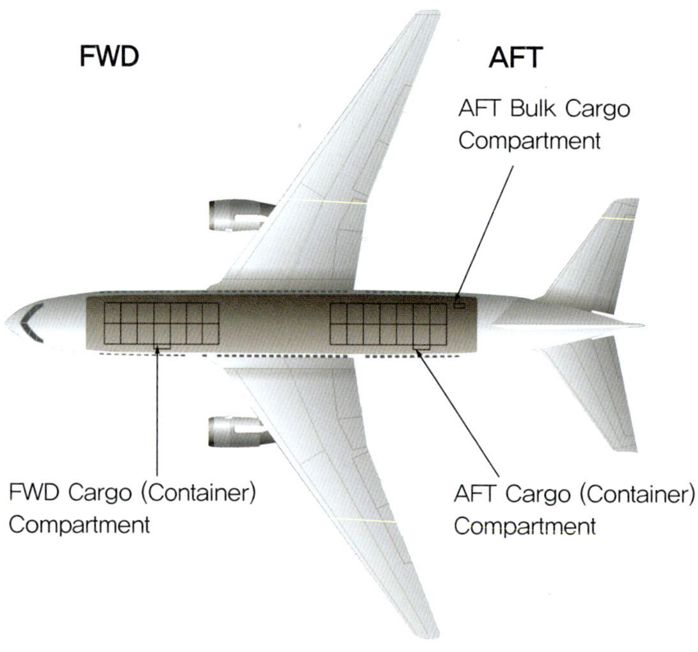

그림 4.20 항공기 Compartment

ULD의 종류에는 주로 승객의 짐을 싣는 AKE, DPE, DQF와 같은 컨테이너(Container)가 있고, 주로 부피가 큰 화물을 싣는 팔레트(Pallet)가 있다.

표 4.1 ULD의 종류

규격 코드	IATA 코드	명칭	기본 규격 치수	747	767	777
K	AKC	LD–1	60.4″ × 61.5″	B	B	B
	AKE	LD–3		B	B	B
L	ALF	LD–5	60.4″ × 125″	B	B	B
		LD–6		B	N/A	B
		DL–10		B	B	B
		LD–11		B	B	B
		Half		B	B	B
P	DPE	LD–2	60.4″ × 47.0″	B	B	B
Q	DQP	LD–4	96.0″ × 60.4″	N/A*	B*	O*
	DQF	LD–8		N/A	B	O
A	PA	P1	88.0″ × 125.0″	B	B*	B*
		LD–7		B	B*	B*
		LD–9		B	B*	B*
		LD–29		B	N/A	N/A
M	PM	P6	96.0″ × 125.0″	B	B*	B*
N	PN	Half	96.0″ × 61.5″	B	O	B
B	PB	463L	88.0″ × 108.0″	O	N/A	N/A

* N/A(Not Applicable), B(Basic), O(Optional)
* 항공기 화물칸의 크기에 따라 달라진다.

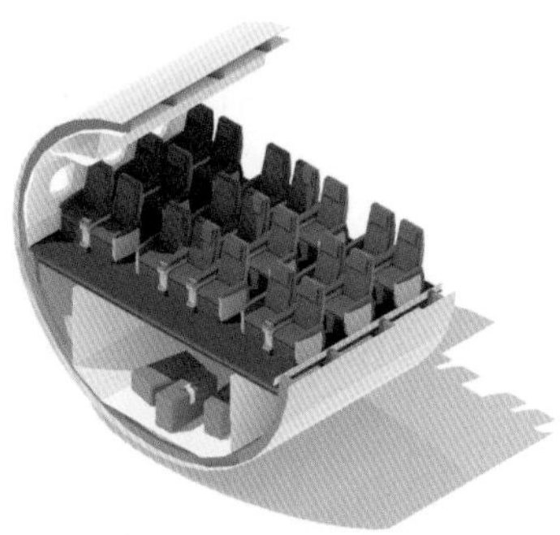

그림 4.21 항공기 단면: ULD가 탑재되는, 승객의 좌석 밑 화물칸

1) 컨테이너(Container)

수하물 탑재용 컨테이너는 종류가 다양하며, 기체의 크기에 따라 컨테이너의 배정도 달라진다. 기체의 화물칸 잠금 시스템이 각자 컨테이너에 맞는 크기로 정해져 있으며, 보통 Compartment는 그룹으로 묶는 잠금(Locking)장치인 Group Locking으로 설정한다. 컨테이너 잠금장치는 로드 마스터가 컨테이너 탑재 완료 후 다시 한번 체크하게 되며, 이 잠금장치가 고장 난 경우 항공기에 컨테이너를 탑재하는 것이 불가하다. 그림 4.22는 컨테이너 Locking 시스템을 설명한 그림이며, 그룹으로 잠금장치가 설치되는 것이 팔레트 잠금장치와 다른 점이다.

aviation-images.com/Universal Images Group/Getty Images

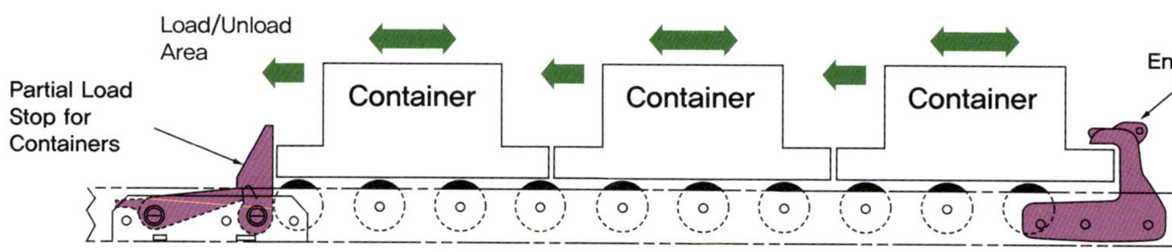

그림 4.22 컨테이너 세로방향의 그룹 잠금장치(측면도)

2) 팔레트(Pallet)

팔레트는 항공기 화물칸에 탑재하는 ULD의 한 종류로, 사각 형태의 금속 널판이다. 여객기보다는 주로 화물기에서 대형 화물, 형태가 불규칙하거나 컨테이너 탑재가 어려운 경우 사용한다. 이 널판 위에 화물을 쌓아 올려 적재한 후 네트 등을 사용하여 화물을 고정한다.

그림 4.24처럼 그물이나 포장지로 포장되며, 팔레트별로 잠금장치가 개별적으로 설치되어 있다. 컨테이너와 팔레트는 잠금장치가 서로 다르고, 컨테이너는 각 Compartment에 1Bay씩 공간을 사용하는 반면 팔레트는 각 Compartment에 2개의 Bay를 사용한다는 차이점이 있다.

팔레트 탑재 물품은 최소 6개의 선으로 고정되어 있어야 한다. 그림 4.24처럼 팔레트는 각각 잠금장치로 고정하도록 되어 있다. 그룹 잠금장치가 있는 컨테이너와 달리 팔레트는 각 화물을 고정하는 고정장치가 개별로 설치되어 있다.

이 잠금장치가 고장 나게 되는 경우 화물 탑재가 불가하며, 모든 팔레트가 탑재되면 잠금장치를 로드 마스터가 확인한 뒤 화물칸 도어를 닫을 수 있다. 화물의 잠금장치는 항공기 안전과 밀접한 관계가 있으며 각 팔레트의 잠금장치가 제대로 작동하지 않으면 무게균형을 크게 잃고 항공기가 실속(失速)하게 된다.

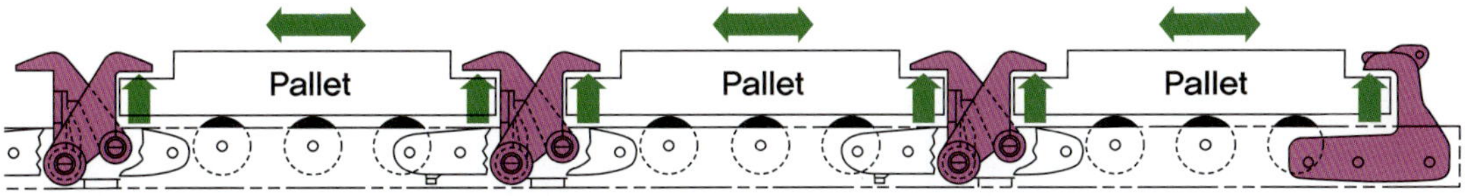

그림 4.23 팔레트 개별 잠금장치(측면도)

Strap A	Forward Direction
Strap B	After Direction
Straps C&F	Vertical Direction
Strap E	Side Left Direction
Strap D	Side Right Direction

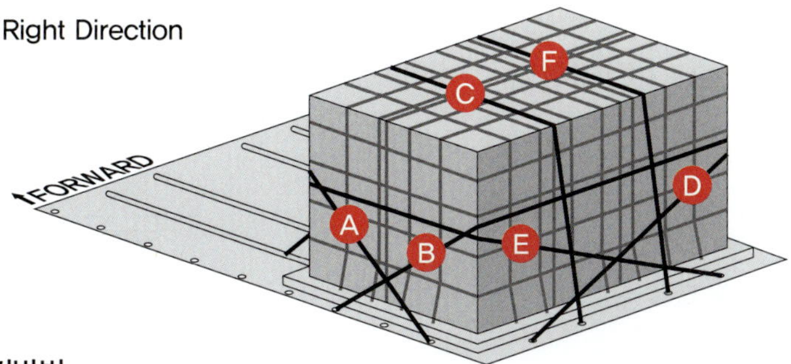

그림 4.24 팔레트 패킹방법

3) ULD 규격

각 항공기 단위 탑재 용기(ULD)는 문자와 숫자가 고유하게 조합된 자민련 코드로 식별한다. LD2, LD3, LD9, M1 등의 코드는 수년 전 IATA에서 개발되었으며 AKE, AAP, AMA, RKN, VGA 등의 코드는 IATA 식별 시스템에서 사용되는 코드이다. 일반적으로 IATA 식별 시스템 코드를 사용하는 것이 바람직하다.

(1) LD-2 컨테이너

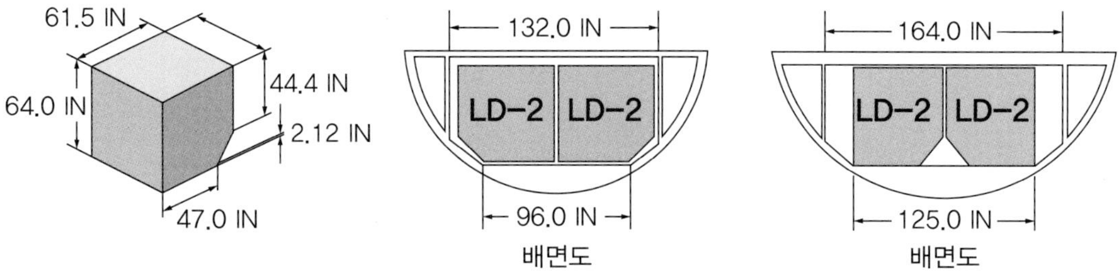

- IATA ULD 코드: DPE 윤곽 컨테이너
- ULD 이름: APA, DPA, DPN
- 설명: 비스듬한 측면이 하나 있는 절반 폭의 하부 용기, 문은 캔버스형이거나 솔리드형
- 적합한 기종: B747, B767, B777, B787
- 문 열림가능 크기: 44 × 60in (112 × 152cm)
- 최대 총중량: 1225kg (2700lb)
- 용기 무게: 92kg (203lb)

(2) LD-3 컨테이너

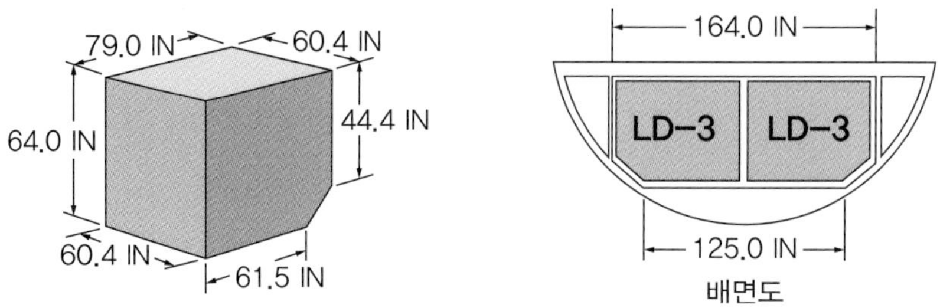

- IATA ULD 코드: AKE 윤곽 컨테이너
- ULD 이름: AKE, AVA, AVB, AVC, AVK, DVA, DVE, DVP, XKS, XKG, AKN, AVN, DKN, DVN, XKN
- 설명: 각진 측면이 하나 있는 절반 폭의 하부 갑판 컨테이너, 문은 캔버스형이거나 솔리드형
- 적합한 기종: A300, A310, A330, A340, B747, B767, B777, DC-10, MD-11, L-1011
- 문 열림가능 크기: 58 × 61in (147 × 155cm)
- 최대 총중량: 3500lb (1588cm)
- 용기 무게: 181lb (82kg)

(3) LD-4 컨테이너

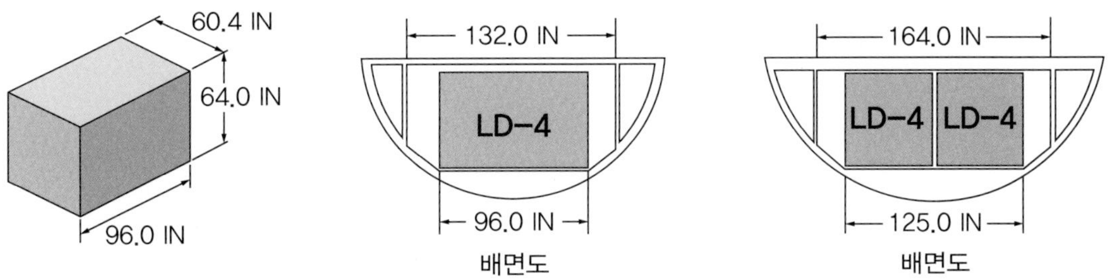

- IATA ULD 코드: ALP 직사각형 컨테이너
- ULD 이름: ALD, AWD, AWZ, DLP, ALB, ALC, AWB, AWC
- 설명: 전폭 하부 용기, 문은 내장형 도어 스트랩이 있는 캔버스형
- 적합한 기종: B767, B777, B787 Lower Hold
- 문 열림가능 크기: 92 × 61in (234 × 155cm)
- 최대 총중량: 2449kg (5399lb)
- 용기 무게: 120kg (264lb)

(4) LD-11 컨테이너

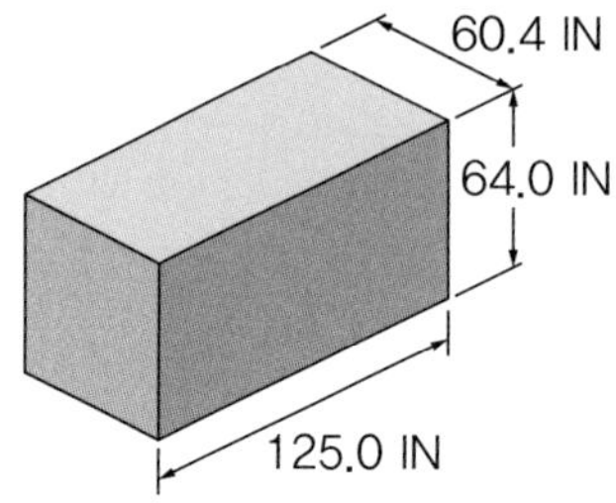

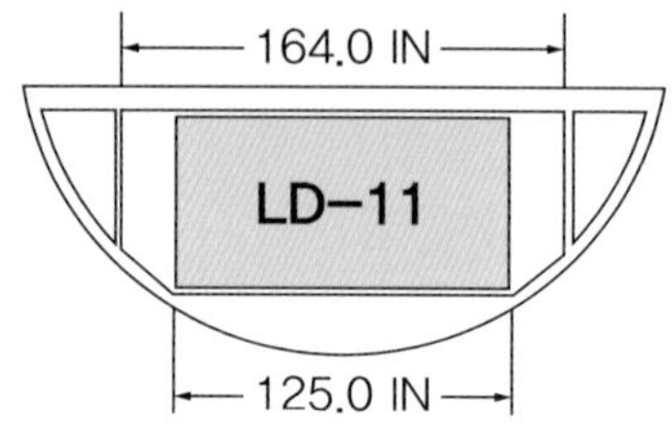

배면도

- IATA ULD 코드: ALP 직사각형 컨테이너
- ULD 이름: ALD, AW2, AWB, AWD, AWZ, DLP, DWB, MWB
- 냉장용: RWB, RWD, RWZ
- 설명: 전폭 하부 용기, 문은 캔버스형, 센터 포스트 스윙은 선적 시 명확함, 냉장용은 단단한 문
- 적합한 기종: B747, B777, B787, DC-10, MD-11 Lower Hold
- 문 열림가능 크기: 120 × 61in (305 × 155cm)
- 최대 총중량: 3176kg (7002lb)
- 용기 무게: 185kg (408lb)

(5) LD-6 컨테이너

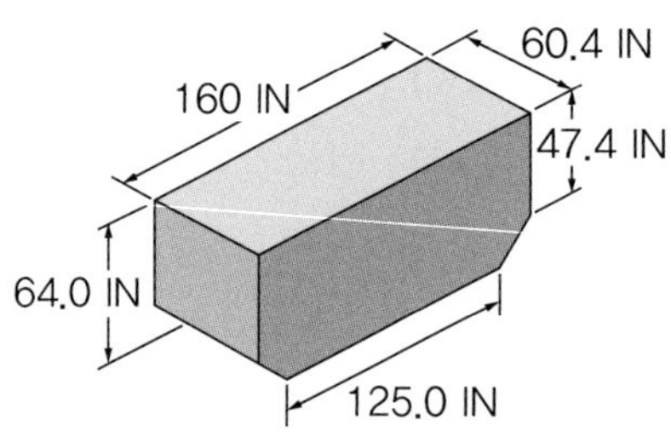

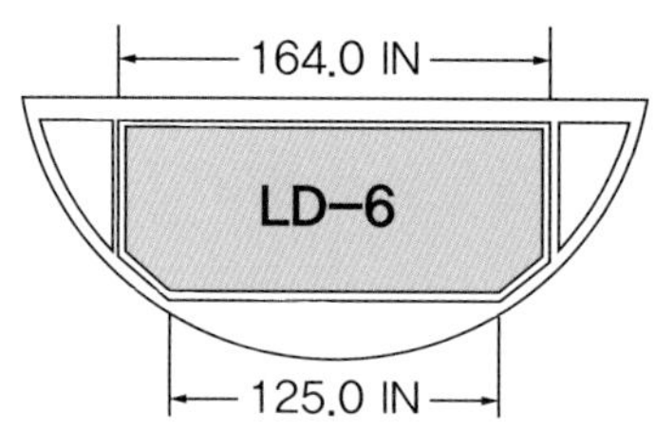

배면도

- IATA ULD 코드: ALF 윤곽 컨테이너
- ULD 이름: AWA, AWF, AWC
- 설명: 끝이 구부러진 전체 너비의 하부 화물창 컨테이너, 문은 내장형 도어

스트랩이 있는 캔버스형

- 적합한 기종: B747, B777, B787, DC-10, MD-11 Lower Hold
- 문 열림가능 크기: 120 × 60in (305 × 152cm)
- 최대 총중량: 3175kg (7000lb)
- 용기 무게: 230kg (507lb)

(6) LD-8 컨테이너

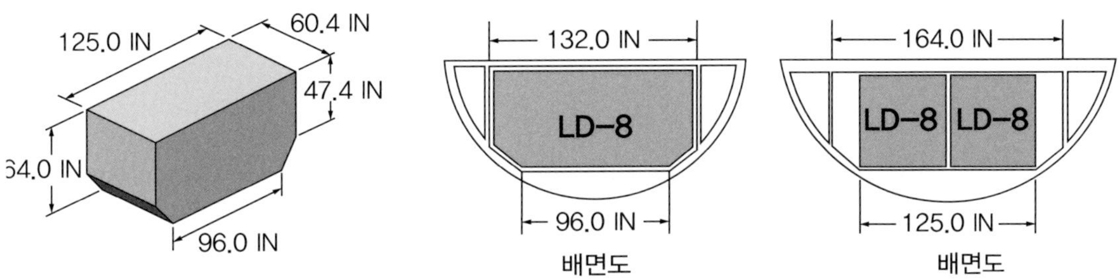

- IATA ULD 코드: DQF 컨테이너
- ULD 이름: ALE, ALN, DLE, DLF, DQP, MQP
- 설명: 전체 너비 낮은 홀드 컨테이너가 양쪽 끝에 기울어져 있음, 문은 도어 스트랩이 내장된 캔버스형
- 적합한 기종: B767, B787 Lower Hold
- 문 열림가능 크기: 92 × 62in (234 × 157cm)
- 최대 총중량: 2450kg (5401 lb)

(7) Half Pallet

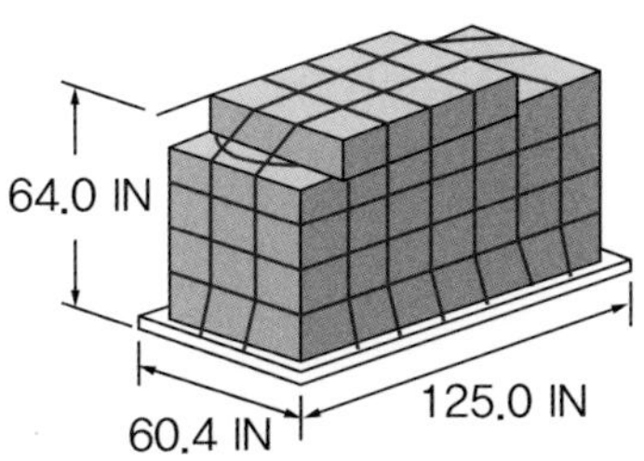

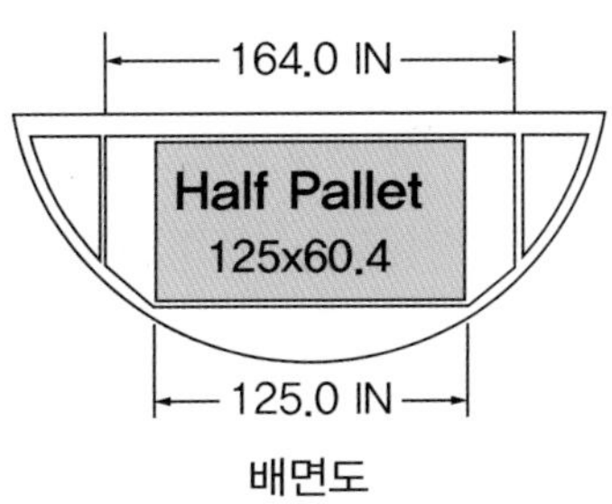

- IATA ULD 코드: PLA 하프 팔레트
- ULD 이름: PLB, FLA, P9A, P9B, P9P, P9R, P9S
- 설명: 하프 팔레트는 낮은 홀드와 메인 데크를 위해 윤곽이 잡혀 있음
- 적합한 기종: B747, B777, B787 Lower Hold
- 최대 총중량: 3175kg (6999lb)
- 용기 무게: 91kg (200파운드)

(8) 팔레트(Pallet)

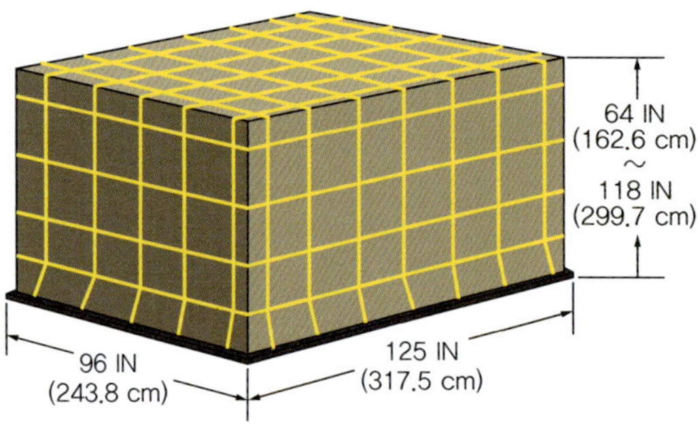

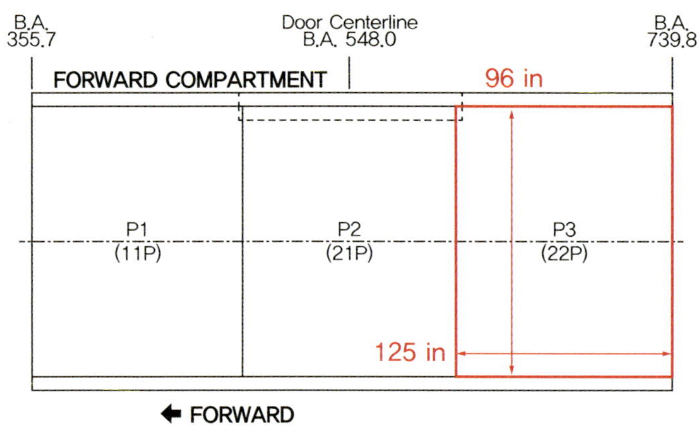

- IATA ULD 코드: 팔레트
- 설명: 하부 홀드 및 메인 데크용 범용 플랫 팔레트
- 적합한 기종: B747, B767, B777, B787, DC-10, MD-11
- 용기 무게: 120kg (265lb)

4. 항공기 제조사

세계의 항공기 제작 및 공급 사업에서 양대 산맥을 이루는 두 기업은 미국의 보잉(Boeing)과 유럽연합의 에어버스(Airbus)이다. 세계 최대 항공기 제작사이자 방위산업체인 더 보잉 컴퍼니는 본사가 미국 일리노이주 시카고에 있고 워싱턴주 시애틀 인근 도시 에버렛(Everett)에 위치한 대규모 공장에서 항공기를 제작한다. 보잉은 크게 두 개의 회사로 나누어지는데, 보잉 종합 방위 시스템(Boeing IDS; Boeing Integrated Defense Systems)과 보잉 상업 항공(BCA; Boeing Commercial Airplanes)이다. 전자는 우주, 군사 관련 사업을, 후자는 민간 항공기 제작 사업을 관장한다.

한편 보잉과 맥도널 더글러스(1997년 보잉에 합병) 같은 미국 방위산업체들이 합병을 통해 거대해지자 이에 위기감을 느낀 유럽 정부와 항공사가 자발적으로 추진해 설립한 유럽 항공사들의 컨소시엄이 에어버스 인더스트리이다. 에어버스는 상용기, 군사 및 우주, 헬리콥터 부문으로 사업 영역이 나뉘며 본사는 프랑스 남서부 툴루즈(Toulouse)에 있다.

Aviation Week Network*에 의하면 2016년을 기준으로 보잉은 상업용 항공기의 약 38%, 에어버스는 약 28%를 공급하고 있는 것으로 나타났다. 그 외에 브라질 엠브라에르(Embraer)가 약 8%, 캐나다 봄바디어(Bombardier)가 약 6%의 시장 점유율을 보였다. 또한 Aviation Week Network는 2025년에

*** Aviation Week Network**
뉴욕에 본사가 있으며, 방위, 우주, 항공, 공항 및 비즈니스 항공 부문을 대상으로 다수의 온라인/인쇄본 간행물을 발행한다. Aviation Week & Space Technology, Business & Commercial Aviation, Air Transport World의 세 가지 인쇄 잡지가 대표적이며, 그중 Air Transport World가 전 세계 항공 운송 산업을 다루는 무역 간행물이다.

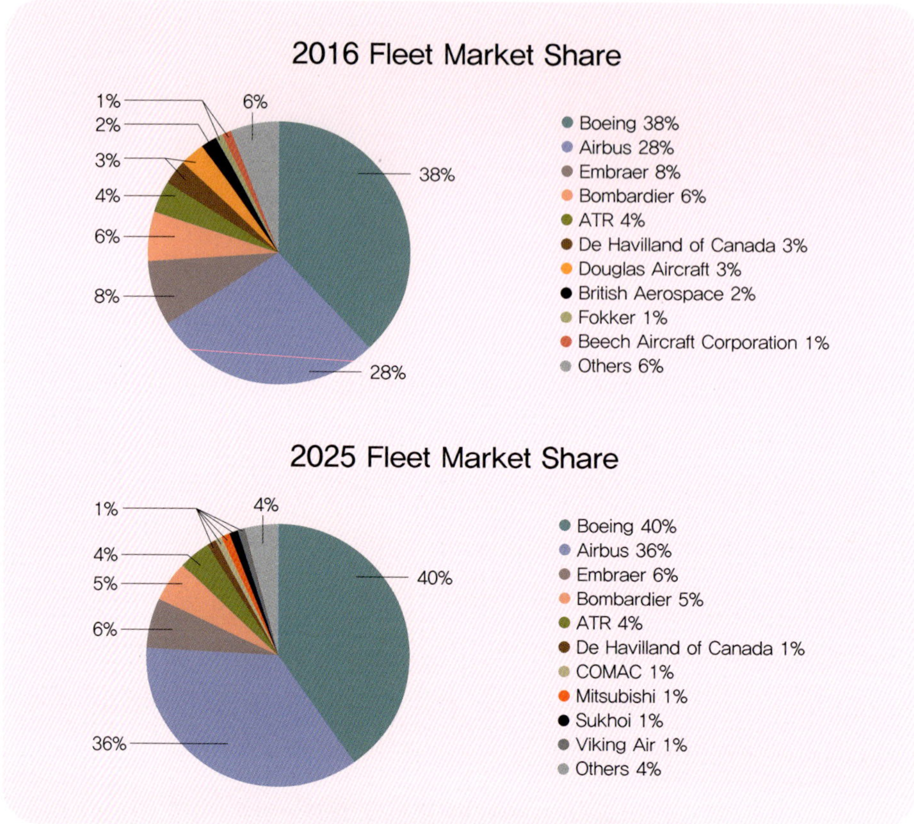

그림 4.25 2016과 2025년 Fleet Market Share(시장 점유율)

자료: Aviation Week Network(2016), "Industry Data:2016 vs 2025 Fleet Market Share: Top10 Original Equipment Manufactures"

는 완제기 시장에서 보잉이 약 40%, 에어버스가 약 36%를 차지할 것으로 전망하였다. 이후 2018년 보잉이 엠브라에르 상업용 항공기 부문을 인수함이 언론을 통해 발표되었으며 2019년 5월에는 보잉 브라질-커머셜(Boeing Brazil-Commercial) 합작사 설립 소식이 예고되었으나, 2020년 4월 Covid-19 사태와 경제적 재난이 이어지면서 계약이 파기되었다. 2019년 보잉 737MAX의 이륙금지 조치와 기종 생산 중단으로 위기를 겪기도 하였으나, 보잉 777X와 같은 신규 기종 투입으로 빠르게 시장을 차지하고 있으며 향후 생산할 5300대의 보잉 777X를 이미 수주하였고 보잉은 방위산업 분야에서 두각을 보여 방위산업의 독점 수준의 회사 매출로 큰 수익을 얻고 있다.

보잉은 2017년을 기준으로 상업용 항공기가 2만 4400대 공급되었으며, 2017

년부터 2037년까지 약 20년 동안 항공기 시장에 신규로 도입한 항공기 대수가 4만 2730대에 이를 것으로 예측하였다. 그중 1만 8590대(약 44%)는 노후화된 항공기 교체용으로 도입되고, 2만 4140대(약 56%)는 항공 시장 성장에 따른 신규 항공기로 도입될 것으로 전망하였다.

1) 대륙별 항공기 수요 전망

Boeing Commercial Market Outlook*(2020-2039)에 의하면, 보잉사는 2020~2039년 동안 세계적인 여객기 수요가 4만 3110대에 이를 것으로 전망하였다. 그중 2430대가 지역 항공사의 여객기로 인도될 예정이며, 3만 2270대는 Single Aisle 항공기, 7480대는 Widebody 항공기, 930대는 화물기이다. 또한 보잉사는 동 기간 동안 항공기 서비스 시장의 규모를 9만 400억 달러로 예상하고, 전 세계적으로 예상되는 항공기 인도 대수를 발표하였다. 북아메리카 지역에는 8995대의 항공기가 공급되고, 유럽 지역에는 8810대, 러시아와 중앙아시아에는 1250대, 라틴아메리카에는 2610대, 아프리카에는 1015대, 중동에는 2945대, 아시아·태평양에는 1만 7485대의 항공기가 공급될 것으로 예상하였다.

여행 수요가 증가하며 항공기 공급과 제작 시장이 성장할 것으로 전망되는데, 그중 가장 눈에 띄는 변화는 중국의 항공기 제작 시장의 성장이다. Aviation Week Network의 전망에 따르면, COMAC이 전 세계 항공 제작사 10위권 안에 입성할 것으로 예상된다. 중국의 항공 제작사 COMAC은 중형 여객기 C919로 상업용 항공기 제작에 성공하였고, 신형 민항기 운항에 필요한 인력 확보와 훈련 등 준비 작업을 신속하게 추진하였다.

C919 항공기는 A320이나 B737 등에 가까운 중형 여객기로, 2008년 개발에 착수하여 2017년 상하이 푸동국제공항에서 첫 비행을 시작하였다. 오랜 시간 보잉사와 에어버스사가 누적해 온 실적에 비해 COMAC 항공기의 경쟁력이 어느 정도의 실적을 낼지 세계의 이목이 집중되고 있다.

*** Boeing Commercial Market Outlook(CMO)**
보잉이 향후 20년을 내다보고 매년 발행하는 LCA(대형 상용 항공기)의 시장 전망 보고서이다. 에어버스도 이 같은 시장 전망 보고서 GMF(Global Market Forecast)를 발간한다.

그림 4.26 대륙별 항공기 수요 전망

자료: Boeing Commercial Market Outlook 2020–2039

2) 항공기 제조사의 구분

각 국가를 대표하는 항공기 제조사를 표 4.2에 정리하였다. 방위산업과 경비행기 등을 제외한 여객기 사업에서 미국의 보잉, 유럽의 에어버스, 중국의 COMAC 등이 두각을 드러내고 있다.

표 4.2 국가별 항공기 제조사

국가	제조사	산업분야
미국	록히드 마틴(Lockheed Martin Corporation)	방위산업
	보잉(Boeing)	여객기, 화물기, 방위산업, 비즈니스
	노스롭 그루먼(Northrop Grumman)	방위산업
	레이시언(Raytheon Company)	방위산업
	걸프스트림 항공우주 (Gulfstream Aerospace Corporation)	비즈니스
	세스나 에어크래프트 (Cessna Aircraft Company)	경비행기, 비즈니스
	사이러스 에어크래프트 (Cirrus Aircraft)	경비행기
	비치에어크래프트(Beech Aircraft Corporation)	경비행기
	텍스트론항공(Textron Aviation)	경비행기
유럽연합	EADS	여객기, 화물기, 방위산업, 비즈니스, 헬리콥터
	에어버스(Airbus)	여객기, 화물기, 방위산업, 비즈니스, 헬리콥터
프랑스	다소항공(Dassault Aviation)	방위산업
	ATR	여객기
캐나다	봄바디어(Bombardier)	비즈니스, 소형 여객기
오스트리아	다이아몬드항공(Diamond Aircraft)	경비행기
스웨덴	사브(SAAB)	방위산업
대한민국	한국항공우주산업(KAI)	방위산업
	한국항공우주연구원(KARI)	방위산업
중화인민공화국	중국상용항공공사(COMAC)	여객기
일본	미쓰비시(Mitsubish)	여객기
러시아	수호이(Sukhoi)	방위산업
	투폴레프(Tupolev)	여객기, 방위산업
	일류신(Ilyushin)	여객기, 방위산업
	야코블레프(Yakovlev)	방위산업
이스라엘	IAI(Israel Aerospace Industries)	방위산업
우크라이나	안토노프(Antonov)	여객기, 화물 운송기

자료: 네이버 지식백과(두산백과)

지상직 업무 | 체크인 카운터 업무 | 출국 업무 | Weight and Balance 업무 | 입국 업무 | 환승 카운터 업무

시간대별 항공기 운영절차 | 항공기 운영 준비 | 체크인 카운터 오픈 | 탑승 게이트 오픈(카운터 마감) | 승객 탑승 시작 | 승객 탑승 완료 | Push-back | 목적지 공항 도착

탑승수속 시스템 화면 | Flight Status | 항공편 기본 정보 | Seat Map | 기본 수속 입력어

지상 특별 서비스의 종류 | 한가족 서비스 | 장애인 승객을 위한 서비스 | 의학적 도움이 필요한 승객을 위한 서비스 | 비동반 소아(UM)를 위한 서비스 | 애완동물과 함께 여행하는 승객을 위한 서비스

지상직 안내 방송 | 체크인 카운터 안내 방송 | 게이트 안내 방송 | 비정상 상황 시 안내 방송

항공운송 용어

우리나라 항공사 지상직 현황 | GSA(General Sales Agency) | GHA(Ground Handling Agency)

Chapter 5

지상직 업무와 항공기 운항절차

1. 지상직 업무

포괄적인 의미의 운송 업무는 항공기에 승객이 탑승 및 하기하여 수하물을 수취하는 전 과정의 지상 서비스를 제공하는 것이다. 체크인 카운터 시스템 준비, 승객 수속, 항공기 탑재관리(Weight and Balance), 게이트 탑승, 수하물 처리, 기내 서비스 물품 및 식사 준비, 면세품 탑재, 항공기 도착 후 수하물 수취로 이어지는 전 과정의 서비스를 제공하는 것이 운송 서비스라고 할 수 있다. 지상 서비스의 일부로서 항공기 정비, 수하물 탑재, 화물 탑재, 항공기 급유, 항공기 음용수 공급, 화장실(Lavatory) 및 기내 청소 등의 서비스를 램프 서비스(Ramp Service)라고 하며, 이 절에서는 크게 체크인 카운터, 출국, 탑재관리, 입국, 환승 카운터의 5가지 업무로 나눠 지상직 업무를 살펴본다.

1) 체크인 카운터 업무

승객의 좌석 배정 및 위탁 수하물 처리 업무이다. 체크인 카운터에서 하는 승객의 좌석 배정은 항공사별로 상이한 시스템을 사용하여 처리한다. 항공사별 프로그램이 있으며, 체크인 카운터 오픈 전 준비사항으로는 Flight Editing*이 있다.

Editing 값을 잘못 입력한다면 항공기 기종과 Seat Map이 실제 항공기와 일치하지 않아서 모든 수속을 처음부터 다시 밟아야 하는 불상사가 일어난다. 승객 체크인과 함께 수하물 중량을 측정해 무료 반입 허용량만큼 시스템에 입력

---

* Flight Editing
항공사 프로그램에 항공편과 항공기의 기종을 입력하여 체크인할 수 있는 상태로 만드는 과정이다. 항공기 기종, GD, 승객 명단, 스페셜 서비스 승객 정보 등이 포함된다. GD는 General Declaration의 약자로 승무원 명단과 여권 정보 등이 포함된다.

되는 동시에 탑승권(Boarding Pass)과 짐 보관표(Baggage Tag)가 발급된다.

승객의 안전을 위해 화물의 양과 위치, 승객의 특성에 따라 좌석을 배정하는데, 안전과 관련된 비상구열 배정, 스페셜 케어 서비스 승객의 수속, 단체 승객의 배정 등의 이슈를 이해하고 업무 처리를 정확하고 신속하게 할 수 있어야 한다. 신속한 업무 수행을 위해서는 승객이 여행하는 목적지 공항의 입국 규정, 비자, 위탁 수하물 관련 규정, 항공 시스템 입력어와 수하물 기준 규정, 항공기 탑재관리 업무, INAD*, DEPO* 등의 전체적인 흐름을 이해해야 한다.

여행자의 국적, 신분증명, 여행자의 해외여행 허가, 외국 정부의 보호 부탁 등의 조건을 확인한 후 좌석 배정을 진행한다. 여권은 대한민국 정부, 외국 정부 또는 권한 있는 국제기구에서 발급한 증명서로, 대한민국 정부가 유효하다고 인정하는 것을 말한다(출입국 관리법 제2조 3호). 여권은 용도에 따라 일반여권, 관용여권, 외교관 여권으로 나뉘며 입국 업무에 따라 다르게 발급되고, 여권의 사용 가능한 횟수로 구분한 단수여권과 복수여권이 있다.

- 관용여권: 국가의 공적인 일로 해외에 출장을 가거나 여행할 때 발급되는 여권이다. 공무원과 공공기관, 한국은행 및 한국수출입은행의 임원 및 직원과 관계기관이 추천하는 그 배우자, 미혼인 직계비속 등이 발급대상이 된다.
- 단수여권: 1회에 한해 외국을 드나들 수 있는 여권이다.
- 복수여권: 유효기간 만료일까지 횟수 제한 없이 외국을 드나들 수 있는 여권으로, 유효기간인 10년 내에 횟수에 상관없이 사용할 수 있는 여권이다.

여권에서는 여권 종류, 여권번호, 생년월일, 만료일을 확인해야 하며, 만료기간이 6개월 이상 남아 있을 때 수속이 가능하다. 항공권상의 이름과 여권상의

*** INAD**
입국거부자(Inadmissible)를 가리키는 용어로, 비자 문제, 여권 위조, 범죄 기록 등 입국조건이 허용되지 않아 한국에 입국이 거부된 승객으로 출입국관리사무소 직원의 관리하에 관련 사무실에서 대기하였다가 다시 본국으로 출국해야 하는 승객을 의미한다.

*** DEPO**
강제출국자(Deportee)를 가리키는 용어로, 본국에서 허가받은 체류기간이 경과한 외국인이 강제로 출국 조치되는 경우 강제출국자로 분류되어 출입국관리사무소 직원의 관리하에 항공기 탑승이 따로 진행된다.

이름이 일치하는지 확인한 뒤 탑승수속을 진행한다. 여권을 대용해서 본인의 신분을 인정받을 수 있는 서류들이 있을 경우 탑승수속이 가능하며 여권 대용 서류에는 다음의 네 종류가 있다.

- 여행증명서: 해외여행 중 여권 분실, 여권기간 만료자 등의 귀국 시 유효기간 내에서 1회 사용 가능하다. 목적지란에 기재된 국가로만 여행할 수 있다.
- 선원수첩: 해운항만청의 출국 Stamp를 확인해야 한다. 부속서류인 OK TO BOARD, Guarantee Letter가 있다.
- UN 통행허가증: UN에서 근무하는 직원과 그 가족에게 발급되는 증명서이다.
- 미군신분증: 반드시 Leave Order*를 소지해야 하고, 태국, 말레이시아, 필리핀 입국 시에는 여권이 필요 없다.

여권과 함께 항공권의 목적지 국가에서 요구되는 비자* 조건을 확인하고 체크인을 진행한다. 비자의 유효기간과 종류, 발급일자, 체류기간, 체류자격을 확인하고, 적합하다고 판단될 경우에만 좌석 배정과 수하물 수속을 진행한다. 비자의 자세한 내용은 후반부에서 다루게 된다.

2) 출국 업무

항공기 출발에 필요한 서류 준비 및 게이트 오픈, 승객 탑승 및 페이징* 업무가 있다. 카운터 클로징 시간과 비슷한 시점에 게이트 준비 업무를 마쳐야 하는데,

---

*** Leave Order Form**
미군휴가증 같은 양식의 서류로, 군인은 미군과 협의되어 허가를 받은 경우에만 탑승수속이 가능하다. 한국 군인도 마찬가지로 국방부의 허가 없이는 출국할 수 없고, 여행계획을 세워서 승인을 받은 후 Leave Order Form을 준비해서 수속카운터와 출국심사대(Immigration)에 제시해야 출국이 가능하다.

*** 비자(Visa)**
외국인에 대한 입국허가서로 방문 국가의 재외공관에서 발급하는 사증이다. 단수비자, 복수비자, 단기비자, 통과비자, 체류비자 등의 종류가 있다.

*** 페이징(Paging)**
고객의 요청에 의해 필요한 고객을 찾아 주고 메시지를 전달해 주는 대고객 호출 서비스를 말한다.

승객의 탑승시간은 항공기 출발시간 30분 전이다. 항공기 출발에 필요한 승무원 명단, 승객 명단, 위탁 수하물 리스트, L/S* 등을 준비하여 기내 승무원에게 전달하고, Door Close를 하기 전에 승객의 Gate Bag 처리, 승객의 탑승 처리, 수하물 확인 등을 한다.

3) Weight and Balance 업무

안전운항을 위해 화물과 위탁 수하물, 연료 탑재량, 승객의 무게를 고려하여 항공기의 무게중심을 구하는 업무이다. 항공기의 안전운항과 직결되는 중요한 업무로, 항공기의 좌석 배정 또한 위탁 수하물과 화물의 탑재위치에 따라 정해진다.

항공기의 Zone마다 승객이 탑승하였을 때의 무게를 컴퓨터 시스템으로 시뮬레이션하게 된다. 승객의 수가 적을 때 주로 짐이 항공기의 정중앙 주변에 배치되어 무게중심을 안전범위 내에 둘 수 있도록 시스템에서 Load Plan과 Load Sheet을 생성하여 짐을 탑재하는 로드 마스터와 기장에게 전달하는 업무이다. 체크인 카운터와도 긴밀하게 연결되며, 각 항공편마다 항공기의 고유 무게와 노선별로 상이한 연료무게, 승객인원, 화물무게 등을 고려하여 미리 좌석 배정을 제한하거나 한쪽으로 배정하는 등의 업무 협조가 이루어지도록 조절한다. 자세한 업무 내용은 10장 '항공기 탑재관리(Weight and Balance) 및 용어'를 참고하기 바란다.

4) 입국 업무

항공기가 공항에 도착하면 항공기 Door Open을 수행하는 팀의 업무이다. 항공기종별로 항공기 Door Open 방법이 상이하여 승무원과 승객이 하기해도 좋다는 Door Sign을 주고받은 뒤 항공기 문을 개방하게 된다.

탑승교가 항공기에 연결되고 승객들이 탑승교를 통해 하기할 때 필요한 휠체

---

* L/S
탑재보고서(Load Sheet)의 약자로 탑재관리를 위해 비행기의 무게중심을 구하는 양식이다.

어를 준비하는 등의 하기 준비 업무도 담당하며, 다른 나라로 환승하는 승객에게 환승 게이트를 안내하는 업무도 수행한다. 모든 승객이 하기한 뒤 L/B* 물품을 처리하게 되는데, 승객이 항공기에 놓고 내린 물건 등을 수하물팀에 전달하여 승객이 안전하게 수령할 수 있도록 한다. L/B를 체크하는 업무에는 객실 승무원과 함께 항공기에 위험물품이 남아 있는지 여부를 확인하는 일도 포함된다.

EDI* 보고 업무 또한 입국팀 사무실에서 진행되는데, 목적지 공항에 승객과 비행기가 잘 도착하였다는 보고를 시스템에 입력하는 업무이다. 그 밖에 승무원 명단과 승객 명단, 수하물, 화물정보, 항공기 고유번호 등을 시스템에 입력하고, 연결편 환승 승객이 있는 경우에도 관련 정보를 시스템에 입력하여 출입국관리에 필요한 정보를 제공한다.

5) 환승 카운터 업무

항공기가 인천공항에 입국해도 승객의 최종 목적지가 인천공항이 아닌 다른 제3국인 경우 환승 승객이라고 한다. 환승 승객은 인천공항에 입국하지 않고 인천공항의 환승 게이트 통로를 통해 검역과 수하물 검색을 실시한 뒤 탑승 게이트로 가게 된다.

환승 승객이 출발지에서 발급받은 보딩티켓에 항공기 좌석이 배정되지 않은 경우가 많다. 이때는 같은 항공사로 환승하지 않거나 주로 항공기 변경으로 다시 탑승권을 발급받아야 하는데, 환승 카운터에서는 이러한 승객에게 좌석을 배정하고 항공기로 이동할 수 있는 환승방법을 안내하는 업무를 하게 된다.

*** L/B**
Left Behind의 약자로 승객이 기내에 놓고 내린 물품을 의미한다.

*** EDI(Electronic Data Interchange; 전자문서교환)**
일반적으로 표준화된 공공 서식을 서로 합의된 통신 표준에 따라 컴퓨터 간에 교환하는 정보 전달 방식을 의미한다. 구체적으로 항공 업무에서는 항공기의 입출항 관련 보고사항 등을 프로그램에 입력하여 세관과 출입국관리부서에 보고하는 일이다.

2.
시간대별 항공기 운영절차

항공사는 정시운항을 목표로 서비스를 제공하기 때문에 팀별로 맡은 업무를 신속하고 정확하게 처리해야 한다. 항공기 운영에는 여러 가지 요소들이 유기적으로 연결되며, 항공 서비스의 시작과 끝의 전 과정에서 지상 서비스팀, 객실 승무팀, 운항 승무팀, 운항 관리팀, 정비팀, Ramp Service 팀과 같은 다수의 팀들이 항공기 출/도착 과정의 전반적인 흐름을 담당한다.

그림 5.1 시점별 항공기 운영절차

여기에서는 항공기 운항 시점별로 수행하는 준비과정을 항공기 운영 준비부터 목적지 공항 도착까지 7단계로 나누어 살펴본다. 항공사마다 각 운영절차를 실시하는 시간의 규정은 상이할 수 있으나 전체적인 준비과정의 큰 틀은 동일하다.

이 과정에서 객실 승무팀, 운항 승무팀, 운송 서비스팀, Ramp Service 팀이 각각 수행하는 업무를 중점적으로 알아보며, 시점별로 항공기 운영과정이 어떻게 변화하는지 정리해 본다.

1) 항공기 운영 준비

(1) 운항 승무팀

- FLT Plan Check: 연료 및 승객, 항로 확인
- NOTAM*: 비행에 필요한 공항, 항로의 정보 확인
- 기상 확인: Turbulence 및 도착지 공항 기상 확인
- 운항 승무원 브리핑: 승무원은 운항 중에 필요한 사항을 파악하고 비행 시 적용되는 법규 및 규정에 따라 안전운항을 할 수 있도록 운항 관리사와 함께 확인을 하여 준비한 항로와 데이터로 운행하게 된다. 브리핑에는 다음 내용이 포함된다.
  - 출발지, 경유지, 목적지 항로 및 기상예보 확인
  - NOTAM, AIP(항공정보 간행물) 확인
  - 탑재 연료량 확인
  - 사용 비행장 시설 확인
  - 여객 및 화물 예약상황 정보 확인
  - 기타 운항에 필요한 사항(기상에 따라 추가 연료 탑재 가능)
  - Flight Plan 확인(운항 관리사와 함께 확인)

---

* NOTAM(Notice to Airman)
운항 종사자가 운항에 적용하도록 공항 또는 관련 당국에서 제공하는 항공기 운항 및 안전과 관련된 정보이다.

(2) 객실 승무팀

- 승객 예약 현황과 스페셜 서비스 승객 확인/VIP Check
- 캐빈 브리핑: 서비스 순서 및 특기사항 브리핑
- 운항 승무팀과 비행 중 기상상황 합동 브리핑
- 항공기 도착 후 기내 안전물품 점검 및 서비스 물품 확인

(3) 운항 관리팀

- 항공기 운항시간 결정
- 운항 제반사항 확인
- 비행 계획
- 출발 및 도착지 기상 확인
- 탑재 연료 산출
- 항공기 운항의 통제

(4) 여객 운송팀

- 탑승 카운터 수속을 위한 FLT Handling 준비
  - Flight System Editing(승무원 명단 및 승객 예약상황, 기종 세팅)
  - 항공기 기종별로 좌석상황이 다르므로 시스템에 기종과 항공기 고유 번호를 입력해야 한다.
- 카운터 및 시스템 세팅 및 안내 방송
  - 화물과 승객 예약상황에 따라 좌석을 블록해 놓아야 한다.
  - 스페셜 서비스 승객 확인 후 관련기관 전화
    예) 휠체어 서비스, 한가족 서비스, 비동반 소아(UM) 등
- 탑승수속 전 수하물 및 화물 탑재 계획 수립 후 Ramp Service 준비
- 화물량과 승객 예약상황을 확인하여 Weight and Balance를 위해 ULD 배정
  - Ramp Service 부서와 협조하여 위탁 수하물을 실을 컨테이너를 미리 준비한다.

(5) 정비팀 및 Ramp 지상 조업팀

정비사는 항공기의 점검과 운항에 필요한 요소를 체크하고, Ramp 지상 조업 서비스는 수하물과 화물의 탑재 및 하기 서비스, 항공기 전원공급 및 이동지원 서비스를 제공한다. 또한 항공기 정비팀은 항공기 점검을 실시하고 운항 승무원과 크로스 체크하여 비행 가능 여부를 확인한 뒤 운항을 실시한다.

2) 체크인 카운터 오픈

(1) 운항 승무팀

- 항공기로 이동하여 항공기 시스템 세팅
- 항공기 외부 점검 및 내부 장비 점검

(2) 객실 승무팀

- 항공기로 이동하여 기내 보안 점검
- 좌석 밑 Lifevest 확인 및 안전장비 점검
- Meal Check
- 항공기내 서비스 물품 및 면세품 준비

(3) 운송 서비스팀

- 탑승수속 시작: 여행 구비 서류 확인 후 좌석을 DCS로 배정
- 위탁 수하물 접수
  - 수하물 계량 후 Bag Tag 발급
  - 초과 수하물에 대해 Excess Baggage Charge 계산(초과 수하물 요금은 거리나 무게별로 금액이 상이하나 1kg이 초과될 때마다 곱하여 계산)
- 스페셜 서비스 신청여부 확인 및 준비

- Special Meal Service 준비(채식주의자나 유아 동반 승객 등 요청사항이있을 경우 스페셜 밀이 준비되도록 미리 체크)
- 휠체어, 한가족, VIP MARS Service*, 임산부, 비동반 소아(UM) 등 특이사항이 있을 경우 준비

• 탑승권 출력 및 안내(라운지, 게이트, 이동방법)
- 탑승수속 진행 후 Boarding Pass 발급 후 게이트 이동방법을 승객에게 안내
- 라운지 이용이 필요한 비즈니스 클래스 이상 승객의 경우 라운지 위치안내
- 탑승 마감시간 공지

(4) Ramp Service 팀

• Load Plan대로 ULD에 승객의 위탁 수하물 탑재(바코드로 인식하며 탑재) 및 Load Plan에 맞게 화물 탑재
• GPU 등으로 Ground에서 항공기 전기 공급
• 항공기 오물 처리 및 음용식수 공급
• Catering(기내식, 소모품, 담요, 이어폰 등) 탑재
• 필요시 항공기의 제설·제빙 및 방빙

3) 탑승 게이트 오픈(카운터 마감)

(1) 운항 승무팀

Boarding 가능시간을 객실 사무장에게 알린다.

---

* MARS Service
승객을 직접 탑승 게이트까지 안내하는 특별 서비스이다.

(2) 객실 승무팀

- 지상 직원에게 Boarding 시간 공지
- 승무원 담당 Zone에 위치하여 승객 맞이 준비

(3) 운송 서비스팀

- 카운터가 마감되면 출발시간 45분 전부터 탑승 시작
- Boarding Gate System 준비 및 Open
- 탑승 안내 방송
- 기내 구비 서류 준비
  - GD(General Declaration): 승무원 명단
  - PM(Passenger Manifest): 승객 명단
  - BM(Baggage Manifest): 위탁 수하물 리스트 등을 준비하여 기내에 탑재하도록 준비

4) 승객 탑승 시작

(1) 운항 승무팀

- 항공기 시스템 세팅
- Depature Clearance 수령: Call Sign, Runway, SID(이륙해서 항로까지 길), 항로, 초기에 유지해야 하는 고도, Squawk Code(항공기만의 고유한 숫자)가 포함됨
- FMS*에 Weight and Balance 정보 입력

---

* FMS(Flight Management System; 비행 관리 시스템)
조종사가 설정한 비행계획에 의거, 최적의 연료소비량과 소요시간으로 비행할 수 있도록 최적화된 속도, 상승률, 경로, 추력 등을 계산하고 자동 비행 방향 지시시스템(AFDS; Auto Pilot Flight Director System)에 항공기 자세 제어 및 추력 제어를 수행하도록 하여 자동 비행이 가능하게 한다.

(2) 객실 승무팀

- Welcome 인사
- 승객 짐 정리 및 좌석 안내
- 승객 탑승 실시(승객의 항공편과 날짜가 맞는지 확인)
- 최종 탑승 승객 인원수 확인

(3) 운송 서비스팀

- 티켓 클래스 순서대로 탑승 시작: 먼저 First Class 및 Business Class, 노약자나 어린이 동반 승객이 탑승한 뒤 Economy Class 승객 탑승
- 탑승하지 않은 승객이 있을 경우 Paging
- Gate Bag 처리: 유모차나 게이트에서 가방을 탁송하고 싶어하는 승객의 짐에 Gate Bag Tag을 부착하여 처리
- 기내 탑재 서류 준비 및 승무원에게 인계
- Load Sheet 준비 및 운항 승무원에게 전달

5) 승객 탑승 완료

(1) 운항 승무팀

- 항공기 화물과 승객 탑승 수 확인
- 항공기 Door Close 확인

(2) 객실 승무팀

- 최종 승객 수 카운팅 확인 및 기내 탑재 서류 인계
- Door Close

(3) 운송 서비스팀

- 기내 탑재 서류를 객실 사무장에게 전달
- 승객 수와 수하물 수, 기내식 수가 확인되면 Door Close 및 출항정보 보고
- 출항 신고 승무원 및 승객 수 보고
- 도착지 공항 Message Sending
  - 도착지 공항에서 알아야 할 Special Service 내용 메시지 전송
  - 화물량, 승객 수 메시지 전송
  - Load Plan 전송
  - 화물 하기 시 유의할 점 고지
- Door Close Cross Check

6) Push-back*

(1) 운항 승무팀

- 항공기 노선별 안전운항
- 목적지까지 안전운항, 기상악화 시 대처하며 항공기 정시운항을 목표로 운행

(2) 객실 승무팀

- 식음료 서비스 및 엔터테인먼트 서비스
- 항공안전 관련 사항 확인 후 기내 서비스
- 항공기 안전에 저해되는 행위 발생 시 운항 승무원과 긴밀한 협조

---

* Push-back
항공기 동체가 Towing Car에 의해 뒤로 밀리면서 항공기가 출발한다. 항공사에서는 Push-back Time을 출발시간으로 인정한다.

7) 목적지 공항 도착

(1) 운항 승무팀

- 항공기 외부 점검 및 다음 비행편 연료 공급 확인
- 정비팀 연료 공급 확인
- 부기장 내부 점검 및 항공기 시스템 셋업

(2) 객실 승무팀

- 세관과 검역 안내 방송
- Farewell Service 및 Behind Check
- 승객이 기내에 두고 간 물건이 있는지 확인 및 구명조끼가 의자 밑에 잘 탑재되었는지 확인
- Catering 또는 면세품 정리, 인수인계

(3) 운송 서비스팀

- Door Open 후 환승 승객이 있을 시 연결편 승객 게이트까지 MARS Service
- 휠체어 서비스나 UM 서비스를 이용하는 승객이 있는지 미리 확인하고 하기 시 준비되도록 조치
- 모든 수하물 하기 후 수하물을 승객에게 인도
- 수하물 파손이 있을 경우 승객 응대 및 보상기준에 따라 보상

(4) Ramp Service 지상 조업팀

- ULD와 화물의 안전한 하기
- 기내 화장실 청소 및 기내 청소와 정돈, LAV 오물 처리 및 음용수 보충

- Catering 하기 및 새로운 Meal 탑재
- 수하물과 화물의 분류 및 운반
- 필요시 항공기 제설 · 제빙 및 방빙
- 음용수 공급 및 화장실 오물 처리
- Catering 운반

(5) 운송 서비스팀

- 항공기 Door Open 후 승객 하기(연결편 및 T/S 승객 MARS)
- 승객 수하물 인도(파손 및 보상 승객 처리)
- 기내 탑재 서류 취합 및 SPCL Handling과 SVC 승객 Handling(휠체어, 유모차, Blind, UM 등)
- EDI 보고(입항 보고)

(6) 지상 조업팀

- 수하물 및 화물 하기
- GPU* 등 공급
- 기내 정리, LAV 및 Galley 정리

* GPU(Ground Power Unit)
공항에 주기 중인 항공기에 전원을 공급하는 장비로 항공기 자체 APU에 문제가 있거나 APU로 인한 공해물질 배출을 억제하기 위해 별도로 운용되는 지상 전원공급장비

Special Section 1

항공기 입국팀 업무

입국 업무 준비사항	
GATE 및 ETA* 확인	GATE 번호 및 ETA는 수시로 변동되므로 반드시 확인
LDM, PTM, PSM 등 각종 전문 및 입항 승무원 GD 확인	– LDM: 승무원 총인원, 승객 총인원, INF 유무 확인 – PTM: T/S 승객 명단 확인 – PSM: WCHR, VIP 등 SPECIAL PAX 확인 – CPM: WCHR, 유모차 유무 확인 후 BULK에 실려올 경우 BCC에 미리 연락하여 파킹 후 바로 GATE에서 PICK UP – 입항 승무원 GD: C–Trade–World 홈페이지에 올라온 승무원 APIS가 정확하게 입력되었는지 미리 확인 후 출력하여 준비
출항편 STAMP GD 10장 준비	– STAMP는 세관승기실에서 날인
INBOUND(입국) GATE 업무	
GATE SHOW UP	ETA 10분 전 GATE SHOW UP
GATE DOOR OPEN	비행기 LANDING 후 GATE DOOR OPEN 수행하고 탑승교 앞 대기
DOOR OPEN SIGN	– A/C PARKING 수행하고 탑승교 접현(엔진이 꺼졌는지, 탑승교가 접현되었는지 등 승객 하기 이상 유무 확인 후) – DOOR OPEN SIGN 보낸 후 사무장에게 특기사항 및 기내 서류 수령 – 승객 하기 OK SIGN 보낸 후 첫 승객 하기 동시에 탑승교 빠져나와 승객안내
승객 하기 시 입국 표준 인사	– 한국어 및 외국어로 인사
승객 하기 완료 후 기내 서류 정리	– 사무실 보관용 GD, PM, CGO 및 LD 작업을 위한 I/B* LOAD SHEET P/U* – 미리 준비한 입항 승무원 GD 및 I/B GD(기내 서류) 비교 확인(철자 하나, 숫자 하나라도 틀릴 경우 승무원 입국 불가) ☞ 틀릴 경우 사무장에게 어떤 것이 맞는지 확인(입국 사무실로 연락해 수정할 수 있도록 INFO) ☞ 틀리지 않았을 경우라도 사무장 하기 시 GD가 맞는지 다시 한번 CONFIRM
승무원 하기 대기	L2 DOOR에 확인하지 못한 유모차 등이 있는지 확인하고 기내 L/B 확인
GATE DOOR CLOSE	– 모든 승객, 승무원 하기 확인 후 DOOR CLOSE – T/S 엔지니어가 있을 경우 하기 유무 확인 하기하지 않을 시 곧바로 GATE DOOR CLOSE를 수행하지만, 엔지니어가 하기를 원할 경우 비행기 점검 동안 잠시 대기하였다가 엔지니어 하기까지 확인 – 사무실 복귀

* ETA(Estimated Time of Arrival; 도착 예정시간), I/B(In–bound), P/U(Pick–up)

사무실 업무	
사무실 복귀 후	– 특기사항 및 상황을 근무자에게 보고 – 기내 서류 및 LDM을 비교하여 FOIS 입력, 기내 서류 보관 – 항공기 업무일지 작성
승객 서비스	
휠체어 승객 서비스	**PSM, SPCL SVC(WCHR) PAX H/D** HNDL(C PASS 소유자) CPM을 확인하여 BULK에 휠체어가 실려 있으면 OWN-휠체어이므로 GATE에서 픽업하여 핸들링하고, 없을 경우 탑승동 오피스에 비치된 휠체어를 준비하여 GATE SHOW UP – 미리 전문이나 메일 등으로 승객 유형 파악(휠체어 유형, 승객 이름, 국적, 성별, 나이 등) – 사무장으로부터 휠체어 서비스를 확인받고 하기 시점(처음 또는 마지막으로 하기할 것인지) 확인 – 승객 콘택트 후 경사로 이동 시는 반드시 거꾸로 이동(스타라인에서는 정차 시 넘어질 우려가 있으므로 손잡이 봉 앞에 위치하여 승객이 손잡이를 잡도록 안내) – 검역질문서, 세관신고서 등 모든 서류의 작성을 마쳤는지 확인하고 미작성 시 도움 제공 – 검역 통과 후 여객동 입국 법무부로 이동 – 입국심사 시 장애인 전용통로(재심실 바로 앞 승무원 통로 이용) – 수하물 수취대에서 수하물 찾기(C PASS 소유 직원만 가능) – 세관신고할 물품이 있을 경우 신고서 작성 및 세관신고 도움 – 입국장을 빠져나가는 것으로 핸들링을 마치는 것이 아님 **휠체어 서비스 종료 시점** – 마중 나온 일행이 있을 경우 일행에게 승객 인계 – 마중 나온 일행이 없을 경우 대중교통 이용장소(공항리무진 이용 시 버스정류장/공항철도 이용 시 철도요금소 앞)까지 안내 **국내선 이용 고객일 경우** – 3층 국내선 카운터로 같이 이동하여 수속하는 것까지 안내 – 국내선 카운터 직원에게 휠체어 서비스 승객임을 INFO
UM(비동반 소아) SVC	– 사무장으로부터 UM 서비스 승객 유무 확인 후, 승객을 모시고 입국장까지 안내
유모차	
BABY STROLLER	– CPM을 통해 BULK에 유모차가 있을 경우 미리 지상조업팀에 연락하여 올려줄 수 있도록 함 – 올려받은 유모차를 탑승교 앞으로 옮겨 승객이 찾아가도록 안내 – 모든 승객 하기 후까지 남은 유모차가 있거나 승객이 다른 수하물과 같이 수하물 수취대에서 유모차를 받길 원하는 경우에는 즉시 지상조업팀에 다시 연락하여 BELT로 돌릴 수 있도록 하며 수하물 담당 직원이 와서 유모차를 픽업하는 것까지 반드시 확인

3. 탑승수속 시스템 화면

최근에는 정확하고 신속한 처리를 위해 컴퓨터를 이용한 탑승수속이 증가하고 있다. 이 절에서는 탑승수속 시스템의 단계별 상황과 알아야 할 항공편 기본 정보, Seat Map, 기본 수속 입력어에 대해 알아보며 탑승수속 시스템의 전반에 대해 이해하도록 한다.

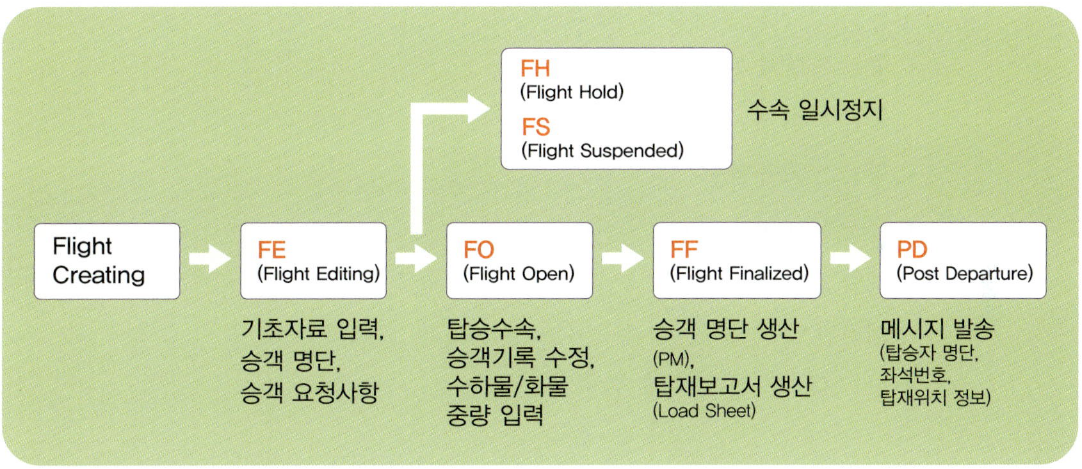

그림 5.2 탑승수속 시스템의 단계별 상황도

1) Flight Status

- FE(Flight Editing): 운영하려는 항공편의 기초자료를 입력하고 기종 설정 및 승객 명단, 승객 요청사항 등 입력
- FH(Flight Hold): 해당 항공편 수속이 진행되고 있는 모든 공항의 수속을 중단시키는 역할로 탑승수속 시스템에 FH가 표시될 경우 항공편 수속이 중단되었다고 볼 수 있다.

- FS(Flight Suspended): 현재 항공편이 출발하는 공항의 수속만을 제한
- FO(Flight Open): 탑승수속을 시작하는 단계로, 승객의 항공권과 여권정보를 입력하고 승객의 수하물을 입력
- FF(Flight Finalized): 탑승수속 카운터가 마감된 단계로, 승객의 최종 명단 생산과 동시에 탑재보고서 생산
- PD(Post Departure): 항공기 출발 후 항공기 도착지 공항에 승객 명단과 화물 탑재정보 메시지 발송

2) 항공편 기본 정보

탑승수속 시스템을 이용하려면 탑승하고자 하는 항공편에 대한 다음의 정보를 알아야 한다.

- 항공기 종류 (기종과 타입)
- 공급 좌석 수
- 항공기 고유번호
- 승무원 구성
- 예약 승객 총인원
- 배정된 좌석 수
- 탑승 클래스별 대기자 수

3) Seat Map

좌석을 배정할 때 좌석별 특성을 감안하여 승객이 원하는 좌석이 바로 배정될 수 있도록 좌석 특성별 Code를 매개로 이용할 수 있다. 아래는 승객 탑승수속을 컴퓨터 시스템으로 진행할 때 보이는 화면으로, Seat Map(좌석 배치도)을 검색하여 좌석을 배치할 수 있다.

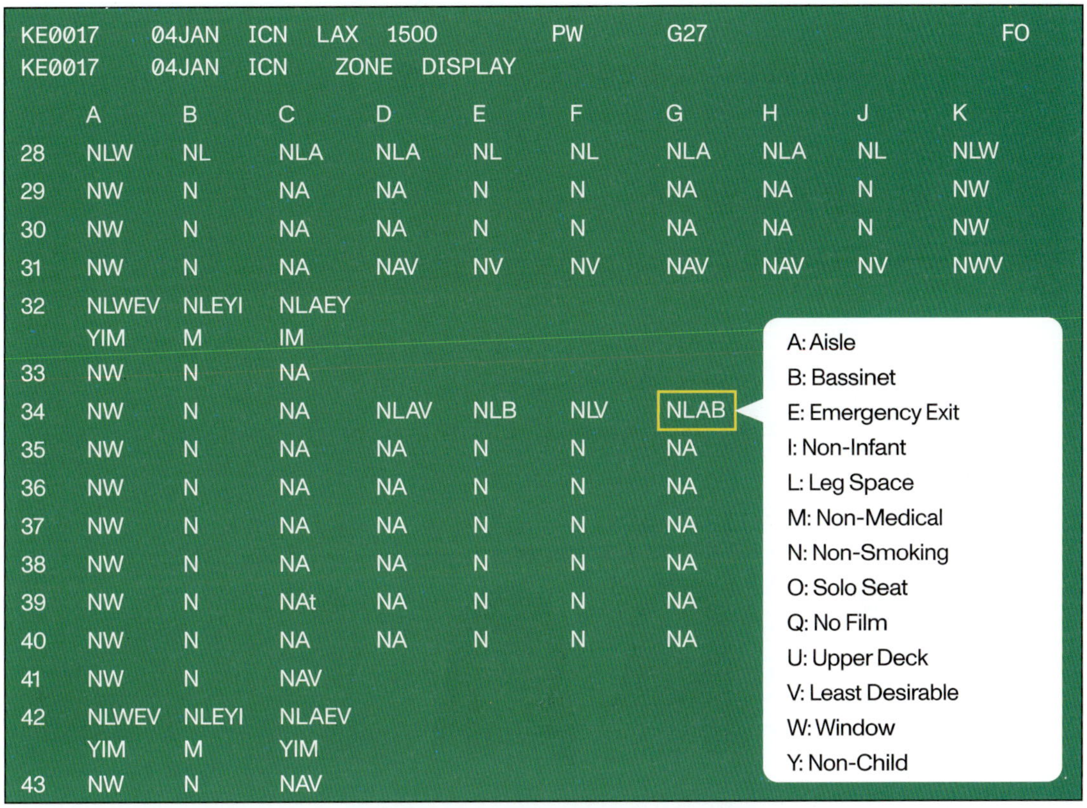

■ **좌석 특성 Code를 확인할 수 있는 Seat Map 입력어**

- GG@S: SEAT PLAN
- 공란: 탔음 X: 빈자리 A: ASP 예약석 L: LPS 비선호석 U: 비좌석
- P: DCS를 이용하여 공항에서 특정 승객에게 지정한 좌석
- R: DCS를 이용하여 공항에서 특정 승객에게 지정한 좌석(유사시 타 승객에게 배정 가능)
- Z: 공항에서 특정 목적을 위해 BLOCK해 둔 좌석(사용 시에는 X로 변환 후 사용 가능)
- COT: 배시넷 장착 가능
- GG@V: 남은 좌석
- GG@S/F: FRESTIGE 좌석 보기
- GG@S/Y/E: Y CLS EMERGENCY 보기

- GG@S/Y/B: BASSINET 좌석 보기
- GG@V/W/LAX/C: LA까지 가는 프레스티지석 중 창가 좌석

4) 기본 수속 입력어

탑승수속 시스템을 이용할 때 알아야 할 기본 입력어에 대해 알아본다.

GGLEE.HYUK1M1F1C1I3/60LAX-KR$R@W

GG성.이름 인원 성별 아이 INFANT BAG WEIGHT 목적지-국적

GG	LEE.HYUK	1M*	1F*	1C	1I	3/60
기본 입력어	성.이름	남성 1명	여성 1명	소아 1명	유아 1명	가방 개수/무게

LAX*-KR	$	R	@
L.A 목적지 KR 국적	First Class 승객 수속 ***** Prestige Class 승객 수속 **생략** Economy Class 승객 수속	무임/할인 항공권 소지 승객 **O** Open(Go-Show), 예약을 하지 않은 공항 대기 승객 **W** 예약 시 대기자로 등재된 승객	Mandatory(단일 입력 지시어로 전체 수속정보를 DCS가 인식하도록 하는 표시)

* LAX(LA, 즉 로스앤젤레스의 3Letter), M(Male; 남성), F(Female; 여성)

위의 경우 해석을 해 본다면, '1명의 LEE.HYUK이라는 이름의 남성과 1명의 여성, 1명의 어린이, 1명의 유아를 수속하고자 하며 수하물은 3개로 60kg, 목적지는 로스앤젤레스, 국적은 한국, First Class 승객으로 무임/할인 항공권을 소지하고 있으며 예약 시 대기자로 등록된 승객이다'라고 입력어를 읽을 수 있다.

4. 지상 특별 서비스의 종류

지상에서 제공하는 특별 서비스에는 한가족 서비스, 장애인 승객을 위한 서비스, 의학적 도움이 필요한 승객을 위한 서비스, 비동반 소아(UM)를 위한 서비스, 애완동물과 함께 여행하는 승객을 위한 서비스 등이 있다. 이 절에서는 특별 서비스의 종류별로 서비스 대상, 서비스에 필요한 준비, 구체적인 처리와 조치 방법을 알아본다.

1) 한가족 서비스

대한항공 승객에 한하여 보호자 없이 여행하는 만 70세 이상 승객이나 7세 미만의 유·소아 2명 이상을 동반한 여성 승객 또는 당일 타 항공사 연결편 승객 중 언어소통에 도움이 필요한 승객에게 한가족 서비스를 제공하게 된다. 단, 한국인 고객에게만 제공되며 공동운항편 이용자에게는 제공되지 않는다.

한가족 서비스 승객에게는 지상직원이 출발지 공항의 탑승수속부터 게이트로 이동할 때 동행하며 안내하고 기내 좌석 착석까지 함께하는 서비스를 제공하며, 기내에서는 승무원의 스페셜 케어 서비스 대상이다. 도착지 공항에서는 승객의 하기부터 위탁 수하물 수취 후 보호자에게 인도될 때까지 지상직원이 동행하는 서비스를 제공한다.

서비스 신청 시 도착지의 체류지 주소, 전화번호 및 마중 가족의 이름, 서비스 신청 사유, 서비스 장소(출발공항/도착공항/환승공항) 등을 기재해야 하며 무료로 이용할 수 있다. 한국에서는 인천국제공항, 유럽지역에서는 런던, 파리, 프랑크푸르트, 로마, 프라하, 모스크바, 취리히 공항에서 서비스를 받을 수 있다. 대양주에서는 시드니와 오클랜드 공항에서 한가족 서비스를 이용할 수 있다. 지역 연결편 이용 시에는 담당 직원이 도착 항공기 탑승구에서 다음 연결편 항공사 수속 여부를 확인한 후 연결편 탑승구까지 안내하게 된다.

2) 장애인 승객을 위한 서비스

몸이 불편한 승객에게 항공기 탑승을 돕는 서비스를 제공하고 있다. 이 서비스를 받으려면 해당 사항이 시스템상에 입력되어야 하며 지상 직원이 서비스에 필요한 사항을 크로스 체크해야 한다.

시각 및 청각 장애인 승객은 인도견과 함께 기내에 동반 탑승할 수 있는데, 이 경우 좌석 배정을 최대한 앞쪽으로 진행한다. 보행이 불편한 승객에게는 휠체어 전동차 장비를 제공하며, 이 장비 제공은 인천, 김포, 제주공항 등 국내의 전 공항에서 가능하다. 승객 본인의 휠체어로 여행하는 경우에도 서비스를 신청하면 공항에서 직원의 도움을 받아 게이트까지 이동할 수 있다.

대한항공의 경우, 휠체어 전담 직원이 탑승수속 카운터부터 항공기 탑승구 좌석 착석 시까지 이동을 돕게 된다. 항공기가 목적지에 도착한 후에도 승객을 마중 나온 분이 계신 곳까지 인도해야 한다. 탑승구에서 휠체어는 수하물 칸으로 별도 탑재되므로 지상 직원은 휠체어 하기와 탑재시간을 체크하여 항공기에 탑재되고 하기되는 것을 꼭 확인해야 한다.

기내 휠체어 사용 가능 항공기는 B747, B777, A330, A300, B737 기종이며 건전지가 부착된 휠체어를 이용하는 경우, 항공사의 특별 조치가 요망된다. 건전지는 분리하여 탑재해야 하며, 리튬 배터리는 항공기 사고로 이어질 우려가 있으므로 전용박스에 담아 단단히 고정한 상태로 옮겨야 한다.

3) 의학적 도움이 필요한 승객을 위한 서비스

의학적으로 도움이 필요한 승객은 기본적인 좌석에 착석하기가 어렵다. 따라서 생명이 위중하거나 위독한 승객에게 항공기를 일부 개조하여 Stretcher(항공의료용 침대) 및 의료용 산소 등을 제공하는 서비스이다. 이 서비스를 받으려면 병약승객 운송신청서를 제출해야 하는데, 이 신청서는 반드시 전문의(환자 주치의)가 작성하고 항공편 출발일 기준으로 10일 이내에 발급한 서류여야 한다.

Stretcher 서비스 운임은 국내선 환자 성인의 일반석 편도 정상운임의 6배(일반석 항공권 기준)이며 무료 수하물 허용량도 일반석의 6배를 허용하며, 동반자 1인에 한해 무료탑승이 가능하다. 국제선의 경우도 국내선과 동일하다. 의료용 산소의 기내 탑재는 항공기 기종에 따라 다르며, 최대 6개까지 탑재될 수 있다. 구간 사전예약 비용은 국제선의 경우 항공편 출발시간을 기준으로 48시간 전까지 예약해야 하고(USD 50), 국내선의 경우 항공편 출발시간을 기준으로 24시간 전까지 예약해야 한다(50,000원).

4) 비동반 소아(UM)를 위한 서비스

동반자 없이 혼자 여행하는 어린이가 공항에서 탑승권을 받는 순간부터 도착지에서 보호자를 만나기까지 보살펴 주는 케어(Care) 서비스를 비동반 소아 서비스라고 한다. 서비스 대상은 국내선의 경우 만 5세부터 만 13세 미만 어린이이고, 국제선의 경우 만 5세부터 만 12세 미만 어린이이다. 신청 시 출발 및 도착지에서 어린이를 인계, 인수할 부모나 보호자의 정확한 인적 사항과 연락처(주소, 전화번호)를 항공사에 알리고, 신청 후에는 '비동반 소아 운송신청서'를 출발 당일 탑승수속 카운터에 제출해야 한다.

별도의 서비스 요금은 없으나 국내선의 경우 소아 운임이 적용되고, 국제선의 경우 성인 운임이 적용된다. 단, 만 5세 미만 어린이는 단독 여행이 불가하며, 만 12세 이상부터 만 17세 미만 청소년은 필요시 대한항공 국제선 구간에서 비동반 소아(UM) 서비스 신청이 가능하다(별도 요금 USD 60).

5) 애완동물과 함께 여행하는 승객을 위한 서비스

애완동물과 함께 여행하기를 원하는 승객은 관련 절차와 신청서류 등을 준비하면 동반 탑승이 가능하다. 그러나 동반 가능한 애완동물은 개, 고양이, 새로 제한된다. 애완동물과 운송용기의 무게를 합쳐 5kg 이하이면 기내로 반입이 가능하며, 5kg 초과 32kg 이하이면 위탁 수하물로 화물칸에 탑재되어야 한다.

애완용 개, 고양이, 새를 제외한 토끼, 햄스터, 페릿(Ferret), 거북이, 뱀, 병아리, 닭, 돼지 등 모든 종류의 동물은 대한항공 여객 항공기를 통한 운송이 불가하며, 아메리칸 핏불테리어, 롯트와일러, 도베르만과 같은 투견종과 맹금류도 운송이 불가하다. 승객 1인당 1마리의 애완동물만을 허용하며, 상태가 불안정하고 공격적인 동물, 악취가 심하거나 건강하지 않은 동물, 수태한 상태의 암컷 동물은 운송이 불가하다.

신청 시 준비서류는 애완동물 운송서약서 2부, 광견병 예방접종 증명서 2부, 검역증명서 2부이다. 간혹 하와이 같은 섬나라의 여행인 경우 애완동물과의 여행이 허가되지 않는 곳이 있으므로 서비스를 진행하기 전에 해당 국가의 입국 규정을 잘 살펴봐야 한다.

5. 지상직 안내 방송

지상직으로 업무를 수행하다 보면 승객에게 방송으로 안내해야 하는 여러 가지 상황이 발생하게 된다. 따라서 승객의 탑승 카운터 방송, 수하물에 탑재 불가한 물품이 나왔을 때 안내하는 방송, 게이트 탑승 방송, 탑승 지연 방송, 비정상 상황 시 안내 방송 등 승객의 탑승수속과 게이트 탑승을 돕는 데 필요한 다양한 안내 방송을 숙지하여 업무를 원활하게 수행하도록 한다.

항공사 직원들은 항공편명과 출발 및 도착시간, 탑승시간 등 정확한 정보를 전달하기 위해 정기적으로 방송교육을 받고 승객에게 방송을 실시하게 된다. 안내 방송은 항공사의 얼굴인 만큼 각 항공사가 숙련된 안내 방송을 목표로 직원들에게 교육을 진행하고 있다.

더욱이 채용 전 입사면접에서 지원자에게 안내 방송문을 읽어 보도록 요청하는 경우도 많은데, 이는 항공사가 자사의 이미지에 맞는 밝은 목소리와 신뢰감을 주는 목소리를 선호하기 때문이다. 여기에서는 지상직 안내 방송문을 통해 항공사의 업무 흐름을 살펴보고, 자연스러운 영어 발음과 문장 사이의 쉬는 지점까지 익혀 좋은 방송을 시연해 보도록 한다. 방송문을 읽는 아래의 요령을 숙지하여 각 상황에 맞는 방송문 읽기를 연습해 보자.

■ 방송문 읽는 요령

- 항공사명과 항공편명, 도착지 정보는 최대한 정확하게 천천히 발음한다.
- 자연스러운 억양과 밝은 목소리로 방송에 임한다.
- 지나치게 빠른 속도로 방송문을 읽으면 승객에게 정보가 제대로 전달되기 어렵다.
- r 발음을 할 때 혀를 많이 굴리지 말고 정확한 정보 전달에 목적을 둔다.

■ **발음 표시**

- V: 퍼즈를 두면서 숨을 고른다.
- /: 문장이 끝나 말을 마치는 부분이므로 억양을 내린다.
- 항⌒공: 장음으로 발음하고 '앙공'으로 읽지 않도록 유의한다.
- 감⌒사합니다: 장음으로 발음하여 진정한 감사의 마음을 담는다.
- Cooperation: 쿠어-퍼레이션으로 길게 발음한다.

1) 체크인 카운터 안내 방송

■ **카운터 오픈 방송**

승객 여러분 안녕하십니까?/ 지금부터 _______ 항공V113편V런던행 탑승수속을 시작하겠습니다./ 승객분들께서는 탑승 카운터로 나와 주시고V여권과 항공권을 준비해 주시기 바랍니다./ 오늘도 저희 _______ 항공을 이용하여 주셔서 감사드리며 V 즐거운 여행 되시기를 바랍니다./ 감사합니다./

Good morning,Vladies and gentlemen./ We are now ready for the check in _______ AirlinesV113Vbound for London./ Please come to the counterVprepare passport and electronic ticket./ We appreciate your cooperationVand wish your pleasant flight./ Thank you./

■ **탑승수속 마감 방송**

____ 항공에서 런던으로 출국하시는 승객 여러분께V탑승수속 마감 안내 말씀 드리겠습니다./ 15시 45분 출발예정인V런던행 ____ 편은V곧 탑승수속이 마감될 예정이오니V아직까지 좌석 배정을 받지 않으신 승객께서는V속히 카운터로 나오셔서 V탑승수속을 마쳐 주시기 바랍니다./ 감사합니다./

May I have your attention, please?/ This is a final callVfor check-in ____ AirlinesV113Vbound for London scheduled to leave at 15:45./ Please come to the check-in counterVas soon as possible./ We are closing counter after 10minutes./ Thank you for your cooperation./

■ 수하물 검사 승객 Paging

____ 항공에서 승객을 찾습니다./ ____ 항공∨113편∨런던으로 출국하시는∨ ____ 고객님께서는∨수하물 검사가 있사오니∨수속하신 카운터로 다시 한번∨ 나와 주시기 바랍니다./ 감사합니다./

May I have your attention, please?/ We are paging Mr/Ms ____∨on ____ Airlines flight∨113∨bound for London./ Please come to check-in counter once again./ Thank you./

2) 게이트 안내 방송

■ First Call

____ 항공에서 우선 탑승 안내 말씀 드리겠습니다./ ____ 항공∨113편∨런던행 항공기의 탑승이∨12번 게이트에서 시작될 예정입니다./ 퍼스트 클래스 및 비즈니스 승객,∨노약자 및 유아 동반 승객께서는∨먼저 탑승하여 주시기 바랍니다./ 감사합니다./

May I have your attention, please?/ ____ Airline Flight∨113∨bound for London will begin boarding at gate 12./ We'll begin boarding with first class∨and business class passengers first./ Special assistance passenger ∨or traveling passenger with young children can now board the flight./ Please come to the gate 12./ We wish you enjoy the flight./ Thank you./

■ Row Call

____ 항공에서 탑승 안내 말씀 드리겠습니다./ ____ 항공∨113편∨런던행의 탑승을 시작하겠사오니,∨탑승구와 기내 혼잡을 피하기 위해서∨좌석번호가 ____ 열에서 ____ 열까지인 승객께서는∨지금 12번 탑승구로∨탑승하여 주시기 바랍니다./ 감사합니다./

May I have attention, please?/ This is a boarding call∨for ____ Airline Flight∨113∨bound for London./ To avoid cabin congestion,∨ all passengers seated in row number from ____ to ____∨are kindly requested to board at gate 12 now./ Thank you for your cooperation./

3) 비정상 상황 시 안내 방송

항공기가 운행 중인 때에도 여러 가지 비정상 상황이 일어난다. 항공기의 출발 및 도착시간이 지연되는 사유로는 기상조건의 악화, 기체결함, 전산장애, 활주로 제설작업, 항공기 연결관계 등이 있는데, 각각의 상황에 맞춰 항공기 출발시간 변경 안내나 탑승구 변경 안내를 해야 한다. 승객은 비정상 상황 시 가장 신경 쓰며 확인하게 되는 것이 직원의 안내 방송이므로 진심 어린 사과의 마음을 담아 정확한 정보를 전달하는 방송을 실시해야 한다. 정상 상황 시 실시하는 방송과 함께 비정상 상황 시 안내 방송을 연습해 보고 각각의 상황에 항공편명과 시간을 대입하여 시연해 보도록 한다.

■ 비정상 상황 발생 사유

- 기상조건(Weather Conditions)
- 공항의 짙은 안개(Dense Fog at the Airport)
- 심한 맞바람 영향(Strong Headwinds)
- 기체결함(Aircraft Maintenance)
- 전산장애(Break Down of System)
- 활주로 제설작업(Snow Being Removed from the Runway)
- 항공기 연결관계(Aircraft Connection)

■ 탑승구 변경

_____ 항공에서 탑승구 변경 안내 말씀 드리겠습니다./ _____ 항공∨113편∨파리행 항공기의 탑승구가∨08번에서 10번으로∨변경되었습니다./ 승객 여러분께서는∨변경된 10번 탑승구에서 대기해 주시기 바랍니다./ 승객 여러분께 불편을 끼쳐 드려∨대단히 죄송합니다./

May I have your attention, please?/ This is _____ Airline Flight∨113∨bound for Paris./ The boarding gate has been changed∨from gate number 08 to 10./ Please wait at gate number 10./ We apologize for the inconvenience./ Thank you./

■ 탑승 지연(탑승시간 확정)

____ 항공에서 승객 여러분께∨죄송한 탑승 지연 안내 말씀 드리겠습니다./ ____ 항공∨113편∨파리행 항공기는∨지금 기상 문제로 탑승이 지연되고 있습니다./ 새로운 탑승시간은∨6시 30분으로 예정되고 있사오니∨승객 여러분께서는∨ 10번 탑승구 주변에서 잠시만 더 기다려 주시기 바랍니다./ 승객 여러분께 불편을 끼쳐 드려∨대단히 죄송합니다./

May I have your attention, please?/ This is ____ Airline Flight∨113∨ bound for Paris./ It has been delayed∨due to weather condition./ New boarding time is 6:30./ Please wait around gate number 10∨until the further notice./ We apologize for the inconvenience./ Thank you for your cooperation./

■ 탑승 지연(탑승시간 미확정)

____ 항공에서 승객 여러분께∨죄송한 탑승 지연 안내 말씀 드리겠습니다./ ____ 항공∨113편∨파리행 항공기는∨지금 ____로 인해∨탑승이 지연되고 있습니다./ 이 점 널리 양해하여 주시기 바라며,∨새로운 탑승시간은 빠른 시간 내에 알려 드리도록 하겠습니다./ 승객 여러분께 불편을 끼쳐 드려∨대단히 죄송합니다./

May I have your attention, please?/ This is ____ Airline Flight∨113∨ bound for Paris./ It has been delayed∨due to ____./ New boarding time will be announced as soon as possible./ We apologize for the inconvenience./ Thank you for your cooperation./

■ 항공기 결항

____ 항공에서 파리로 출국하시는 승객 여러분께∨안내 말씀 드리겠습니다./ 15시 45분 출발예정인∨ ____ 항공∨113편∨파리행 항공기는∨ ____로 인해 결항되었사오니∨이 점 널리 양해하여 주시기 바랍니다./ 자세한 안내를 원하시는 승객께서는∨ ____ 항공 ____ 카운터(또는 게이트)로 나와 주시기 바랍니다./ 불편을 끼쳐 드려 대단히 죄송합니다./

May I have your attention, please?/ This is ____ Airline Flight∨113∨ bound for Paris scheduled to leave at 15:45./ It has been cancelled ∨due to _____./ For more information,∨please come to the check-in counter(gate) _____./ We apologize for the inconvenience./ Thank you./

■ 탑승수속 지연(기상)

_____ 항공에서 승객 여러분들께∨죄송한 안내 말씀 드리겠습니다./ 지금 목적지 공항 기상악화로 인해∨탑승수속이 지연되고 있사오니,∨잠시만 기다려 주시기 바랍니다./ 추후 사항은 다시 안내할 예정입니다./ 불편을 끼쳐 드려 ∨대단히 죄송합니다./

May I have your attention, please?/ The check-in process is temporarily suspended∨due to _____ airport weather condition./ We apologize for the inconvenience./ We will keep you informed∨further notice by announcement./ Thank you./

■ 탑승수속 중단

_____ 항공에서 파리로 출국하시는 승객 여러분께∨안내 말씀 드리겠습니다./ 15시 45분에 출발하는∨ _____ 항공∨113편∨파리행 항공기는∨공항의 기상악화로 인해∨탑승수속이 중단되었습니다./ 파리행 항공기의 운항여부는∨ _____시 _____분경∨다시 알려 드릴 예정이오니∨이 점 널리 양해해 주시기 바랍니다./ 감사합니다./

May I have your attention, please?/ This is ground agent for _____ Airline∨113 bound for Paris scheduled to leave at 15:45./ The board procedure is suspended∨due to weather condition at _____ airport./ New information will be announced at _____:_____./ We apologize for the inconvenience./ Thank you for your patience./

■ 탑승수속 재개

_____ 항공에서 안내 말씀 드리겠습니다./ 금일 3시 출발 예정인ˇ113편ˇ파리행의 탑승수속을 재개하겠사오니ˇ승객 여러분께서는 탑승수속을 받아 주시기 바랍니다./ 감사합니다./

May I have your attention, please?/ This is _____ Airline Flightˇ113 ˇbound for Parisˇscheduled to leave at 3pm./ It starts to check-in again./ All passengers are kindly requestedˇcome to the counter again please./ Thank you for your cooperation./

■ 스낵 서비스 제공

_____ 항공에서 안내 말씀 드리겠습니다./ _____ 항공ˇ113편ˇ파리행ˇ항공기가 _____ 로 인해 지연되어ˇ이 항공편을 이용하시는 승객분들께ˇ식사권을 제공하고 있습니다./ 파리로 여행하시는 승객께서는ˇ10번 탑승구 앞으로 와 주시기 바랍니다./ 항공기 지연에 대해ˇ다시 한번 사과의 말씀을 드립니다./ 감사합니다./

May I have your attention, please?/ We are sorry to announce thatˇ___ Airline Flightˇ113ˇbound for Paris has been delayedˇdue to _____./ We are offering a meal coupon serviceˇfor passengers on this flight./ Please come to gate number 10./ We apologize again for the delay./ Thank you./

6. 항공운송 용어

이 절에서는 항공운송 업무를 진행하면서 필수로 알아야 할 약어를 정리하여 설명하였다. 항공운송 업무를 처음 접할 때 시스템 화면상의 약어를 정확히 이해하지 못해 업무에 어려움을 겪는 경우가 있다. 운송 업무의 시작부터 끝까지 순서대로 필요한 용어를 열거하여 상황 변화가 머릿속에 그려지도록 하였으니 업무와 연계하여 용어를 이해해 본다.

1. FLT EDITING	비행 관련 정보를 입력하여 당일 항공기를 핸들링하는 직원들 간에 정보 전달이 원활하도록 시스템을 세팅하는 단계로, 시스템 에디팅을 실시해야 수속이 가능하다. 주로 항공기 고유번호 입력 및 항공기 기종 설정, 승무원 명단 입력, 예약 승객 명단 불러오기, 좌석블록을 지정하여 항공기의 Weight and Balance와 관련된 좌석 배정을 이 단계에서 실시한다. 또한 스페셜 서비스 신청 대상인 휠체어 승객이나 몸이 불편한 승객의 서비스, 스페셜 밀 서비스 관련 정보도 이 단계에서 입력한다.
2. CFG	Configuration의 약자로 좌석배정이 가능한 좌석점유 가능 수를 의미한다. 예를 들어 원래 항공기 좌석 수가 207석이더라도 당일 항공기의 사정에 따라 Configuration이 205가 될 수 있으므로 정확하게 확인해야 한다. 간혹 항공기 좌석의 하부에 설치된 Lifevest와 같은 비상장비가 분실되는 경우가 생기는데, 이때는 해당 좌석을 Configuration에 포함할 수 없다. 보통은 이코노미석과 비즈니스석으로 구분되어 CFG가 나누어지며 C10Y180 같은 형태로 시스템에 표기된다.
3. ZONE CODE	항공기의 구역별로 나뉘는 Zone을 나타내는 코드로 항공기의 앞부분부터 뒤로 가면서 A Zone, B Zone, C Zone, D Zone으로 구분되고 승무원의 업무도 Zone Code로 나누어진다. 이로 인해 승객의 좌석을 균등하게 배정할 수 있게 된다.
4. BLK	좌석블록의 약자이며 좌석 배정을 할 수 없는 좌석으로 시스템을 막아 놓았다는 뜻이다. 승객의 예약현황이 만석이 아닐 경우 항공기의 Weight and Balance로 인해 화물의 위치와 승객의 위치를 조절해야 할 경우 좌석 BLK를 하며, 몸이 불편한 승객이나 아기를 동반한 승객의 좌석을 항공기 앞쪽으로 배정하기 위해 시스템 에디팅 시 항공기 앞쪽 열의 좌석을 블로킹해 놓는다.

5. GD	General Declaration의 약자로 승무원 명단을 의미하며 명단에는 승무원의 이름과 여권 정보, 생년월일, 국적, 성별 등이 기재된다. GD로 승무원의 탑승기록을 확인할 수 있도록 시스템에 입력되며 출발지와 함께 항공기의 목적지 공항에도 이 서류가 보관되어야 하므로 사무장에게 전달되어야 하는 중요한 서류 중 하나이다.
6. COMNT	시스템상에 스페셜 승객의 코멘트를 입력할 때 사용하는 약어이다. COMNT WCHR는 휠체어 승객이라는 코멘트를 입력한 것이다.
7. MEAL	승객의 식사를 Meal이라고 표기한다. 운항일자에 예약한 승객의 인원에 맞추어 기내식 팀에 Meal을 신청해야 한다. 승객 중 스페셜 밀을 신청한 승객이 있을 경우 특별 요청을 하여 채식주의 밀이나 힌두밀 등 승객의 특별한 요청에 대한 시스템상 코멘트를 꼭 확인해야 한다.
8. CHK-IN ENTRY	체크인 카운터 수속 시 시스템에 입력하는 말로 승객 정보와 이티켓 정보를 확인하고 수속을 시작한다. 체크인 엔트리는 시스템마다 상이하나 수속을 진행하는 엔트리 순서는 유사하다.
9. FLT ASSIGN	체크인 시스템상에 운항될 항공기 편명을 지정하여 입력하는 것을 의미한다. 이때 항공기 편명/날짜/연도 순으로 입력해야 한다.
10. PSPT	Passport의 줄임말로 승객의 여권 정보를 의미한다. 승객 이름, 성별, 국적, 여권번호, 생년월일을 시스템상에 입력할 때 사용하는 약어이다.
11. MILE	승객 마일리지 적립의 약자이다. 승객의 체크인 시 항공기 마일리지를 입력해야 하며 마일리지는 노선별로 상이하게 적립된다.
12. ESTA	미국 비자 면제 프로그램으로 90일 이내 관광을 목적으로 하는 여행자에게 발급되는 비자이며 유효기간은 발급일로부터 2년이다. 전자여권 소지자만 발행받을 수 있으며, 미주노선 승객 체크인 시 ESTA를 체크하여 승객이 미국에 입국 가능한지 여부를 확인한 뒤 수속을 진행한다.
13. NRC	NO-Record의 약자로 예약상에 승객의 이름과 정보가 없음을 나타낸다. 승객이 당일에 항공권을 공항에서 구매하였거나 시스템 오류로 항공권 번호가 입력되지 않은 상황이므로, 임의로 승객의 이티켓 번호를 시스템에 입력하여 수속해야 한다는 의미이다.
14. INFANT	24개월 미만의 아기로 좌석 점유가 이루어지지 않은 승객이므로 Infant 표시로 총 탑승 승객 수를 구분하여 확인한다. Infant 수속 시 일반 승객 수속과 다른 엔트리를 사용한다.
15. T/S	Transfer의 약자로 환승이라는 뜻이다. T/S 승객의 경우 제3국인 목적지까지 가는 항공기의 좌석 배정을 인천공항에서 다시 수속받게 된다.
16. BOARDING TIME	항공기 탑승시간으로 항공기 출발 예정시간 30분 전에 승객 탑승을 시작하게 된다.
17. DE-BOARDING	항공기에 탑승하였던 승객의 하기를 의미한다. 건강상의 이유로 여행을 포기하는 경우나 항공기 결항으로 하기하는 경우가 있다.
18. B/P ISSUE	Boarding Pass Issue 탑승권 발급의 약자이다.

19. SEAT MAP	항공기의 좌석 현황을 나타내는 시스템 화면이다.
20. SEAT CHNG	Seat Change의 약자이다. 즉 좌석이 변경되었음을 의미한다.
21. BAG EDITING	승객 짐의 개수와 무게를 시스템에 입력하는 것이다.
22. ON CARRIAGE	제3국으로 가는 최종 목적지를 시스템에 입력하는 것이다.
23. ON/OFF LOAD	승객의 짐이 On Load된다는 것은 짐이 탑재되고, Off Load된다는 것은 항공기에서 짐이 하기된다는 뜻이다. 승객 하기 시에도 Off Load한다는 표현을 사용한다.
24. STD	Standard Time of Departure의 약자로 Time Table상에 정해진 출발 예정시간이다.
25. STA	Standard Time of Arrival의 약자로 Time Table상에 정해진 도착 예정시간이다.
26. ETD	Estimated Time of Departure의 약자로 실제 운항될 출발 예정시간을 의미한다.
27. ETA	Estimated Time of Arrival의 약자로 예상되는 항공기 도착 예정시간을 의미한다.
28. SOP	Standard Operating Procedure의 약자로 업무절차 교본을 의미하며, 이를 기준으로 업무를 진행하게 된다.
29. TIME TABLE	항공사가 국토교통부로부터 정기적으로 운항허가를 받은 항공기의 출발시간과 도착 예정시간 등을 시간대와 요일별로 정리해 놓은 시간표이다.
30. DLY	Delay의 약자로 지연이라는 뜻이다.
31. DLY RSN	Delay Reason의 약자로 항공기가 지연될 경우 사유를 보고해야 한다.
32. CANX	Cancel의 약자로 항공기 운항이 취소되었다는 뜻이다.
33. WHTR COND	Weather Condition의 약자로 기상악화로 인해 지연되었을 경우 입력하는 코드이다.
34. A/C	Aircraft의 약자로 항공기를 의미한다.
35. A/C CONN	Aircraft Connection의 약자로 항공기 연결편 지연으로 사유를 잡을 때 사용하는 코드이다.
36. PAX	Passenger의 약자로 보통 PAX라고 한다.
37. COCKPIT	항공기 조종실을 의미하며 운항 승무원을 지칭할 때 Cockpit Crew라고 한다.
38. CABIN	객실을 의미하며 객실 승무원을 지칭할 때 Cabin Crew라고 한다.
39. BULK	항공기의 꼬리 쪽에 위치한 Compartment로 Bulk에는 승객이 게이트에서 게이트 백으로 보내는 짐, 휠체어 승객의 휠체어, 유아 동반 승객의 유모차 등이 탑재된다.
40. WCHR	휠체어의 약자로, 거동이 불편한 승객의 이동을 돕는 서비스를 신청받았을 경우 시스템에 입력하는 코드이다.
41. DEAF	청각장애가 있는 승객의 시스템 입력 코드로 객실에서 특별 서비스가 이루어져야 하는 승객이다. 청각장애가 있는 승객의 좌석번호와 성함을 기재한 서류를 객실 사무장에게 전달한다.

42. BLIND	시각장애가 있는 승객을 시스템상에 입력하는 코드로 객실에서 특별 서비스가 필요한 승객이다. 시각장애가 있는 승객의 좌석번호와 성함을 기재한 서류를 객실 사무장에게 전달한다. 좌석은 항공기 문에서 가까운 쪽으로 배정한다.
43. IRR CASE	Irregular Case의 약자로 비정상 상황을 일컫는다. 항공기의 지연, 취소, 승객 하기 등 비정상 상황이 있을 수 있는데, 이때마다 시간대별로 정리하여 리포트를 제출한다.
44. UM	Unaccompanied Minor의 약자로 동행할 보호자가 없는 어린이 승객을 의미한다. UM 서비스는 탑승수속 카운터에서부터 목적지 도착 공항의 보호자 인수인계까지 전 과정에서 제공하며 안전하게 목적지까지 도착할 수 있도록 인도 서비스를 제공한다.
45. WCHC	Wheelchair Cabin의 약자로 항공기 내에서 사용 가능한 휠체어를 신청할 경우 사용하는 코드이며, 동행자의 도움이 없이는 거동할 수 없는 승객에 한해 제공된다.
46. WCHS	Wheelchair Stairs의 약자로 거동이 불편하여 계단을 오를 수 없는 승객이 자력으로 걸을 수 없을 경우 필요한 휠체어 코드이다.
47. AISLE WCHR	항공기 통로에서 사용되는 휠체어로 작은 지지대 같은 휠체어이다.
48. SEAT ASSIGN	항공기의 좌석 배정을 의미하며 승객의 요청으로 일행의 좌석을 승객의 옆좌석으로 시스템상에 점유시킬 수 있다. 이런 경우에 Seat Assign을 하게 된다.
49. OBD	On Board의 약자로 실제 탑승하여 목적지로 출발한 승객의 인원수를 의미한다.
50. PLZ TKE NEC ACT	Please Take Next Action의 약자로 전문을 보낼 때 많이 사용한다. Station의 상황설명이 있은 뒤 다음 행동을 취해 달라는 내용을 적을 때 쓰며 주로 요청사항이 있을 때 사용한다.
51. B/RGDS	Best Regards의 약자로 메시지를 마무리할 때 사용하는 용어이다.
52. LDM	Load Message Manifest의 약자로 항공기에 탑재된 화물의 양과 위치, 승객 위탁 수하물의 양과 탑재위치, 승객 수에 대한 내용을 담은 메시지이다. 항공기가 출발하면 메시지를 목적지 공항에 보내야 하고 다른 나라에서 한국으로 들어오는 항공기의 LDM을 참고하여 탑재량과 승객의 수를 예상하고 하기를 진행한다.
53. PSM	Passenger Special Service Manifest의 약자로 승객의 특이사항과 승객이 항공사에 특별 요청한 사항이 기재된 승객 명단이다.
54. PTM	Passenger Transfer Manifest의 약자로 환승 승객의 이름, 여권 정보, 국적, 성별, 목적지 등이 기재된 명단이다. 승객이 최종 목적지 공항으로 갈 수 있도록 게이트 인도 서비스를 제공하기도 한다.
55. D/O	Door Open의 약자로 항공기가 도착하여 항공기 문을 개방한 시간을 확인해야 한다.
56. D/C	Door Close의 약자로 항공기가 모든 출발 준비를 마치고 Push-back하기 위해 항공기 문을 폐쇄한 시간을 Door Close Time이라고 한다.
57. GRP	단체승객의 약자로 단체로 수속한 승객을 나타내는 코드이다. 단체승객의 경우 한 사람 이름으로 Baggage Pooling이 가능하며 단체승객은 서로 가까운 좌석으로 단체배정이 된다.

58. PSPT	Passport의 약자로 여권 정보를 의미한다. 이름, 여권번호, 생년월일, 국적, 여권 발급 국가, 성별이 기재된다.
59. DOB	Date of Birth의 약자로 승객의 태어난 날짜를 입력할 때 쓰며 승객이 동명이인인 경우 생일을 기준으로 구분한다.
60. B/T NBR	Baggage Tag Number의 약자로 승객의 짐에는 고유번호가 부여된 Tag이 부착된다. 승객 짐의 개수와 탑재위치를 알기 위해 Bag Tag Number를 사용하며 시스템상에 짐 무게와 개수를 입력하면 출력되는 Tag에 Bag Tag Number가 표시된다.
61. VISA	한 나라를 방문하기 위한 허가사증으로 비자가 필요한 나라에 대해 사전승인으로 비자를 발급받고 그 나라에 입국하게 된다. 무비자로 입국 가능한 나라도 있으나 비자 규정이 엄격한 나라는 꼭 수속하기 전에 비자 규정을 확인해야 한다.
62. STAMP GD	Stamp가 찍힌 GD 서류(승무원 명단)로 인천세관 승기실에서 승인받았다는 스탬프를 서류에 찍어 기내에 탑재해야 한다.
63. ICN	인천공항의 3Letter Code로 시스템상에서 인천공항을 나타내는 입력어로 가장 많이 사용된다.
64. LOAD INFO	항공기 편명, 항공기 고유번호, 항공기에 탑승한 승객과 화물의 무게, 승객 짐의 개수와 무게 등의 정보를 말한다.
65. EXB CHARGE	Excess Baggage Charge의 약어로 초과 수하물 요금이다. 항공기에 탑재되는 승객의 수하물 무료 허용량이 항공사마다 정해져 있는데, 그 무게를 초과하였을 경우 초과 수하물에 대한 요금이 부과된다.
66. APIS	승객 이름, 여권 정보와 생년월일, 성별, 국적 등의 정보를 APIS라고 칭한다.
67. UPGRADE	요금에 따라 좌석 등급이 나뉘는데 일반석 승객의 좌석을 비즈니스 클래스 좌석으로 업그레이드하는 과정을 의미한다. 자발적으로 금액을 더 많이 지불하고 업그레이드하는 경우가 있으며, 항공사가 좌석 예약을 오버부킹으로 접수하는 과정에서 일반석 승객이 앉을 수 있는 좌석이 남지 않았을 경우 상용 우대 고객을 비즈니스 클래스로 업그레이드하는 경우도 있다.
68. DOWNGRADE	승객의 좌석이 상위 클래스에서 하위 클래스로 다운그레이드하는 경우가 있을 때 시스템에 입력하는 용어이다.
69. PRE ASSIGN	승객의 좌석을 수속 전에 미리 시스템에 적용해 놓는 것을 의미한다. 보통 유아를 동반한 승객이 배시넷(아기바구니) 설치를 요청하는데, 배시넷은 항공기 맨 앞쪽 벽에만 설치가 가능하기 때문에 유아를 동반한 승객이 예약상황에 있을 때 앞좌석으로 미리 좌석을 배정해 놓는다. 또한 몸이 불편한 승객도 수속 전에 승객의 좌석을 항공기 도어에서 가까운 쪽으로 배정해 놓아야 한다.
70. PNR	Passenger Name Record의 약자로 승객의 예약 기록을 의미한다. 승객의 영문 이름, 항공 구간, 예약상태, 연락처 등이 포함된다.

71. E-TKT ASSO	PNR상에 승객 이름만 있고 항공권 번호가 없는 경우 직원이 승객의 실물 이티켓을 보고 그 번호를 시스템에 입력하는 것을 가리킨다.
72. GSH	Go-Show Passenger의 약자로 공항에서 당일 티켓을 구매해 온 승객을 고쇼 승객이라고 한다. 이럴 경우 이티켓 번호가 시스템상에 연동되지 않았으므로 E-Ticket 번호를 시스템에 입력한다
73. NSH	No-Show Passenger의 약자로 승객이 예약은 하였으나 당일 공항에 나타나지 않은 승객을 노쇼 승객이라고 한다. 이 경우 승객의 체크인은 진행되지 않으나 예약상황에는 승객의 기록이 남아 있으므로 실제 항공기에 탑승한 승객의 수와 체크인하지 않은 승객의 수를 상호 확인해야 한다.
74. SEQ	Sequence의 약자로 탑승수속한 차례대로 승객에게 매겨지는 번호를 의미한다. 승객이 시스템상에서 탑승수속을 진행할 때마다 고유의 번호가 매겨지는데, 이 시퀀스를 통해 승객에 대한 정보나 승객의 짐 추가 등 변경사항을 적용할 때 PNR을 가장 간단히 불러올 수 있다.
75. SPCL HANDLING	스페셜 서비스를 제공하는 것을 의미한다. 보통 CIP나 VIP 서비스로 MARS Service(게이트까지 안내)가 있으며, 이외에 UM이나 휠체어 승객, 몸이 불편한 승객에게 제공하는 추가적인 서비스를 의미한다.
76. PUSH-BACK	항공기 출발시간의 기준이 되는 시간이다. 항공기가 운항에 관련된 모든 준비를 마치고 운항 승무원의 교신이 끝나면 활주로로 이동하게 되는데, 이때 지상조업의 Towing Car가 항공기를 뒤로 밀어 주는 것을 의미한다. Push-back Time이 모든 운항 정시성의 기준이 된다.
77. GMT	Greenwich Mean Time으로 런던에 소재한 그리니치 천문대를 기준으로 하는 세계협정 표준시간이다. 1972년 1월부터 시행된 국제 표준시로 UTC와 초의 소수점 단위에만 차이가 나기 때문에 사실상 이 둘은 동일하다고 볼 수 있다. 대한민국의 시간대(Korea Standard Time; KST)는 GMT +9시간이다.
78. LMT	Local Mean Time의 약자로 현지시간을 의미한다. 항공기 출/도착 예정시간은 모두 이를 기준으로 하여 현지시간으로 표기된다.
79. OPEN TICKET	항공권이 출발하는 날짜는 정해졌으나 목적지에서 돌아오는 날짜는 정해지지 않은 티켓이다. 보통 몇 개월 정도의 기간을 정해 놓고 그 기간 내에 있는 모든 날짜에 사용이 가능한 티켓으로, 출/도착이 정해져 있는 티켓보다 요금이 더 비싸다는 특징이 있다. 돌아오는 여정이 정해지지 않았을 경우 오픈 티켓을 많이 사용하며, 돌아오는 날짜를 임의로 정하였더라도 정해진 기간 내에는 여정의 변경이 가능한 티켓이다.
80. STAND BY	항공권을 구매하지 못한 승객이 항공기의 좌석이 모두 점유되지 않았을 경우 탑승할 수 있도록 대기상태로 기다리는 상황을 의미한다. 보통 스탠바이 승객은 Go-Show 승객이 많고, 탑승수속이 마무리된 후에도 항공기에 여유 좌석이 남았을 경우 탑승할 수 있도록, 순번을 정하여 대기하였다가 차례대로 탑승수속을 할 수 있도록 한다.

Special Section 2

MSG Reading

PTM(Passenger Transfer Manifest)

PTM

KE001/13JAN18 ICNHNL

→ 수속하고 있는 항공편명/날짜, 출발지, 목적지

KE017/13 LAX 1K 2B25K JAEHYUN/SHIN

→ 환승 연결 편명/날짜, 최종 목적지, 가방 개수와 무게/이름

KE017/13 LAX 1K 2B26K HYOJUN/SHIN

KE017/13 LAX 1K 2B32K SEEUN/PARK

ENDPTM

PSM(Passenger Special Service Manifest)

PSM

KE001/13JAN18 ICNHNL

→ 항공편명/날짜, 출발지, 목적지

OWN WCHR PAX 13B ONBOARD BULK COMPARTMENT

→ 13B 좌석에 앉은 승객 소유의 휠체어가 벌크에 탑재되어 있음

END PSM

LDM(Load Message Manifest)

LDM

KE001/13JAN18 HL12345 C16Y126.2/5

→ 항공편명/날짜, 항공기 고유번호, CFG, 승무원 수

ICN. PAX/C03Y27. TTL 40

→ 출발지/승객/비즈니스 클래스 3명/이코노미 클래스 27명/총 40명

/// Load INFO ///

→ 탑재정보

H1-NIL

→ HOLD1: 탑재되지 않았음

H2-BAGS

→ HOLD2: 승객 위탁 수하물이 탑재되었음

H3-NIL

→ HOLD3: 탑재되지 않았음

H4-NIL

→ HOLD4: 탑재되지 않았음

H5_ OWN WCHR 13B

→ H5 BULK에 승객 소유의 휠체어가 탑재되었음

ICN FRE 00 POS 00 BAGS 40/800 TRA 00

→ 화물은 탑재되지 않았으며 승객 가방은 40개/800kg이 탑재되었음

END LDM

SI

CHKD BY AGENT SERA

→ AGENT SERA에 의해 작성되었음

FHR(Flight Handling Report)

/// F.H.R KE002/02JAN ICN/HNL ///

1. A/C REG → 항공기 고유번호

HL123456

2. STD/ATD → 항공기 출발 예정시간/항공기 PUSH-BACK 시간

09:00L/10:40:L

3. PAX STS → 승객 현황

CFG C18 Y210 → 점유 가능한 좌석 수

OBD C-14 Y-151 TTL 165 → 실제 탑승한 승객 수

4. H/D STS BY TIME SEQ → 시간별 핸들링 내용

0600L: INBOUND CPM RECEIVED/LCC에 BAG LOADING CONTAINER 배정/ COUNTER OPEN

0700L: 현지 공항 기상악화로 출발시간 1시간 30분 지연 예정

0750L: LOAD PLAN SYS로 마무리 후 LAMP SERVICE 팀에 전달

0930L: COUNTER CLOSE 후 FUEL DATA 입력

0940L: FINAL PAX & TTL BAG COUNTING & POSITION에 각각 담긴 승객의 짐 개수 & FUEL DATA를 L/D팀에 전달

10:00L: BOARDING 시작

1025L: L/S 완성 후 전달받음

1030L: L/S 출력 완료 후 CAPTAIN에게 전달

1035L: DOOR CLOSE

1040L: PUSH-BACK

5. ETC

NIL

B/RGDS // AGENT KIM

7. 우리나라 항공사 지상직 현황

현재 우리나라 지상직 종사자에는 대한항공, 아시아나항공 등 국내 항공사 지상직에 공채로 입사하여 근무하는 직원과 외국 항공사의 한국지사 운영팀으로 근무하는 직원, GSA(General Sales Agency) 직원, GHA(Ground Handling Agency) 직원이 있다. 대부분의 공항에서 체크인 카운터와 게이트 업무를 수행하는 직원은 GHA 직원이고, 그 직원을 관리·감독하며 본사와 업무 협의를 하는 직원은 GSA나 항공사 직원이다.

한국지사를 두고 있는 항공사는 가루다 인도네시아 항공이 유일하며 인천공항을 제외한 지방에는 지점이나 GSA가 없다. 베트남항공은 지점으로 운영되고 있으며 나머지 외국 항공사들은 GSA와 GHA를 통해 항공기 운항을 유지한다.

1) GSA(General Sales Agency)

영업 대행 대리점으로 외국 항공사의 티켓이나 상품 판매를 주로 담당한다. GSA 직원은 본사에서 티켓 세일즈나 마케팅 업무를 담당하며, 예약과 취소 관련 업무를 겸하기도 한다. 공항에서 근무하는 부서도 있는데, 이 경우 인천공항 지점장으로 업무를 수행하거나 조업사 직원들의 핸들링 매니저로 일하게 된다.

종합적으로 GSA는 공항의 실질적인 업무를 대행하는 직원들을 관리·감독하며, 공항에서 일어나는 모든 비정상 상황에서 전반적인 결정사항을 본사와 직접적으로 소통하여 업무에 반영하도록 하는 직책이라고 볼 수 있다. 영업직 외에 예약 발권직, 공항 근무직, 화물 담당직으로 나뉘며 주로 경력 사원을 선호한다. 우리나라의 대표적인 GSA로는 미방항운, 세운항운 등이 있다.

표 5.1 항공사별 GSA 현황

항공사명	상호명
에어누기니, 에바항공, 알래스카항공, 핀에어, 유니항공, 노스웨스트항공, 콘티넨털항공, 우크라이나항공 등	㈜샤프
유나이티드항공, 알로하에어라인즈	㈜반도에이전시
걸프에어 등	㈜범세항운
로얄네팔항공	동일통운㈜
루프트한자독일항공	㈜협성항공
남아프리카항공, 에어타히티누이, 크로아티아항공	한영항운㈜
아르헨티나항공 등	대양항운㈜
바리그브라질항공 등	연합해운㈜
아메리칸웨스트항공, 하와이안항공	㈜미방항운
에어캐나다, 아에로페루, 프론티어에어라인, 볼리비아에어, 오스트리아항공, 아스타나항공, 한에어 등	동보항공㈜
전일본공수 등	㈜블루넷에어
싱가포르항공 등	㈜세성항운
에어인디아, 이라크에어 등	국제항공운송㈜
델타항공	㈜델타에이전시
체코항공	㈜이유마케팅

상해항공, 중화항공, 쿠웨이트항공, 요르단항공, 스리랑카항공, 멕시카나항공, 올림픽항공, 그루포타카, 에어몰타, 케냐항공, 에어모리셔스, 마한에어, 로얄브루나이항공, 인디안항공 등	㈜퍼시픽에어에이전시
베트남항공 등	㈜우리에이전시
사우디아라비아항공	㈜금성항운
스칸디나비아항공	㈜스캔코리아
에어뉴질랜드, 제트에어웨이즈	프라임에어시스템㈜
가루다인도네시아항공(부산, 대구, 제주, 광주)	㈜에스빠인터내쇼날
이디오피아항공	㈜우리해운
드래곤에어 등	캐세이퍼시픽항공 (영업소)
블라디보스톡항공	㈜블라디보스톡 아비아인터내셔날
필리핀항공	세훈항운㈜
이집트항공, 이란항공	㈜세호항운
영국항공, 아메리칸항공	대주항운㈜
엘알이스라엘항공	㈜영보상역
터키항공	이엔엠항공㈜
라오에어라인, 세부퍼시픽항공, 에어마다가스카르, 카타르항공, 에어칼린, 아시안스피릿, 말레이시아항공(부산)	글로벌에어시스템㈜
붓다항공, 사하라항공, 스카이마크, 로열크메르항공, 코파항공 등	㈜예일항공여행사
대만부흥항공	범아항운㈜
콴타스항공, 에어퍼시픽	한국HTT㈜
산동항공 등	대로에어로시스템㈜
아에로멕시코, 달라비아하바로브스크항공, 카자흐스탄항공, 폴코보항공, 에어포르투갈	보람항공㈜
에어마카오	㈜프리덤에어시스템
원동항공	한마항운㈜
브리티시웨스트인디즈에어, 유에스항공	아비아렙스코리아 (영업소)
이글에어	㈜코리아이글에어
앙코르항공, 타이스카이	㈜세련항운
에어필리핀	락소㈜

주: 해당 업체는 여객 혹은 여객/화물 부분에 대해 계약한 항공사에 한하며 화물 부분은 제외하였다.
자료: 국토교통부 홈페이지 자료를 참고하여 등록연도 순으로 재구성

2) GHA(Ground Handling Agency)

조업 대행 대리점으로 인천공항에서 담당하고 있는 항공사 유니폼을 입고 항공사 직원 업무를 대행해 주는 회사를 지칭한다. 공항 지상 서비스, 항공 화물 취급, 연료 공급, 항공기 유지보수, 지상 보안 업무를 담당한다. 우리나라의 대표적인 GHA로는 에어코리아, 스위스포트코리아, 샤프코리아, KA, 이스타포트, 테웨이에어서비스, 유니에스, KAS 등이 있다.

(1) 에어코리아(Air Korea)

한진그룹에 소속된 대한항공 계열사로 2008년 5월 14일에 설립되었다. 33개 외국 항공사의 탑승수속, 출입국, 수하물, 탑재관리, VIP 라운지 업무 등 여객 운송 서비스와 국내 15개 공항의 외항기 여객 운송 업무를 수행한다.

(2) 스위스포트코리아(Swissport Korea)

스위스에 본사가 있는 다국적 기업이자 세계 최대 항공관련 지상 조업체인 스위스포트의 자회사이며, 2001년 1월 29일에 설립되었다. 매출액이 450억 원을 넘고 사원은 2020년을 기준으로 924명 정도 되며, 루프트한자항공 승객과 램프

서비스를 시작으로 각 외국 항공사의 지상직 업무를 대행하고 있다. 협력사로는 캐세이퍼시픽, 루프트한자, 에미레이트, 델타항공, 터키항공이 있다.

(3) 샤프에비에이션케이(Sharp Aviation K)

1964년에 설립된 항공 서비스 회사이다. 국내 8개 공항, 11개 도시의 주요 항공사와 협력하여 종합적인 항공 서비스를 제공하며, 2019년을 기준으로 매출액이 814억 원이며 주요 사업으로 항공기 정비, 항공 지상 조업, 항공기 하역을 한다.

항공기 비정상 운항 유형 | 지연(Delay) | 결항(Cancel) | 경로변경(Diversion) | 회항(Return) | Off-load

상황에 따른 서비스 제공 | 지연 운항편 서비스 제공 내역 | 결항편 서비스 제공 내역 | 회항 후 재운항편 서비스 제공 내역 | 회항 후 운항 종료편 서비스 제공 내역

대형 역사열 | 역사열 준비사항 | 역사열 절차

보상 DBC 규정 | 일반적인 DBC 규정 | Involuntary Downgrade 승객에 대한 DBC 규정

세계 상용 항공기의 사고 통계

항공기 사고의 유형별 원인 | 터뷸런스(Turbulence) | 랜딩기어(Landing Gear) | 여압장치 | 택싱(Taxiing) 중 접촉 사고 | 엔진 기능 장애 | 정체불명의 냄새 | 조류 충돌(Bird Strike) | 레이저(Laser) 공격 | 테일 스트라이크(Tail Strike) | 기내 화재 | 하이재킹(Hijacking)

안전관리의 중요성

기내 반입 금지물품

Ground Safety | Circle of Safety | AAAs of Safety | FOD(Foreign Object Debris/Damage) | 항공기 기체손상 및 지상 조업 위험요소

Chapter 6

항공기 비정상 상황과 안전관리

1. 항공기 비정상 운항 유형

항공기의 정시운항은 항공사 직원들의 목표이자 항공사 신뢰성의 기초가 되는 기록이 된다. 정해진 출발시간을 지켜 정시에 출발하는 것이 지상 직원에게는 가장 중요한 일이며 목적지에 도착하여 하기할 때까지 모든 전반적인 상황이 정상적으로 원활하게 이루어진다면 더할 나위 없이 좋을 것이다.

그런데 항공편은 세계 전반에서 나타나는 모든 현상에 민감한 영향을 받는다. 기상의 영향을 받아 생기는 비정상 운항도 있고, 항공기 결함이나 항공사 사정에 의해 지연되거나 취소되는 상황도 발생한다. 항공기가 비정상으로 운항하게 되는 경우는 크게 지연, 결항, 경로변경, 회항의 4가지로 나뉘며, 각 상황에 맞는 비정상 운항 코드를 시스템에 입력하게 된다.

표 6.1 항공기 비정상 운항(Flight Irregularity) 유형별 원인과 조치

유형	주요 원인	공통 조치사항
지연(Delay)	기상, 정비, 공항시설, A/C CONX, SKD 조정, 연결승객 접속(T/S PAX CONX)	• 안내문 게시, 안내 방송 실시 • 필요시 승객 H/D 전담인력 운영 • SPCL PAX H/D 계획 수립 • 연결편 승객 포함, SKD 재조정 • (필요시 INVL R/R 또는 OAL ENDS) • 환불
결항(Cancel)	기상, 정비, 공항시설	
경로변경(Diversion)	기상, 정비, 기내 응급환자	
회항(Return)	정비, 기상	

1) 지연(Delay)

항공기 Push-back 시간이 항공편의 STD(Standard Time of Departure)보다 늦춰진 경우 항공기 '지연'이 발생한다. 출발 및 도착지의 기상상황이 악화되어 항공기가 이착륙하지 못할 때 항공기는 기상상황에 따라 항공편 탑승을 지연하게 된다. 항공기 정비나 항공사 스케줄 조정으로 인해 지연되는 경우 항공사에서는 공항 밀 쿠폰(Meal Coupon)을 지급하거나 음료 서비스를 제공한다.

A/C CONX란 항공기 운항 연결이 지연되어 항공기의 예상 도착시간과 출발시간이 함께 지연되는 상황을 말한다. 예를 들어, 김포에서 제주로 운행되었던 항공기가 제주공항의 날씨로 인해 제주에서 김포로 돌아오는 출발시간이 늦어질 경우, 김포에서 해당 항공기로 운항하려고 예정되어 있던 다음 노선의 출발시간이 함께 지연되는 것이다. 항공기 출발시간은 이전 노선의 연결시간과 깊은 관련이 있고, 항공기가 목적지에 도착하여 다음 운행편을 준비하는 시간을 그라운드 타임(Ground Time)이라고 한다. 그라운드 타임은 최초 40분에서 1시간 정도 소요되는데, 이때 항공기 내부 청소 및 기내식 탑재, 연료 보급 등을 한다.

항공대란 실제 사례

2010년 4월 아이슬란드 화산이 폭발하여 화산재가 유럽 창공을 뒤덮은 사건이 발생하였을 때 저자는 인천공항에서 근무하고 있었다. 이 사건으로 유럽이 목적지인 항공편이 일제히 취소되고 극심한 화산재로 인해 재운항 시기가 불투명해지면서 항공대란이 일어났다. 무려 6일 동안 운항이 중단되고, 인천공항에서도 평소에 비해 대단히 많은 승객들이 노숙하는 경관이 펼쳐질 정도로 모든 항공기가 취소되는 상황이 벌어졌다.

뿐만 아니라 화산에서 분출된 화산재와 연기가 기류를 타고 인근 유럽 국가들로 퍼지면서 영국·아일랜드·노르웨이에서 모든 공항의 항공기 이착륙이 금지되었다. 또 파리 드골 국제공항 등 프랑스와 스웨덴·덴마크·핀란드·벨기에·네덜란드의 주요 공항들까지 연이어 폐쇄되었다. 화산재가 분출될 때 같이 뿜어져 나오는 작은 파편들이 항공기 엔진 고장을 일으키고 이로 인해 추락사고가 일어날 수 있어 유럽 전역에서 수천 편의 항공기가 결항되고 승객 수십만 명의 발이 묶였다.

이 사건은 저자가 공항에 근무하면서 겪은 최악의 상황이었고 이 사건으로 인해 초과근무를 하며 무려 16시간 동안 승객들을 핸들링한 경험이 있다. 물론 항공편이 취소되면 가장 힘든 당사자는 승객일 것이다. 하지만 그런 승객의 컴플레인에 응대하고 시스템 예약상황을 변경하며, 항공편과 관련한 안내 방송을 내보내고 길어지는 지연에 따른 밀 쿠폰을 지급하며, 이미 수속을 마치고 탑승구에 도착하여 대기하고 있는 승객을 재역사열시키고 세관과 출입국 사무소에 승객 인원을 보고하며 면세품을 반납하는 등 정시에 출발하였더라면 하지 않아도 되었을 수많은 일을 수행하면서 항공기가 정시에 출/도착하는 일이 얼마나 중요하고 감사한 일인지를 실감할 수 있었다.

2) 결항(Cancel)

항공기가 기상악화, 정비 문제, 공항시설 문제 등으로 이륙하지 못하고 항공편이 취소되는 경우를 의미한다. 주로 항공기 안전을 위해 대체해야 하는 부품이 없거나 부품을 조달하는 데 오랜 시간이 걸리면 항공기 교체가 이루어져야 하는데, 대체할 항공기가 없을 경우 결항을 시키게 된다. 또한 출발 및 도착지 공항이 사고로 인해 폐쇄되는 경우도 있으며, 천재지변으로 도저히 항공기가 출발 및 도착할 수 없는 상황일 때에도 결항을 결정한다.

3) 경로변경(Diversion)

항로의 기상상황이 악화되거나 도착지 공항이 도저히 착륙할 수 없는 악조건의 상황일 경우 경로변경을 하게 되어 가장 가까운 공항에 착륙하게 된다. 기체 정비 문제가 발생하거나 연료가 부족하여 목적지가 변경되는 경우가 있으며, 간혹 기내 응급환자 발생 시 그 처치를 기내에서 수행하지 못할 경우 경로변경을 하여 제2의 공항에 착륙할 수도 있다.

4) 회항(Return)

항공기 정비 문제로 항공기의 경로 운항 자체가 불가능하다고 판단되거나 도착지 기상상황이 좋지 않을 경우 회황을 하여 출발지 공항으로 되돌아오게 되며, Push-back 후 이륙하지 못하고 Ramp에서 대기하다가 항공기 문제를 발견하고서 회항하는 경우도 있다.

5) Off-load

탑승수속을 진행하여 수속이 완료된 시점에서 승객이 항공편을 이용하지 않고 탑승 취소의사를 밝힐 경우 승객과 승객의 수하물을 시스템상에서 Off-load하게 된다. 그러나 Off-load 과정에서 항공기 테러 방법으로 항공보안과 관련된 문제가 발생한 사례가 있었다.

그래서 현재는 Off-load 승객 발생 시 승객이 체크인한 수하물을 모두 하기시키는 것을 원칙으로 하고 기내에 이미 탑승한 승객을 모두 하기하게 한 후 보안팀이 항공기 내 폭발물 설치 등 위험요소 여부를 확인하는 절차를 거친 후 재운항하게 된다. 이는 항공기의 안전을 위해 진행하는 절차이며, 응급환자 발생 등의 사유로 하기하는 경우에는 기장의 재량에 따라 해당 승객과 그 수하물의 하기를 확인한 뒤 출발하기도 한다.

2.
상황에 따른 서비스 제공

항공사는 항공기의 지연과 취소 상황에 따라 승객에게 각각 다른 서비스를 제공하게 된다. 이 절에서는 그 기준이 되는 내용과 지연상황에 따라 제공되는 서비스의 종류에 대해 알아본다.

1) 지연 운항편 서비스 제공 내역

서비스 제공 여부를 결정하는 기준이 되는 지연 시간은 6시간으로, 항공기 정비, 항공기 연결 문제, 기상상황 문제가 발생한 경우 호텔을 제공하고 지상 교통비를 지급하게 된다.

2) 결항편 서비스 제공 내역

항공기가 결항된 경우 출발 대체편을 제공하는데, 협력 항공사의 항공편이나 동일 항공사의 날짜가 변경된 항공편을 제공하기도 한다. 6시간이 경과하면 출발 대체편 승객에게는 호텔이 제공되고, 결항으로 인해 항공권이 취소된 승객에게는 지상 교통비가 지급된다.

3) 회항 후 재운항편 서비스 제공 내역

항공기가 출발지 공항으로 회항할 경우 탑승객 전원이 공항에서 6시간 이상 체류 시 호텔을 제공한다. 집으로 돌아가는 지상 교통비 지급도 이루어진다.

4) 회항 후 운항 종료편 서비스 제공 내역

항공기가 회항 후 운항이 종료된 경우 호텔을 제공하고 6시간 이후 출발 대체편을 제공한다. 취소할 경우 미운송 구간운임의 환불이 이루어지며, 심야 도착 시 공항-도심 간 대중교통 편도운임을 제공한다.

표 6.2 상황별 서비스 제공

지연 운항 시			
지연 사유	**호텔**	**지상 교통비**	**우대 할인권**
정비	6시간 이상 지연편 무연고 등의 제공 필요 고객	목적지 공항 심야 시간대 지연 도착 시 공항-도심 간 대중교통 편도운임 지급	제공
항공기 접속			해당 없음
기상	6시간 이상 지연편 통과 여객		해당 없음
결항 시			
결항 사유	**호텔**	**지상 교통비**	**우대 할인권**
정비	6시간 이후 출발 대체편 제공 고객	목적지 공항 심야 (2200L-0600L) 지연 도착 시 공항-도심 간 대중교통 편도 운임 지급	제공
항공기 접속	6시간 이후 출발 대체편 제공 통과 여객		해당 없음
기상			해당 없음
회항 후 재운항 시			
회항 사유	**호텔**	**지상 교통비**	**우대 할인권**
정비	회항지 공항 6시간 이상 체류 시 탑승객 전원	목적지 공항 심야 (2200L-0600L) 지연 도착 시 공항-도심 간 대중교통 편도 운임 지급	제공
고객 안전			해당 없음
기상			해당 없음
회항 후 운항 종료 시			
회항 사유	**호텔**	**지상 교통비**	**우대 할인권**
정비	6시간 이후 출발 대체편 제공 고객	미운송 구간운임 환불 및 심야 도착 시 공항-도심 간 대중교통 편도운임 지급	제공
고객 안전			해당 없음
기상			해당 없음

3.
대형 역사열

공항시설 중에서 항공기의 이착륙에 직접적으로 필요한 활주로, 착륙대, 유도로, 주기장 등을 포함한 구역을 통틀어 에어 사이드(Air Side)라고 하고 여객 및 화물 처리시설, 기타 부대시설, 주차장 등을 포함한 구역을 랜드 사이드(Land Side)라고 한다. 국제공항의 경우 출입국심사 지역을 중심으로 일반인의 접근이 제한된 지역이 에어 사이드이며 그 외에 일반인도 자유로이 이동할 수 있는 지역이 랜드 사이드이다.

항공편이 취소되었을 때 승객들은 모두 하기하여 에어 사이드에서 랜드 사이드로 나오는 과정을 거치는데, 세관(Custom), 출입국관리(Immigration), 검역(Quarantine) 등의 절차를 역순행하는 과정을 대형 역사열 절차라고 한다. 이때 항공사 직원의 업무 처리절차에 따라 항공사 직원과 안전요원의 인솔을 따라야 한다.

대형 역사열을 진행할 때 관련 기관인 세관, 출입국관리, 검역 부서에 각각 보고해야 하는 사항이 있으며, 원칙적으로 승객이 면세점에서 구입한 물품은 면세구역이 아닌 곳으로 인도하는 것이 불가하게 된다. 따라서 승객의 면세품은 승객의 인적 사항과 물품을 모두 기재한 후 면세품목에 동봉하여 항공사가 제공하는 공항 내의 호텔에 보관하였다가 재출발 시 승객에게 전달하는 과정을 거친다. 탑승을 포기하는 승객에게는 면세점의 협조하에 면세품 결제취소 과정을 거쳐 반품을 진행한다. 면세품은 공항 밖으로 반출이 절대 불가하며, 승객의 인원 또한 공항의 보안 문제와 관련되므로 잘 체크해야 한다.

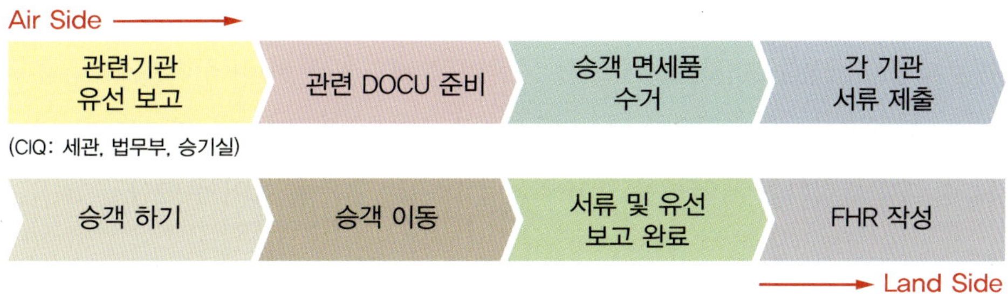

그림 6.1 역사열 절차

1) 역사열 준비사항

대형 역사열을 하기 위한 상세한 준비사항과 FHR 기재 내용, 법무부와 세관기관 보고부터 역심사 완료 후 서류 제출에 이르는 전 과정을 알아본다.

(1) 공통 전달사항

법무부 및 세관기관에 유선 보고 및 서류 제출 보고를 완료한 후 역사열을 시작한다. 역심사용 스티커(승객의 팔에 부착할 예정)를 준비한다.

(2) FHR 기재

FHR에 기재해야 할 내용은 다음과 같다.

- 항공편명
- 게이트 번호(Gate Number)
- 지연 사유(Delay Reason)
- 출발 예정시간
- 승객 수, 환승 승객 수, 서비스 내용(밀 쿠폰, 호텔 안내)
- 변경될 편명과 최종 승객 인원수
- 수하물 처리방법
- 면세품 보관장소
- 승객이 통과할 입국 법무부 장소
- 승객 클레임(Claim) 정도

역사열 진행과정 중에 위의 내용을 수행한 시간을 잘 기록해 두었다가 최종적으로 Flight Handling Report를 기재하여 제출해야 한다. 수하물 하기 유무 및 사후 대책을 신속히 협의해야 하는데, 승무원은 호텔로 돌아갈 것인지 대기할 것인지 협의하여 에어사이드(Air Side) 내에서 결론을 지어야 한다.

2) 역사열 절차

(1) 관련기관 유선 보고

❶ DEPO, INAD 승객 조치방법 협의

법무부 출국심사관에게 보고 절차를 거쳐 DEPO(강제출국자), INAD(입국거부자) 대기 승객을 다시 사무실로 돌아갈 수 있도록 조치한 후 승객이 통과할 입국 법무부 장소를 협의한다. 이때 승무원 출국심사 취소 보고를 해야 한다.

❷ 세관 유선 보고

보고 시 포함해야 할 내용은 다음과 같다.

- 항공편명 / Gate 번호 / 지연 사유 / 출발 예정시간
- 총 승객 수 / 환승 승객 수 및 HNDL 방법 / 편명 변경 승객 수
- 수하물 처리방법 / 면세품 보관장소
- 승객이 통과할 입국 법무부 장소 / 승객 Claim 정도

❸ 면세품 반품 업무 배정

- 오전 08:00~오후 20:00에는 면세점 적정 인원을 해당 탑승구에 배치하여 물품 반납, 보관, 환불 업무를 수행한다.
- 오후 20:00시 이후에는 환불이 불가하므로 반품된 면세품을 항공사측 사무실이나 여객동 에어 사이드 내의 호텔 방에 보관한다. 이 상품들은 랜드 사이드로 유출할 수 없으며 다음 날 면세점 업무시간에 환불을 진행한다. 면세점에 관련 사항을 유선으로 통보한다.

❹ 세관과 면세점에 면세품 보관장소 안내

- 항공편명 / Gate 번호 / 지연 사유 / 출발 예정시간
- 총 승객 수 / 편명 변경 승객 수
- 수하물 처리방법(면세점 생략) / 면세품 보관장소
- 승객이 통과할 입국 법무부 장소(면세점 생략)

❺ 보안요원 배치

대형 역사열을 시작하려면 24시간 운영되는 인천공항 상황관리실(TSC) 보안팀에 요청하여 보안요원을 배치하고 보안팀에 다음 사항을 보고한다.

- 항공편명 / Gate 번호 / 지연 사유 / 출발 예정시간
- 총 승객 수 / 환승 승객 수 및 HNDL 방법 / 편명 변경 승객 수
- 승객이 통과할 입국 법무부 장소 / 승객의 Claim 정도

❻ Ramp Service Team 및 수하물 담당 Contact

승객의 짐이 항공기에서 하기되어 공항의 랜드 사이드로 이동될 때 승객이 짐을 찾을 수하물 수취대 컨베이어 벨트를 담당자와 연락을 취해 결정한다. 항공기에서 짐을 싣고 내리는 Ramp Service Team과 협의하여 수하물 수취 컨베이어 벨트를 결정하면 이에 따라 입국 법무부 장소가 결정된다. 인천공항에는 입국 법무부가 여러 곳 있는데, 수하물 수취대와 입국 법무부가 서로 근거리에 위치해야 한다. 승객의 짐과 승객의 역사열 방향이 같은 구역 내에서 이루어져야 혼선을 줄일 수 있기 때문이다.

수하물은 Ramp Service Team에서 하기된 후 랜드 사이드의 승객 수하물 수취대로 이동된다. 편명 변경 승객의 가방도 변경된 항공편에 탑재될 수 있도록 수하물 담당 직원과 상의하여 조치를 취한다. 이러한 수하물이 하기되는 수취대 선정과 승객이 내리는 입국 법무부의 위치 선정이 완료된 후 승객을 항공기에서 하기시킨다.

(2) 관련 DOCU 준비

❶ 게이트에서 문서 프린트 준비

기관과 항공사에 보고용으로 제출하는 서류는 다음과 같다.

- PM(승객 명단)
- APIS List(승객의 여권 정보)
- Bag List(승객의 위탁 수하물 정보)

❷ 역심사용 스티커 부착

승객 입국 시에는 식별 가능한 스티커가 부착되어야 한다. 부착 위치는 신체 중 쉽게 눈에 띄는 부위로 주로 팔에 부착한다. 이 스티커는 항공사에서 식별이 가능하도록 만든 스티커로 항공사별로 스티커가 다르다.

❸ 제출 서류 준비

준비해야 할 제출 서류는 다음과 같다.

- 역심사용 용지
- 면세품 수거 목록
- PAX Counting(승객을 카운팅한 수)
- 편명 변경 신청서

(3) 승객 면세품 수거

면세품(Duty Free) 수거 시 승객 핸들링을 할 때 주의할 점은 항공편 취소 의사 여부를 확인하고, 익일에 이용할 항공편명에 대한 정보를 전달해야 한다는 것이다. 면세품 수거는 승객의 좌석과 이름, 인적 사항을 면세품에 부착하는 방식으로 진행하며, 수거된 물품은 공항 밖으로 가지고 나갈 수 없으므로 공항 안에 있는 환승 호텔에 보관한다.

(4) 각 기관 서류 제출

인천공항의 CIQ 기관들에 승객 명단 및 면세품 수거 현황 등의 서류를 제출한다.

(5) 승객 하기

❶ Gate Change 및 Deboarding

항공기에서 승객들이 하기한 뒤 게이트를 변경하여 승객들을 이동시킨다. 면세품 이동 편의를 위해서는 리모트 게이트*로 안내한다. 이때 항공사 직원 한 명은 변경된 게이트에서 게이트 변경사항을 안내한다.

❷ 버스 대기(Bus Call)

면세품 수거가 끝나 갈 때쯤 버스를 게이트에 대기시켜 승객이 밖으로 이동할 수 있도록 한다.

❸ 승객 하기

승객의 팔에 준비한 항공사 스티커를 부착하면서 인원수를 파악하며 항공기에서 하기시킨다.

(6) 승객 여객동 이동

승객 하기 후 버스에 모두 탑승하였는지 확인한 후 법무부 쪽으로 이동한다. 역사열은 다음 사항을 주의하여 진행한다.

- 버스 승차 및 하차 시마다 승객 수 확인을 진행한다.

*** 리모트 게이트(Remote Gate)**
항공기에 탑승교를 연결하지 않고 하기 가능한 계단을 연결하여 승객을 탑승 또는 하기하는 방식으로 에어 사이드 내에 항공기가 위치한 곳에서 버스에 탑승하여 입국장으로 이동하는 게이트를 리모트 게이트라고 한다. 공항의 탑승교 연결 시간과 게이트 이용 시간이 한정되어 있으므로 비정상 상황 시에 항공기 승객이 하기할 때 리모트 게이트를 배정받게 되는 경우가 많고, 저비용 항공사가 리모트 게이트 사용을 많이 하는 편이다.

- 버스 출발 및 하차 시마다 함께 협조한 직원에서 워키토키로 진행사항을 알린다.
- 이동을 시작하면서 스티커를 부착하는 동시에 탑승권을 수거하고 버스 이동 후 2차 출발자 버스 앞에서 대기한다.
- 2차 출발자는 마감 전까지 계속해서 버스를 오가며 진행사항을 안내한다.

(7) 서류 및 유선 보고 완료

CIQ에 전달된 서류가 문제없이 전달 및 승인되어 승객이 역심사대에 도착하였을 때 공항 밖으로 나갈 수 있게 된다. 이때 직원은 승객을 인도하고 있는 직원과 연락을 취하여 승객들이 역심사를 받을 수 있는 곳으로 이동하도록 한다.

❶ 세관 직원에게 확인 후 승객 역심사 진행

세관 승기실에서 면세품을 수거한 후 호텔에 보관하고 있다는 상황을 보고하고, 출발 전에 면세품이 여객동에 도착하는 시간 및 세관 직원과 만날 장소를 협의하여 역심사를 진행한다.

(8) 역심사 완료 후 서류(FHR) 제출

역심사 완료 보고 신청서를 제출하며, 게이트에서 수거한 탑승권으로 승객 총인원을 체크하고, FHR(Flight Handling Report)을 작성하여 제출한다.

Philip Lange/Shutterstock.com

4. 보상 DBC 규정

1) 일반적인 DBC 규정

항공편 초과 예약, 항공사 귀책 사유로 탑승이 거절된 예약 확약 승객에게 보상해 주는 제도를 DBC(Denied Boarding Compensation) 규정이라고 한다. 이 규정은 국제선의 전 공항 지점에 적용된다.

(1) 적용대상

- 초과 예약으로 인해 Off-load 예약 확약된 유효 항공권 소지 여객
- ACL* 제한 및 항공기 교체로 발생한 Off-load
- NO-RECORD 시스템상 예약자 명단에 이름이 없는 승객

그러나 다음의 경우에는 일반적인 DBC 규정이 적용되지 않는다.

- 해당 항공편이 취소된 경우
- 출발 예정 40분 전까지 체크인 카운터에 나타나지 않은 경우
- 도착 예정시간을 기준으로 1시간 이내 대체편을 제공하는 경우
- 일반에게 적용되지 않는 50% 이상 할인 항공권 및 무임 항공권을 소지한 승객의 경우

---

* ACL(Allowable Cabin Load) 허용탑재중량

(2) 보상기준

- Denied Boarding 발생 지점, 승객의 Service Class, 대체편의 도착시간에 따라 규정된 DBC Amount를 지급한다.
- 단, DBC 기준액이 해당 구간의 편도 공시요금을 초과하는 경우 DBC Amount는 편도 공시요금으로 지급한다.
- 승객의 도착 지연시간은 STA를 기준으로 산정한다.

표 6.3 표준 DBC Amount

운항시간	도착 지연시간	F Class	C Class	Y Class
4시간 이하	4시간 미만	200달러	150달러	100달러
	4시간 이상	400달러	300달러	200달러
4시간 이상~ 8시간 미만	4시간 미만	300달러	225달러	150달러
	4시간 이상	600달러	450달러	300달러
8시간 이상	4시간 미만	400달러	300달러	200달러
	4시간 이상	800달러	600달러	400달러

(3) 지급절차

- MCO* 또는 현금(MCO에 의한 환불)으로 지급한다.
- 승객이 동의하는 경우, 대체 항공편의 KE On-line 구간에서의 차액 없이 차상위 클래스로 업그레이드 탑승을 조치한다.
- Final Settlement and Release Form(배상동의서)에 승객 서명을 받는다.

2) Involuntary Downgrade 승객에 대한 DBC 규정

자발적이지 못한 사유로 승객의 좌석 클래스가 아래의 클래스로 다운그레이드 되는 경우 보상되는 DBC 규정이다. 예를 들어 퍼스트 클래스에서 비즈니스 클래스로, 비즈니스에서 이코노미로 다운그레이드될 때 발생하며 승객의 초과 예

* MCO(Miscellaneous Charges Order)
항공권 환불금, 항공사에서 특별히 제공하는 서비스 금액을 현금 대신 발행해 주는 유가증권(증서)이다.

약으로 발생하기도 한다. 이 규정도 국제선의 전 공항지점에 적용된다.

(1) 적용대상

초과 예약으로 인해 Involuntary Downgrade된 예약 확약된 유효 항공권을 소지한 승객에게 적용된다. 그러나 다음의 경우에는 규정이 적용되지 않는다.

- 해당 항공편이 취소된 경우
- 공시된 스케줄에 의해 해당 노선 클래스 운영이 변경된 경우
- 대체편이 제공되는 경우
- 출발 예정시간 40분 전까지 공항 체크인 카운터에 나타나지 않은 경우
- 일반인에게 적용되지 않는 50% 이상 할인 항공권 및 무임 항공권을 소지한 승객의 경우

(2) 보상기준

- 승객의 예약 확약된 클래스에 해당하는 DBC Amount를 보상한다. (지연시간 최소)
- 단, DBC Amount가 해당 구간의 공시요금을 초과하는 경우 DBC Amount는 편도 공시요금으로 지급한다.(요금차액 환불과는 별도)

표 6.4 Involuntary Downgrade 승객에 대한 DBC Amount

운항시간	F → C, Y Downgrade	C → Y Downgrade
4시간 미만	200달러	150달러
4시간 이상~8시간 미만	300달러	225달러
8시간 이상	400달러	300달러

(3) 지급절차

- 일반적인 DBC 규정을 따라 보상한다.
- MCO 또는 현금으로 지급한다.
- Final Settlement and Release Form(배상동의서)에 승객 서명을 받는다.

Special Section 1

FDR/FHR Reading

FDR(Flight Delay Report)은 항공기가 정해진 출발시간(STD; Standard Time of Departure)보다 1시간 이상 지연된 경우 작성하는 보고서로, 생각보다 제출 횟수가 많다. FHR(Flight Handling Report) 또한 비정상 상황이 발생한 경우에 작성하는 보고서로, 항공사 지상 직원이라면 늘 보게 되는 양식이므로 학생들이 실무 감각을 익히도록 추가하였다. 이 양식을 읽는 법을 안다면 항공사 시스템 리딩 또한 수월하게 할 수 있을 것이다.

보고서 견본 읽기

///F.H.R PR469 ON 01MAY12 ICN/MNL///

→ 핸들링 리포트 항공편명, 날짜, 출발지/목적지

1. A/C TYPE N REG A320/P3229

→ 항공기 기종/항공기 고유번호

2. STD/ETD/ATD 0830L/1300L/CNXL

→ 지정된 출발시간/출발 예정시간/실제 출발시간

3. DLY TIME N RSN FLT CNXL X MAINT PROBLEM

→ 지연 사유: 항공기 점검 문제로 취소

4. PAX STS 승객현황

- CFG 12C 144Y TTL 156 → 점유 가능한 좌석 수
- BKG 11C 128Y TTL 139 → 예약 승객 수
- ACPT 8C 121Y TTL 129 → 체크인 승객 수
- OBD 8C 121Y TTL 129 → 탑승 승객 수

5. PAX H/D STS BY TIME SEQ → 시간대별 핸들링 내용

- 0548L – PR468 MNL/ICN PARKING → PR468편 마닐라/인천 항공기 도착
- 0620L – CNTR OPEN → 카운터 오픈
- 0720L – GATE OPEN → 게이트 오픈
- 0750L – CNTR CLOSE → 카운터 마감
- 0750L – PR SYSTEM 장애로 인한 탑승 지연 방송
- 0800L – CORE ROOM과 통화 SYSTEM 활성
- 0807L – BOARDING START → 탑승 시작
- 0824L – BOARDING CLOSE → 탑승 마감
- 0829L – DOOR CLOSE → 탑승구 닫음
- 0832L – PUSH BACK → 항공기 이동
- 0857L – PR467 RETURN → 항공기 게이트로 리턴
- 0859L – DOOR RE-OPEN → 탑승구 재오픈
- 0900L – 항공기 정비 시작(항공기 기체 결함 CHK, CPT로부터 엔진에서 OIL이 유출된다는 INFO를 받음)
- 1005L – 항공기 기계 부품 교체에 소요될 1시간으로 인해 승객 하기 INFO를 받음
- 1010L – 승객 하기(GATE 118 의자에서 대기)
- 1019L – 항공기 정비에 소요될 예정시간이 2~3시간 반이라는 INFO를 받음
  승객에게 탑승 및 출발 지연, 소요되는 정비시간 방송
- 1022L – DLY ANNCE(EVERY 10MIN 탑승시간 미정) → 지연 안내 방송
- 1041L – MEAL CPN 제공(탑승시간 12:30L&출발시간 13:00L로 방송) → 밀 쿠폰 제공
- 1054L – MEAL CPN 제공 완료
- 1200L – AGENT 2명 GATE Show-up
- 1215L – AGENT 4명으로 GATE 대기
- 1230L – DLY ANNCE(정비는 완료됐으나 TEST 중) → 지연 안내 방송
- 1240L – DLY ANNCE(정비는 완료됐으나 TEST 중으로 탑승 지연 안내 방송)
- 1240L – BAGGAGE LOADING → 수하물 탑재

- 1254L – RE-BOARDING START → 승객 재탑승 시작
- 1311L – BOARDING CLOSE → 탑승 마감
- 1313L – DOOR CLOSE → 탑승구 닫음
- 1315L – PUSH BACK
- 1340L – PR467 RETURN 및 PARKING → 항공기 게이트로 리턴
- 1347L – 역사열 결정
- 1355L – 승객 하기
- 1400L – 승객 전원 역사열(일부 승객 HOTEL SVC 제공 및 6C 59D PAX KE623편으로 ENDR) → 일부 승객 호텔 서비스 제공, 좌석번호 6C, 59D 승객을 KE623편으로 발권
- 1630L – PR CNTR OPEN → 카운터 오픈
- 2000L – PR CNTR 마감 → 카운터 마감

B/RGDS//홍길동(010-1234-5678)

5. 세계 상용 항공기의 사고 통계

국제민간항공기구(ICAO)와 미국국가교통안전국(NTSB)에서 치명상은 사고발생 30일 이내에 사망에 이르는 부상으로 정의하였으며, 중상이라 함은 부상을 입은 일자로부터 일주일 이내에 시작된 입원시간이 48시간을 넘을 경우, 뼈의 골절, 심각한 출혈, 신경손상, 2~3도 화상, 감염물질로 정의하였다.

전 세계 상용 항공기의 제조사인 보잉사에서는 1969년부터 매년 9월에 전 세계 상용 항공기의 사고 통계를 조사·분석한 결과를 보고서로 발행하고 있다. 'Statistical Summary of Commercial Jet Airplane Accidents Worldwide Operations'(1959-2018 50th Edition)라는 이름으로 2019년에 발간한 보고서에 의하면 최근 10년(2009~2018) 동안 전 세계적으로 373건의 항공기 사고가 발생하였는데, 그중 13%인 51건이 치명사고이며 기체손실로 인한 사고는 137건이 된다. 최근 10년의 기록은 이전의 역대 치명사고 통계율보다 3분의 1 수준으로 감소하였다. B737-MAX 기종은 1백만 회의 출발당 4.9회의 기체손실과 사망자가 발생한 사고율을 보였지만, 최근 10년 동안 상용 항공기의 최다 치명사고와 사망자는 비행 중 조종력 상실이 원인이 되어 발생한 것으로 분석되었다.

최근 10년 통계에서 비행구간 중 사고 다발 구간을 살펴보면, 최다 치명사고 발생구간은 최종 접근(Final Approach)부터 착륙(Landing)까지의 구간으로 치명사고의 49%와 사망자의 37%가 이 구간에서 발생하였다. 이륙과 초기상승(Initial Climb) 구간에서는 치명사고의 12%와 사망자의 6%가, 순항(Cruise) 중인 구간에서는 치명사고의 14%와 사망자의 31%가 발생하였다.

6. 항공기 사고의 유형별 원인

ICAO의 정의에 의하면 항공기 사고는 "승무원이나 승객이 항공기에 탑승한 뒤부터 하기하기까지의 여정에서 일어난 인명피해, 부상, 항공기 손상 등이 포함된 내용"이다. 항공사 직원으로서 기본적인 업무 외에 집중적으로 교육받는 부문은 항공기 안전과 관련된 내용일 것이다. 항공기에 탑승하여 목적지까지 승객을 안전하게 운송하는 것이 모든 항공편의 목적이기 때문이다.

항공기 사고는 주로 항공기의 중대한 손상이나 구조상의 결함이 원인이 되어 발생한다. 안전자원 관리 실패에서 비롯하는 조종사의 과실이나 테러범의 폭발 위협, 대기 난류에 의한 항공기 터뷸런스, 조류 충돌로 인한 항공기 엔진 손상, 항공기 Weight and Balance 등 다양한 원인에 의해 사고가 일어난다.

1) 터뷸런스(Turbulence)

항공기가 비행하는 중 난류 등의 이유로 기체가 심하게 흔들리는 것을 터뷸런스라 하는데, 심한 경우 기내 탑승객은 4~5초 정도 아래로 떨어지는 느낌을 받으며, 안전벨트를 착용하지 않은 상태라면 큰 부상을 당하기도 한다. Airpocket*처럼 기상조건이 좋아도 갑자기 항공기가 터뷸런스에 휩쓸리게 되는 급작스러운 상황이 발생할 수 있으며, 이 경우 항공기 운행과 승객 안전이 큰 위협을 받게 된다.

심각한 경우 터뷸런스로 인해 기내 짐칸에 있던 캐리어가 떨어져 승객의 목

---

* Airpocket
공기주머니로 칭하며, 항공기 운항 중 기상이 좋은 날임에도 불구하고 갑자기 항공기가 터뷸런스에 휩싸이며 아래로 떨어질 수 있는 기류를 말한다.

이 다치는 등 큰 부상으로 이어질 수 있으므로 승무원은 오버헤드 빈의 잠금 상태와 승객의 벨트 착용 여부를 수시로 점검해야 한다.

2) 랜딩기어(Landing Gear)

랜딩기어는 항공기 앞쪽에 달린 바퀴로, 이착륙 시 이 기어를 펴거나 접는 동작을 반복하게 되어 고장이 나거나 이상 작동할 확률이 높다.

항공기 사고 실제 사례

2006년 11월 28일 15시에 HL5229 ATR-72 기종이 승객 69명을 싣고 김포국제공항을 떠나 제주국제공항에 착륙하던 중 노즈기어에서 화재가 발생하였을 때 저자는 전방 승무원으로 탑승하고 있었다. 이때 노즈기어가 파손되어 동체착륙을 하였는데, 활주로를 따라 400미터 정도 미끄러진 뒤 멈춰 서는 과정에서 실제 비상착륙 절차를 수행하였다.

교육을 받을 때는 실제로 이러한 상황이 발생하리라고 예상하지 못하였으나, 실제로 비행을 시작한 지 얼마 안 된 신입 승무원으로서 저자는 최선을 다해 승객들을 항공기 밖으로 탈출시켰다. 다행히도 승무원과 승객 전원이 생존하였으며, 사망자는 없었다.

항공기 사고를 직접 경험한 뒤 항공기 사고의 위험성을 인지하고 비행하는 매 순간 항공기 안전관리에 최우선순위를 둔다. 항공기에서 발생하는 사고에는 취할 수 있는 조치가 매우 제한적이기 때문에 안전교육이 더욱 중요하다. 항공기에는 안전교육을 받은 승무원들이 탑승하고, 안전비행을 위해 운항 승무원들이 애쓰며, 안전비행을 준비하는 정비팀과 운송팀, 운항관리팀, 탑재 업무팀의 노력이 합쳐져 안전한 비행을 할 수 있게 되는 것이다.

3) 여압장치

여압장치란 높은 고도에서 비행하는 항공기의 기압을 조절하여 기내 압력을 지상과 비슷한 수준으로 유지해 주는 장치이다. 이러한 항공기의 여압장치에 문제가 생겨 비정상적으로 작동할 경우 탑승객이 부상을 입거나 회항하는 사건도 종종 발생한다. 보통 기내 안의 여압은 고도 8000피트 상공의 기압으로 유지되는데 8000피트는 우리나라 백두산의 고도와 비슷하며 사람들이 숨쉬기에 무리가 없다고 판단되는 고도이다.

2005년 8월 14일 헬리오스항공 522편의 추락사는 여압장치 고장으로 인한 대표적인 항공기 사건이다. 정비 과실로 항공기 여압 조절이 안 되자 저산소증으로 조종사가 조종이 불가한 상태에서 연료가 바닥날 때까지 비행하다가 추락하여 승무원 6명과 탑승객 115명 총 121명이 사망하였다.

4) 택싱(Taxiing) 중 접촉 사고

택싱이란 항공기가 활주로와 주기장 사이를 이동하기 위해 지상에서 주행하는 것을 말하며, 이 유형의 사고는 부정확한 관제(Control), 조종사의 과실 또는 이륙하기 위해 활주로로 이동하는 항공기 동선이 겹치거나 활주로를 잘못 배정받은 경우 발생한다.

5) 엔진 기능 장애

비행의 가장 핵심이 되는 엔진에 문제가 생겨 화재가 발생하거나 엔진 작동이 정지되는 것을 의미한다. 실제로 2021년 2월 20일 유나이티드항공 777-200 여객기가 콜로라도주 덴버국제공항을 출발한 직후 엔진이 고장 나 덴버공항으로 긴급 회항한 사건이 있었다.

6) 정체불명의 냄새

기내에서 나는 냄새는 단순히 악취가 아니라 항공기 기체 이상 등을 나타내는 징후일 수 있으므로 간과해서는 안 된다. 기체나 기계 오작동으로 인한 냄새가 아니더라도 이상하고 불쾌한 냄새에 장시간 노출될 경우 승무원과 승객의 건강에 해로울 수 있다. 실제로 항공기 내에서 발생한 냄새 때문에 회항을 하거나 무사히 비행을 마치더라도 이후 병원 진료, 치료를 받은 사례가 종종 발생한다.

실례로 2020년 7월 8일 블라디보스톡을 출발한 A319 항공기가 조종실에서 타는 냄새가 난다는 이유로 회항하였고, 2018년 1월에는 아메리칸항공 소속 1719편 항공기가 이륙 직전 활주로에서 터미널로 되돌아왔다. 보스턴 로간공항에서 노스캐롤라이나 샬럿으로 출발하기 직전이었으나 기내에서 발생한 이상한 냄새 때문이었다. 이후 승무원 3명과 승객 1명이 병원으로 후송되었다.

7) 조류 충돌(Bird Strike)

조류 충돌로 인한 사고는 공항에 새를 쫓는 공포탄을 비치할 정도로 자주 일어나며, 항공기 엔진에 치명적 손상을 입힐 수 있는 대형 사고로 이어질 위험이 있다. 실제로 허드슨강의 기적 사건도 조류 충돌로 발생하였으며, 이로 인한 비상착륙 시 부상을 당하기도 한다.

허드슨강의 기적

2009년 1월 15일 미국의 한 여객기가 이륙한 지 단 100초 만에 엔진이 고장 나 불시착하였으나 탑승객 전원이 구조된 사건이다. US Airways Flight 1549편은 승객과 승무원을 155명 태우고 미국 라과디아공항을 출발하여 시애틀공항에 도착할 예정이었으나, 이륙 직후 버드 스트라이크가 일어나 엔진에 불이 붙으면서 센트럴파크 인근에 있는 허드슨강에 불시착하였다. 기장의 현명한 판단으로 허드슨강에 비상착륙하고 신속한 구조로 승객과 승무원 전원이 모두 생존하여 '허드슨강의 기적'이라고 불린다. 이 일화는 〈설리 허드슨강의 기적〉이라는 영화로 제작되어 세계적으로 더 유명해졌다.

8) 레이저(Laser) 공격

항공기 이착륙 시 레이저 포인터를 이용하여 조종사 시야에 장애를 주는 공격을 말하는데, 미국연방항공청(FAA; Federal Aviation Administration)에 의하면 레이저 포인터가 대중화되고 심지어 효과가 강력한 그린(Green) 레이저 포인터까지 등장하여 문제의 심각성을 더하고 있다.

실제로 미국 재판부는 19세 아담(Adam Gardenhire)에게 30개월 징역을 선고하였는데, 아담은 2012년 버뱅크 봅호프 공항에서 상용 비행기와 경찰 헬리콥터를 그린 레이저 포인터로 공격하여 헬리콥터 조종사의 시력을 상하게 하였다.

9) 테일 스트라이크(Tail Strike)

테일 스트라이크란 항공기 꼬리 부분이 지상(활주로)에 부딪히는 현상으로 항공기가 이륙 시 급격히 상승하거나 착륙 시 기수를 너무 많이 들어 올리거나 동

체의 후미가 활주로에 닿을 때 일어난다. 테일 스트라이크는 그 자체로도 위험할 수 있으며, 발생 이후에는 정밀한 정비가 이행되어야 한다. 그렇지 않을 경우 균열로 인한 폭발성 감압으로 항공기가 공중분해될 수 있다. 이륙 시 테일 스트라이크가 심각하게 일어나면 연료를 덤핑(Fuel Dumping)하고 되돌아 착륙해서 항공기 상태를 점검하기도 한다.

일례로 티웨이항공 282편의 테일 스트라이크 사고는 2016년 8월 7일 인천국제공항에 착륙하였다가 자세 불안정으로 재이륙하는 과정에서 과도하게 기수를 들어 올리다가 동체의 후미 부분이 활주로에 부딪혀 일어났다. 다행히 인명피해는 없었다.

연료 덤핑(Fuel Dumping)

Fuel Jettison이라고도 하며 고정익 항공기인 중·대형 항공기가 중량을 줄이기 위해 연료를 공중에 버리는 것을 뜻한다. 단, 비행으로 연료를 소모해서 중량을 줄이는 것은 덤핑이라고 하지 않는다. 대형 여객기는 이륙한 지 얼마 안 되어 기체에 중대한 결함이 발생하거나 기내에 중환자가 발생하여 긴급히 착륙해야 할 때 Fuel Dumping이 필요하다.

항로 중간의 가장 가까운 공항으로 긴급 착륙하는 방법이 있지만, 이륙한 지 얼마 안 되어 연료가 많이 남은 상태라면 착륙 시 충격으로 착륙장치가 부러져 강제로 동체착륙을 하게 되거나, 착륙에 성공하더라도 제동이 안 되어 활주로를 이탈(오버런)할 수도 있다. 중량이 늘면 그만큼 기체에 작용하는 중력이 커지고, 이 중력을 극복할 만큼의 양력을 얻으려면 속도를 더 높여야 하기 때문이다. 따라서 '문제가 발생한 위치에서부터 가장 가까운 공항까지 갈 수 있는 연료'와 '30분 동안 체공(Loiter)할 수 있는 연료'만 남기고 최대 착륙중량에 맞추어 공중에 연료를 버린다.

다만 연료를 버릴 때는 타 항공기와의 사고를 피하고 지표면(또는 해수면)의 환경오염을 최소화하기 위해 공항 근처의 지정된 구역 6,000피트 이상 고도에서 수평 또는 상승 자세에서 연료를 버려야 한다. 동체착륙을 해야 하는 경우에도 Fuel Dumping을 하는데, 이 경우에는 동체와 지면 간의 마찰로 발생하는 열에 의한 화재사고를 막기 위해서이다. 덤핑용 연료 방출구는 기종에 따라 세부적인 위치에 약간의 차이가 있지만 기본적으로는 주날개의 끝에 위치한다.

10) 기내 화재

비행 중 기내에서 발생하는 화재는 화재진압 장비가 충분하지 않고 외부의 도움을 받을 수 없는 공간적 제약이 있어 지상에서 일어나는 화재보다 더 위험하며 인명피해도 클 수밖에 없다. 기내의 화재를 발견한 때에는 즉시 기장에게 보고한 뒤 승객을 화재 발생지점이나 위험물로부터 가능한 한 먼 곳으로 대피시키고 소화기로 진압하는 것이 승무원의 임무이다. 그리고 폭발물을 발견한 경우에는 착륙 후 전문가가 도착할 때까지 폭발물 접촉을 금지하며, 기장의 권한으로 폭발물을 LRBL(Least Risk Bomb Location; 폭발위험 최소구역)로 옮긴 후 방폭매트로 덮을 수 있다.

승무원이 안전보안을 점검할 때 유의할 장소는 오버헤드 빈, 코트룸, 갤리, 쓰레기통, 화장실, 좌석 하단, Seat Pocket, 면세품, Meal Cart 보관장소, 잡지보관대 내부, 조종실 주변, 냉장고 내부, 오븐 내부로 그 주변까지 주의하여 점검하도록 한다. 기내 화재가 발생하는 주원인은 승객 및 승무원 부주의, 기체결함이며, 발화의 주요한 요인으로 작용하는 열, 산소, 연료 3개의 구성요소가 결합하면 큰 화재가 발생할 수 있다. 연기 및 화재 발생 시 전 승무원이 서로 협조하여 신속하게 상황에 대처해야 하므로 승무원 간 원활한 의사소통과 상호협의는 필수이다.

TWA 800 항공기의 연료 탱크가 폭발하여 사상 최악의 기내 화재가 발생한 사건의 동영상을 참고한다.

11) 하이재킹(Hijacking)

하이재킹이란 비행기, 자동차 등의 탈것을 강탈하거나 폭발물 위협을 가하며 무선전파 통신장비를 도청하는 행위로 사유재산 손해, 인명피해를 일으키는 범죄행위이다. 원래 하이재킹이란 말은 미국에서 금주법이 시행되던 1920년대에 밀주를 만들어 운반하는 마차를 강도들이 약탈할 때 총을 겨누며 운전사에게 건네던 말이었다. 하이재킹은 마차를 세우라는 의미의 "Hi, Jack"이라는 인사에서 유래하여 최근에는 항공기 납치를 의미하게 되었다.

하이재킹의 목적은 대부분 정치, 종교적인 것이며, 자폭 테러범들로 인해 수

많은 항공기들이 피해를 입었다. 항공기 테러는 괴한들이 무장하고 탑승하는 것이 아니라 일반 승객으로 위장하여 탑승한 뒤 폭발물 테러로 위협을 가하거나 조종사의 항공기 기수를 약탈하여 항공기를 폭발시키는 자폭형 테러가 대부분이다. 하이재킹은 무고한 승객의 목숨을 담보로 협상을 벌여 정치적, 종교적 목적을 달성하는 도구로 사용된다는 점에서 일반 항공기 사고와 다르다.

사상 최초의 하이재킹이 발생한 항공사는 1931년 페루 국적사인 Faucett Aviation이며, 우리나라에서도 하이재킹 사건이 발생한 일이 있다. 1969년 12월 승객 47명과 승무원 4명을 태우고 가던 대한항공 YS-11 여객기가 간첩에 의해 공중납치되어 함흥시 인근의 선덕비행장에 강제 착륙한 사건이다. 북한은 1970년 2월까지 납북자들을 송환하지 않았으며, 2월 말경에 판문점을 통해 12명을 제외하고 39명만을 송환하면서 사건이 종결되었다.

대표적인 하이재킹 9.11 테러 사고 사례

세계 역사상 가장 큰 피해를 입힌 하이재킹 사건은 미국 쌍둥이빌딩에서 발생한 9.11 테러이다. 2001년 미국에서 플라스틱 칼로 승객을 위협하여 여객기를 납치하는 사건이 발생하였다. 당시 미국에는 조종석 문을 잠가 출입을 제한하는 규정이 없었고, 테러리스트들은 플라스틱 칼로 노약자 승객과 조종사를 찌른 후 항공기에 폭탄을 설치하였다고 협박하며 비행기를 장악하였다. 이때 테러리스트들에 의해 AA11·UA175·AA77·UA93 네 편의 비행기가 납치되었고, UA93편을 제외한 세 편의 비행기가 테러 목표지점에서 충돌하였다.

이 사건으로 입은 재산피해는 아래와 같다.

- 항공기 AA11기, UA175기, AA77기, UA93기 완파
- 세계무역센터 완전 붕괴, 펜타곤 일부 붕괴
- 도이체방크 뉴욕지점 사옥 대파, 국제금융센터 반파
- 뉴욕시 GDP 273억 달러 감소
- 여행관련 지출비용 전년 대비 20% 감소
- 관련직 종사자 43만 명 실업
- 세계무역센터 사망자 2,606명
- 펜타곤 사망자 125명
- 항공기 사망자 246명+19명
- 세 지역의 사망자 총합 2,996명
- 부상자 최소 6천여 명, 최대 2만 5천여 명
- 2차 피해자 5,771~7만 5천여 명

미국은 9.11 테러 이후 처벌과 탑승 전 검사를 강화하고 조종실 출입절차를 엄격하게 규제하고 있으며, 전 세계에서 항공보안 관련 규정을 더 철저하게 관리하고 있다. 예를 들어 이스라엘의 국책 항공사(Flag Carrier)인 엘알(El Al Israel Airlines)의 항공기 조종석 문은 이중으로 되어 있다. 첫 번째 문을 열기 위해서는 고유번호(코드)가 필요하고, 두 번째 문은 첫 번째 문이 완전히 닫힌 후 기장이나 부기장이 확인한 후에야 열어 줄 수 있다. 항공기가 하이재킹되면 조종사는 비밀리에 정해진 신호를 보내 비상 상태임을 알리게 된다.

몇몇 국가는 민항기에 무장한 경찰을 동승시켜 기내 범죄를 비롯한 비상시 대처를 맡긴다. 대표적인 나라가 미국으로, 미국에서는 국토안보부 FAMS 소속 보안관들이 권총을 소지한 채 승객으로 위장해 탑승한다. 이후 9.11 테러를 소재로 한 〈102분〉, 〈월드트레이드센터911〉, 〈제로다크서티〉와 같은 영화들이 제작되었는데, 당시 사태를 현장감 있게 사실적으로 묘사하므로 학습의 일환으로 시청해 보길 권한다.

7. 안전관리의 중요성

항공기 사고의 발생은 항공사의 경제적 수익에 직격타를 줄 수 있기 때문에 항공사에서 가장 우선시되는 것이 안전 사항이다. 이를테면 항공기 사고 수습기간 내에 운영하지 못하는 항공기 유지비용과 판매하지 못하는 항공권 가격만큼의 손실, 기체수리를 위한 천문학적 부품 구입비용, 파손된 항공기의 공항 점유를 위한 지불비용, 기체를 수리하는 인력과 파견에 뒤따르는 여러 가지 출장비용, 사망사고나 상해사고 진단 시 지급해야 하는 합의금, 항공기 사고로 부과되는 정부의 제약 등 항공사에서 얻게 되는 손실은 일반인들이 생각하는 것보다 훨씬 더 막대하다. 그러므로 안전관리가 항공사 운영의 제1순위가 되어야 한다고 해도 과언이 아닐 것이다.

국제 규범은 2001년 미국에서 발생한 9.11 테러 사건을 기점으로 항공보안에 관한 규정을 더욱더 철저하게 강화하였다. 테러 사건 이전에는 조종실 문을 열고 침입하는 것이 쉬웠던 것은 물론이고 탑승객의 신원도 정확하게 파악하지 못하였으며 무기로 사용될 여지가 있는 소지품까지 허용하는 등 심각한 문제가 있었다.

한편 우리나라는 2016년 4월 12일부터 기내 액체류 보안정책이 변경되었다. 항공보안법의 '액체, 겔류 등 항공기 내 반입금지 물질 고시 개정안'에 따르면 탑승 시 액체류 통제를 엄격하게 적용하여 금지하고, 철저한 보안검색을 거친 소량의 액체류 이외의 모든 액체류는 항공기 탑승 전 폐기하도록 규정하고 있다. 보안검색대 통과 후 완료구역 내에서 구매한 물, 주스 등 음료의 경우는 허용되도록 개선되었지만 보안검색대 통과 시 실시하는 액체류 통제는 예전과 마찬가지로 엄격하게 시행된다.

코로나19 사태의 상황에 맞추어 물티슈 반입기준을 개선하고 보안통제 면제

대상을 완화한 개정안이 2021년 6월 14일부터 실시되어 적용되고 있다. 그동안 국제선 항공기에는 100ml를 초과하는 액체류의 기내 반입을 제한해 왔으나, 의료를 목적으로 하는 소독 물티슈는 100ml를 초과해도 반입을 허용하게끔 예외를 적용하게 되었다. 최대용량은 승객 1명당 큰 물티슈(200매) 1개 수준에서 허용되고 있다.

이러한 보안정책 외에 항공사는 항공기와 승객을 각종 위험으로부터 보호하고자 다양한 안전장치를 마련하고 있다. 객실 승무원은 항공기에 탑승하여 기본적인 서비스 업무 외에 비상시 승객을 탈출시키는 등 승객의 안전을 지키기 위한 업무도 수행한다. 따라서 항공사는 승무원이 항공기 비정상 상태 시 탈출을 돕는 역할을 잘 수행하도록 안전 관련 훈련을 이수하여 승무원의 자격을 유지하도록 의무화하고 있다.

또한 항공기 안전운항에 방해되는 기내 불법행위 승객, 난동 승객, 항공기 공중납치인 하이재킹에 대비하기 위해 항공기 내에 보안장비(테이저, 방폭담요, 방탄조끼, 비상벨, 포승줄, 타이랩, 소화기, 비상구급약, 산소통 등)를 탑재하고 있다. 비행 중 의심스러운 승객과 이상 물건이 발견되었을 경우 승객에게 내용물 확인을 요청하고 즉시 기장에게 연락하여 공항 관계기관의 협조를 구해야 한다. 세계적으로 항공사의 평판과 순위가 항공사의 안전성에 좌우되는 만큼 오늘날 항공사의 안전관리는 더욱더 중요한 요소로 부각되고 있다.

Special Section 2

에어라인 레이팅스가 선정한 우수 항공사

세계에서 가장 안전한 항공사 1위 콴타스항공

항공사 안전과 서비스 리뷰 전문 사이트인 에어라인 레이팅스(AirlineRatings.com)에서 2021년 1월 4일에 발표한 안전한 항공사 순위에서 콴타스항공이 1위를 기록하였다. 2021년 385개 항공사 중 가장 안전한 20대 항공사와 10개의 안전한 저가 항공사를 발표하였는데, 이는 항공사의 사고 기록, 관리 및 산업 기관의 감사, 정부 감사, 업계 최고의 안전 연령을 포함한 다양한 요인을 고려하여 선정한 것이다. 콴타스항공은 운항이 시작된 이후부터 지금까지 단 한 건의 사고가 없는 항공사로 기록되었는데, 이 기록은 하와이안항공과 콴타스항공이 갖고 있는 유일한 기록이다.

에어라인 레이팅스 편집자들은 100년의 역사를 통해 세계에서 가장 오래된 연속 운항 항공사가 운영 및 안전 분야에서 최초로 놀라운 기록을 세웠으며 현재 업계에서 가장 경험이 풍부한 항공사로 인정받고 있다고 평가하였다.

Ryan Fletcher/Shutterstock.com

세계에서 가장 안전한 항공사 중 상위 20위권 안에 든 항공사는 콴타스항공, 카타르항공, 에어뉴질랜드, 싱가포르항공, 에미레이트항공, 에바항공, 에티하드항공, 알래스카항공, 캐세이퍼시픽항공, 영국항공, 버진 오스트레일리아/버진애틀랜틱, 하와이안항공, 사우스웨스트항공, 델타항공, 아메리칸항공, SAS, 핀에어, 루프트한자, KLM, 유나이티드항공이다.

세계 20대 COVID-19 규격 항공사

에어라인 레이팅스에서는 코로나 대유행을 감안하여 코로나 안전 관련 우수 항공사를 선정하였다. 안전과 방역 기준이 포함된 COVID-19 등급을 적용하여 규정 준수를 잘 하고, 전염병으로부터 안전한 Top 20 항공사를 선정하였다. 이들 항공사에는 에어발트, 에어뉴질랜드, 알래스카항공, 일본항공(전일본공수), 에어아시아, 영국항공, 캐세이퍼시픽항공, 델타항공, 에미레이트항공, 에티하드항공, 에바항공, 일본항공, 제트블루항공, KLM, 대한항공, 루프트한자, 싱가포르항공, 남서부, 카타르항공 및 웨스트제트가 포함되었으며, 가장 흥미로운 점은 우리나라의 대한항공이 TOP 20 항공사 안에 들었다는 것이다.

Denis Kabelev/Shutterstock.com

8. 기내 반입 금지물품

승객의 안전운항에 위해를 가할 수 있는 총포류, 가위, 칼, 송곳, 톱, 골프채, 방망이 등 무기가 될 수 있는 물품은 기내 반입 금지물품(SRI; Safety Restricted Item)으로 반입이 불가하며 위탁 수하물에 넣어 수속해야 한다. 또한 항공기와 승객의 안전에 치명적인 영향을 끼치거나 발화의 위험성이 있는 물건(위험품; DG) 역시 기내 반입이 불가하며 ICAO나 IATA에서 지정한 위험물품은 운송이 불가하다.

표 6.5 위험물의 대표적인 예

위험물 구분	종류
고압가스	잠수용 수중 호흡기, 제진(먼지제거) 스프레이, 라이터, 휴대용 농축산소, 헬륨가스, 캠프 곤로용 부탄가스, 버너용 부탄가스, 라이터용 보충가스, 소화기
화약류(Explosives)	불꽃, 폭죽, 탄약
인화성 액체(Flammable Liquids)	라이터용 연료, 페인트류
독극물류(Toxic Substances)	클로로포름, 가연 제초 살충제
부식성 물질(Corrosives)	배터리(전동 휠체어에 사용되는 것 제외), 수은, 수은기압계(수은온도계 및 수온체온계에 사용되는 것 제외)
가연성 물질류(Flammable Liquids)	성냥
산화성 물질류(Oxidizing Substances)	과산화물/표백제, 개인용 소형 산소 발생기
방사성 물질(Radioactive Materials)	의료용·상업용 동위원소
기타 유해물질(Miscellaneous Dangerous Goods)	자석, 무선 모형 헬리콥터 등의 엔진

9. Ground Safety

항공기 운항 중 안전관리에 못지않게 지상 조업 과정에서 지켜야 하는 Ground Safety도 중요하다. 항공기가 지상에 멈춰 있을 때에도 항공기에 손상(Damage)을 입힐 수 있는 요소들을 인지하고 그것들을 제거함으로써 지상 조업도 항공기 안전운항에 기여할 수 있다. 항공기에 수하물과 화물을 탑재하는 과정에서 알아야 하는 안전 관련 규정에 대해서는 지상 조업원도 승무원과 마찬가지로 1년에 1회 유지보수 교육을 받아 항공 업무 수행자격을 갱신해야 한다.

1) Circle of Safety

문자 그대로 항공기의 안전둘레를 의미한다. 항공기 운항에 필요한 장비들과 항공기 주변에 물품들이 즐비한 곳에서 사고가 발생할 확률이 높기 때문에 항공사에서는 Circle을 지정하고 있다.

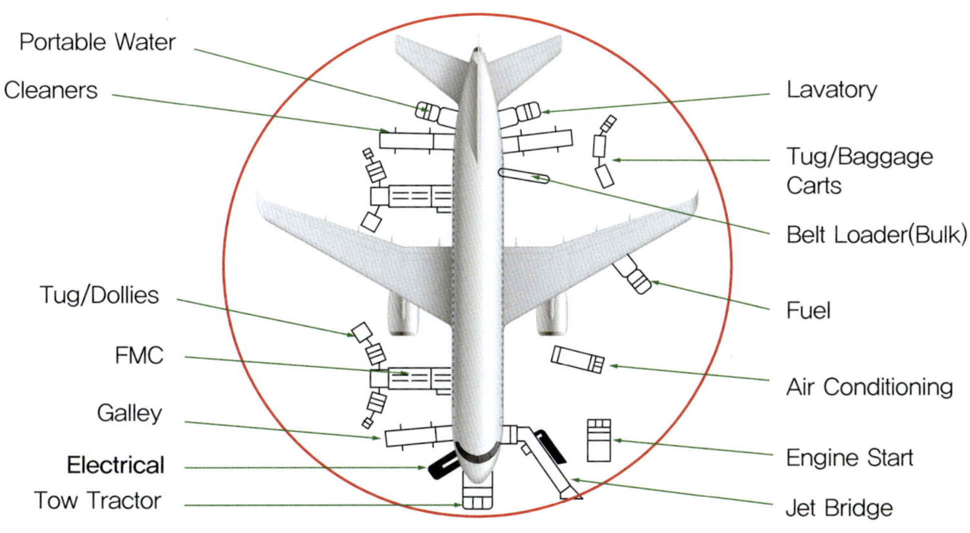

그림 6.2 항공기의 Circle of Safety

항공사에서는 항공기에 손상을 입힐 수 있는 유해요소에 대한 규정을 미리 고지하고 Circle 내에서 지켜야 하는 업무과정을 엄격하게 관리하고 있다.

2) AAAs of Safety

안전을 위해 실천해야 하는 Aware, Alert, Active의 앞글자를 결합해 만든 안전규정이며 다음의 3가지 슬로건이 Ground Safety에서 중요한 지침이다.

- Aware: 업무 중 항상 자신의 주위를 인지하며 주의를 기울여야 한다.
- Alert: 항상 안전에 위해되는 행동에 대한 경각심을 갖고 주위를 인지해야 한다.
- Active: 항상 안전규정을 최우선시하고 규정에 따라 행동해야 한다.

3) FOD(Foreign Object Debris/Damage)

FOD는 항공기 엔진에 큰 손상을 입힐 수 있는 물품을 가리킨다. 아무리 작은 물품이라도 항공기 엔진에 빨려 들어가면 엔진에 수백 가지 손상을 입힐 수 있으며, 이러한 물품은 지상 조업 직원을 통해 램프 내에서 제거되어야 한다. FOD가 지상 내에 있는지 수시로 체크해야 하지만 특히 항공기가 도착하거나 출발하기 전 엔진을 가동하기 직전에 한 번 더 점검하는 신중을 기해야 한다.

4) 항공기 기체손상 및 지상 조업 위험요소

2000년 7월 25일 프랑스 파리의 샤를드골공항에서 에어프랑스 4590편이 미국 뉴욕을 향해 이륙한 지 채 2분도 안 되어 추락하는 사고가 발생하였다. 이 사고로 승무원과 승객 109명이 전원 사망하였으며, 항공기가 호텔로 추락하면서 호텔 직원 4명도 목숨을 잃었다.

사고조사 결과 활주로에 떨어져 있던 쇳조각이 원인으로 밝혀졌는데, 이는 4590편 항공기에 앞서 이륙한 미국 콘티넨털항공 여객기의 엔진 덮개에서 떨어져 나온 부품이었다. 이륙을 위해 활주로를 전속력으로 달리던 에어프랑스 항공기는 문제의 쇳조각을 밟으면서 타이어가 터졌고, 그 파편이 연료탱크와 엔진을 강하게 가격하여 화재가 발생한 것으로 분석되었다. 이와 같이 활주로에 떨어진 이물질로도 대형 사고가 일어날 수 있다.

(1) 항공기 기체손상 위험요소(Aircraft Hazards)

쇳조각, 돌, 아스팔트 파편, 항공기나 지상 조업의 차량 파편, 정비용 부품, 타이어 파편만이 아니라 쓰레기, 야생동물이나 뱀도 항공기 기체손상의 위험요소에 해당한다. 그 밖에 항공기 엔진 바람에 의해 엔진에 빨려 들어갈 위험이 있는 물질, 액체가 흘러넘쳐서 연료나 엔진오일, 작동유액 등이 통풍구에 들어가게 될 위험상황, 독극물 및 항공기 부식을 일으키거나 위험요소가 될 자극적인 액체를 주변에서 사용하게 될 때의 위험 등이 있다. 항공기 기체의 위험요소로 인식되는 위험을 모두 제거해야 안전운항을 할 수 있다.

보조전력장치의 케이블선, 지상 조업 시 사용하는 여러 가지 줄, 연료호스 등이 항공기의 위험요소가 될 수 있다. 또한 작업자의 모자, 펜, 장갑, 잃어버리기 쉬운 정비용품, 떨어뜨리기 쉬운 장비와 엔진에 빨려 들어가 구멍을 막을 수 있는 아주 작은 물건도 위험요소가 될 수 있다.

따라서 작업 시에는 매번 주의를 기울이며, 항공기 날개 및 엔진이 있는 부분은 항상 작업장비가 기체의 밑부분에 들어오지 못하도록 하여 항공기 플랩과 엔진의 작동에 위해되는 요소를 제거하도록 한다. 모든 작업이 끝난 뒤에는 항공기 작업장비를 항공기 날개의 밑부분에 두지 않고 치워야 한다.

항공기 날개에 달린 플랩과 엔진을 동그라미로 표시하였는데, 이 부분에는 작업장비가 들어가지 않도록 항상 주의해야 한다.

(2) 지상 조업 위험요소(Unsafe Ground Handling Operation)

지상 조업 중에는 항공기에 화물이나 승객의 짐을 싣고 내리는 조업장비가 많아 항공기에 손상을 입힐 수 있으므로 다음과 같은 주의를 기울여야 한다.

- 항공기 엔진이 완전히 꺼지기 전에 조업장비를 움직이는 행위는 하지 않는다.
- 항공기 동체 밑부분에서 장비의 기동과 위험한 행동은 하지 않는다.
- 조업장비 속도가 빠를 경우 다른 장비들과 충돌할 수 있기 때문에 속도 제한을 두어 엔진 동력을 갖춘 조업장비의 속도는 10km 이내로 제한한다.
- 조업장비를 항공기에 너무 가까이에서 운전하는 행위, 조업장비를 높이 세우고 운전하며 항공기 가까이에서 리프트를 올리는 행위는 삼간다.
- 조업장비가 움직이지 않도록 브레이크를 설정한다.
- 조업장비 브레이크 장비에 결함이 있는지 여부, 브레이크 페달이 닳거나 낡았는지 여부를 주의 깊게 관리, 감독한다.

DenisKlimov/Shutterstock.com

항공기 흡입의 위험이 있는 구역(Suction Hazard Area)과 폭발의 위험이 있는 구역(Blast Hazard Area)은 다음 그림과 같다. 이 구역에는 위험요소가 많으므로 지상 조업 작업자들이 더욱 세심한 주의를 기울여야 한다.

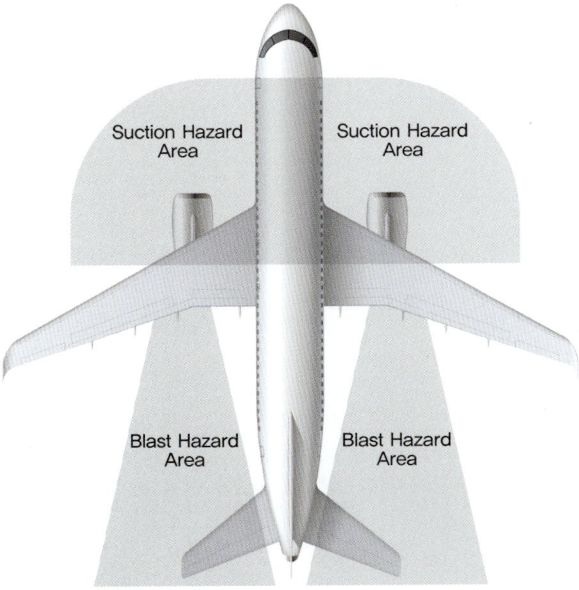

그림 6.3 항공기의 흡입 및 폭발 위험 구역

항공안전등급 평가 | ICAO의 국가별 항공안전평가 프로그램(USOAP) | 미국 FAA의 국가별 항공안전평가(IASA)

항공안전우려국 및 EU 블랙리스트 | 항공안전우려국 및 항공안전 2등급 국가 | EU 발표 블랙리스트(EU Air Safety List) 항공사

항공기 사고 모형이론

항공보안등급 | 항공보안등급 정의 | 해외 동향

Chapter 7

항공안전등급

1. 항공안전등급 평가

고객이 항공사를 선택할 때 영향을 미치는 중요한 요소들이 있다. 이들 요소로는 항공운임, 쾌적성, 정시성, 안전성, 기내 서비스 등이 꼽힌다. 그중 항공안전등급과 정시성에 따라 항공운송 서비스 평가와 블랙리스트 관리가 이루어지며, 항공안전에 저해되는 요소를 지속적으로 관리하여 사고 발생률을 낮추기 위해 노력하고 있다.

1) ICAO의 국가별 항공안전평가 프로그램(USOAP)

USOAP(Universal Safety Oversight Audit Program)는 전 세계에서 발생하는 항공기 사고를 예방하기 위해 국제민간항공기구(ICAO)가 각 국가의 항공안전 감독 의무 이행 실태를 직접 평가하는 프로그램이다. 이 프로그램의 시행 결과 각 국가가 자국 항공 시스템을 체계적으로 개선함에 따라 전 세계적으로 항공 사고율이 낮아지고 ICAO 기준 이행률이 향상되었으며 항공안전에 대한 인식이 크게 제고되었다.

1998년 9월 개최된 제32차 ICAO 총회에서 항공안전평가 프로그램(USOAP) 설치가 의결된 후 ICAO는 1999년부터 2004년까지 모든 국가의 항공안전감독 의무 이행 실태를 강제로 평가하였다. 그리고 2005년부터 2010년까지 USOAP CSA(Comprehensive Systems Approach) 평가대상을 안전에 관련된 시카고 협약 전 부속서*로 확대하는 종합평가로 변경할 것을 의결하였다.

*** 부속서**
외교적인 교섭에서 일정한 효력을 지닌 문서

ICAO는 "각 국가가 자국 소속 항공사, 관제기관, 공항 운영자 등에 대한 항공안전감독 시스템을 국제표준, 권고, 지침 등 ICAO에서 정한 기준에 따라 적절히 수립하여 이행하고 있는지 여부"를 직접 평가하였다.

■ **항공안전평가 요소**

- 기본 법률
- 세부 운영규정
- 항공조직과 항공안전감독 기능
- (안전감독자의) 자격과 훈련
- (안전감독자에 대한) 기술지침, 도구 및 안전정보의 제공
- 면허, 증명, 인가 및 승인
- 감시
- 안전문제의 해소

평가대상이 되는 업무는 항공안전법령, 안전조직, 자격증명, 운항, 감항성, 사고조사, 항행(관제, 계기 비행절차, 항공정보 업무, 항공지도, 통신, 기상, 수색구조 등 7개 세부업무 포함), 공항 등으로 국가의 항공 시스템 전반을 평가한다. 이 평가는 모든 국가에 대해 동일한 잣대로 강제 평가하는 성격을 띠는데, 우리나라는 2008년 5월에 받은 평가에서 ICAO 팀으로부터 국제기준 이행률 98.89점, 항공안전 세계 1위 국가로 인정받았다.

다양한 위험지표(Risk Indicator)를 활용하여 항공안전 실태를 감시하고, 국가 제출자료, 산업동향, 사고 발생률, ICAO 정보요구서 등을 평가에 활용하여 ICAO 웹사이트를 이용한 온라인 평가를 원칙으로 하나, 필요시 평가관이 해당 국가를 직접 방문하여 평가하게 된다.

ICAO는 USOAP 평가를 통해 2020년 12월 9일을 기준으로 8개 국가를 안전우려국(Significant Safety Concerns State)으로 지정하였다.

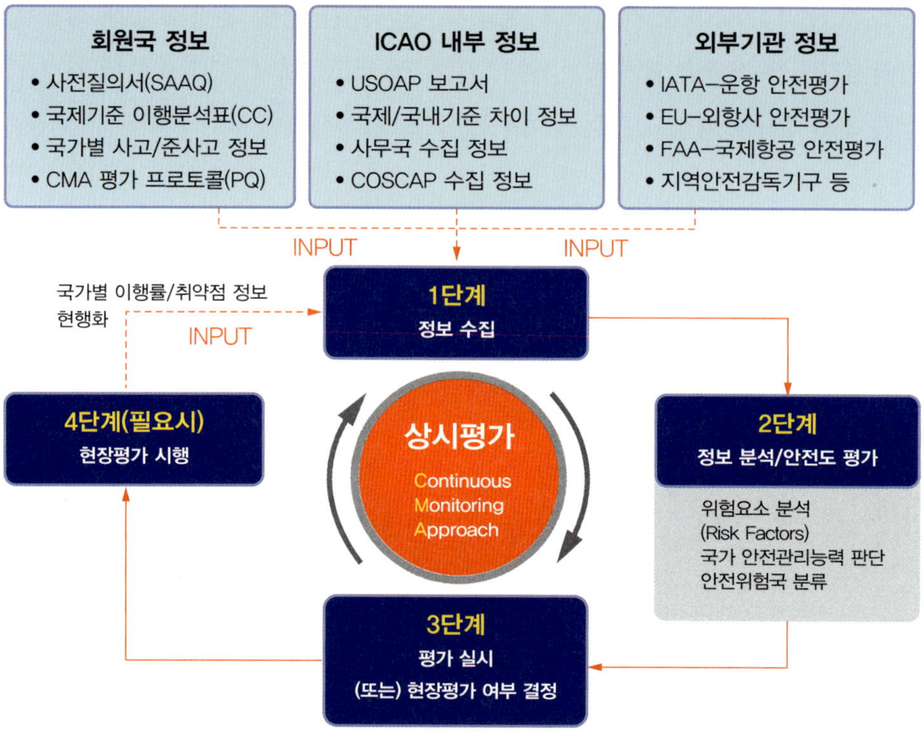

그림 7.1 USOAP 상시평가 개념도

자료: 국토교통부(2018), 국내취항 외국 항공사 안전정보

2) 미국 FAA의 국가별 항공안전평가(IASA)

IASA(International Aviation Safety Assessment Program)란 미국 연방항공청(FAA)이 자국을 운항하는 외국 항공사의 항공당국을 ICAO 국제표준에 따라 평가하기 위해 1992년에 마련한 항공안전평가 프로그램이다. 항공당국의 조직 및 감독 기능, 기술지침, 기술직 공무원의 자격, 항공사 등에 대한 증명발급 및 안전감독 체계 등이 주요 평가기준이며, ICAO 표준 이행 여부에 따라 평가 결과를 두 종류(ICAO 표준 충족 시 1등급, 미충족 시 2등급 부여)로 구분하였다. 그리고 2등급 해당 국가에는 미국 국적 항공사와의 공동운항(Code Share) 금지, 운항증편 제한 등과 같은 운항제한 조치를 실시하였다. 2021년을 기준으로 IASA 2등급 국가는 14개국이다.

2.
항공안전우려국 및 EU 블랙리스트

1) 항공안전우려국 및 항공안전 2등급 국가

국토교통부는 우리나라에 운항하는 항공운송 사업자의 안전도 정보를 국토교통부 누리집을 통해 공개하고 있다(2021년 3월 3일). 항공교통 이용자의 알 권리를 보장하고자 2012년부터 항공안전법에 따라 우리나라에 취항하는 국·내외 항공사의 주요 안전도 정보를 공개하고 있다. 국토교통부는 항공사별 안전도 정보에 따라 사고유발, ICAO 안전우려국, FAA 2등급 국가, EU 블랙리스트로 분류된 항공사에 안전점검을 최대 네 배까지 확대, 시행하고(연 2~8회), 신규취항 및 노선신설, 운항증편을 제한하는 등 차별화된 안전관리를 실시하고 있다고 밝혔다.

국토교통부의 안전도 정보에 따른 항공사별 분류

- CAO의 안전우려국(8개국): 그레나다, 부탄, 세인트루시아, 세인트빈센트, 세인트키츠, 안티구아, 에리트레아, 파키스탄
- 미국 FAA의 항공안전 2등급 국가(14개국): 가나, 그레나다, 도미니카, 말레이시아, 방글라데시, 베네수엘라, 세인트루시아, 세인트빈센트, 세인트키츠, 안티구아, 코스타리카, 큐라소, 태국, 파키스탄
- 유럽(EU)의 블랙리스트(24개국): 나이지리아, 네팔, 라이베리아, 리비아, 몰도바, 베네수엘라, 북한, 상투메 프린시페, 수단, 수리남, 시에라리온, 아르메니아, 아프가니스탄, 앙골라, 에리트레아, 이라크, 이란, 적도기니, 지부티, 짐바브웨, 코모로스, 콩고공화국, 콩고민주공화국, 키르기스스탄

자료: 국토교통부(2021), 항공운송사업자 안전도 정보

2) EU 발표 블랙리스트(EU Air Safety List) 항공사

유럽연합(EU) 소속 국가에 취항하는 외국 항공사 중에서 안전성이 결여된 항공사는 EU 지역 운항을 제한하거나 해당 항공사에 소속된 일부 기종만 EU 지역 내 운항을 허가한다.

표 7.1 국가별 안전등급 비교

국가	ICAO 안전우려국 (SSC*) '20.12.9 기준 (8개국)	FAA 2등급 '20.7.15 공시 (14개국)	EU 블랙리스트 (Air Safety List) '20.12.8 공시 (24개국)	비고 (EU 리스트 상세내역)
가나		●		
그레나다	○	●		
도미니카		●		
나이지리아			A*	1개사(Med-View Airline)
네팔			A	18개사(Air Dynasty Heli.S 등)
라이베리아			A	모든 항공사
리비아			A	7개사(Afriqiyah Airways 등)
말레이시아		●		
방글라데시		●		
베네수엘라		●	A	1개사(Avior Airlines)
북한			B*	일부 제한(Air Koryo)
상투메 프린시페			A	2개사(Africa's Connection 등)
세인트루시아	○	●		
세인트빈센트	○	●		
세인트키츠	○	●		
수단			A	12개사(Alfa Airlines Sd 등)
수리남			A	1개사(Blue Wing Airlines)
파키스탄	○	●		

아르메니아			A	7개사(Aerojet 등)
시에라리온			A	7개사(Air Rum LTD 등)
안티구아	○	●		
아프가니스탄			A	2개사(Ariana Afghan Airlines 등)
앙골라			A	13개사(Aerojet 등)
코스타리카		●		
에리트레아	○		A	2개사(Eritrean Airlines 등)
이라크			A	1개사(Iraqi Airways)
이란			A	1개사(Iran Aseman Airlines)
			B	일부 제한(Iran Air)
적도기니			A	2개사(Ceiba Intercontinental 등)
지부티			A	1개사(Daallo Airlines)
짐바브웨			A	1개사(Air Zimbabwe)
코모로스			B	일부 제한(Air Service Comores)
콩고공화국			A	8개사(Aero Service 등)
콩고민주공화국			A	21개사(Air Fast Congo 등)
큐라소		●		
키르기스스탄	○		A	13개사(Air Bishkek 등)
태국		●		
부탄	○			

* SSC: Significant Safety Concern(안전우려국)

The EU Safety List
* A Category: 해당 국가에 해당하는 항공사 모두 제한(일부 항공사 제외 포함)
* B Category: 제한적 운항 허용(특정 항공사 일부 기종 또는 일부 항공사만 해당)

3.
항공기 사고 모형이론

항공기 사고를 포함하여 산업재해의 발생원인을 최초로 과학적 차원에서 설명한 이론은 하인리히의 도미노이론(1931년)이다. 그 후 버드의 수정 도미노이론이 발표되었지만(1976년), 두 이론은 모두 원인과 결과에 기반한 선형적 분석이라는 점에서 오늘날의 복잡다단한 산업재해를 설명하는 데에는 한계가 있다. 오늘날 안전관리 이론은 종래의 개인별 접근법에서 벗어나 조직체계적 접근법을 취하고 있는데, 대표적인 이론이 스위스 치즈(Swiss Cheese) 모형이다.

스위스 치즈 모형은 1990년에 제임스 리즌*이 발표한 모형으로, 사고의 발생과정을 치즈의 생성과정에 빗대어 사고의 원인과 결과를 설명한 이론이다. 이 이론에서는 인적 요인보다 조직적 요인을 더 강조하는데, 사고나 재난은 한두 가지의 위험요소로 발생하는 것이 아니라 여러 위험요소가 동시에 다발적으로 존재해야 발생하기 때문이다.

치즈가 숙성될 때 치즈 안에 기포가 발생하여 여러 개의 구멍이 생기는데, 치즈를 아무리 여러 장 겹쳐 놓아도 그 구멍을 일직선으로 관통하는 틈이 생길 수 있다. 여기서 치즈의 각 장은 안전요소나 방어막 역할을 하는 장치를 의미한다. 이와 같이 여러 단계의 안전요소나 방호장치를 구비하더라도 결함이나 미흡함이 존재하며, 이러한 결함이 우연히 또는 필연적으로 동시에 노출될 때 사고가 발생하게 된다. 스위스 치즈 모형이론에 의하면 하나의 안전요소나 방호장치만 제대로 작동해도 사고를 막을 수 있다.

*** 제임스 리즌(James Reason)**
영국 맨체스터대학교의 심리학자로 안전관리 분야의 명저 『Managing the risks of organizational accidents』를 저술했다.

그림 7.2 사고 발생 4단계를 나타낸 스위스 치즈 모형

■ **스위스 치즈 모형의 사고 발생 4단계**

- 1단계: 사람의 불안전한 행동으로 중요한 절차상의 과정을 무시하거나 생략하는 등의 규정 위반과 망각, 착각 등의 실수에 의해 발생한다.
- 2단계: 불안전한 행동을 야기하는 전제조건으로 조직원의 피로, 대화부족, 조직원 간의 협조 부족 등을 예로 들 수 있다.
- 3단계: 불안전한 감독으로 감독 불충분, 문제점을 바로잡지 못함, 경험이 없는 신입직원의 업무 투입 등을 예로 들 수 있다.
- 4단계: 조직이 개인과 조직에 미치는 영향으로 조직 내 자원관리나 안전관리 소홀, 조직분위기, 신입교육 부서 미설치 등의 예가 있다.

이 모형이론을 항공기 사고에 적용해 보면, 사고는 승무원 간의 CRM* 문제나 정비사의 절차 미수행이라는 인적 요인이 전제되거나 예산이나 정책 등의 관리요인이 부족하여 발생할 수 있다. 항공안전 관련 등급을 받은 항공사는 더 높은 등급을 받기 위해 운항환경을 개선하게 되는데, 사망사고가 발생하면 항공사의 경영상태에 영향을 미치기 때문이다.

---

* CRM(Crew Resourcement Management)
승무원 자원관리로, 안전운항 능력을 높일 수 있도록 설계된 프로그램이다. 1976년 NASA 항공안전 워크숍에서 유래된 용어로, 팀 의사소통과 협조의 부재를 줄이고 조종사 과실을 최소화하기 위하여 항공사에서 정기적으로 실시하는 교육을 일컫는다.

Special Section 2

민간항공사 항공기 사망사고 발생현황

일자	항공기	항공사	등록번호	항공사 국적	사고발생 장소
2016.3.19	Boeing B737	Flydubal	A6-FDN	아랍 에미리트	러시아
러시아 로스토프공항 착륙 중 기상악화로 복행을 시도했으나 양력 손실로 활주로 왼쪽에 추락 • 사상자 62명					
2016 5.19	Airbus A320-200	Ehypt Air	SU-GCC	이집트	이집트
이집트 북부 지중해 200m 부근에서 기체이상으로 추락 • 사상자 66명					
2016.12.7	ATR ATR 42-500	Pakistan International Airlines Coporation	AP-BHO	파키스탄	파키스탄
착륙을 위한 고도강하 중 기체이상으로 파키스탄 헤빌라니안 부근에 추락 • 사상자 47명					
2017.1.16	Boeing B747-400F	Turkish Airlines	TC-MCL	터키	키르키스스탄
키르기스스탄 마나스 국제공항 착륙 중 저시정으로 복행하였고 공항 울타리에 충돌한 후 공항 외곽 건물에 충돌 • 사상자 39명					
2018.2.11	Antonov An-148	Saratov Airlines	RA-61704	이란	러시아
모스크바공항에서 이륙하여 이동 중 속도측정기 오작동으로 추락 • 사상자 71명					
2018.2.18	ATR ATR 72-212	Aseman Airlines	EP-ATS	이란	이란
야수즈공항에서 착륙을 위한 선회비행 중 지시받은 고도 이하로 강하하여 산과 산 사이의 바람에 따른 양력 손실로 추락 • 사상자 66명					
2018.3.12	de Haviland Canada 8-402Q-8	US-Bangla Airlines	S2-AGU	네팔	네팔
네팔 트리부반 국제공항에서 착륙을 위한 선회비행 중 양력 손실이 발생하여 추락 • 사상자 51명					

2018.5.18	Boeing B737-200	Aerolineas DAMOHJ S.A.deC.V	N772SW	멕시코	쿠바
공개 내용 없음 • 사상자 112명					
2018.9.9	L410	Slaver Company	UR-TWO	남수단	남수단
남수단 이롤공항 접근 중 활주로 서쪽 1.6km 부근에서 저시정으로 충돌 • 사상자 20명					
2018.10.29	Boeing B737 MAX	Lion Air	PK-LQP	인도네시아	인도네시아
세카노 하타공항 이륙 후 항공기 시스템 오류로 자바해에 추락 • 사상자 189명					
2019.3.10	Boeing B737 MAX 8	Ethiopian Airlines	ET-AVJ	에티오피아	에티오피아
에티오피아 아디스아바바볼레 국제공항 이륙 후 6분 뒤 기체결함으로 아디스아바바 동쪽 외곽 상공에서 추락 • 사상자 157명					
2019.5.5	Sukhoi Superjet 100-95B	Aeroflot	RA-89098	러시아	러시아
셰레메티예보 국제공항에 비상착륙을 시도했다가 낙뢰를 맞아 화염에 휩싸여 폭발 • 사상자 41명					
2019.11.24	Dornier 228-201	Busy Bee Congo	9S-GNH	콩고	콩고
고마시 이륙 직후 인근 주거지역에 추락 • 사상자 26명					
2019.12.27	Fokker 100	Bek Air	UP-F1007	카자흐스탄	카자흐스탄
알마티 국제공항 이륙 직후 인근 알마티공항 외곽에 추락 • 사상자 12명					

주: 국제민간항공기구[ICAO Safety Accident Statistics('16.1~'20.12)]에서 발표한 항공사고 중 10인 이상 사상자 발생건만 집계
자료: 국토교통부(2021), 정책자료-정책정보-항공 '항공운송사업자 안전도 정보 공개 사항'

4. 항공보안등급

1) 항공보안등급 정의

항공보안등급은 민간항공을 대상으로 하는 항공테러 등 불법행위 사전 차단 및 위협 등급별 대응체계 구축을 위한 대책으로 마련되었다. 민간항공 위협정도에 따라 5단계로 발령·운영되며, 등급 상향에 따라 보안 조치사항이 강화된다.

그림 7.3 등급 발령 단계

항공보안등급 조정은 민간항공에 대한 위협상황이 발생하였거나 위협이 증가하는 경우, 국토교통부장관이 발령하는 것이 원칙이다. 정부가 수립한 국가항공 보안계획에 따라 공항공사 및 항공사는 현장에 맞는 자체 보안계획을 수립·이행하여 항공보안 수준을 제고한다.

국가 주요 행사 및 테러 위협정도에 따른 보안등급 조정, 특정 지역 한정 등을 통해 탄력적이고 효율적인 대응이 가능하며, 공항공사 및 항공사별 보안강화 사항을 구체화, 세분화함에 따라 현장에서의 적절한 조치가 용이하다.

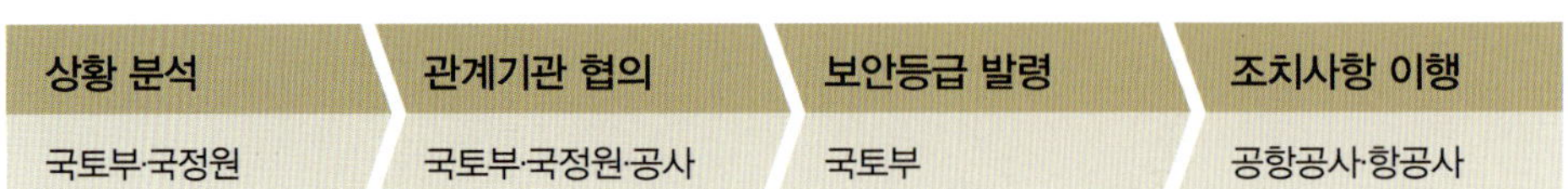

그림 7.4 업무처리 흐름도

2) 해외 동향

ICAO는 항공테러 등 예측이 어려운 불법행위로부터 민간항공을 효과적으로 보호하기 위해 사전대책(Contingency Plans) 수립을 의무화하였다. 미국, 영국, 중국, 일본 등 대부분의 국가도 보안등급을 3~5단계로 구분하고 등급별 차등적인 보안강화 조치사항을 이행하고 있다.

항공보안등급은 국가가 정한 항공안전계획에 따라 나뉘는 보안수준으로, 표 7.2의 단계별로 지정하며, 국가의 보안을 지키기 위해 표 7.3의 보안등급별 조치사항을 이행해야 한다. 공항 직원들의 보안사항도 상향 조정되며, 공항 보안구역에 들어갈 때에는 보안절차가 더 까다롭게 적용된다.

표 7.2 항공보안등급 단계

단계(Level)	보안수준
1단계 평시(Green)	불법행위 위협이 낮은 단계로, 도검류 등 기내 반입 금지 물품 검색, 항공기 비인가자 접근·출입·통제 등 우리가 알고 있는 기본적인 항공보안 업무를 수행
2단계 관심(Blue)	테러 징후가 있으나 그 활동수준이 낮으며 가까운 기간 내 테러로 발생할 가능성도 낮은 상태로, 대부분 일반적으로 공항에 적용되는 등급
3단계 주의(Yellow)	테러 징후가 있고 테러로 발전할 수 있는 일정 수준의 경향이 나타나는 단계로, 공항·항공기 등에 대한 위협 정보가 있거나 국빈 방문과 같은 국가 행사 시 시행하는 등급
4단계 경계(Orange)	테러 유사 활동이 매우 활발하고 테러 경향이 현저한 수준으로 테러 가능성이 농후한 상태
5단계 심각(Red)	테러 유사 활동이 매우 활발하고 테러 경향이 현저하며 확실시되는 상태

표 7.3 보안등급별 조치

단계(Level)	문형감지기 감도	승객/휴대품/촉수/개봉	위탁 수하물 개봉	순찰 간격	요원 추가투입
평시(Green)	50	10% 이상	–	120분	–
관심(Blue)	55	10% 이상	10%	90분	–
주의(Yellow)	60	15% 이상	15%	60분	–
경계(Orange)	65	20% 이상	20%	30분	10% 이상 추가투입 또는 비상대기
심각(Red)	70	50% 이상	30%	30분	10% 이상 추가투입 또는 비상대기

Part

3

수하물 및 탑재관리의 이해

수하물 처리 시스템(BHS)

위탁 수하물과 휴대 수하물 | 위탁 수하물 | 휴대 수하물 | 객실 반입 불가 및 위탁 금지 물품

위험물 분류 | 위험물 분류 적용 규정 | 위험성 라벨 종류 | 취급성 라벨(DG Handling Label)

특수화물 구분 | 미술작품 | 반도체 | 생·동물(PET) | 신선식품 | 승객 요청에 의한 기내 탑재 물품(CBBG*) | 최고급 악기 특수화물 처리 | 총기류나 도검류 | 골수·혈액·조혈모세포 등 인체조직과 관련된 의료품 | 사체 및 유골

수하물 사고

Chapter 8

수하물

1. 수하물 처리 시스템(BHS)

승객이 출발지 공항에서 목적지까지 보낼 수하물을 체크인 카운터에서 체크인한 뒤 항공기에 탑재되는 과정에서 사용되는 시설을 수하물 처리 시스템(BHS; Baggage Handling System)이라고 한다. 다시 말해 수하물 처리 시스템이란 여객이 체크인 카운터에 맡긴 수하물의 꼬리표(Tag)를 읽어 항공편별로 수하물을 자동 운송 · 분류하는 시스템이며, 해외 여행객이 증가하고 공항 규모가 커질수록 수하물 서비스는 전 세계 주요 공항의 경쟁력을 가늠하는 척도가 되고 있다.

국제항공통신협회(SITA)*에서는 '2015 수하물 보고서'를 통해 인천공항 BHS의 정밀도가 세계 최고 수준이라고 밝혔다. SITA에 따르면, 수하물 10만 개당 항공기 미탑재 수하물 발생건수로 평가하는 BHS 정밀도에서 인천공항은

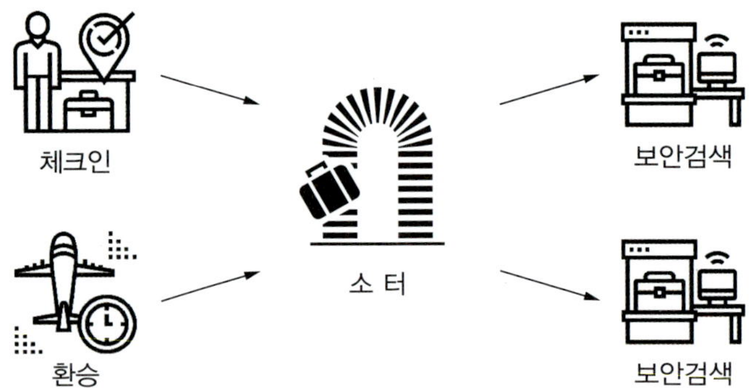

그림 8.1 출발 및 환승 수하물 통합 보안검색

*** SITA(Societe International Telecommunications Aeronautiques; 국제항공통신협회)**
세계 각국 항공사 간의 항공기 운항, 좌석 예약 등 항공 업무의 운영에 필요한 통신을 목적으로 1942년 2월에 벨기에 국내법에 근거하여 유럽의 11개 항공사에 의해 설립된 비영리 국제조직이다. 매년 발간하는 수하물 보고서는 국제항공운송협회(IATA)에서 주요 기준으로 인용되고 있다.

2014년 0.7개를 기록하여 오차율 0.0007%로 세계 최고 수준으로 나타났다. 이는 같은 기간 전 세계 공항 평균치인 14.6개보다 약 21배 정밀한 수준이다. 세계 공항의 미탑재 수하물 발생건수는 평균적으로 전년 대비 4% 증가하였지만, 인천공항은 오히려 30%나 감소하는 성과를 거두었다.

인천공항은 시설용량 포화 및 장애에 대비하여 시설을 확충하고 장애발생 경향분석을 이용하는 과학적 운영을 도입하였으며, 2009년부터 '환승 수하물 첨두예보제'를 통해 위탁 수하물이 몰리는 시간대에 따라 집중도를 3단계(Green, Yellow, Red)로 구분하여 현장인력을 탄력적으로 운용해 왔는데, 이러한 노력이 이번 평가로 결실한 것이다.

■ 4단계 사업계획

인천공항공사는 2017년부터 2024년까지 혁신기술을 도입한 4단계의 건설사업을 통해 '초(超)격차 수하물 서비스'를 제공하겠다고 밝혔다. 차세대 BHS 기술을 도입하여 세계 최고 수준의 정밀도와 효율성을 확보하는 것이 목표이다. 종래에 운영해 온 개별 운송 시스템(ICS; Individual Carrier System) 방식은 독립적으로 이동하는 개별 Tray에 의해 수하물을 분류하는데, 루프당 2700개/h 처리가 가능하고 수하물 추적의 정확성이 높다.

Dignity 100/Shutterstock.com

인천공항공사에서는 4단계 사업을 진행하면서 ICS 방식을 기울어지는 트레이 소터(TTS; Tilted Tray Sorter) 방식으로 전환할 예정인데, TTS 방식은 루프를 반복 순환하는 자동 분류기에 의한 수하물 분류 방식이다. 루프당 5400개/h를 처리하여 처리용량이 높으며, 단순한 시스템 구성과 장애 대응 면에서 우수하다.

TTS 방식을 이용하면 빠르고 더 정확한 수하물 처리가 가능하고, 4단계 건설사업을 통해 BHS의 43km 길이가 추가로 완성되면 총연장 184km의 광범위한 BHS가 구축될 것이다(184km는 인천공항에서 서울까지 약 2회 왕복거리). 이러한 복잡한 시스템 속에서도 빠르고 정확하게 수하물을 처리하며, 수하물 처리설비와 In-line 형태로 통합된 폭발물 검색 장비를 활용하여 모든 수하물에 대해 신속하고 철저하게 보안검색을 실시할 수 있다.

또한 인천공항공사는 문자 인식(OCR; Optical Character Recognition) 방식(수하물 태그 인식 시스템)을 사용하여 수하물 판독률을 개선하였다. OCR이란 카메라 기반 ATR(Automatic Tag Reader)로 수하물의 Bag Tag을 촬영한 뒤 Bag Tag의 비행편, 적재대 등 문자를 인식하여 수하물 정보를 조회하고 분류

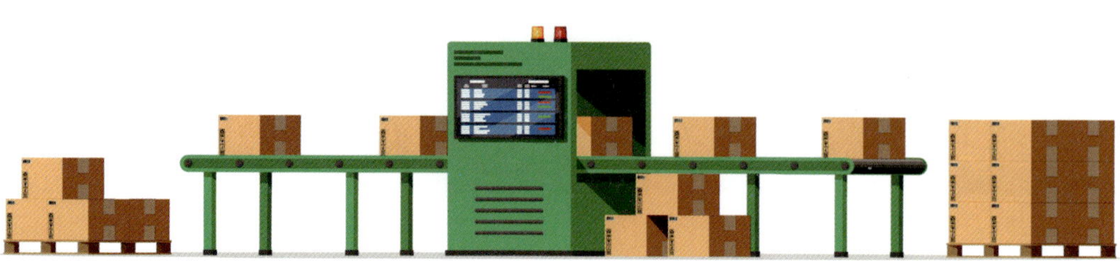

하는 방식이다. 이 방식은 종래의 레이저 방식보다 인식률을 더 향상시키며, 전산 · 네트워크 장애 대응에 우수하고, MES(수동처리장치) 진입 수하물 수량을 감소시킨다는 장점이 있다.

표 8.1 인천공항 및 해외공항 수하물 처리 시스템(BHS) 규모

구분	인천국제공항	중국 북경공항	UAE 두바이공항	스페인 마드리드공항	독일 뮌헨공항
운영 개시	2008년 6월	2008년 2월	2004년 6월	2006년 2월	2003년 6월
BHS 총길이	약 88km	약 70km	약 80km	약 100km	약 40km
BHS 주요 구성	• 벨트컨베이어 • 자동분류기 • 고속시스템	• 벨트컨베이어 • 자동분류기 • 고속시스템	• 벨트컨베이어 • 고속시스템	• 벨트컨베이어 • 자동분류기 • 고속시스템	• 벨트컨베이어 • 고속시스템

lazy dragon/Shutterstock.com

Plamen Galabov/Shutterstock.com

BearFotos/Shutterstock.com

EQRoy/Shutterstock.com

2. 위탁 수하물과 휴대 수하물

1) 위탁 수하물

여행객이 휴대한 물건을 항공사에서 인도받아 항공기 화물칸에 탑재하여 목적지까지 운송하는 수하물을 위탁 수하물(Baggage, Luggage)이라 한다. 운송요금이 항공료에 포함되어 무료로 화물칸에 위탁할 수 있는 수하물의 개수는 제한되며 탑승 클래스, 노선, 선택된 요금제 등급에 따라 달라질 수 있다. 위탁 수하물은 체크인 카운터 컨베이어 벨트를 통해 비행기로 옮겨지며, 목적지 도착 시 출국수속을 마치고 나와 컨베이어 벨트에서 수하물을 수취하게 된다.

항공사별 위탁 수하물의 규정은 상이하며, 저비용 항공사에서는 추가 요금을 지불하고 위탁 수하물의 허용량을 늘릴 수 있다. 무료 위탁 수하물의 무게를 초과할 경우 추가 금액(Extra Charge)을 지불해야 하며, 보통 노선의 요율에 1kg 당 요금을 곱한 금액이 청구된다. 그러나 이 기준은 항공사나 노선에 따라 상이하며, 보통 위탁 수하물의 1개 무게는 32kg을 넘지 않아야 한다.

수하물 탁송 시 요금을 부과하는 방식에는 Piece System과 Weight System이 있다. Piece System* 요금부과 제도는 미주 구간에만 적용되는데, 23kg 이하의 짐을 무료로 탁송할 수 있는 개수가 각 좌석 등급에 따라 정해지며, 그 이상을 초과할 경우 수하물 개수에 따라 Excess Baggage Charge 금액을 부과하게 된다. 대한항공의 규정에 의하면 일등석 승객은 개당 무게가 32kg 이하인 수하물 3개를 무료 탁송하며, 프레스티지석 승객은 개당 32kg 이

---

* Piece System
수하물의 무게가 아니라 가방의 개수에 따라 초과 요금을 부과하는 제도이다. 미주 구간에 해당하는 노선(브라질 구간 제외)에 적용되고 이외의 노선에는 Weight System이 적용된다.

하의 짐을 2개, 일반석 승객은 개당 23kg 이하의 짐을 2개 허용하며 유·소아를 동반한 승객은 유모차와 카시트를 추가로 탁송할 수 있다.

반면에 미주를 제외한 모든 노선의 항공편에는 Weight System*이 적용되는데, 최대 허용무게 안에서 개수 제한이 없는 것이 특징이다. 대한항공 기준으로 일등석 승객은 32kg 이하의 짐을 3개 허용하여 총무게 96kg까지 무료 탁송이 가능하며, 프레스티지석 승객은 32kg 이하의 짐을 2개 적용하여 총 64kg의 짐을 보낼 수 있다. 일반석 승객은 23kg 이하의 짐을 1개만 무료 탁송할 수 있는데, 짐의 총무게를 초과할 경우 1kg당 추가 요금이 부과된다. 허용되는 무게와 수하물 개수는 항공사마다 다르며 클래스, 엘리트 등급, 항공권 유형, 항공편 출발지와 목적지에 따라 다를 수 있다. 일반적으로 대부분의 항공사에서 함께 여행하는 단체승객은 허용되는 무게를 결합할 수 있는데, 이것을 Bag Pooling*이라고 한다.

그림 8.2는 인천공항공사에서 안내하고 있는 위탁 수하물 허용 물품 목록이다. 위탁 수하물에는 현금 또는 귀중품, 중요한 서류를 넣지 않아야 하며 항공기 위험에 저해되는 기준의 물품 위탁은 엄격히 금지된다. 총기류나 창, 도검 등은 위탁 수하물로 허용되나 항공사에 소지허가서를 제출하고 허가를 받아야 한다.

■ 객실 반입 불가 및 위탁 가능 물품

무기로 사용될 수 있는 물품은 객실에 반입이 불가하나 위탁 수하물로 항공기 화물칸이나 조종실에 탑재하여 목적지까지 운송할 수 있다.

- 총기류, 무술·호신용품: 모든 총기 및 총알, 전자충격기, 장난감총, 쌍절곤, 공격용 격투무기 등

*** Weight System**
미주 구간을 제외한 나머지 출발 및 도착 전 구간에 적용되는 제도이며 수하물 무게당 요금을 부과하는 초과 수하물 요금 제도이다. 가령 1kg 무게 초과 시 10,000원이 부과된다. 항공사별로 요금은 상이하며, 각 노선별 운항거리로 요금이 적용된다.

*** Bag Pooling**
Weight System이 적용되는 노선에서 단체승객의 짐은 대표 인솔자의 이름으로 무게와 개수를 합산하여 시스템에 입력할 수 있다. 한마디로 단체승객의 짐을 합산하여 한 사람의 승객정보에 입력하는 것이다.

그림 8.2 위탁 수하물 허용 물품

- 창·도검류: 과도, 커터칼, 맥가이버칼, 면도날, 작살, 표창, 다트 등
- 스포츠용품류: 테니스라켓 등 라켓류, 인라인스케이트, 스케이트보드, 등산용 스틱, 야구공, 공기가 주입되지 않은 공류
- 공구류: 도끼, 망치, 톱, 송곳, 드릴, 스크루드라이버, 렌치, 스피너, 펜치류, 가축몰이봉 등

2) 휴대 수하물

항공기 내에서 휴대할 수 있는 수하물을 의미하며 기내 선반이나 좌석 밑에 수용 가능한 크기의 수하물만 허용된다. 가방 세 면의 총합이 115cm(1면의 최대 허용길이: 가로 55cm, 세로 40cm, 높이 20cm) 이하인 휴대품에 한해 항공사가 항공운임에 포함시켜 무료로 목적지 공항까지 운송한다.

기내용 가방은 2개까지 허용 가능하나 지나치게 크거나 무거운 물품은 금지되는데, 그 이유는 항공기의 연료가 많이 소모되고 항공기 Weight and Balance 무게중심 값의 정확도를 떨어뜨리는 요인으로 작용할 수 있기 때문이다.

실제로 저가 항공사에서는 수하물의 무게를 엄격하게 제한하는 이유로 연료 절감을 들었다. 중량이 커서 무거워질수록 연료 소모량이 증가할 뿐 아니라, 다수의 승객이 초과 중량의 물품을 소지하고 탑승할 경우 항공기 총중량의 한계량인 최대 허용이륙중량을 초과할 수 있기 때문이다.

■ **항공 기내 반입 가능 크기**

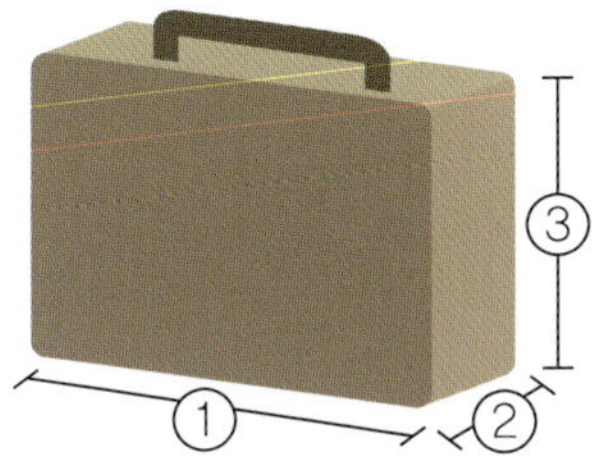

①+②+③=115cm 이하(기내 반입 수하물 예시)

■ **휴대 가능 물품**

기내에 반입하여 휴대가 가능한 물품으로는 위탁 수하물로 탁송하지 못하는 현금, 귀중품, 중요한 서류를 비롯하여 라이터 1인 1개(딱성냥과 라이터용 연료는 위탁 수하물로도 탁송 불가), 보조 배터리, 노트북 등이 있다. 리튬 배터리는 화재가 발생할 수 있어 160wh 이하 제품만 가능하며 100wh 이하 제품을 포함하여 5개까지 가능하다.

그 밖에 휴대 가능한 물품은 다음과 같다.

- 개인용 화장품목: 향수, 헤어스프레이 등 용기당 0.5kg 또는 0.5*l* 이내로 1인당 품목별 2개 이내, 총 2kg 또는 2*l*까지
- 소량(1개 이내)의 라이터 및 성냥: 신체에 소지하고 탑승할 수 있으나 '딱성냥'과 '라이터용 연료'는 기내 반입 및 위탁 수하물 탁송 둘 다 불가
- 단, 미국 출/도착행 승객은 모든 종류의 라이터를 기내에 반입할 수 없으며, 이외 지역은 1개 이내 허용(미국 TSA 규정)
- 의료용 품목: 의료용 소형 산소통과 보호 케이스에 들어 있는 체온계/온도계 (단, 의료용 산소통은 당사 사전승인 및 당사 제공 산소통만 허용)

- 드라이아이스: 부패성 화물 포장용으로 1인당 2kg 이내여야 하며 용기의 환기가 가능해야 함(항공사 사전승인 필요)
- 휴대 사용 목적의 개인용 노트북 PC, (카메라가 내장된)휴대폰, 예비용품 등

■ **주요 휴대 수하물 예시**

개인 휴대물품	고가의 물품	파손되기 쉬운 물품

3) 객실 반입 불가 및 위탁 금지 물품

객실 내 휴대와 위탁 수하물 수속이 모두 불가한 물품은 아래와 같다.

- 폭발물류: 수류탄, 다이너마이트, 화학물질류, 연막탄, 조명탄, 폭죽, 지뢰, 뇌관, 신관, 도화선, 발파캡 등 폭발장치
- 발화/인화성 물질: 성냥, 라이터, 부탄가스 등 인화성 가스, 휘발유, 페인트 등 인화성 액체, 70% 이상의 알코올성 음료 등
- 방사능, 전염성 독성물질
- 염소표백제, 산화제, 수은, 하수구 청소제제, 독극물, 의료 · 상업용 동위원소, 전염성 생물학적 위험물질 등
- 고압가스 용기: 스킨스쿠버 장비 공기통, 산소캔(공기를 완전히 빼낸 빈 실린더임이 확인되어야만 위탁 수하물 처리 가능)
- 기타 위험물질: 소화기, 드라이아이스, 최루가스, 부식성 물질, 자기성 물질, 유해/자극적 물질 등 탑승객 및 승무원, 항공기와 탑재물에 위험을 끼칠 가능성이 있는 품목

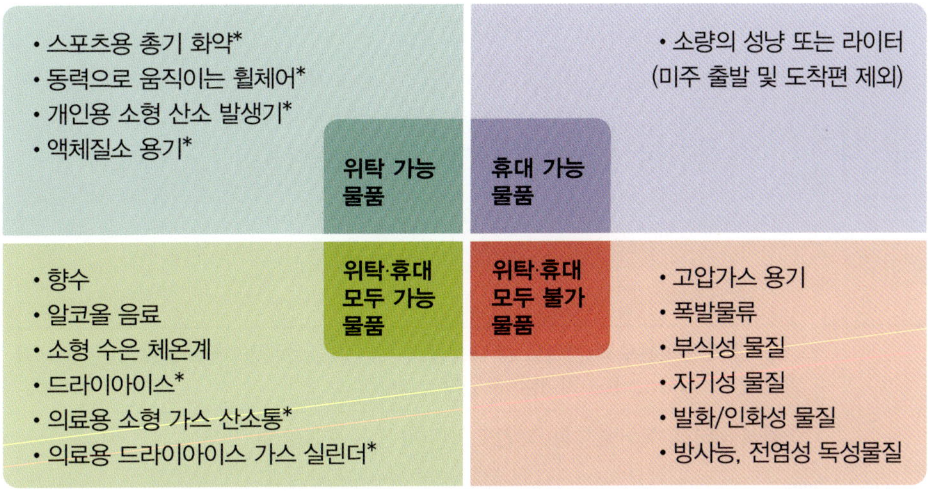

운송 제한 물품			
알코올 음료 도수 70도 이하, 5ℓ 이하	**헤어스프레이, 향수류** 개인당 2kg 또는 2ℓ 이하, 용기당 0.5kg 또는 0.5ℓ 이하	**드라이아이스** 1인당 2kg (부패성 물질의 냉매로 사용할 경우)	**스포츠용 총기에 사용할 화약** 5kg 이하

주: * 품목은 항공사의 사전승인을 받아야 한다.

그림 8.3 수하물의 위탁/휴대 가능 및 운송량 제한 품목

Special Section 1

숨겨진 위험물류(Hidden Dangerous Goods)

에어로졸 캔 (Aerosol Cans)	객실 내 기압과 온도의 변화로 캔 내용물이 새어 나올 수 있으며 과열로 인한 캔의 폭발로 준사고(incident)도 일어날 수 있다.
자동차 부품 (Automobile Parts)	습건식 배터리, 에어백 부품, 페인트, 배터리 등을 포함할 수 있다.
진단용 표본 (Diagnostic Specimens)	전염성 물질을 포함할 수 있다.
캠핑 장비 (Camping Equipment)	가연성 압축가스를 포함한 금속제 용기, 등유 등의 가연성 액체가 포함된 품목이나 부식성 물질을 포함할 수 있다.
화학약품 (Chemicals)	대부분의 화학약품은 위험성을 지니며, 자격을 갖춘 화물 취급 직원만이 화물로 접수 가능한지를 조언할 수 있다.
극저온 액체 (Cryogenic Liquid)	질소, 헬륨, 아르곤과 같이 매우 낮은 온도의 가스를 지칭하며, 접촉 시 피부를 손상시킬 수 있으며, 밀폐된 공간에서는 질식을 일으킬 수도 있다.
치과장비 (Dental Apparatus)	합성수지(Resins), 용매제(Solvents)를 포함할 수 있다.
다이빙 장비 (Diving Equipment)	압축공기나 특수가스 혼합물을 담고 있는 공기 실린더를 포함할 수 있으며, 빈 실린더(압력 게이지가 0을 나타낼 때)는 접수가 가능하다. 다이빙 램프는 충전 가능한 납산 배터리(Lead Acid Batteries)를 포함할 수 있다.
드릴링/채광 장비 (Drilling or Mining Equipment)	폭발물질을 포함할 수 있다.
건전지 (Dry Cell Batteries)	규정을 적용받지는 않지만 누전(Short Circuits)이 일어나지 않게 포장되어 있어야 한다.
전자장비 (Electronical Equipment)	자기성 물질이나 수은을 포함할 수 있다.
냉동식품 (Frozen Food)	생·동물이나 사람에게 악영향을 끼칠 수 있는 드라이아이스를 사용하여 포장할 수 있다.
계기류(Instruments)	수은(Mercury)을 포함할 수 있다.
기계 부품 (Machinery Parts)	화학약품, 세정 용매제(Cleaning Solvents), 페인트를 포함할 수 있다.

전동장비 (휠체어, 구동장비, 잔디깎이, 골프카트 등)	습건식 배터리를 포함할 수 있다.
가스 라이터 (Gas Cigarette Lighters)	액화가스를 담고 있는 라이터는 항공기 운항 중 객실 내 기압강하로 위험할 수 있다. 널리 쓰이는 일회용 플라스틱 라이터는 우발적인 작동을 막기 위한 가스 배출 밸브 방호장치가 없어 대형폭발로 이어질 수 있다.
가스 실린더 (Gas Cylinders)	내용물이 채워진 경우에는 화물로만 접수될 수 있다.
가정용품 (Household Goods)	페인트, 에어로졸, 가연성 액체, 가정용 세척제 등을 포함할 수 있다.
가정용 세척제 (Household Cleaners)	염소와 암모니아, 강한 산화제(Oxidizers)를 포함할 수 있다. 또한 몇몇 세제와 녹(Stain) 제거제는 부식성이 있는 암모니아를 포함하며, 산화물질과 반응하고 독성 연기(Toxic Fumes)를 배출할 수 있다.
실험실 실험장비 (Laboratory Testing Equipment)	화학약품, 세정 용매제, 페인트 등을 포함할 수 있다.
라이터 연료 (Lighter Fluid)	담배 라이터의 비흡수성(Unabsorbed) 액체연료(Liquid Fuel)는 항공 운송 중에 새어 나와 객실과 화물칸에 폭발성 증기를 배출할 수 있다.
성냥 (Matches: Book, Cards or Safety)	규정에서 인증한 용기에 담겨 움직이지 않도록 포장되어야 한다.
수은(Mercury)	고온저압 상태에서 독성 연기를 발산하며, 액체 수은은 알루미늄을 매우 짧은 시간에 부식시킨다. 누출될 경우에는 기체에 심각한 손상을 가져올 수 있다.
페인트(Paint)	대부분의 페인트는 가연성 액체(Flammable Liquid)이며 화물로만 접수될 수 있다. 에나멜 페인트(Enamels), 라커(Lacquers), 목재 스테인 페인트(Stain), 셸락 페인트(Shellac), 니스(Varnish), 광택제(Polish), 첨가제(Filler), 희석제(Thinner)도 이 분류에 포함된다. 항공기 내에서의 기압감소로 내용물이 누출될 수 있다.
승객 서비스 유니트 (Passenger Service Units)	항공기 부품에는 위험물로 규정된 화학 산소 발생기(Integral Chemical Oxygen Generator)가 포함될 수 있다.
사진장비 (Photographic Equipment)	부식성 화학약품을 포함할 수 있는데, 이는 항공기의 자재나 금속에 손상을 줄 수 있고, 피부에 심한 화상을 입힐 수 있다.
휴대용 전동장비 (Portable Power Tools)	전동톱(Chain Saws) 등으로, 석유엔진으로 구동되고 연료가 담긴 연료탱크가 달려 있을 수 있다.
카 레이싱팀 장비 (Racing Car Team Equipment)	가연성 에어로졸, 니트로메탄(Nitromethane)이나 연료 첨가제 혹은 습건식 배터리를 포함할 수 있다.

보수/수리 장비 (Repair Kits)	접착제(Adhesives), 셀룰로오스(Cellulose), 페인트, 유기 과산화물(Organic Peroxides), 용매제(Solvents)를 포함할 수 있다.
수영 풀 약품 (Swimming Pool Chemicals)	산성이나 염기성 액체, 고체를 포함할 수 있다.
쇼, 영화, 무대 특수효과 장비	가연성 물질, 폭발물질이나 무대 연무(Dry Ice)를 포함할 수 있다.
연장함 (Tool Boxes)	폭발물질을 포함할 수 있으며, 압축가스, 에어로졸 가연성 접착제나 페인트, 부식성 액체 등을 포함할 수 있다.
백신(Vaccines)	드라이아이스로 포장할 수 있다.

전동 WCHR 배터리 관련 위험물 표시 Label

전동 휠체어의 배터리 타입에 따라 위험물 표시 라벨의 사용 여부가 달라지게 된다. 전동 휠체어의 배터리는 건식과 습식으로 구분되는데, 주로 건식 배터리는 위험성 표시 라벨과 방향성 표시 라벨의 부착이 불필요하며, 배터리가 휠체어 시스템과 분리된 채로 이동수단에 단단히 고정시켜 탑재한다. 습식 배터리는 건식 배터리보다 까다로운 조건이 요구되는데, 위험성 표시 라벨과 방향성 표시 라벨을 부착하여 탑재 시 배터리가 바로 서있는(Upright) 상태로 유지되어야 한다. 습식 배터리 휠체어 탑재 시 기장에게 통보해야 하며 탑재보고서에 휠체어 탑재 여부를 별도 표기해야 한다. 표 8.2는 배터리 타입별 위험물 라벨 표시 여부를 정리한 내용이다

표 8.2 전동 휠체어 타입별 배터리의 위험물 표시 라벨

배터리 타입	습식 배터리	건식 배터리	비고
WCHR 부착 탑재 시 Upright 상태 유지가 불가한 경우	O(필요) & (WCHR와 배터리를 분리하여 탑재)	X(불요) 단, 탑재 시 다음 조건을 충족해야 한다. 배터리가 휠체어 시스템과 연결되어 있지 않아야 한다. 배터리 단자가 전기회로의 합선으로부터 보호되어 있어야 한다. 배터리가 이동수단에 단단히 고정되어 있어야 한다.	기내에서 사용되는 의료 목적인 경우엔 불요하나, 보조기구로서 위탁 수하물로 탑재 시엔 위험물 표시 필요
WCHR 부착 탑재 시 Upright 상태 유지가 가능한 경우	X(불요)		
기장 통보	O(필요)	X(불요)	탑재보고서에 별도 표기 필수

3.
위험물 분류

항공기에 화물을 탑재할 때 물질의 내재한 성질로 인해 승객의 건강과 안전, 항공기 및 환경에 위해를 끼치는 물질을 위험물(DG; Dangerous Goods 또는 Hazardous Materials)로 규정한다. DG는 탑재 시 항공사에서 요구하는 안전관련 포장이 되어 있어야만 운송이 가능하며 항공사의 사전동의 허가가 필요하다. 이러한 물품은 보통 승객이 위탁 수하물로 탑재할 수 없도록 금지되어 있는 물품이며, 화물기로의 이동으로만 취급이 가능하다. 또한 탑재된 용기 바깥부분에 그 물질을 구분하는 표시를 해야 하고, 그 표식에 따라 취급법도 달라진다.

■ **국제법 규정에 따른 위험물 분류**

Class 1. 폭발성 물질(Explosives)
Class 2. 가스(Gases)
Class 3. 발화성 액체(Flammable Liquid)
Class 4. 발화성 고체(Flammable Solids)
Class 5. 산화성 물질 및 유기 과산화물(Oxidizing Materials and Organic Peroxides)
Class 6. 독성 및 전염성 물질(Toxic and Infectious Substances)
Class 7. 방사능 물질(Radioactive Materials)
Class 8. 부식성 물질(Corrosive Materials)
Class 9. 기타 위험물질(Miscellaneous Dangerous Goods)

■ 위험물 분류 라벨

1) 위험물 분류 적용 규정

국제법과 국내법의 근간이 된 국제민간항공기구(ICAO)의 기술지침서(Technical Instruction for the Safe Transport of Dangerous Goods by Air)를 준수하고, 경우에 따라서는 더 엄격하게 적용하고 있는 IATA Dangerous Goods Regulations(DGR)를 현장에서 활용하여 규정집으로 사용한다.

2) 위험성 라벨

위험성 라벨은 9가지로 나누어진다. 위험물 중 항공사의 여객기에 승객과 함께 탑재가 가능한 물품은 없으며, 아래의 품목은 모두 화물 비행기 전용으로 탑재되거나, 항공사의 사전승인을 받고 수출을 목적으로 운송할 때 가능한 물품이다.

항공사 직원은 위험성 라벨을 식별하는 교육을 매년 받게 된다. 이는 항공사 운영에서 안전성이 결정적 요소이며 항공기에 위해가 되는 물품이 탑재되지 않도록 관리, 감독하는 일이 전 직원에게 부여될 만큼 중시됨을 시사한다.

(1) Class 1 폭발성 물질(Explosives)

물질의 내재한 성질이 열에 민감하여 폭발할 수 있는 물질을 Class 1 폭발성 물질로 분류한다. 이 물질은 보통 열과 마찰에 의해 폭발할 수 있으며 포장과 취급에 유의해야 하므로 위험물 라벨을 부착하여 탑재한다. 위의 5개의 라벨이 부착된 위험물은 평상시 항공운송이 금지되므로 승객 짐의 표식에 이 라벨들이 붙어 있을 경우 탑재가 거부된다.

(2) Class 2 가스(Gases)

Class 2는 가스 성분이 담긴 물질로 분류되며, 발화될 위험이 내재된 가스와 독성 가스 등이 포함된다.

- 발화성 가스(Flammable Gas, Red Label with White Printing)
- 비발화성 및 비독성 가스(Non-Flammable, Non-Toxic Gas, Green-Label with White Printing)
- 독성 가스(Toxic Gas, White Label with Black Printing)

(3) Class 3 발화성 액체(Flammable Liquid)

Class 3은 취급주의를 요하는 휘발유 같은 발화성 액체 물질로 마찰이나 높은 열에 민감하게 반응할 수 있어 항공기 안전에 큰 위험이 될 수 있는 물품으로 분류된다.

(4) Class 4 발화성 고체(Flammable Solids)

Class 4는 자연발화 물질로 작은 마찰에도 화재를 일으킬 수 있는 고체 물질이다. 아래와 같은 물품으로 분류되어 3가지로 나누어지며 취급 시 주의해야 하는 내용을 숙지하여 탑재 방법을 구분해야 한다. 가연성 고체에는 공업용 원료, 금속재료, 석탄 등이 있다.

- 가연성 고체(Flammable Solids, Red and White Label with Black Printing)
- 자연발화 물질(Spontaneous Combustion, Red and White Label with Black Printing)
- 물에 젖을 때 위험한 물질(Dangerous When Wet, Blue Label with White Printing)

(5) Class 5 산화물질 및 유기 과산화물 (Oxidizing Materials and Organic Peroxides)

Class 5는 물질의 산화반응으로 큰 발열반응이 수반되고, 이러한 산화반응은 산화력이 강해서 다른 물질과 접촉할 경우 격렬하게 분해되거나 반응하는 고체 및 액체이다. 이 물질에는 염소산, 과산화수소, 아염소산, 불소산 염류, 질산, 요오드산 등이 포함된다. 항공기를 산화시켜 부식시킬 수 있는 물질로 항공기를 위험에 처하게 할 수 있는 물품으로 분류되며, 위의 라벨로 표시된다.

- 산화물질(Oxidizing Substances, Yellow Label with Black Printing)
- 유기 과산화물(Organic Peroxides, Yellow Label with Black Printing)

(6) Class 6 독성 및 전염성 물질(Toxic and Infectious Substances)

Class 6은 극소량만 섭취해도 건강을 해치고 사망에 이르게 하는 물질로 무기 또는 유기의 무생물이 아주 미량에서 화학작용을 일으킬 수 있는 독극성 물질이나 전염성 물질을 포함한다. 승객에게 해를 끼칠 수 있는 물품이기도 하며, 독성 물질은 의약품 및 의료품 이외의 것으로 시안화수소, 수은, 비소 등 28종류가 있으며, 취급 시 주의를 요한다.

- 독성 물질(Toxic Substances, White Label with Black Printing)
- 전염성 물질(Infectious Substances, White Label with Black Printing)

(7) Class 7 방사능 물질(Radioactive Materials)

Class 7은 방사성 핵종을 가지고 있는 물질로서, 천연에 존재하는 천연방사성 동위원소, 인공방사성 동위원소로 약 30~40종의 천연방사성 물질과 약 1000여 종 이상의 인공방사성 물질이 있다. 이러한 방사능 물질에는 핵연료물질, 원자핵분열 생성물, 라듐이 있다. 여객기에는 탑재가 제한되며 방사능 물질의 임계점에 따라 부착되는 라벨의 색상이 다르고 탑재 시 탑재용기에도 제한이 있다. 아래와 같은 표식의 화물이 여객기에 탑재되어 있는 것을 확인하고 구분할 수 있어야 한다.

- 방사능 물질 카테고리 1(Category I-White, White Label with Black Printing with The Category Number Printed in Red)
- 방사능 물질 카테고리 2[Category II-Yellow, Yellow(Upper) And White(Lower) Label with Black Printing with The Category Number Printed in Red]
- 방사능 물질 카테고리 3[Category III-Yellow, Yellow(Upper) And White(Lower)Label with Black Printing with The Category Number Printed in Red]

(8) Class 8 부식성 물질(Corrosive Materials)

Class 8은 부식성 물질로 직접 또는 간접적으로 재료를 침해하는 물질이며, 화학적 또는 전기적 작용에 의해 재료 본래의 성질이 상실되는 물질이다. 탄산가스는 거의 모든 금속을 산화시키며, 고온에서 산소, 할로겐 또는 황 등이 금속과 접촉하면 반응이 일어난다. 이러한 물질은 항공기를 부식시켜 안전운항에 위해를 가할 수 있는 물품으로 분류되어 여객기 탑재가 일절 금지된다.

(9) Class 9 기타 위험물질(Miscellaneous Dangerous Goods)

앞에서 Class로 분류된 물질 외에 기타 위험한 물질이다. 위험물 Class 분류에는 포함되지 않지만 안전운항에 위험요소로 작용할 수 있는 물품으로 항공사의 허가하에 화물로만 항공기에 탑재가 가능하고 위의 라벨 표식을 부착해야 한다.

3) 취급성 라벨(DG Handling Label)

Class를 구분하여 물품의 성질을 나타내고, 이보다 더 까다롭게 취급주의를 요하는 물품에는 Class 구분 라벨과 함께 용기에 부착하여 두세 가지의 취급주의를 표기하는 경우가 있다. 두 가지 이상의 취급주의가 필요한 물품이 운송되는 경우 취급성 라벨을 사용한다. 예를 들어 실험용 의약품의 경우 의약품이 화기성 물질로 이동되어 적정 온도를 유지해야 하는 경우, 용기의 적재 방향이 정해진 경우, 기타 등등의 여러 가지 요소들이 취급성 라벨로 부착되며 이 라벨은 용기 외부에 표시된다.

운반하는 직원들은 취급성 라벨을 인식하고 탑재, 하기, 보관 등 취급에 필요한 정보를 제공받게 된다. 이러한 취급성 라벨에는 다음의 종류가 있다.

- 자기성 물질 라벨(Magnetized Material Label)
- 극저온 액체 라벨(Cryogenic Liquid Label)
- 화물기 전용 화물 라벨(Cargo Aircraft Only Label)
- 방향성 라벨(Package Orientation/This Way Up Label)

(1) 자기성 물질 라벨(Magnetized Material Label)

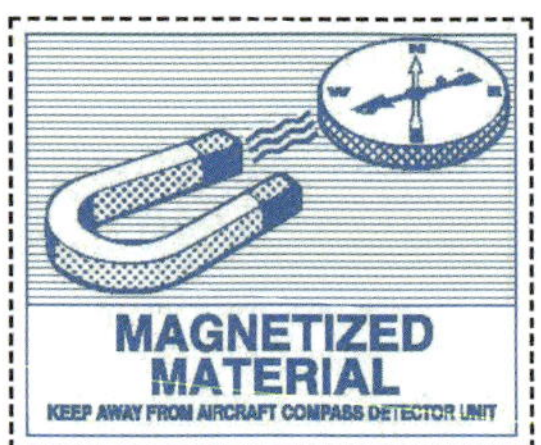

자기성 물질은 항공기의 조종석에서 항공기 교신에 방해가 될 수 있으므로 항공기에 탑재할 수 있는 양과 위치가 조절되어야 한다. 자기성으로 인해 안전 운항에 위험이 될 정도의 다량 탑재가 불가능한 물품으로 좌측의 라벨을 부착해야 한다. 예를 들어 많은 양의 대형 스피커는 그 안에 있는 자기성 물질로 인해 조종석에서 가장 먼 항공기 꼬리 쪽에 탑재하게 된다.

(2) 극저온 액체 라벨(Cryogenic Liquid Label)

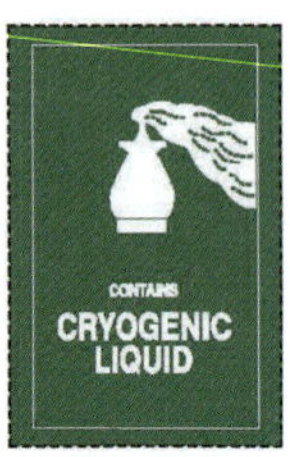

예를 들면 액체수소나 액화 천연가스, 액체질소 등과 같이 이동 시 영하의 극저온을 유지해야 하는 물질이다. 액체수소는 온도가 −253도로 기체수소의 단위부피와 무게당 에너지 저장밀도가 가장 높고, 다른 공정을 거치지 않고 단순 기화만으로 즉시 활용이 가능하다는 장점이 있는 물질이다.

액화 천연가스는 천연가스의 주성분인 메탄을 저장과 운송을 위해 액화한 것으로, 부피가 가스 상태인 천연가스의 1/600가량으로 줄어든다. 그러나 위험요인으로는 가스 상태로 증발하였을 때의 가연성, 냉동, 질식 등을 들 수 있다.

액체질소는 −196도에서 기화되며 액체 상태로 극저온 유체 저장용기에 저장되어야 하고, 극저온 유체를 이용한 연료탱크는 낮은 온도와 높은 밀도로 저장할 수 있다. 외부의 열 침입이 발생하면 압력이 발생하여 항공기의 안전에 위협이 될 수 있는 물질로, 위와 같은 라벨을 부착하여 나타낸다.

(3) 화물기 전용 위험물 라벨(Cargo Aircraft Only Label)

이 위험물이 여객기에 탑재되어서는 안 된다는 표식으로, 모든 위험물품에도 부착되는 라벨이다. Cargo Aircraft Only의 표기로 여객기 탑재가 금지되며, 취급주의가 요구된다.

(4) 방향성 라벨(This Way up Label)

방향성 라벨은 화물의 탑재 방향이 항상 수평을 유지하고 화살표 방향이 위로 가도록 탑재되어야 하는 물품을 나타낸다. 주로 가전제품과 액체성 물품 등에 방향성 라벨을 많이 사용하게 된다. 물품이 항상 위를 향해 탑재되도록 주의를 요하는 물품에 부착된다.

(5) 온도 제한 라벨(Keep Away From Heat Label)

직사광선과 열에 민감한 물품 등의 표식으로, 위험물 라벨과 함께 부착되며 식품과 같이 낮은 온도로 물품을 이동시켜야 하는 라벨 모양을 띤다. 주로 수출되는 과일이나 식품류에 부착된다.

(6) 기타 라벨

항공운송에서 일반적으로 사용되는 위험성 라벨과 취급성 라벨 외에 위험물을 표시하기 위해 또 다른 라벨을 사용하는데, 이러한 라벨이 규정을 위반하는 것은 아니며 위험물의 종류를 정확히 표시한다면 접수 가능하다.

■ **위험물 라벨 부착 사례**

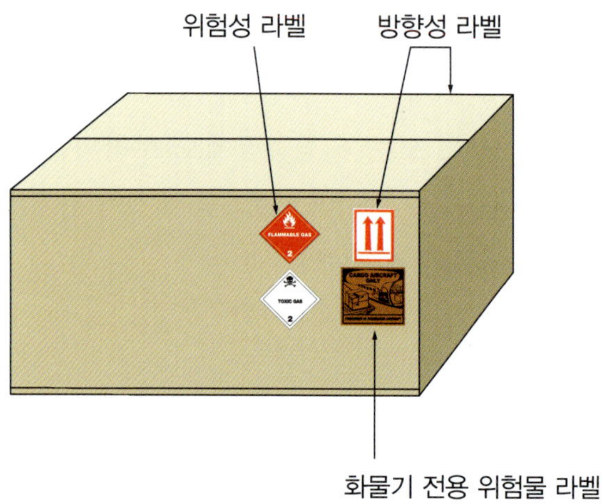

4. 특수화물 구분

특수화물이란 접수, 보관, 탑재 시 특별한 주의를 요하는 화물을 의미한다. 항공화물에 있어서 위험물(DG; Dangerous Good)은 항공운송 중 발생하는 기압과 온도의 변화, 운항 중 진동과 공간 제한에 따라 항공기, 인명, 인접 화물 등에 피해를 줄 우려가 있는 화물로, IATA에서 발행된 DGR(Dangerous Goods Regulations)에 규정된 수송 여부와 제한사항에 따라 관리된다.

항공으로 운송될 위험물은 항공기 안전을 위해 위험물의 성질을 가장 잘 알고 있는 화주가 DGR 규정에 의거하여 포장, Marking, Labelling 등을 실시하도록 하고 있으며, 항공사에 위탁 시 일반화물과 구분해 취급하도록 화주 신고서를 작성하게 된다. IATA에서 위험물품으로 지정한 화물은 일반 운송업체로 운송이 불가하며, 위험물품 운송을 위한 포장, 신고, 라벨링의 과정을 전문적으로 다루는 운송업체를 선정하여 위탁해야 한다. 어떤 위험물품이든 해당 물품의 MSDS(성분분석표)와 송장(Invoice)을 준비해야 하고 해당 위험물품의 UN/ICAO 정식명칭으로 품목이름이 지정되어야 한다.

특수화물은 특별 보안검색 처리과정을 거쳐야 한다. 위험물 외에 엑스선 검색장비와 폭발물 탐지장비 등에 의한 검색 시 본래의 형질이 손상되거나 변질될 수 있는 물품, 온도와 습도에 따라 색이 변질될 수 있는 물품, 충격에 약한 물품, 비밀취급이 필요하여 밀봉되어 개봉이 불가한 물품, 살아있는 동물, 대형 악기류나 승객의 요청에 의해 기내에 탑재되는 대형 물품, 총기나 도검류, 의료용품, 유골과 사체, 필름, 시험용 백신, 국보급 가치가 있는 고미술품과 골동품이 특수화물에 해당한다.

1) 미술작품

미술작품은 특히 충격에 약하며 온도나 습도에 따라 색이 변할 수 있다. 그래서 미술품을 옮길 때에는 가장 먼저 해당 크기에 맞는 운송용 상자(Crate)를 제작하게 된다. 운반 시 작품이 흔들리는 것을 방지하고 내부 온도와 습도를 일정하게 유지하기 위해 상자 안쪽에는 산화반응을 막아 주는 질소를 채워 넣는다. 운송용 상자는 단단한 재질 덕분에 폭발에 견딜 수 있고, 운송 상황을 기록하는 블랙박스가 장치되어 혹시 모를 사고에 대비하기에도 효과적이다.

작품은 포장이 끝난 후에 항공기에 탑재되는데, 작품 수가 많으면 여러 대에 나눠 실리기도 한다. 항공기엔 책임 큐레이터(Curator: 전시기획자)가 함께 탑승하여 무사히 도착지 공항에서 통관을 마칠 때까지 작품을 운반하게 된다.

2) 반도체

화물기로 운반할 때 항공사에서 상당한 신경을 쓰는 것이 바로 반도체 같은 첨단 부품이다. 반도체와 같이 민감한 화물은 자칫 충격이 가해질 경우 손상될 확률이 크기 때문에 최대한 '무진동' 상태에서 운반하도록 한다. 운반 시 충격감지기까지 달고 화물의 팔레트 위에 단단히 고정한 상태에서 화물기 내부에 밀착 고정하여 흔들림을 최소화한다. 충격감지기가 부착된 채로 항공사에 전달되므로 혹시라도 운반 도중 화물에 문제가 생기면 도착 시 화주가 바로 알 수 있다.

3) 생·동물(PET)

■ 특수화물 신청 시 필요서류

- 애완동물 운송서약서 2부
- 광견병 예방접종 증명서 2부
- 검역증명서 2부

(1) 여객기 위탁 가능 생·동물(PET)

- 승객 1인당 1마리의 애완동물
- 동반 가능한 애완동물: 개, 고양이, 새
- 애완동물과 운송용기의 무게를 합쳐 5kg 이하인 경우: 기내로 반입
- 애완동물과 운송용기의 무게를 합쳐 5kg 초과 32kg 이하인 경우: 위탁 수하물

(2) 여객기 운송 불가 생·동물

- 애완용 개, 고양이, 새를 제외한 토끼, 햄스터, 페릿, 거북이, 뱀, 병아리, 닭, 돼지 등 모든 종류의 동물은 대한항공 여객 항공기를 통한 운송이 불가하다.
- 아메리칸 핏불테리어, 롯트와일러, 도베르만과 같은 투견종, 맹금류
- 상태가 불안정하고 공격적인 동물, 악취가 심하거나 건강하지 않은 동물, 수태한 상태의 암컷 동물

여객기로 운반할 경우 동물은 견고한 케이지 안에 있어야 하며 잠금장치가 잘 잠겨 있고 비상시 외부에서 열 수 있어야 한다. 방수 바닥과 환기구가 갖추어져야 하며 1인당 1마리에 한해 기내로 반입 가능하고, 위탁 수하물로는 2마리까지 운송 가능하다. 단, 1마리의 애완동물이 1케이지에 들어가 있어야 하며, 케이지는 동물이 서거나 움직일 수 있도록 크기가 충분해야 한다.

표 8.3 기종별 및 좌석 등급별로 운송 가능한 생·동물의 개체 수

항공기 기종	일등석 (First Class)	프레스티지석 (Prestige Class)	일반석 (Economy Class)
B747	1마리	1마리	4마리
B777	1마리	1마리	3마리
A330/A300-600	1마리	3마리	
B737	4마리		

(3) 화물로만 처리되는 생·동물

일반 여객기 화물칸에 들어가기가 어려운 큰 동물은 별도의 화물기로 운송해야 한다. 반드시 국제항공운송협회(IATA) 규정을 준수해야 하며 그 동물의 생존에 필요한 온도와 습도를 유지해야 한다. 말 운송 시에는 온도를 10~15도로 유지하고, 수의사가 동승하기도 하며, 특수 케이지 안에 최대 3~4마리를 함께 운반할 수 있다. 케이지 바닥에는 흡수제와 이중비닐을 충분히 깔아 말이 배설물로 인해 민감해지지 않고 물기가 화물칸 바닥으로 흘러나가지 않도록 한다. 케이지

안에 먹이인 건초와 물을 넣어 주며 조련사나 마부, 수의사가 함께 탑승하여 수시로 건강상태를 점검하게 된다.

전 세계적으로 살아있는 동물의 항공운송은 1930년대에 시작되었으며, 자동차나 배 등의 다른 운송수단에 비해 이동시간이 크게 단축되기 때문에 운송 중에 동물이 죽는 불상사를 방지할 수 있다. 항공기 제작기술이 발달하면서 동물의 생존에 적정한 온도를 유지하고, 환기까지 가능해지면서 그 효용은 더 커졌다.

4) 신선식품

연어, 고등어 같은 신선식품의 운반 시에도 그에 알맞은 온도와 보관상태를 유지해야 한다. 특히 계란은 깨지기 쉽기 때문에 국제항공운송협회(IATA)의 승인을 받은 전용 종이박스에 포장해서 수송한다. 종이박스에는 30개들이 계란 12판이 담겨 총 360개의 계란이 들어가며, 신선도 유지를 위해 화물칸 온도를 8~12도로 맞추어야 한다.

5) 승객 요청에 의한 기내 탑재 물품(CBBG*)

승객의 요청에 의해 기내에 탑재되어야 하는 대형 수하물은 좌석을 점유하여

* CBBG(Cabin Baggage Seat)
기내 수하물 좌석으로, 항공기 내 좌석을 점유하는 화물이 탑재되었을 경우 사용되는 용어이다.

탑재된다. 또한 항공운송 시 파손되어서는 안 되는 고가의 첼로나 바이올린 등 특수한 경우에도 승객이 별도의 좌석을 구매해야 탑재 가능하며, 구매 시 일반 성인요금을 지불해야 한다. 사전에 좌석을 점유하도록 시스템에 입력하여 특수화물이 그 좌석에 탑재되도록 하고 객실 승무원이 특별 취급(Special Handling) 할 수 있도록 고지한다.

6) 최고급 악기 특수화물 처리

항공기 진동으로 악기가 손상되는 것을 방지하는 쿠션과 강철장치가 마련되고 악기를 옮기는 인부들의 키가 서로 비슷해야 할 정도로, 고급악기의 운송절차는 까다롭다. 악기 운반 시 양쪽의 균형이 어긋날 경우 생길 수 있는 파손의 위험을 방지하기 위한 조치이다. 모든 악기를 이런 방식으로 운반하는 것은 아니지만 이러한 사전 준비과정 때문에 악기 운송비용은 수천 만 원에서 수억 원에 이르기도 한다.

7) 총기류나 도검류

총기류나 도검류를 가지고 기내에 탑승하려면 승객에게 반드시 총기나 도검류 소지허가증이 있어야 하며 그렇지 않을 경우 기내에서 휴대 탑재는 불가하다. 원칙적으로는 반드시 위탁 수하물로 탁송해야 하고, VIP 경호 등 공무수행에 한해 현지 공항경찰의 사전허가를 받은 경우 기장 책임하에 조종실에 탑재하여

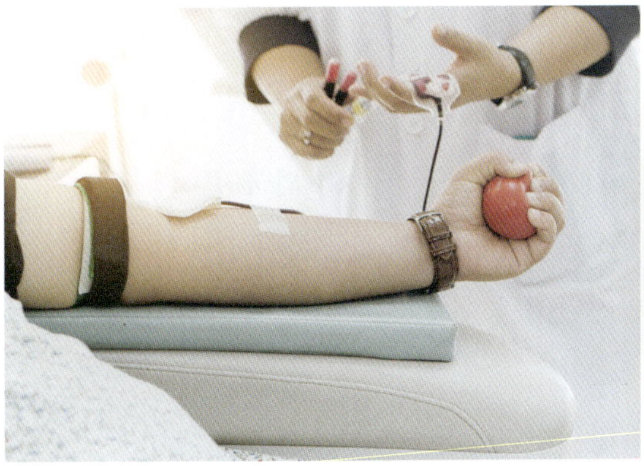 

보관할 수 있다.

또한 총기 인수인계서 4부를 작성하고 세관, 승기실, 기장, 담당 운송직원의 서명이 있어야 운송이 가능하고, 기장은 해당 승객의 목적지, 탑재위치, 좌석번호를 알아야 하며, 도착지 공항에 정보가 전달된 상태여야 한다.

8) 골수·혈액·조혈모세포 등 인체조직과 관련된 의료품

본래의 형질이 손상되거나 변질될 수 있는 물품은 특수한 포장을 해야 기내에 탑재될 수 있으며, 포장에는 일정한 온도와 습도가 유지되도록 하는 조절기능이 있어야 한다. 의료품 포장용기에 고정되어 밀봉된 상태로 탑재되어야 하며 이동 시 의료품의 용기가 외부의 충격을 받지 않도록 주의를 요한다.

9) 사체 및 유골

(1) 사체를 외국으로 운송하는 경우

사망한 고인의 기본정보가 담긴 사망증명서와 여권, 방부처리 증명서, 영사확인서 등을 사전에 준비하여 항공사에 사체운송신청서를 제출하여야 한다. 모든 서류는 사체를 보내고자 하는 국가의 언어나 영어로 번역한 번역본이 필요하며, 영어로 번역한 서류는 공증을 받아야 한다. 사체를 외국으로 보낼 경우에 갖춰야 할 서류와 운구 및 공항 수령 절차는 다음과 같다.

■ **사체의 해외 운송 시 필요서류**

- 사망진단서
- 방부처리증명서: 현재 우리나라에서는 미 8군 소속의 외국인 전용 장의사만이 사체를 방부처리하고 이에 관한 증명서를 발급한다.
- (해당 국가) 영사확인서: 사망진단서를 첨부하여 해당 국가의 영사관에 신청하면 발급해 준다.
- 검역증: 인천공항 검역소에서 발행한다.
- 사망자의 여권

■ **운구 절차**

항공기를 통해 운구를 하려면 약 7일 전부터 항공사에 예약해야 하며, 해당 항공사는 유족에게 사체와 관련된 사항을 문의하여 인수 여부를 결정하고 그 후에 운송을 진행하게 된다. 관 자체로는 운송이 불가하므로 사체를 관에 입관한 후 항공운송에 필요한 별도의 포장을 해서 항공사에 인계해야 한다. 항공사는 검역소에 검역을 의뢰하고, 검역이 완료되면 포장된 사체를 항공기 화물칸에 적재한다. 운송료는 통상 해당 지역까지 운송하는 일반화물 운송료의 1.5~2배이다.

■ **공항 수령 절차**

항공기가 도착하면 항공사에서 해당 국가 검역소에 검역을 의뢰하게 되는데, 이때 한국에서 발급한 검역증을 첨부해야 한다. 검역이 끝나면 선하증권과 상기 서류를 해당 국가의 세관에 신고하고, 통과되면 유족이 사체를 인수하게 된다.

(2) 화장한 유골을 외국으로 운송하는 경우

화장한 유골을 외국으로 보낼 경우에 갖춰야 할 서류와 운구 및 공항 수령 절차는 다음과 같다.

■ 유골의 해외 운송 시 필요서류

- 화장증명서: 영문 또는 해당 국가 언어로 번역하여 공증을 받아야 한다.
- 영사확인서: 사망진단서를 첨부하여 해당 국가의 영사관에 신청하여 발급받는다.
- 검역증: 인천공항 검역소에서 발행한다.
- 사망자의 여권

■ 운구 절차

약 7일 전부터 항공사에 예약해야 하며, 해당 항공사는 유족에게 유골과 관련된 사항을 문의하여 인수 여부를 결정하고 그 후에 운송을 진행하게 된다. 항공사가 요구하는 별도의 포장과 유골함을 넣을 포장이 필요하고 나무 유골함이라면 열처리 증명서가 필요하다. 항공사는 검역소에 검역을 의뢰하고, 검역이 완료되면 유골함을 화물칸에 적재하며, 운송료는 통상 해당 지역까지 운송하는 일반화물 운송료의 1.5~2배이다.

■ 공항 수령 절차

사체의 공항 수령 절차와 동일하다.

5.
수하물 사고

국제항공통신협회(SITA)가 발간한 연례보고서에 따르면, 승객 1000명당 5~6건 정도의 수하물 사고가 일어난다. 2019년을 기준으로 전 세계 여객기 운항과정에서 취급 부주의로 분실된 수하물은 총 2480만 개에 이른다. 수하물 사고의 유형으로는 수하물 분실, 지연, 파손, 부분분실, 수하물 태그(Bag Tag) 분실로 인한 영구분실 등이 있다. 그중 승객과 함께 비행기에 실리지 못해 늦게 도착한 '지연(Delay)'이 77%로 가장 많았고, 파손(Damage)이나 부분분실(Pilfer)이 18%, 영구분실(Lost)이 5%인 것으로 나타났다.

수화물 지연 사례로는 카운터에서 수속한 수하물이 벨트를 통해 항공기로 이동하면서 Bag Tag가 떨어져 나가거나, 부착된 Bag Tag를 스캔하지 못해 짐이 벨트 위를 맴돌다 실리지 못하는 경우가 많다. Bag Tag 스캔 오류로 실리지 못한 짐이 다른 목적지의 비행기에 실려 그 짐칸에서 발견되는 경우도 종종 발생한다. Bag Tag가 모두 떨어져 나간 경우에는 승객이 짐의 특징을 상세히 설명하여 분실신고를 하지 못했다면 되찾기가 매우 어렵다. 이 경우 인천공항에서는 짐이 별도의 NOTAG 분류장에 떨어져 승객에게 짐을 찾아주게 된다.

수하물 사고에 대한 통계를 분석해 보면, 미도착 수하물 가운데 80~90%는 24시간 안에 되찾지만 5일 이내에 찾지 못한 수하물은 거의 찾지 못하게 된다. 이처럼 수하물을 아예 분실할 확률도 1만분의 1에 이르는데, 항공사도 90일이 지난 수하물은 찾기를 포기하고 승객에게 보상하기 위한 절차에 돌입한다.

수하물 지연 시 7일 이내에 서면으로 접수해야 하며, 지연 수하물 처리절차는 PIR(Property Irregularity Report) 작성 후 해당 승객에게 OPE(Out of Pocket Expense)를 제공하는 것으로 이루어진다. 보상 최대금액은 이코노미 클래스를 기준으로 50달러이며, 비즈니스 클래스 승객은 100달러, 퍼스트 클래스 승객은 200달러이다.

항공사 공용 추적물 시스템(WorldTracer)

WorldTracer는 2800개 이상의 회원 공항들 간에 수하물 보관 및 추적에 대한 정보를 교환할 수 있는 시스템으로 전 세계적으로 운영되고 있다. 최대 100일 동안 수하물을 추적하며 다른 서비스와 협력하게 되는데, WorldTracer 인터넷 인터페이스를 이용하면 승객이 직접 거래번호를 입력하여 수하물을 추적할 수 있다. 소유주가 없는 수하물은 기내 수하물로 등록할 수 있으며 누락된 다양한 수하물 파일(AHL이라고 함)에 데이터가 통합된다. 수하물은 라우팅번호, 태그번호, 승객의 성, 수하물 유형과 내용별로 시스템에 저장된다. 수하물 배상금액은 바르샤바조약에 의거하여 kg당 (USD) 20달러이다.

항공화물 취급업체 및 운송방식 | 항공화물 취급업체 | 항공화물 운송방식

항공화물 탑재 | 수출화물 탑재절차 | 탑재 지시서(Load Plan) | 특수화물 종류 | 화물 탑재방향 | 잠금장치 시스템(Locking System) | 화물 탑재 고정장치 확인서

ULD 종류 | LD-2 | LD-8 | LD-3 | LD-6 | PAG 팔레트 | PMC 팔레트

항공화물 하기 | 수입화물 처리절차 | 화물 하기방향

Chapter 9

항공화물 서비스

1. 항공화물 취급업체 및 운송방식

'항공화물 취급'이란 일반적으로 화물운송의 예약과 통관, 수출입 면장의 발행을 대행하는 일로, 화주로부터 화물을 인도받아 도착지의 수하인에게 도착할 때까지의 모든 업무를 포괄한다. 일반적으로 우리가 아는 항공사는 복합운송 항공사(Combination Carrier)로서 화물과 여객의 수요에 따라 공급을 탄력적으로 운용하며, 목적지 공항까지 운송만을 담당하고 나머지 통관이나 수하인에게 전달하는 업무는 화물회사가 대행하게 된다. 한편 통합운송 공사(Integrated Carrier)는 화물 전용기, 지상 운송장비, 화물의 분류기지 같은 시설을 구비하여 화물만을 전용으로 취급하는 항공사이다. Federal Express, DHL, UPS 항공 등과 같은 대형 화물회사가 대부분 전용기로 전문적인 항공화물을 취급한다.

이 절에서는 국제특송 및 물류 서비스의 대표적인 3대 기업을 알아본다. 1971년 미국에서 설립되어 테네시주 멤피스에 본사가 있는 FedEx Express, 1969년 미국에서 창립되었으나 현재 독일 국적과 소재지로 옮긴 DHL Express, 1907년 미국 워싱턴주 시애틀에서 설립되어 조지아주 샌디 스프링스에 본사가 있는 UPS의 변천과 사업 내용, 현재 규모와 국내 영업을 살펴본다.

1) 항공화물 취급업체

(1) FedEx Express

1973년 4월 17일 미국 테네시주 멤피스 국제공항에서 14대의 소형 항공기를 띄워 총 186개의 물품을 뉴욕주부터 플로리다주까지 미국 25개 도시에 성공적으로 배송한 것이 페덱스의 공식적인 첫 배송이었다. 창립자인 프레드릭 스미스는 자신이 개발한 '허브 앤 스포크' 배송 방식과 비행기 이동이 많지 않은 밤시간을

Vytautas Kielaitis/Shutterstock.com

Carlos Yudica/Shutterstock.com

이용하여 24시간 안에 배달하는 익일특급 배송 서비스를 현실화하였다.

1985년 유럽과 1988년 일본에 정기항로 개설, 1989년 화물운송 전용 항공사인 플라잉 타이거 라인(1945년 설립된 미국 화물항공사)을 인수합병하면서 아시아 21개국에 대한 항공운항권을 획득하여 국제 항공운송 서비스를 실현하였다. 1995년 에버그린 인터내셔널 에어라인(1960년 설립된 미국 화물항공사), 1998년 로버츠 익스프레스, 바이킹 운송, 칼리버 시스템을 인수하고, 이후 아메리칸 프라이트웨이즈를 인수하여 2000년 당시 페더럴 익스프레스이던 회사명을 현재의 페덱스로 개명 · 통합하였고, 현재 정식 명칭은 페덱스 주식회사(FedEx Corporation)이다.

페덱스는 세계 최대 특송운송회사로, 현재 전 세계 220개국을 상대로 40만 명의 직원과 5만 개 이상의 지역사무소, 659여 대 항공기를 보유하고 4만 1000여 대의 차량을 운용하고 있다. 한국에서는 1988년 국내특송을 개시하고 2000년부터 국내화물 직영서비스를 시작하였다. 한국 FedEx에는 1159명의 직원이 있으며(2017년 11월) 국내 항공기로는 B767, MD-11, B777F 기종을 운영한다.

(2) DHL Express

1969년 미국 샌프란시스코와 호놀룰루를 오가는 문서배달 회사로 설립되어, 1970년대부터 서비스 영역을 극동과 태평양 지역(1971), 일본, 홍콩, 싱가포르, 호주(1972), 유럽(1974), 남아메리카(1977), 중동과 아프리카(1978)로 확장하면서 국제기업으로 성장하였다. 회사명 DHL은 공동 창업자 세 사람(래리 힐

블롬, 아드리안 델세이, 로버트 린)의 이름 첫 글자를 따서 만든 것이다. 1998년 독일의 도이체 포스트가 DHL 주식을 매입하기 시작하여 2002년 DHL을 인수하면서 독일로 국적과 본사를 옮기게 되었다.

DHL은 페더럴 익스프레스에 뒤이어 1983년 신시내티에 물류센터를 마련하고 미국 내 익일특급 배송을 개시하였지만 페더럴 익스프레스의 선점에 밀려 시장 점유율은 6%에 불과하였다. 하지만 해외 서비스 시장 점유율은 전체 시장의 40%를 차지하였다. 세계에서 가장 빠른 배송을 자랑하는 DHL은 현재 40만 명 이상의 직원을 두고 약 6500개의 사무소를 운영하며, 420대 이상의 항공기와 7만 6200대의 차량으로 220여 국가에 연간 15억여 개의 화물을 취급하고 있다.

한국에서는 1977년 (주)일양해운과의 계약으로 대리점 형태로 영업을 시작하여 2001년에는 본사와 합작투자로 설립된 한국 지사 DHL Express Korea(DHL 코리아)를 출범하였다.

(3) UPS

UPS(United Parcel Service, 유나이티드 파슬 서비스)는 국제화물 운송을 주로 취급하는 세계적인 기업이다. 1907년 워싱턴주 시애틀에서 아메리칸 메신저(American Messenger Company)란 사명으로 창립되어 1913년 머천트 파슬 딜리버리(Merchants Parcel Delivery)로 개명한 후, 배달차량인 포드의 모델 T를 구입하여 시애틀의 우체국 배송 업무를 맡았다.

1919년 최초로 시애틀을 넘어 오클랜드, 캘리포니아로 서비스를 확장하며 현재의 이름으로 바꾸었다. 1922년에 경쟁사와 차별화된 택배 서비스를 시작하였으며 1930년 뉴욕시에 진출한 후, 1929년에 대공황의 여파로 8개월 만에 접었던 항공운송을 1953년 재개하여 1978년부터는 미국과 캐나다 전역에 배달하기 시작하였고 1985년 익일특송 시장에 진출하였다.

1988년 출범한 UPS 항공회사는 1999년 챌린지 에어를 인수하여 라틴 아메리카 최대의 특송 항공화물 사업자가 되었으며, 2005년 오버나이트 기업을 인수하여 북미지역 육상 화물운송 서비스를 확장하였다. 전 세계 220여 국가에 9만 1700대의 차량과 576대의 항공기 등으로 화물을 취급하고 있으며 54만 명

이상의 직원이 있다.

한국에는 1980년대 후반에 진출하였고, 1996년 대한통운과 합작으로 UPS 대한통운을 설립하였다. 2008년 대한통운의 지분을 인수하여 단독출자한 한국법인 한국 UPS가 출범하였다.

Carlos Yudica/Shutterstock.com

2) 항공화물 운송방식

(1) Node to Node System

지역별로 대규모의 터미널을 설치하여 각 지역 터미널에서 배달될 지역 터미널로 화물을 분류하는 시스템이다. 즉, 운송연결점*과 운송연결점(Node to Node)을 오가며 운송통로*가 된다. 편도 운행을 하여 운송노선의 수가 많다는 단점이 있고 분류 인건비 증가, 운송물량의 불균형이 발생하게 된다.

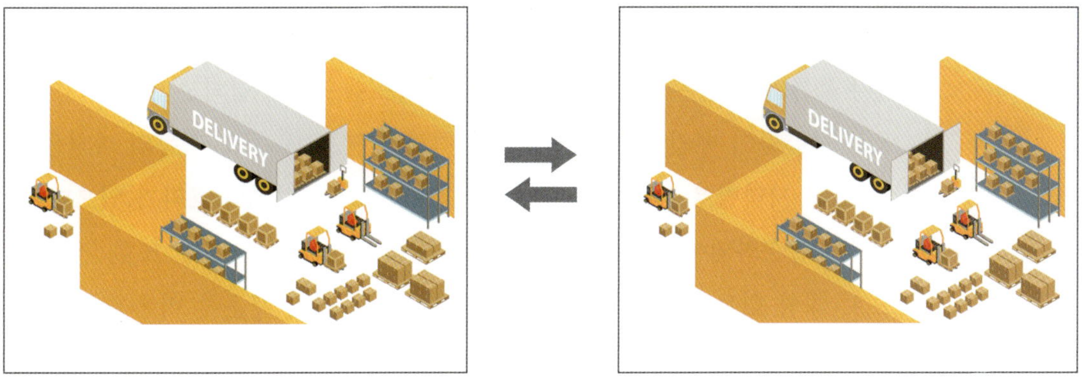

그림 9.1 Node to Node 방식

*** 운송연결점(Node)**
화물 터미널, 물류센터, 기차역 등 화물이 집화, 분류되어 재포장되는 거점을 의미한다.

*** 운송통로(Link)**
항공기, 선박, 자동차 등의 운송수단이 지나다니는 국도, 고속도로, 철도 등의 노선을 의미한다.

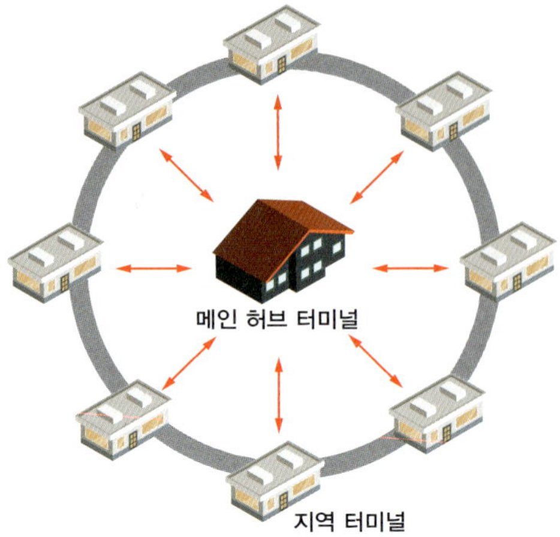

그림 9.2 허브 앤 스포크 시스템 방식

(2) 허브 앤 스포크 시스템(Hub & Spoke)

이 용어는 자전거 바퀴살(Spoke)에서 유래하였다. 자전거 바퀴살이 중심축(Hub)으로 모이는 것처럼 물류가 거점으로 취합된 후 다시 개별 지점으로 이동하는 운송방식이다. 가장 경제적인 배송 방식으로, 많은 물량을 소화하는 화물회사나 물류회사 같은 경우 허브 앤 스포크 시스템으로 운영되고 있다.

모든 물류들이 메인 허브 터미널에 도착하여 분류 및 재포장 등의 과정을 거친 후 다시 지역별로 전송되기 때문에 시간과 인건비 절약의 효과가 있으며, 운송노선이 단순화되어 터미널 설치비가 적게 든다는 장점이 있다. 또한 '적은 비용'으로 대형 허브 터미널에 투자하여 구현할 수 있기 때문에 비용을 줄일 수 있다는 큰 장점이 있다. 각 도시마다 대형 물류 터미널을 별도로 마련할 필요가 없고 터미널 작업인력을 최소화할 수 있다.

반면에 하나의 허브를 중심으로 운영되기 때문에 물량이 폭발적으로 증가할 경우 배달화물의 도착시간이 지연될 수밖에 없으며 근거리 배달물량도 원거리 허브 터미널까지 운송해야 한다는 단점이 있다.

2. 항공화물 탑재

1) 수출화물 탑재절차

항공 수출화물은 그림 9.3과 같은 절차를 거쳐 수하인에게 도착한다.

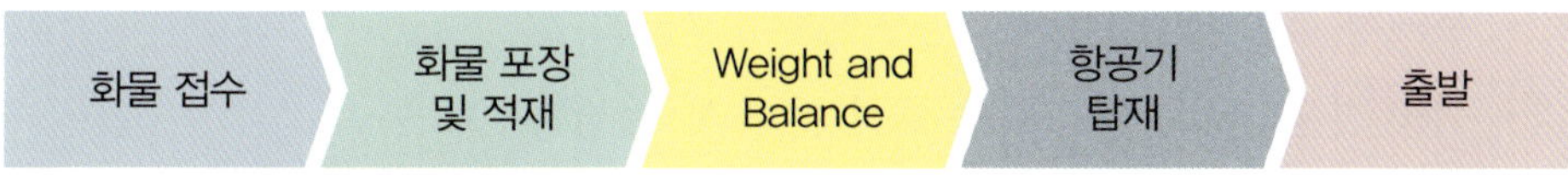

그림 9.3 수출화물 탑재절차

2) 탑재 지시서(Load Plan)

그림 9.4에 Load Plan의 기본 양식을 나타내었다. 항공기에 화물이 어느 곳에 어느 정도 실려야 하는지를 램프 서비스 직원에게 알리기 위해 만든 지시서를 Load Plan이라고 한다.

Load Controler*가 Weight and Balance 시스템으로 항공기의 무게균형과 연료 탑재량을 계산하여 항공화물의 탑재위치를 정하고 Load Plan을

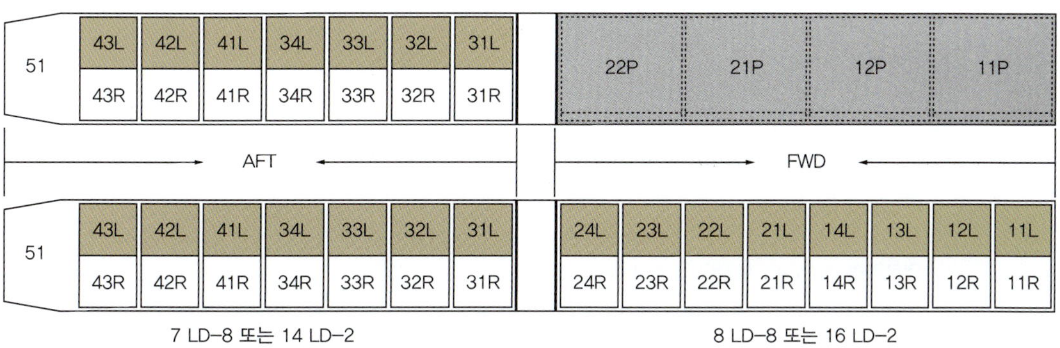

그림 9.4 Boeing 767-300 기종의 Load Plan 견본

작성한 후 Ramp Service Load Master*에게 전달한다. 지상조업팀에서는 Load Plan에 따라 화물을 탑재해야 하며 Locking System에서도 역시 Load Master의 감독하에 이루어진다. 탑재 현장에서 Load Master의 책임이 항공기 안전에 가장 큰 영향을 미치게 된다.

3) 특수화물 종류

- 위험물(DG;Dangerous Good): 일반화물로 탑재하는 것이 불가한 화물
- 생축 동물(Live Animal): 애완용 동물, 소, 돼지, 말 등
- 대형 화물(Oversize, Heavy): 일반화물로 수송할 수 없는 대형 화물
- 부패성 화물(Perishable): 농수산물 및 화훼
- 귀중 화물(Valuable): 각종 보석류, 화폐, 여행자수표 등
- 외교행낭: 정부기관 및 공관 간에 수발되는 외교문서
- 총기류: 엽총, 탄환 같은 총기류는 총기허가서가 있어야 운반 가능
- 유해(Human Body): 시신 또는 유골로 완벽한 포장을 해야 하고 다른 화물과 혼재 금지
- 우편물(Airmail): 서신, 서류, 소포 등

4) 화물 탑재방향

항공기 탑재(Upload)방향을 그림 9.5에 나타내었다. 화물 탑재 시 항공기 바깥 방향으로 들어와 항공기의 날개 중앙부부터 앞뒤로 균형을 맞추어 가며 탑재한다. 즉 항공기 중앙부부터 탑재하면서 문 쪽으로 채워 나가게 된다.

*** Load Controler**
항공기 무게균형을 맞추는 임무를 맡은 직원으로 각종 항공기 기본 정보와 승객 수, 수하물 수, 화물 무게, 연료량을 계산하여 화물의 탑재위치를 정한다.

*** Ramp Service Load Master**
Ramp Service의 모든 직원을 관리·감독하는 책임자로서 항공기 탑재 업무의 마지막 안전 Locking을 확인하는 관리자이다.

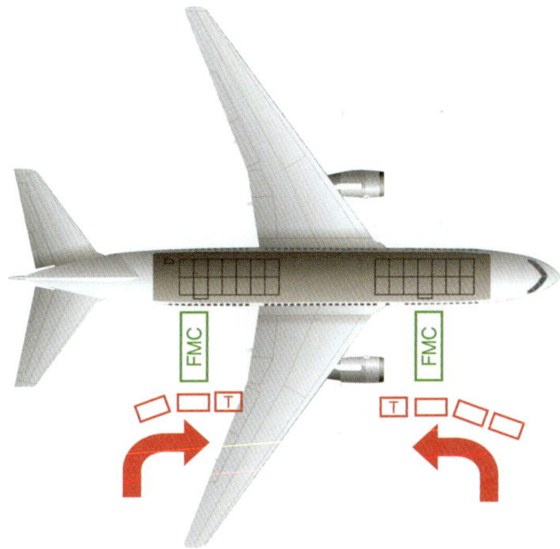

그림 9.5 항공기 화물 탑재방향

5) 잠금장치 시스템(Locking System)

보통 화물과 수하물은 컨테이너(Container)와 팔레트(Pallet)에 탑재되어 포장된다. 포장된 컨테이너와 팔레트를 항공기에 탑재하고 잠금장치를 확인해야 하는데, 팔레트에는 개별로 Locking System이 장치되어 있으며, 컨테이너는 그룹으로 Locking을 한다.

지상조업 직원은 각 잠금장치가 고장 나지 않았는지, 헐겁지 않은지 확인해야 하며 이상이 있다면 정비팀에 바로 알려 조치를 취하도록 해야 한다. 이륙하면서 갑자기 항공기의 하중이 한쪽으로 쏠리는 위험한 상황이 될 수 있기 때문이다. 실제로 화물의 Locking System 고장으로 항공기 Weight and Balance가 무너져 항공기가 실속하게 되어 추락한 사례가 있다.

지상조업 직원은 항공기 화물과 수하물의 탑재만이 아니라 항공기 안전의 가장 중요한 역할을 담당한다. 항공기에 손상을 입히지 않도록 안전하게 짐을 탑재해야 하며 유지장치 또한 점검해야 하기 때문이다. 항공기 하단에 있는 탑재화물칸에는 여러 가지 잠금장치가 설치되어 있다. 그림 9.6에서 ULD를 싣고 Locking을 할 수 있도록 바닥에 Locking 장치가 장착된 모습을 볼 수 있다.

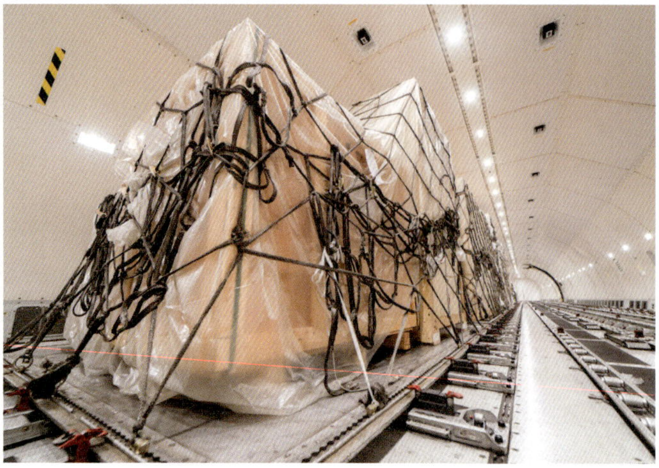

그림 9.6 탑재 화물칸의 ULD Locking 장치

컨테이너는 그룹 Locking System으로 화물이 모두 탑재된 후에 앞과 뒤의 맨 끝을 Locking한다.

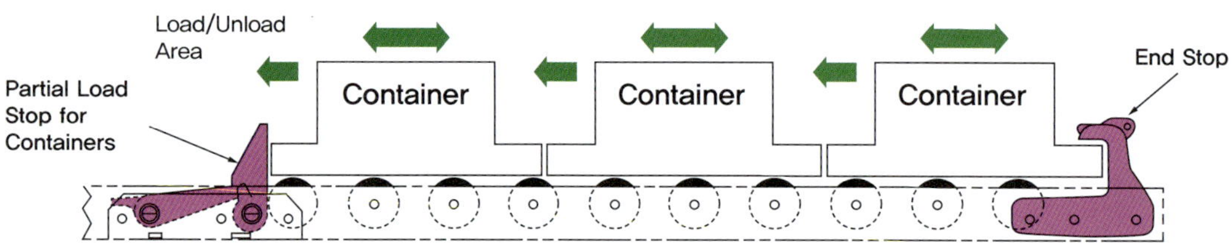

그림 9.7 컨테이너 고정시스템

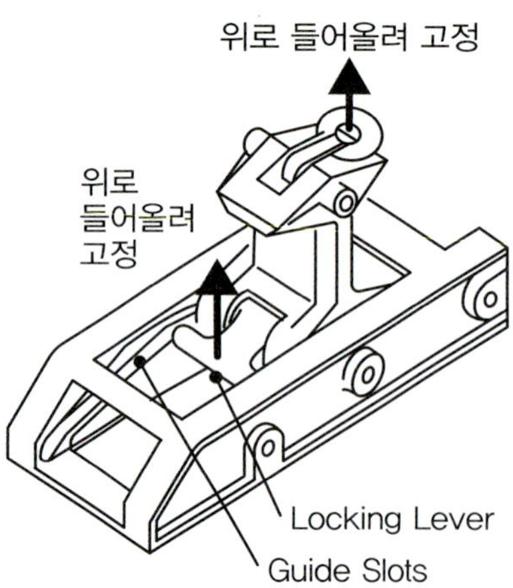

그림 9.8 컨테이너 고정장치(화물 앞쪽 고정장치)

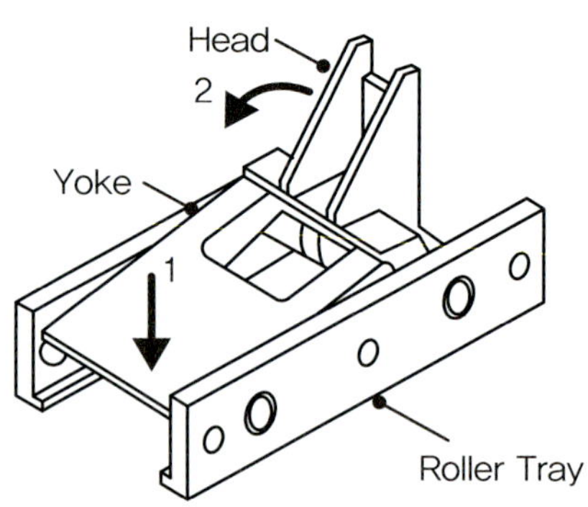

그림 9.9 중앙 잠금장치(항공기 앞뒤의 장치)

그림 9.10 탑재 화물칸의 팔레트 고정시스템

반면에 팔레트는 개별적인 Locking System으로 고정한다. 화물이 크고 무거우며 2Bay를 모두 활용하기 때문이다.

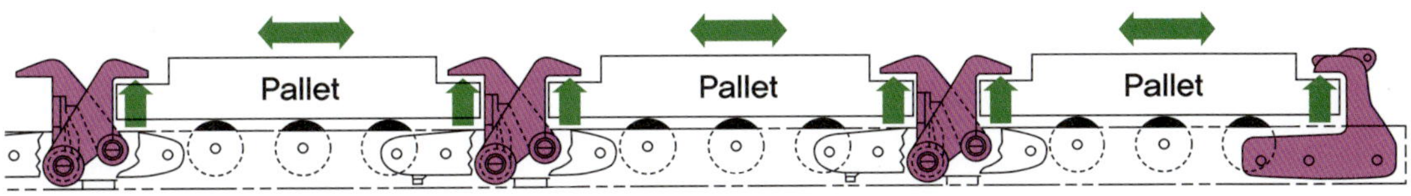

그림 9.11 팔레트 고정시스템

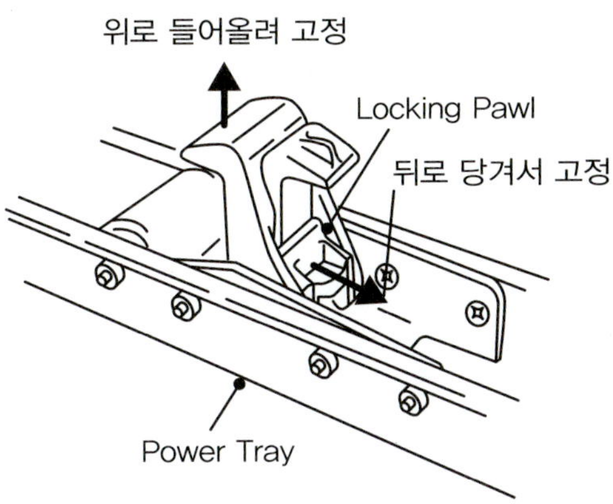

그림 9.12 팔레트 고정장치(화물 뒤쪽 고정장치)

6) 화물 탑재 고정장치 확인서

ULD 탑재가 완료된 후 Load Master는 항공기의 Locking이 잘 되었다는 확인서 Lock Sign Off Sheet*을 항공사에 제출해야 하는데, 작성 서식은 그림 9.13과 같다.

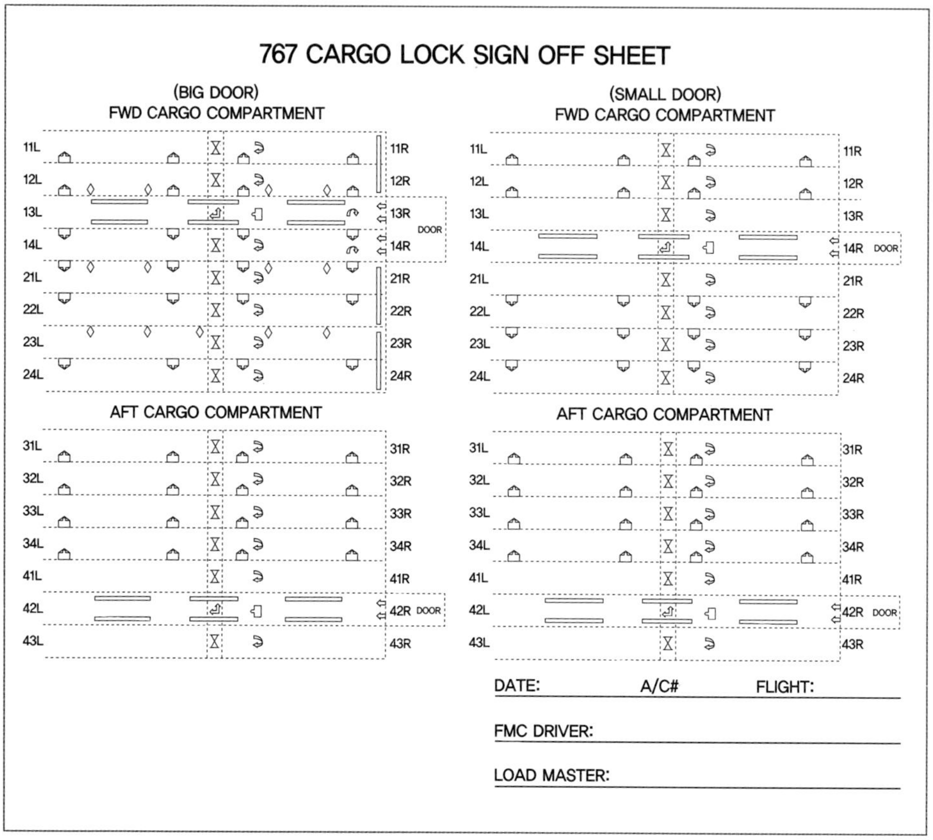

그림 9.13 Lock Sign Off Sheet 견본

---

* Lock Sign Off Sheet
Load Master(탑재 관리자)가 Locking 상태를 확인하고 내용을 기재하여 기록물로 남기기 위한 양식으로, 항공기가 출발한 뒤 목적지 공항에 전달된다.

3. ULD 종류

항공기에 승객의 수하물과 화물을 탑재하는 데 사용되는 항공화물 탑재용기를 ULD(Unit Load Device)라고 한다. ULD는 각 화물의 크기와 탑재되는 높이를 고려하여 배정되며 크게 컨테이너와 팔레트로 구분된다. 항공기 동체의 하부 화물칸에 적재되는 컨테이너와 팔레트는 반원 형태의 공간에 배정됨으로써 항공기의 기종과 크기에 따라 컨테이너, 팔레트의 개수나 종류가 결정된다.

컨테이너의 종류는 15여 개, 팔레트의 종류는 6개로 그 명칭은 IATA에서 코드를 부여받아 사용되고 있으나 이 절에서는 인천에 운항하는 주류의 항공사에서 많이 사용되는 컨테이너 6개만을 다룬다. 많은 컨테이너의 종류를 모두 알 필요는 없으나 항공업 종사자로서 항공기 화물칸의 탑재 기준에 대해서는 기본 내용을 이해해야 하기 때문이다.

1) LD-2

B767 기종으로 볼 때, Compartment 1Bay(1줄) 기준으로 절반 정도를 차지하는 크기이다. 두 개의 LD-2가 한 개의 LD-8과 크기가 같다. DPE 컨테이너라고도 칭하며 탑재가 적합한 기종은 B747, B767, B777, B787의 낮은 홀드이다. 최대 탑재허용중량(Maximum Gross Weight; MGW)은 1225kg(2700lb)이고, 컨테이너 고유 무게인 Tare Weight은 92kg(203lb)이다.

LD-2 아랫면의 가로길이는 47인치, 세로길이는 60.4인치, 윗면의 가로길이는 61.5인치이고, 높이는 64인치이다. 주로 소형기 운항 시와 승객 위탁 수하물 탑재용으로 사용한다. 이 수치는 전 세계에서 IATA 기준으로 규격화되어 표준화된 것이다.

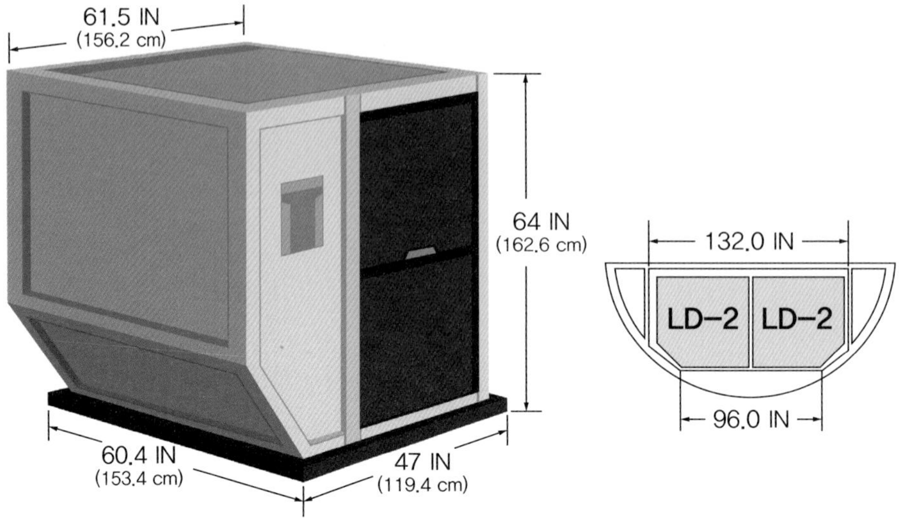

그림 9.14 LD-2 전면도와 측면도

그림 9.14의 오른쪽 그림은 LD-2 컨테이너의 측면(Lateral Position)을 설명한 것인데, 컴파트먼트의 총길이 132인치에서 LD-2가 두 개 탑재될 경우 LD-2의 상부 너비는 총 123인치 정도를 차지한다고 보면 된다. LD-2가 두 개 탑재될 경우 LD-2의 하부 너비는 항공기 화물칸 하부 총너비의 96인치 정도를 차지하는 것이다.

2) LD-8

LD-8은 LD-2를 두 개 합친 정도의 크기이며 주로 승객의 위탁 수하물을 적재할 때 사용한다. DQF라고 칭하며 탑재가 적합한 기종은 B767, B787의 낮은 홀드이다. 최대 탑재허용중량(MGW)은 2450kg(5401lb)이고, 컨테이너 고유 무게인 Tare Weight은 127kg(280lb)이다.

LD-8 아랫면의 가로길이는 96인치, 세로길이는 60.4인치, 윗면의 가로길이는 125인치, 높이는 64인치이다. 그림 9.15의 오른쪽 그림은 LD-8 컨테이너의 측면을 설명한 것인데, 컴파트먼트의 총길이 132인치에서 LD-8이 탑재될 경우 상부의 너비는 125인치 정도를 차지한다고 보면 된다. LD-8의 하부의 너비는 항공기 화물칸 하부의 총너비인 96인치를 가득 차지한다.

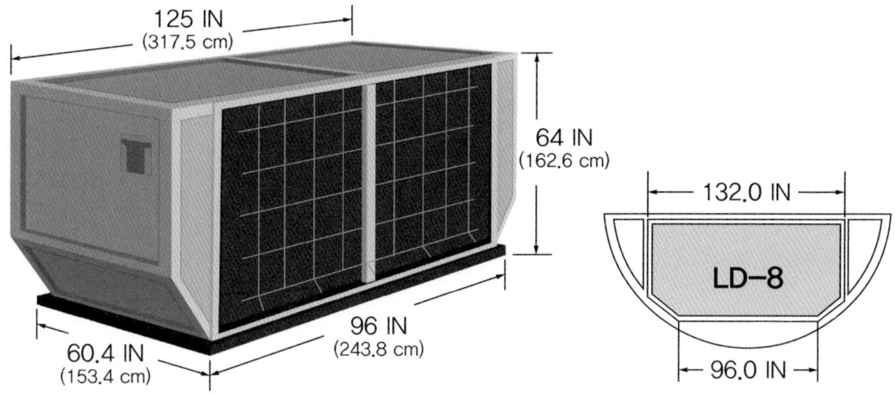

그림 9.15 LD-8 전면도와 측면도

3) LD-3

LD-3 컨테이너는 보통 승객의 위탁 수하물 탑재용으로 사용한다. A330 기종 와이드바디를 기준으로 1Bay의 절반 정도를 차지하는 크기이다. AKE 컨테이너라고 칭하며 주로 탑재되는 기종은 와이드바디인 A300, A330, 747, 777이며 B767에도 간혹 탑재된다. 최대 탑재허용중량(MGW)은 1587kg(3500lb)이고, 컨테이너 고유 무게인 Tare Weight은 82kg(181lb)이다.

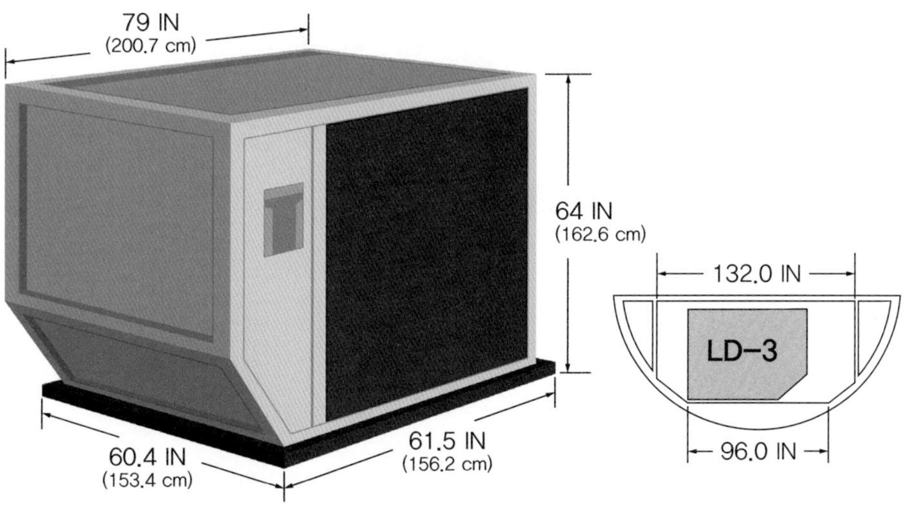

그림 9.16 LD-3 전면도와 측면도

LD-3의 아랫면의 가로길이는 61.5인치, 세로는 60.4인치, 윗면의 가로길이는 79인치, 높이는 64인치이다. 그림 9.16의 오른쪽 그림은 컨테이너의 측면을 설명한 것인데, 컴파트먼트의 총길이 132인치에서 LD-3이 탑재될 경우 총너비는 79인치 정도를 차지한다고 보면 된다. 이 그림은 LD-3이 내로우바디인 B767 기종에 탑재된 모습을 나타낸 것이며, 화물칸 한 줄의 2/3 정도, 즉 항공기 화물칸 하부 총너비의 96인치에서 61.5인치 정도를 차지하게 된다.

4) LD-6

LD-6 컨테이너는 승객의 짐인 위탁 수하물과 화물을 모두 적재할 수 있는 ULD이다. ALF 컨테이너라고 칭하며 탑재가 적합한 기종은 B747, B777, B787 하부 홀드이다. 최대 탑재허용중량(MGW)은 3175kg(7000lb)이고, 컨테이너 고유 무게인 Tare Weight은 230kg(507lb)이다. 아랫면의 가로길이는 125인치, 세로길이는 60.4인치이며, 윗면의 가로길이는 160인치, 높이는 64인치이다.

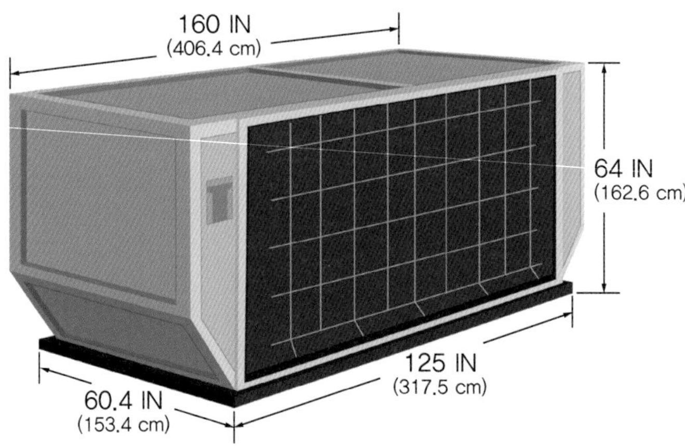

그림 9.17 LD-6 전면도

5) PAG 팔레트

주로 화물을 적재할 때 사용하며 항공기 화물칸의 높이에 맞추어 화물을 쌓아 올린 뒤 포장하여 탑재하는 형식이다.

Ceri Breeze/Shutterstock.com

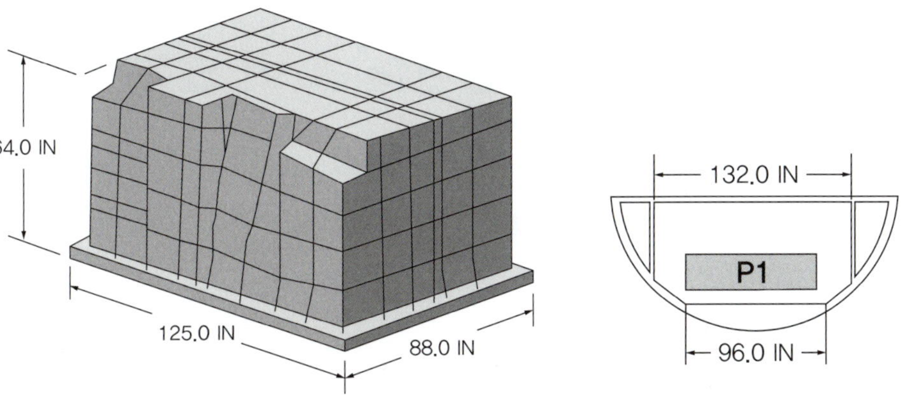

그림 9.18 PAG 팔레트 전면도와 측면도

이 팔레트의 가로길이는 125인치, 세로길이는 88인치로 항공기 화물칸의 Bay를 두 개 차지하는 크기이며, 한 줄 범위만 사용하는 위탁 수하물용 컨테이너보다 더 크다. 두 줄을 모두 차지하는 크기로 허용되는 높이는 64인치로 당일 화물 적재량에 따라 달라질 수 있다.

6) PMC 팔레트

항공기 전방부와 후방부의 Locking 구조에 따라 실을 수 있는 팔레트 종류가 결정되는데, PMC 팔레트는 PAG 팔레트와 형태가 비슷하지만 조금 더 크기 때문에 화물이 많이 실릴 경우 PMC에 쌓아 올려 고정하여 탑재하게 된다.

이 팔레트의 가로길이는 125인치, 세로는 96인치로 항공기 화물칸의 Bay를 두 개 차지하는 크기이며 한 줄 범위를 사용하는 위탁 수하물용 컨테이너보다 더 크다. 두 줄을 모두 차지하는 크기로 허용되는 높이는 PAG와 동일한 64인치로 당일 화물 적재량에 따라 달라질 수 있다. PAG보다 탑재량이 조금 더 많아 화물회사에서 선호하는 팔레트이다.

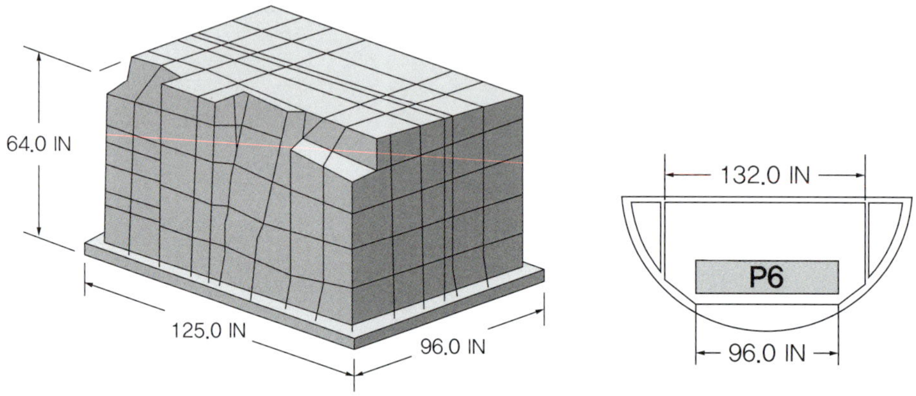

그림 9.19 PMC 팔레트 전면도와 측면도

4. 항공화물 하기

1) 수입화물 처리절차

항공 수입화물은 그림 9.20과 같은 절차를 거쳐 운송된다.

그림 9.20 수입화물 처리절차

2) 화물 하기방향

그림 9.21에 항공기의 화물과 수하물을 하기하는 방향과 위치를 나타내었다. 이 그림에서 보는 바와 같이 장비는 화살표 방향대로 움직이게 되고, 기체의 중앙부로 들어와 문과 가까운 방향의 물품부터 앞과 뒤의 균형을 맞춰 가면서 하기한다. 예를 들어 한쪽에 있는 짐에 치우쳐 짐을 내릴 경우 다른 한쪽으로 기체 쏠림 현상이 일어나 항공기 동체 손상을 유발할 수 있기 때문이다. 앞부분의 하기가 이루어지면 뒤쪽 화물도 함께 하기한다. 어느 한쪽으로 무게균형이 쏠리지 않도록 주의해야 한다.

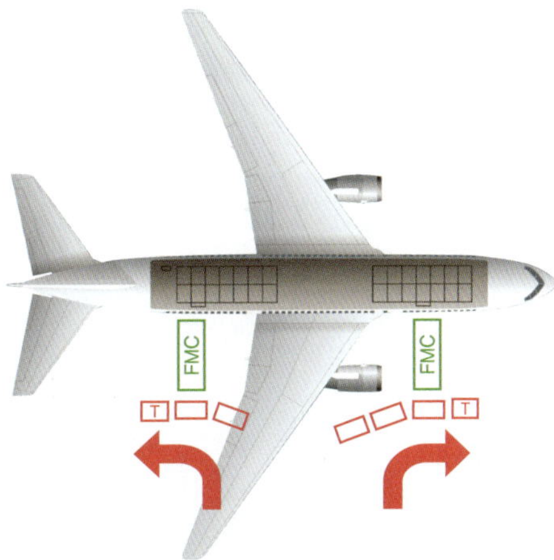

그림 9.21 항공기 화물 하기방향

Special Section 1

항공화물 시스템: 아이카고(i-cargo)

아이카고는 화물의 예약·영업·운송·수입관리를 일원화(One Stop)하여 제공하는 시스템으로 독일 루프트한자, 호주 콴타스항공, 전일본공수(ANA) 등 20여 항공사에 채택되었으며 범용성과 편의성을 인정받았다.

종래에 대한항공 화물 시스템은 예약·영업·운송·수입관리 등 처리가 분리되어 있어 업무처리 효율이 떨어진다는 지적을 받아 왔다. 이에 2018년 2월 IBS와 아이카고 도입 계약을 맺고 기능 개발과 테스트 검증을 거쳐 2019년부터 국내외 화물지점 130여 곳에 아이카고 적용을 마쳤다. 아이카고 도입으로 판매, 예약, 운송 등 대한항공의 화물 전 부문 시스템이 통합되었으며, 이로 인해 항공사, 화주, 대리점, 세관 등에 맞춤형 정보를 제공하고 화물 이동상태를 실시간 안내하는 등 서비스가 향상되었다.

Special Section 2

2021년 '항공 오스카상' 대한항공 수상

대한항공이 항공화물 사업부문의 코로나19 방역 대응도에서 좋은 평가를 받아 에어 트랜스포트 월드(ATW)가 주관하는 '2021년 올해의 항공사'에 선정되었다. 코로나19로 부진했던 항공화물 시장에 올해 들어 유례없는 호황이 찾아온 데다 그동안 대규모 적자를 낸 해외 항공사들과 달리 꾸준히 흑자를 기록한 대한항공이 세계 1위로 선정된 것이다.

미국 항공 전문매체인 ATW가 1974년부터 시작하여 매년 선정하고 있는 '올해의 항공사'는 '하늘 위의 오스카상'으로 격찬할 만큼 세계 항공업계에서 명예로운 상이다. 각 분야 전문가로 심사단을 구성하여 재무 안정성, 사업 운영, 고객 서비스, 지속가능성, 안전 등을 평가하며, 대한항공이 이 상을 수상한 건 이번이 처음이다.

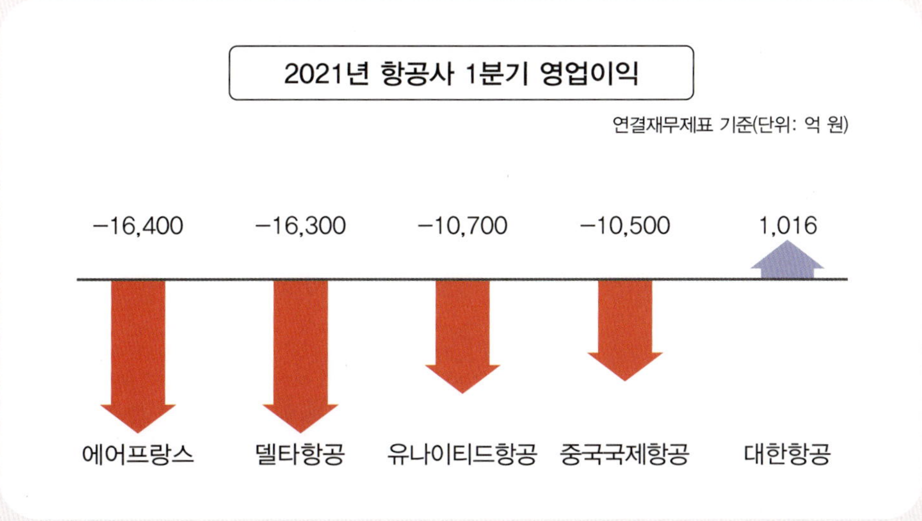

자료: 매일경제(2021.06.29)

Chapter 10

항공기 탑재관리(Weight and Balance) 및 용어

1.
항공기 탑재관리 의의

1) 탑재관리의 중요성

항공기 탑재관리(Load Control)란 항공기가 출발하여 목적지에 도착하기까지 전 과정에서 항공기가 안전하게 운항될 수 있도록 항공기의 무게중심(Weight and Balance)을 안전범위 내에서 구하고 그에 맞게 항공기 내에 짐을 탑재, 관리하는 일이다. C.G Trim* 값을 구하는 것이 주된 일이며, 항공기 탑재관리팀은 체크인 카운터팀과 운항 승무원, 램프 서비스팀(Ramp Service)을 연결하는 다리 역할을 한다고 볼 수 있다.

탑재관리 업무는 비행 전에 실시하는 준비 과정으로, 항공기 탑재관리사가 항공기의 화물과 승객의 수하물이 지정된 장소에 탑재되도록 컨트롤하는데, 이는 항공기를 조작하기 위해 무게균형을 유지해야 하기 때문이다. 이러한 업무가 적절히 수행되고 있는지에 대한 점검 책임은 해당 운항 승무원에게 있다(항공법 및 운항규정).

항공기 탑재관리는 승객의 탑승 수와 좌석 배치, 화물의 탑재량과 장소, 연료의 탑재량과 소모량, 착륙장치 등의 요소와 밀접한 관련이 있다. 이 요소들이 항공기의 무게와 무게중심에 미치는 영향을 완전히 이해하고 필요시에는 적절한 조치를 취하는 것이 탑재관리사의 의무이다. 항공기가 지탱하지 못할 정도로 과다하게 승객을 탑승시키거나 화물을 탑재하면 항공기가 균형을 잃고 안전운항

*** C.G Trim(Center of Gravity Trim)**
항공기 무게중심이 되는 값으로 운항 승무원이 항공기 운항 시 운항 시스템에 입력해야 하는 주요 값이다. 항공기의 Trim 값이 어느 지점으로 적용되느냐에 따라 항공기의 무게중심이 안전범위 내에 있는지 확인할 수 있으므로 그 지점을 수치화하여 적용한다. 예) Center of Trim: 37.6

에 큰 영향을 미치게 된다.

■ **탑재관리 시 준수해야 할 미국 연방항공국(FAA) 규정**

- "항공기의 총무게가 최대 허용무게를 초과해서는 안 된다."
- "C.G, 즉 항공기의 무게중심이 항공기의 C.G 안전범위 내에 위치해야 하며 이것은 꼭 지켜져야 한다."

일반적으로 항공기는 대부분의 좌석이 승객으로 점유된다는 가정하에 운항된다. 따라서 화물, 승객, 연료 탑재량이 최대치라고 가정할 때 이 최대중량이 항공기의 최대 허용중량을 넘지 않도록 해야 한다.

2) 탑재관리의 주요 목적

항공기의 화물과 수하물 탑재관리의 주된 목적은 크게 3가지이다.

(1) 안전운항

항공기에 탑재되는 중량이 최대 허용범위를 초과하지 않도록 하며, 안전을 위해 항공기 무게중심이 지정된 범위를 초과하지 않도록 한다.

(2) 경제운항

적절한 항공기 무게중심을 선정하여 연료를 절약하고, 중량을 효율적으로 배분하여 항공기 기내 공간(Space)의 활용을 최대화한다.

(3) 쾌적운항

탑승수속을 개시하기 전에 좌석 배정, 좌석을 우선 선정할 필요가 있는 승객 조치 등을 수행한다.

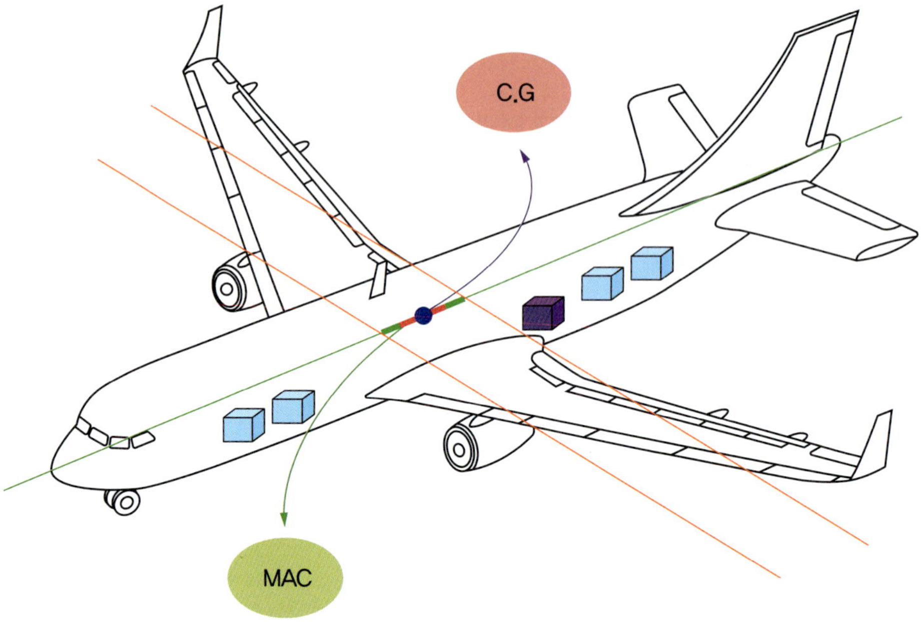

그림 10.1 C.G와 MAC의 상관관계

그림 10.1을 보면 C.G*와 MAC*의 상관관계를 알 수 있다. 항공기에서 허용되는 안전범위는 CG%MAC*로 지정되고, C.G는 MAC 안에서 이동하게 된다. 항공기 하부에 탑재된 짐과 화물의 위치와 무게의 영향을 받는 C.G의 위치를 예상하며 조정하는 일이 탑재관리 업무이다. 자세한 내용은 '6. 탑재관리 업무 절차'를 통해 알아보자.

*** C.G(Center of Gravity)**
항공기 무게중심을 나타내는 지점을 숫자화한 값이다.

*** MAC(Mean Aerodynamic Chord; 평균공력시위)**
날개의 평균적인 폭으로 항공기 날개의 공기역학적 특성을 대표하는 시위이다. 항공기의 무게중심 위치는 MAC의 범위 안에서 구해지게 되며 통상 퍼센테이지로 표시된다. 예) CG%MAC = 27.4%

*** C.G%MAC**
항공기 무게중심이 평균적으로 환산한 날개폭의 몇 % 지점에 있는지를 나타내는 단위이다.

2.
무게와 균형의 중요성

항공기의 무게와 균형은 항공기 안전사고에 직결되는 요소들이다. 항공기의 최대 허용이륙중량과 무게중심(Weight and Balance)의 균형을 맞추는 업무는 항공기의 경제운항과 안전운항에 영향을 줄 수 있다. 항공기 무게 균형에는 최대 허용선이 있으며, 그 허용범위를 벗어나게 되면 큰 사고로 이어질 수 있다. 이 무게 균형은 C.G 값을 구하고 Trim 값을 항공기에 입력하여 안전범위 내에 있는지를 확인하는데, 그 기준이 되는 범위는 항공기마다 상이하다. 무게 균형의 실패로 인한 항공기 사고의 결과는 다음과 같다.

- Overweight: 허용중량이 초과되는 경우에 이륙에 실패할 수 있으며 항공기의 구조적 손상을 일으킬 수 있다.
- Out of Forward C.G Limit: 항공기의 무게중심인 C.G가 앞쪽의 제한선을 초과하면 항공기 회전에 실패할 수 있으며 앞으로 급강하할 수 있다.
- Out of After C.G Limit: 항공기의 무게중심인 C.G가 뒤쪽의 제한선을 초과하면 꼬리 동체가 손상을 입을 수 있으며, 항공기가 속도를 잃어버리는 실속이 일어나 항공기 사고가 발생할 수 있다.
- Stab Trim too far Nose up: Stab Trim(C.G의 Index)이 항공기 기수에서 너무 멀 경우 항공기 꼬리쪽 동체가 손상될 가능성이 있으며, 이 경우 항공기가 실속하게 된다.
- Stab Trim too far Nose down: Stab Trim(C.G의 Index)이 기수보다 너무 아래에 있을 때 항공기가 실속하여 사고로 이어질 수 있다.

이처럼 항공기에는 항공기의 앞쪽 무게 제한선(Forward Limit)과 항공기의 뒤쪽 무게 제한선(After Limit)이 정해져 있다. 이러한 범위 내에서 C.G를 구해야 하는데, 항공기의 무게가 제한선을 초과할 경우에는 이륙에 실패하거나 동체에 손상을 입힐 수 있으며, C.G의 앞쪽 제한선을 넘을 경우에는 추락 사고가 일어날 수 있다.

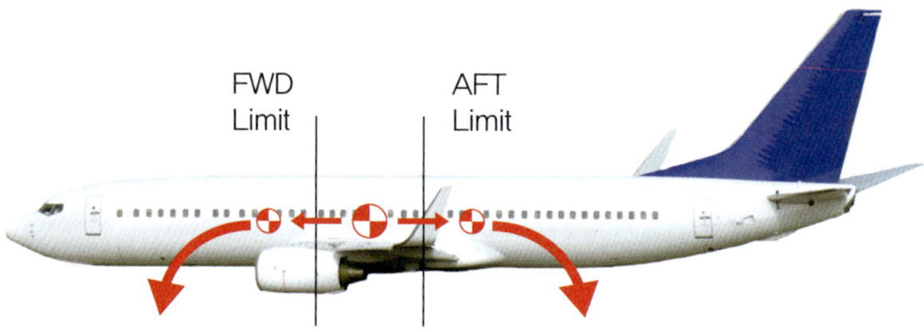

그림 10.2 항공기의 무게 제한점(앞과 뒤)

■ **측면 불균형의 한계(Lateral Imbalance Limitation)**

항공기 가로축의 균형은 항공기 운항에 절대적으로 중요하다. 측면이 불균형해서는 안 되며, 정확하게 그 균형을 맞출 수 없다 하더라도 어느 정도 측면이 서로 균형을 이루도록 화물을 탑재해야 한다.

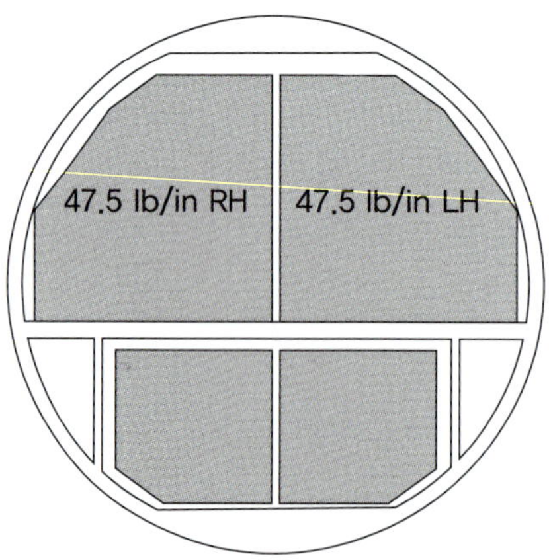

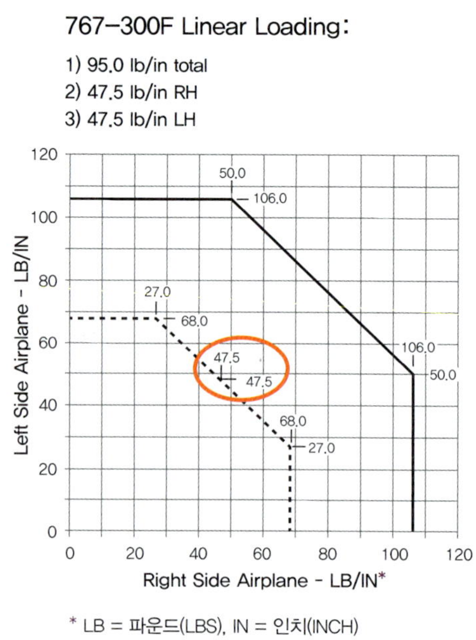

그림 10.3 항공기의 탑재칸 무게 균형

그림 10.3은 767-300F 기종을 기준으로 측면의 균형을 맞출 수 있는 ULD 탑재 모형을 나타낸 것이다. 각각 47.5lb가 탑재되었으며 총무게는 95lb로 무게 균형이 맞는다.

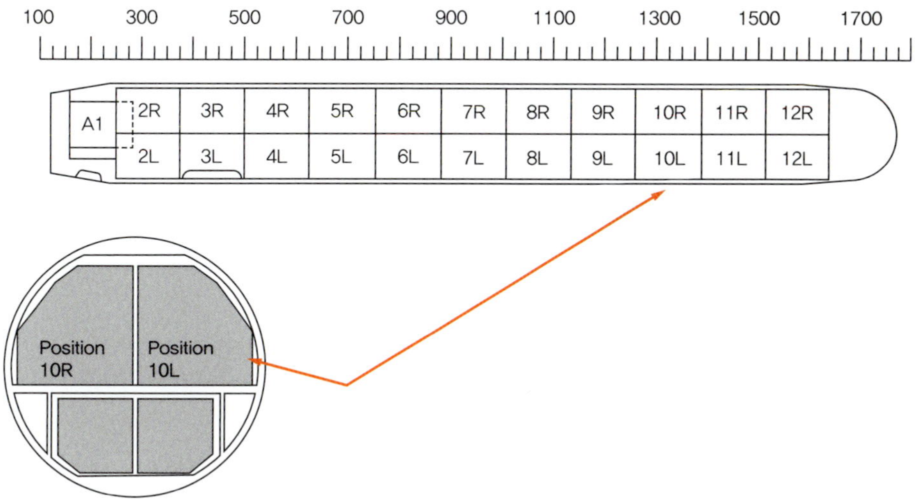

그림 10.4 항공기 탑재칸 순서와 이름

항공기의 탑재 화물칸은 1Bay당 두 포지션을 점유할 수 있으며 각각의 잠금 장치 설정이 가능하다. 그림 10.4를 보면, 탑재하는 ULD*의 위치는 10R과 10L* 로 구분되어 있다. 큰 컨테이너를 사용할 경우 두 포지션을 모두 점유하겠지만 작은 컨테이너는 1Bay에 두 개를 탑재하는 경우도 있다.

그림 10.5의 경우 왼쪽 포지션에는 ULD에 95lb가 탑재되었으나, 오른쪽 포지션에는 화물이 실리지 않았다. 이 경우 규정을 위반한 것이며, 모든 항공기의 ULD는 측면의 균형이 맞게 비슷한 무게로 탑재해야 한다.

*** ULD(Unit Load Device)**
항공 화물용 팔레트(Pallet), 컨테이너(Container), 이글루(Igloo) 등 단위 용기를 총칭하는 약어이다.

*** 10R과 10L**
10R은 10번 Bay의 오른쪽(Right Side), 10L은 10번 Bay의 왼쪽(Left Side)을 나타내는 약칭이다.

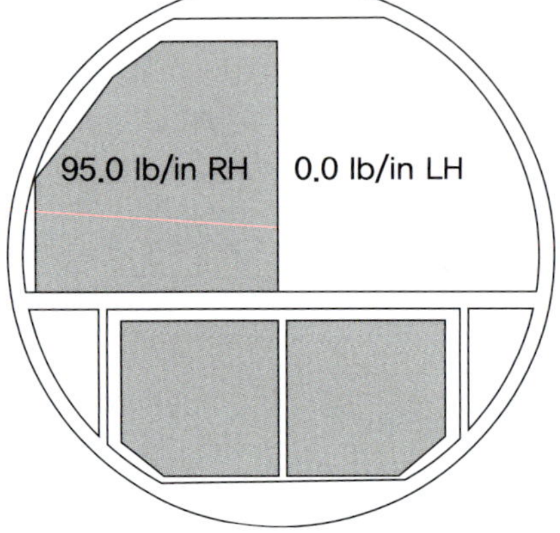

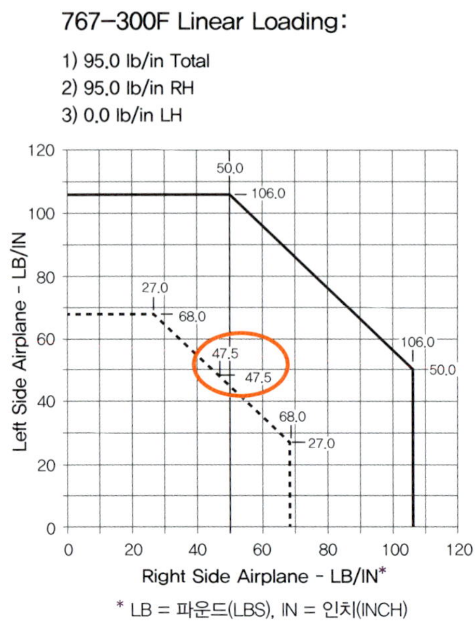

그림 10.5 컨테이너 화물 탑재의 잘못된 예

Special Section 1

항공기 사고 사례

항공기의 무게 균형은 항공기 안전에 큰 영향을 미치며, 항공기의 무게중심이 균형을 이루지 못한 상태에서 항공기를 운항하게 될 경우 사고가 발생할 확률이 높아진다. 항공기 사고의 원인은 다양하지만, 항공기의 무게 균형 원칙을 지키지 못하면 대형 사고가 일어날 수 있다. 다양한 원인에 의해 일어난 항공기 사고 사례를 몇 가지 살펴본다.

핀에어 101편 미국 마이애미 사고

일시: 1997년 8월 7일

항공사: Fine Air 101 - DC8–62F - MIA

발생지역: 미국 마이애미

미국 마이애미 공항에서 항공기 후방의 카고 잠금장치가 부적절하게 채워져 이륙하는 도중 항공기의 무게가 뒤쪽으로 쏠리면서 항공기가 균형을 잃고 추락

하는 사고가 발생하였다. 항공기는 이륙하자마자 불과 몇 분만에 추락하였고, 큰 사고로 이어져 승무원들이 목숨을 잃고 항공사는 엄청난 재산 피해를 입게 되었다. 이 사고는 항공기 앞뒤의 불균형으로 조종사가 이륙하는 평형을 다시 회복하지 못한 것이 원인이 되어 발생하였는데, 화물칸의 잠금장치가 제대로 작동하지 않은 것이 근본적인 문제의 발단이었다.

싱가포르항공 286편 뉴질랜드 사고

일시: 2003년 3월 13일

항공사: Singapore Airlines 286편

발생지역: 뉴질랜드 오클랜드

Michael Bradley/Getty Images

싱가포르항공 286편은 뉴질랜드의 오클랜드 공항에서 항공기의 뒤쪽 동체 꼬리 부분이 파손되는 사고가 있었다. 항공기가 감당할 수 있는 무게가 초과되어 동체 꼬리에 손상을 입게 되었다. 항공 감독관들은 이 사고의 원인을 부적절한 무게중심점 입력(Stab Trim Setting)과 항공기 무게 균형이 뒤로 몰린 것이라고 지적하였다. 이러한 현상을 'Tipping' 현상이라고 하는데, 이는 항공기의 무게 균형이 뒤로 쏠리면서 항공기 기체의 앞부분이 들리는 현상으로 항공기의 후면에 상당한 손상을 입히게 된다.

3. 항공기 무게 변화

항공기의 무게는 항공기 운항 준비부터 운항 중과 목적지 도착에 이르기까지 전 과정에서 수시로 변화한다. 항공기 탑재관리를 하기 위해서는 항공기의 무게 변화를 이해해야 하는데, 항공기의 총중량에는 한도가 있어 항공기에 승객과 수하물을 과도하게 탑재하지 않도록 관리해야 하기 때문이다.

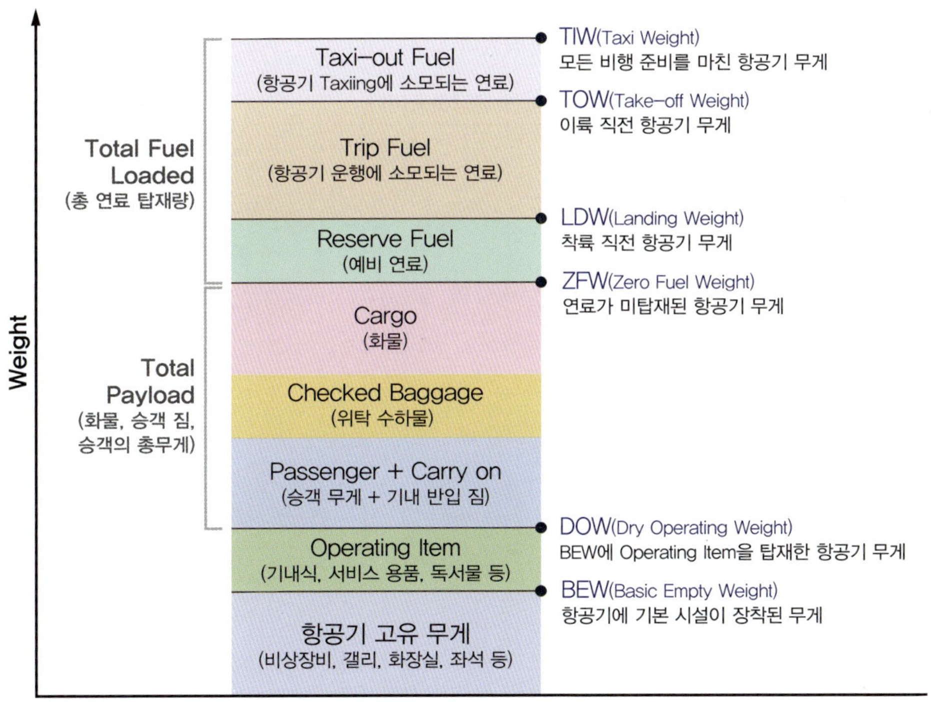

주: BEW는 운행 중인 항공기 무게의 절반가량이 되지만, 그림을 간략화하기 위해 작게 표현하였다.

그림 10.6 이륙 전후 항공기의 무게 변화

표 10.1 항공기 무게를 나타내는 용어

용어	설명
BEW (Basic Empty Weight)	항공기를 직접 운용하는 회사에서 항공기 운항에 필요한 시설과 장비를 추가 장착한 무게로 탑재관리 업무에서 가장 기본이 되는 중량이다.
DOW (Dry Operating Weight) 또는 SOW (Standard Operating Weight)	항공기 표준운항중량으로 BEW에 항공기를 직접 운항하는 데 필요한 Operating Item을 합한 중량이다. Operating Item: 운항 및 객실 승무원, 승무원 휴대품, 기내식, 기내 서비스 품목 및 기판품, FAK(Flight Away Kit), Portable Water, 항공기 탑재 도서 등
ZFW (Zero Fuel Weight)	항공기가 운항하기 위해 승객 및 수하물을 탑재하고 연료만 탑재하지 않은 상태의 중량이며, 다음 식으로 구한다. SOW + Payload(승객과 수하물)
TIW (Taxi Weight)	승객과 수하물을 탑재하고 연료를 보급한 상태의 중량이며, 다음 식으로 구한다. ZFW + Total Loaded with Fuel(총 연료 탑재량)
TOW (Take-off Weight)	TIW에서 Taxi Fuel을 소비한 후의 중량이다. Taxi Fuel: 항공기가 엔진 시동 후 이륙 개시 지점까지 이동하는 데 소모된 연료
LDW(Landing Weight)	항공기가 항로 중 연료를 소모한 뒤 착륙하기 직전의 중량이다.
AGTOW(Allowable Gross Take-off Weight)	항공기가 이륙할 수 있는 중량의 최대치이다.
ACL(Allowable Cabin Load)	항공기 운항 시 탑재 가능한 유상하중이다.

그림 10.7 항공기 무게의 변화

그림 10.8 항공기 무게의 크기순

연료를 가득 싣고 이륙 준비를 하고 있는 TIW가 가장 무겁고 항공기가 운행하며 연료를 소모할수록 무게는 줄어들게 된다. 연료를 모두 제외하고 승객과 수하물이 탑재되지 않은 DOW가 가장 가볍다.

4.
탑재관리 용어

1) MEW(Manufacturer Empty Weight)

MEW는 항공기 제조업체에서 만들어 낸 순수한 항공기 자체의 중량, 항공기의 구조물과 엔진, 항공기가 운항하는 데 필수적인 각종 시설 및 장비가 장착된 중량이다.

■ **MEW에 포함되는 항목**

항공기의 외형, 각종 설비 시스템, 항공기 좌석, 좌석벨트, 항공기 안에 처음부터 제작되어 장착된 안전장비, 화재탐지기 등

■ **MEW에 포함되지 않는 항목**

갤리 장비, 오븐, 탈출 슬라이드, 구명조끼, 휴대용 산소통, 연료, 물 등

2) BEW(Basic Empty Weight)

BEW는 항공기를 직접 운용하는 회사에서 MEW에는 없었던 시설 및 장비를 추가 장착하였거나 장탈하였을 경우의 무게이다.

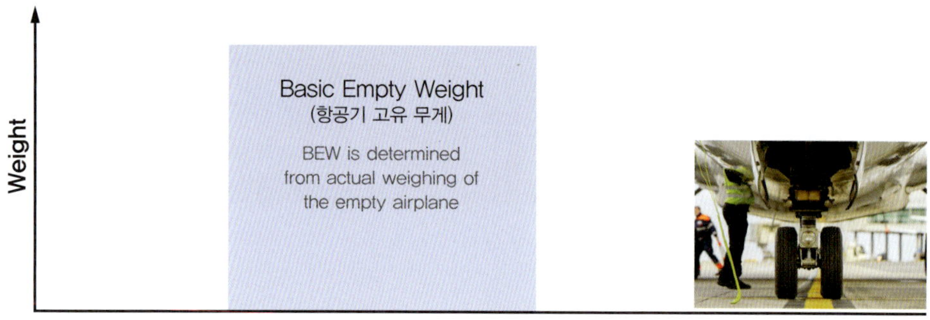

주: BEW는 운행 중인 항공기 무게의 절반가량이 되지만, 그림을 간략화하기 위해 작게 표현하였다.

그림 10.9 BEW(Basic Empty Weight)

항공기의 좌석을 어떤 식으로 배치하느냐에 따라 항공기 기종과 고유 번호별로 무게가 달라질 수 있다. BEW는 갤리, 화장실, 좌석 등의 장비가 장착된 상태의 항공기 무게를 의미한다.

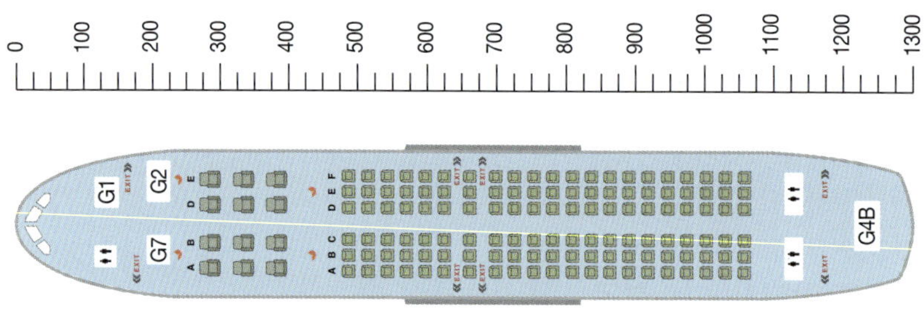

그림 10.10 B737-800 기종의 좌석과 갤리 무게

표 10.2 Maximum Allowable Galley Weight(최대 허용갤리중량)

갤리 위치	lb (kg)	갤리 위치	lb (kg)
Galley No.1	1250 (566)	Galley No.7	1500 (680)
Galley No.2	1500 (680)	Combined Galleys	Combined Weights
Galley No.4B	2545 (1154)	Galleys No.1, 2, 7	3250 (1474)

B737-800 기종을 예로 들어 최대 허용갤리중량, 즉 항공기의 갤리에 실을 수 있는 허용무게를 표에 나타냈다. 항공기 기종별로 항공기 고유 무게가 상이하고 기내에 설치된 갤리 장비나 좌석 배치로 인해 항공기 무게가 변경된다. 표를 보면, Galley No. 1에는 566kg을 탑재할 수 있으며, No. 2에는 680kg, No. 4B에는 1154kg, No. 7에는 680kg의 탑재가 가능하다.

3) SOW(Standard Operating Weight)

SOW는 항공기의 표준운항중량으로, Operating Empty Weight(OEW), Basic Operating Weight(BOW) 또는 Dry Operating Weight(DOW)라고도 한다. SOW는 BEW에 항공기를 직접 운항하는 데 필요한 Operating Item인 기내식, 소모품, 면세품 등을 합한 중량으로, 같은 항공기라도 비행의 종류와 비행 구간에 따라 다르다. 즉 SOW는 어떤 항공기가 승객 및 화물과 연료만 탑재하면 실제 운항할 수 있는 상태의 중량이다.

실무에서는 SOW의 무게와 Index Unit으로 탑재관리 업무가 시작되므로 이 무게는 탑재관리, 즉 Weight and Balance 업무를 하기 위한 중요한 기초 데이터가 된다.

■ **SOW에 포함되는 항목(Operational Item)**

운항 승무원, 객실 승무원, 승무원 휴대품, 기내식 등 기내 판매품, 서비스 장비, FAK(Flight Away Kit), Portable Water, 항공기 탑재 도서

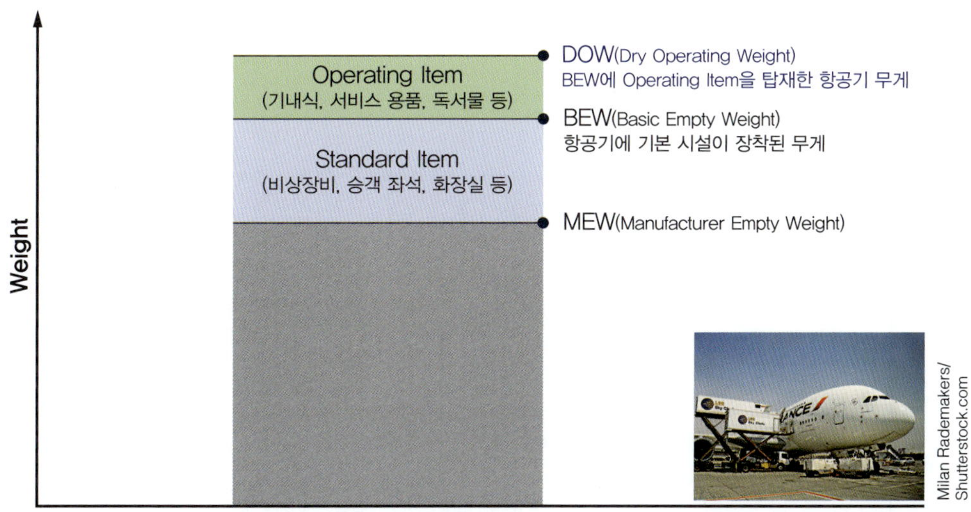

그림 10.11 SOW(Standard Operating Weight)

4) ZFW(Zero Fuel Weight)

ZFW는 특정 구간을 운항하기 위해 승객 및 화물을 모두 탑재하고 연료만을 탑재하지 않은 상태의 중량이다. 승객 및 화물의 중량을 합하여 유상하중(Payload)이라고 하기 때문에 다음과 같이 표시할 수 있다.

ZFW = SOW + Payload

ZFW에는 항공기의 구조적 강도를 고려하여 초과해서는 안 되는 중량 한계가 설정되어 있다. 항공기 제작사에서는 정상적인 운항 및 중량을 초과함으로써 발생 가능한 어떠한 사고라도 미연에 방지하기 위해 연료를 탑재하지 않은 상태에서의 최대허용중량(Maximum Zero Fuel Weight; MZFW)을 설정해 놓는다. 따라서 MZFW를 초과하지 않게 하려면 Payload를 어느 정도 탑재해야 하는지 알아야 하는데, 이것을 Maximum Payload라고 하며 이는 MZFW에서 해당 운항편의 SOW를 빼 주면 구할 수 있다.

Maximum Payload = MZFW – SOW

다시 말해 ZFW는 항공기 연료가 탑재되지 않은 상태의 항공기 무게이다. 즉 항공기에 승객과 화물, 수하물이 모두 탑재되었으나 연료가 탑재되지 않은 상태를 말한다.

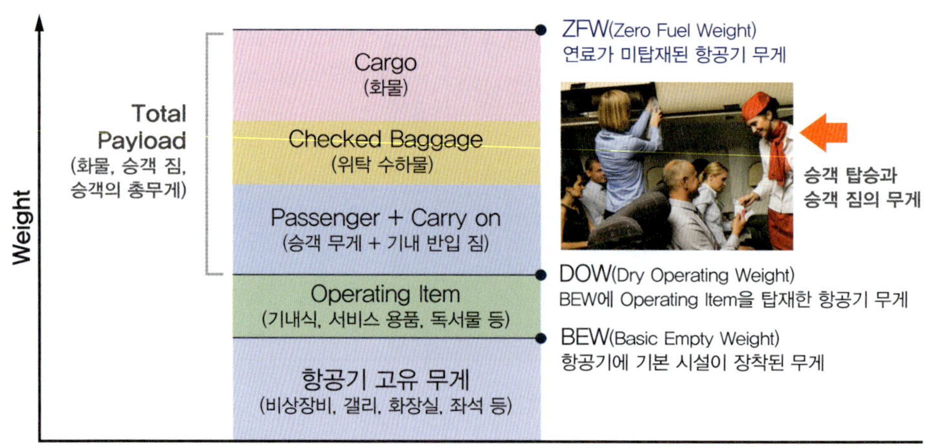

그림 10.12 ZFW(Zero Fuel Weight)

5) TIW(Taxi Weight) 또는 Ramp Weight

승객 및 화물을 탑재하고 연료를 보급한 상태를 Taxi Weight라 한다. 즉, 항공기가 Push Back하기 직전의 무게이다.

Taxi Weight = ZFW + Total Loaded Fuel

Taxi Weight에도 항공기의 구조적 강도와 감항성을 고려하여 초과해서는 안 되는 Maximum Taxi Weight(MTIW)이 설정되어 있다.

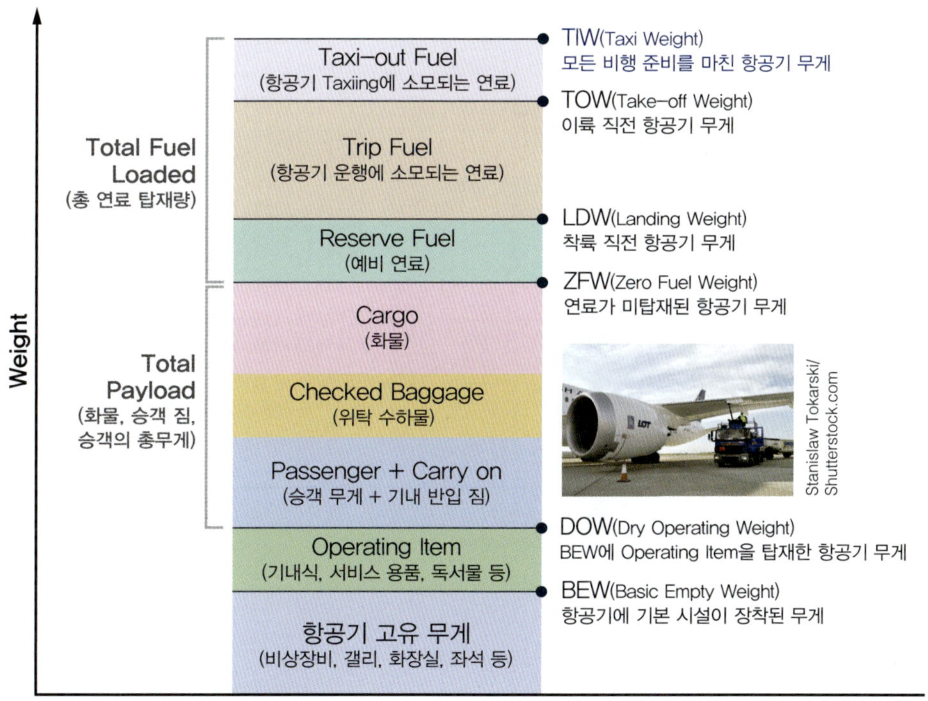

그림 10.13 TIW(Taxi Weight)

6) TOW(Take-off Weight)

연료를 모두 싣고 Push Back을 한 항공기는 활주로로 이동하게 된다. 이 과정을 Taxi라고 하며 유도로로 이동할 때 항공기 엔진이 소비하는 연료를 Taxi Fuel이라고 한다. 보통 인천국제공항의 경우에는 300~500kg을 소모한다. Taxi를 마치고 활주로 앞에서 이륙하기 직전의 무게를 Taxi Weight이라고 한다.

Tow = Taxi Weight - Taxi Fuel

이륙중량에도 중량 한계인 Maximum Take-off Weight(MTOW)이 설정되어 있으므로 이를 초과하지 않도록 관리해야 한다. 그렇지 않을 경우 항공기의 이륙 실패 및 각종 사고로 이어질 수 있다.

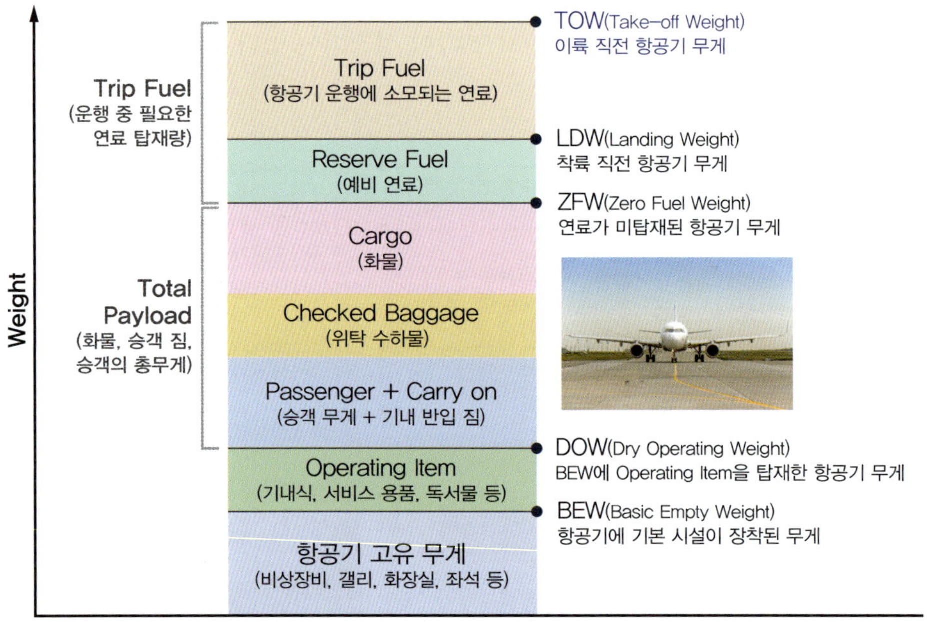

그림 10.14 TOW(Take-off Weight)

7) LDW(Landing Weight)

항공기가 이륙하여 목적지 공항에 착륙할 때까지 소비되는 연료의 양을 Trip Fuel이라고 한다. 그리고 이 연료를 모두 소비하고 목적지 공항에 도착하기 직전 Landing할 때의 무게를 Landing Weight이라고 한다. 항공기가 출발할 때보다 가벼워졌으며 Take-off Weight에서 Trip Fuel을 제외하면 LDW를 산출할 수 있다.

$$LDW = TOW - Trip\ Fuel$$

LDW 또한 Maximum Landing Weight의 범위가 있으므로 그 범위를 초과하지 않도록 중량을 관리해야 한다. 그렇지 않을 경우 항공기의 착륙에 실패하고 각종 사고가 발생할 수 있다.

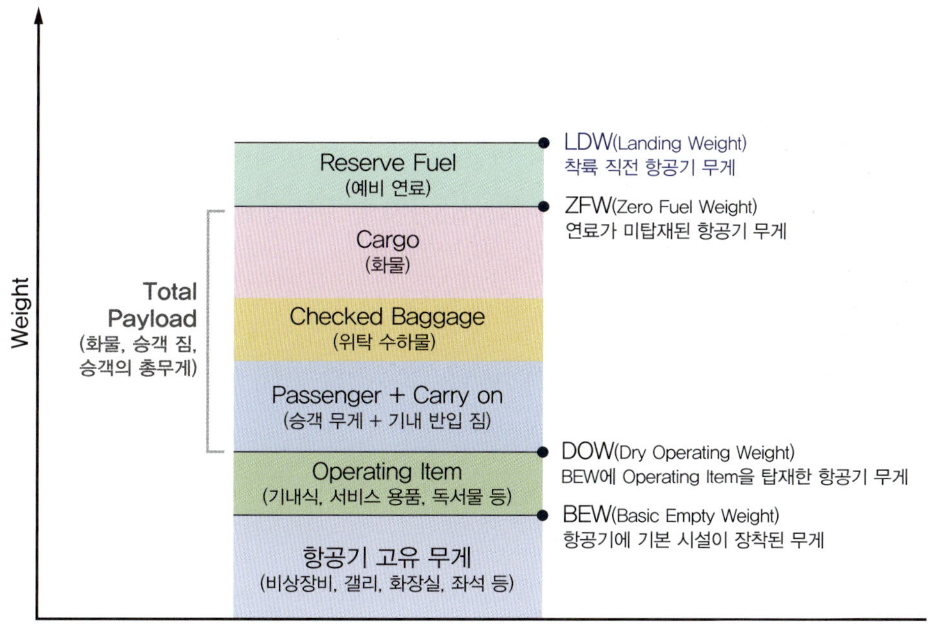

그림 10.15 LDW(Landing Weight)

중량의 한계와 무게중심의 관계(AGTOW)

항공기의 이륙과 착륙 과정에서 무게의 변화 양상은 다양하다. 그러나 이 무게들의 제한점이 없다면 항공기는 어떤 위험에 처하게 될까? 항공기 중량의 한계를 이해하고 그 제한점에 맞게 Weight and Balance 업무를 해야 한다.

중량의 한계는 항공기마다 다른데, 그 이유는 앞서 다룬 내용과 같이 각 항공기의 고유 시작점인 MEW의 무게가 다르게 적용되고 노선에 따라 소비되는 연료의 양이 상이하기 때문이다. 따라서 AGTOW(Allowable Gross Take-off Weight) 값은 매 비행편마다 산출해야 한다.

8) AGTOW(Allowable Gross Take-off Weight)

항공기의 최대 허용이륙중량이 설정되어 있다 하더라도, 항로 조건에 따른 연료의 보급량 및 이착륙 공항의 활주로 상태에 따라 최대 이륙중량은 변동적이며 제한을 받게 된다. 항공기는 운항 연료(Trip Fuel) 외에 만약의 경우에 대비하기 위한 연료를 탑재하고 운항하게 된다. 예비 연료에는 목적지 공항의 교통 혼잡에 의해 발생할 수 있는 체공(Holding)에 필요한 연료, 목적지 공항에 착륙 불가 상황이 발생하였을 때 교체 공항까지 비행하기 위한 교체 공항 연료(Alternate Fuel), 추가 예비 연료(Extra Fuel) 등이 있다.

연료 탑재량에 따라 이륙중량이 변동하게 되는데, 이에 따라 AGTOW 또한 매번 변동한다. AGTOW는 다음과 같이 3가지 무게를 산출한 후 가장 작은 값으로 정한다.

- MTOW(Maximum Take-off Weight): 항공기가 이륙 시 구조적 강도에 의한 제한중량
- MLDW(Maximum Landing Weight) + Trip Fuel: 착륙할 때 구조적 손상이 생기지 않게 하기 위한 무게
- MZFW(Maximum Zero Fuel Weight) - Take-off Fuel: 항공기 Payload를 탑재한 뒤 MZFW를 초과하지 않게 하기 위한 무게

9) ACL(Allowable Cabin Load)

항공기에 승객과 수하물, 화물이 실릴 수 있는 무게의 허용량을 ACL이라고 하는데, 이는 항공기의 여러 가지 무게 변화와 무게중심의 변화에 가장 큰 영향을 끼치는 요소이다. 항공기가 안전운항을 하기 위하여 Maximum으로 지정한 무게를 초과하지 않게 하기 위하여 승객과 화물의 탑재 무게에도 제한을 두게 된다. ACL은 항공기의 허용유상하중(Allowable Cabin Load)의 약자로 항공기가 안전하게 운항, 비행할 수 있는 범위에서 탑재가 허용되는 중량을 말한다. 다시 말해 운항 조건을 고려하여 객실 및 Cargo Compartment에 최대로 탑재 가능한 중량이다.

Maximum Payload는 항공기 구조상 허용되는 탑재량이고, ACL은 운항 조건을 고려한 허용 탑재량이다. ACL은 Maximum Payload를 초과할 수 없어 Maximum Allowed Traffic Load라고도 한다. 따라서 ACL은 어떤 운항 조건에서의 허용이륙중량, 즉 AGTOW에서 항공기 하중과 연료의 무게를 뺀 중량이다.

ACL = AGTOW – SOW – Take-off Fuel

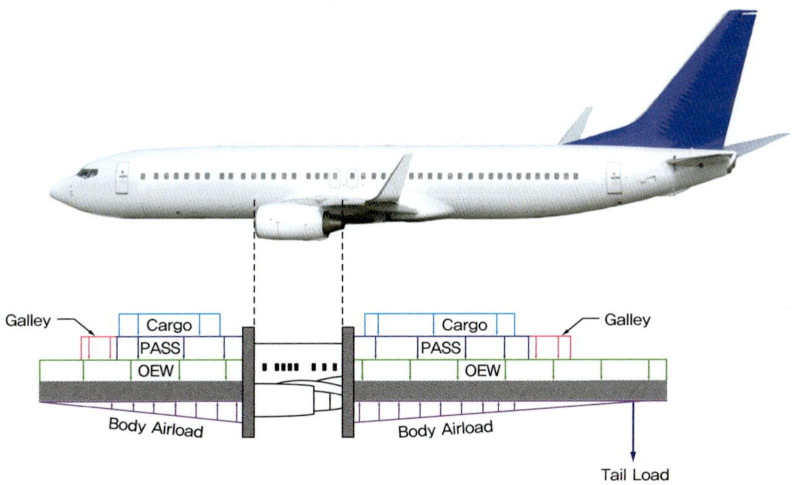

그림 10.16 ACL(Allowable Cabin Load)

중량의 허용범위

항공기는 운항하면서 연료를 소비하게 되어 연료 탱크가 장착되어 있는 주날개의 무게가 점차 가벼워지므로 역학적인 힘의 작용에 의해 날개와 동체가 분리될 가능성이 있다. 이에 항공기 제작사에서는 각종 시험을 실시하여 항공기 구조가 안전을 유지할 수 있도록 중량 한계 및 무게중심의 허용범위를 설정하고 있다.

이러한 허용범위를 벗어나면 항공기 운항 중에 무리한 조작을 하게 됨은 물론이고 항공기 추락과 같은 대형 사고를 유발할 가능성, 구조상 위험을 초래할 가능성이 있기 때문에 중량 한계 및 무게중심의 허용범위는 반드시 준수해야 한다.

중량의 한계

중량 한계의 종류

- 최대 무연료중량(Maximum Zero Fuel Weight)
- 최대 이륙활주중량(Maximum Taxi Weight)
- 최대 이륙중량(Maximum Take-off Weight)
- 최대 착륙중량(Maximum Landing Weight)

항공사에서 실제 사용하고 있는 무게중심의 허용범위는 항공기 제작사에서 설정한 범위보다 약간 더 축소된 것이다. 또한 이륙 시 기수(Pitch)를 어느 위치에 설정하는가, 즉 수평 안정판을 어느 위치에 설정하는가에 대한 문제도 중요하다. 이는 무게중심의 위치와 직결되는 것으로 규정된 이륙 거리와 성능을 초과하지 않는 데 목적이 있으며, 그 상관관계는 비행 규정 및 항공 운용 규정에서 찾을 수 있다.

10) Maximum Zero Fuel Weight

아래 그림은 Maximum Zero Fuel Weight(최대 무연료중량)의 범위를 나타낸 그래프이며, 코너에 있는 Z자를 1번부터 4번까지 시계방향으로 따라가 보면

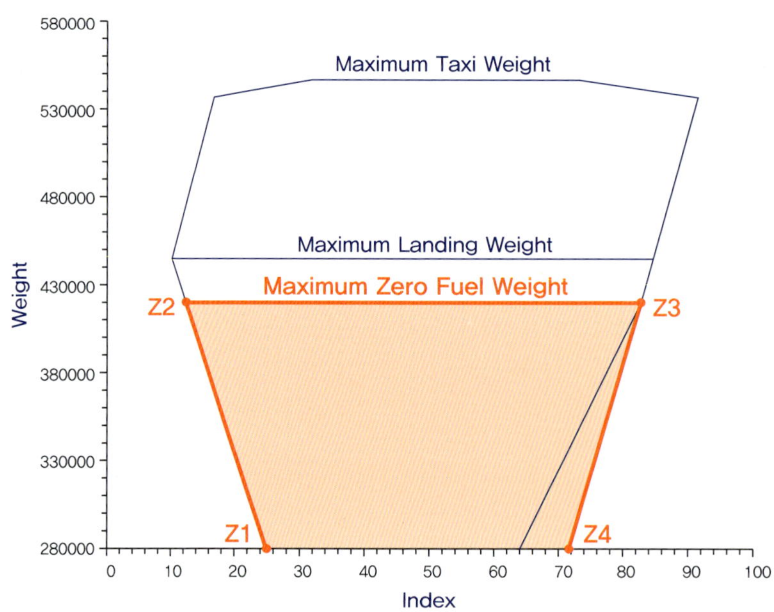

그림 10.17 Maximum Zero Fuel Weight

네 개의 Z가 Zero Fuel Limit의 범위를 나타내는 것을 볼 수 있다. 무연료중량의 최대치를 설정함으로써 항공기의 최대 ACL을 산출하고, 항공기 안전에 위해되지 않는 범위 내에서 승객 및 화물의 탑재가 이루어지도록 할 수 있다.

11) Maximum Taxi Weight

Maximum Taxi Weight(최대 이륙활주중량)은 아래 그림에서 T1부터 T8까지 시계방향으로 따라가 보면 보이는 범주이다. 최대 이륙활주중량을 설정하여 항공기가 이륙 시 실패하지 않도록 해야 한다. 이 중량은 최대 허용이륙중량(AGTOW)을 산출할 때 사용되는 값이다.

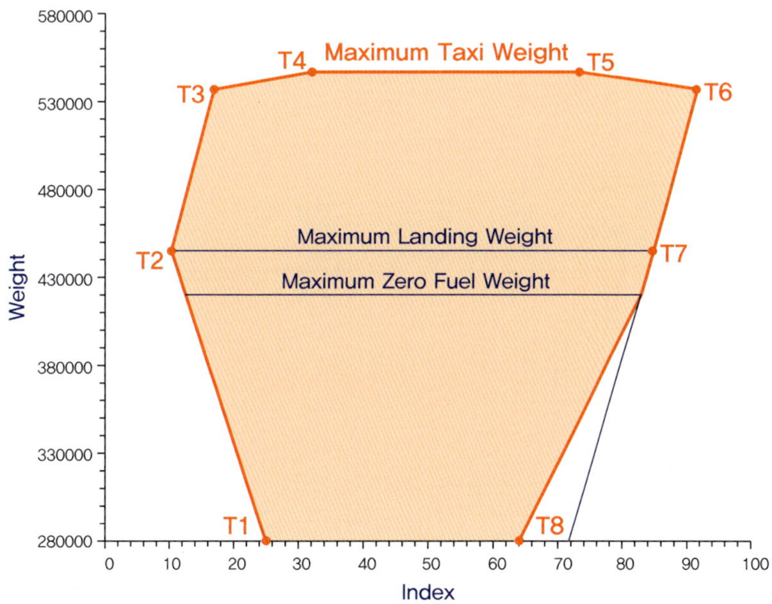

그림 10.18 Maximum Taxi Weight

12) Maximum Landing Weight

항공기가 착륙할 때의 무게는 항공기의 연료 소비량과 관련이 있으며, 최대로 설정할 수 있는 값을 Maximum Landing Weight(최대 착륙중량)이라고 한다. 그림의 L1부터 L4까지 시계방향으로 따라가면 나타나는 중량의 범위이다.

Maximum Landing Weight을 지키지 않을 경우 Landing할 때 동체가 손상되고 항공기 사고로 이어질 수 있기 때문에 이 범위 안에서 유상하중(ACL)과 연료량을 예상하여 탑재해야 한다.

항공기가 목적지로 이동하는 중 이륙하고 얼마 있지 않아 비상착륙을 해야 할 경우가 있다. 흔치 않은 경우이지만 항공기의 연료가 아직 소모되지 않은 상태이기 때문에 승객 및 화물의 무게가 가득 차 있다는 가정하에 비상착륙을 할 때 Maximum Landing Weight을 지키기 위해 항공기의 연료를 공중에서 버리는 경우도 생기게 된다. 이와 같이 최대 착륙중량 제한은 항공기 안전에서 결정적으로 중요한 사항이므로 지상 직원과 운항 승무원, 운항 관리팀의 긴밀한 협조하에 다시 한번씩 점검되어야 한다.

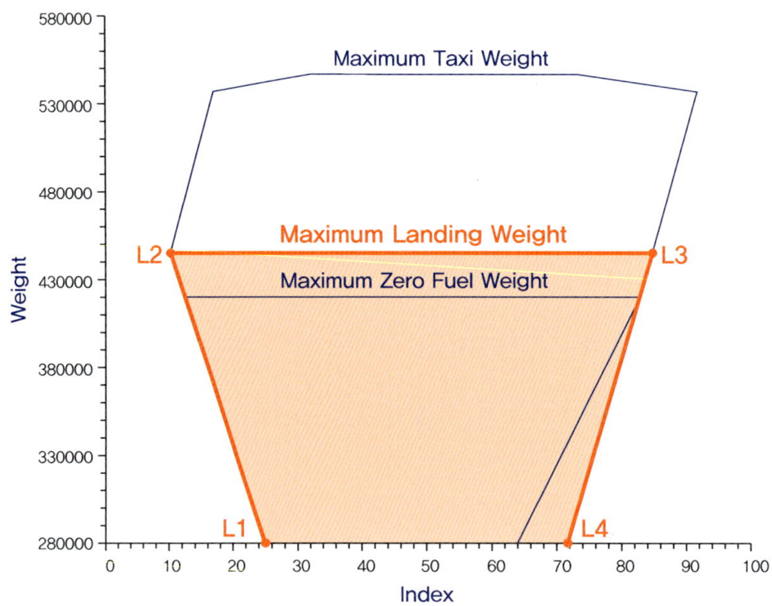

그림 10.19 Maximum Landing Weight

5.
탑재관리 업무방식

탑재관리 업무는 크게 수동 양식과 자동 양식으로 양분된다. 수동 양식은 운송 직원이나 운항 승무원이 무게중심을 계산하여 탑재관리 양식(Load Sheet)을 수기로 작성하는 방법이고, 자동 양식은 컴퓨터 시스템인 DCS를 이용하여 무게중심을 자동으로 산출하는 방식이다.

항공사들은 자사의 고유한 항공사 탑재관리 시스템을 갖고 있으며, 양식은 조금씩 상이하나 원리는 동일하다. 대부분의 항공사들은 자동 탑재관리 시스템을 채택하여 운영하고 있으나 시스템을 갖추지 못한 소규모의 저비용 항공사는 수동 양식으로 운영한다. 예기치 못하게 시스템이 작동하지 않는 상황에서는 수동 양식으로 무게균형을 계산해야 하므로 항공기 조종사와 항공기 탑재관리팀은 반드시 Load Sheet 수동 양식 작성법을 알아두어야 한다. 항공사에서 시행하는 탑재관리 자격시험은 수동 탑재관리 양식으로 치뤄지며, 이 양식과 논리에 대한 완벽한 이해를 갖추어 자격시험을 통과한 뒤에도 실무에 투입되기까지 수개월의 수습기간을 갖게 된다.

이 절에서는 수동 탑재관리 양식으로 Loading Instruction Report, Load Sheet, Trim Sheet의 사용 및 작성법, 승무원과 수하물의 평균 무게 계산법에 대해 알아본다. 그리고 자동 시스템에 데이터값을 직접 입력하고 그에 따라 항공기 무게균형점(C.G)이 구해지는 과정을 살펴본다.

1) 수동 탑재관리 양식

현재 항공사에는 운송 직원이나 운항 관리사가 연료무게와 항공기의 무게중심을 계산하여 운항 승무원이 확인하도록 하는 절차가 마련되어 있다. 작성요령을 숙지한 탑재관리 지상직원이 그림 10.21과 같은 Load Sheet 용지를 사용하여 항공기의 무게중심을 계산한다. 항공기 출발 전 이 양식에 항공기 무게와 연료량, 승객의 무게와 승객의 수하물, 화물의 무게를 각각 직접 수기로 기재하여 기장에게 전달하며, 조종사가 구해야 하는 각 값을 산출하여 항공기 운항에 필요한 데이터를 정리한다.

(1) Loading Instruction Report

이 양식으로 항공기 화물과 수하물을 어떤 컨테이너에 탑재할 것인지 계획을 세워 가상해 볼 수 있다. 값을 계산해 보며 무게중심을 고민한 다음에 작성하는 이 보고서는 램프 서비스팀(Ramp Service)에 보내는 정보의 기초가 된다. 이 보고서를 작성하여 붉은색 네모칸에 어떤 ULD를 탑재할 것인지 시뮬레이션해 본다.

Loading Instruction Report는 항공기 탑승수속이 진행되기 전에 탑재관리 지상직원이 ULD 컨테이너 배정 시 사용하는 양식이며, 이 정보로 각 컨테이너의 탑재 위치가 정해진다. 탑승수속이 마감되고 항공기 탑승을 완료하는 시점까지 탑재관리 지상직원은 Load Sheet과 Trim Sheet을 작성하여 운항 승무원에게 전달해야 한다.

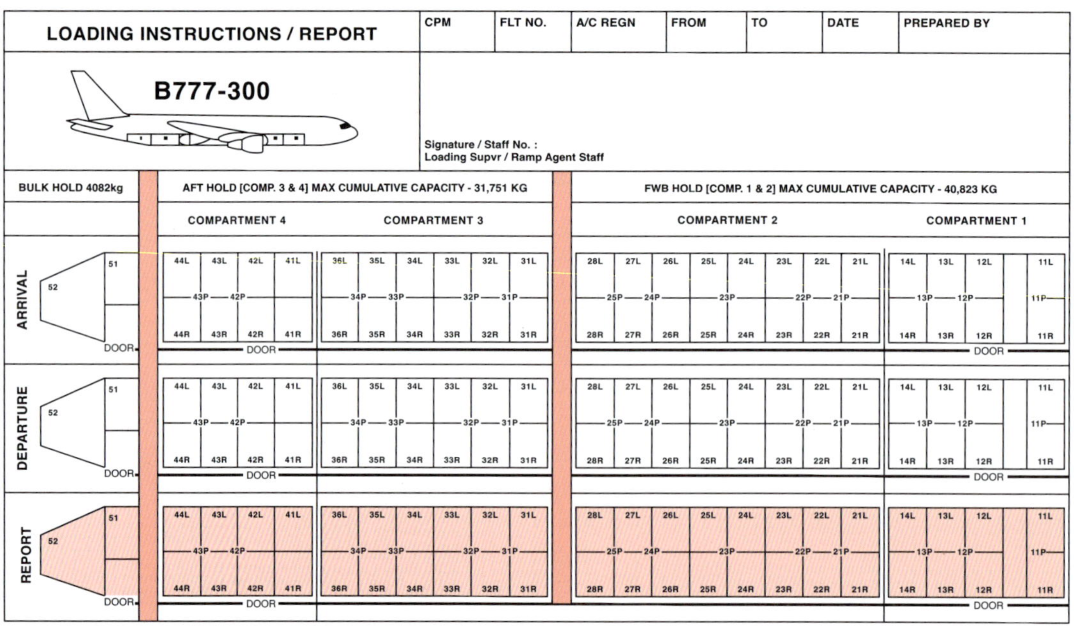

그림 10.20 Loading Instruction Report 견본

(2) Load Sheet 양식

수동으로 작성하는 Load Sheet 양식이다. 그림 10.21에 제시한 견본은 항공사별로 조금씩 상이할 수 있으나 형식과 방법은 동일하다.

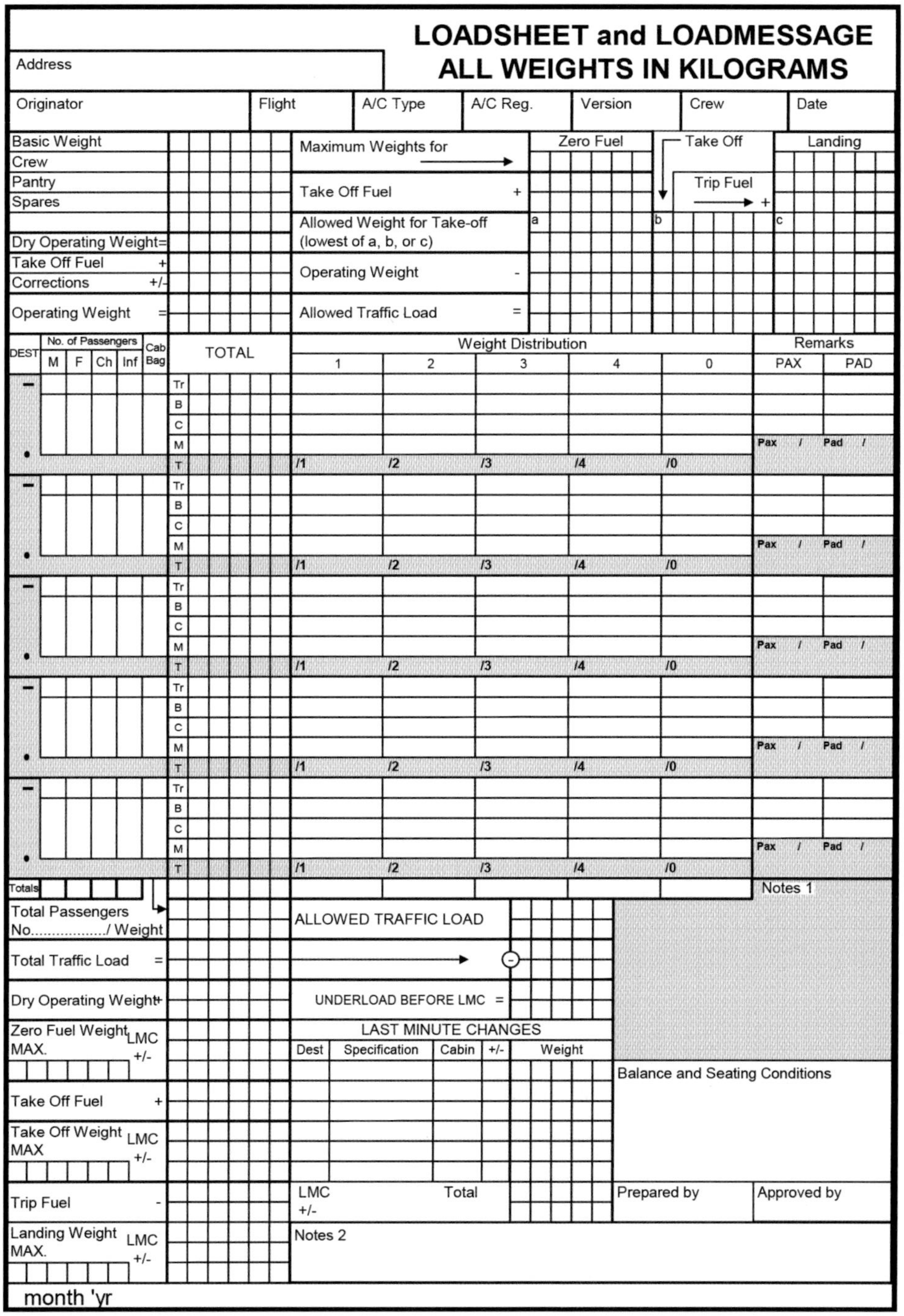

LOADSHEET and LOADMESSAGE
ALL WEIGHTS IN KILOGRAMS

Address

Originator | Flight | A/C Type | A/C Reg. | Version | Crew | Date

Basic Weight
Crew
Pantry
Spares
Dry Operating Weight =
Take Off Fuel +
Corrections +/-
Operating Weight =

Maximum Weights for → | Zero Fuel | Take Off | Landing
Take Off Fuel + | Trip Fuel → +
Allowed Weight for Take-off (lowest of a, b, or c) | a | b | c
Operating Weight -
Allowed Traffic Load =

DEST | No. of Passengers M F Ch Inf | Cab Bag | TOTAL | Weight Distribution 1 2 3 4 0 | Remarks PAX PAD
Tr
B
C
M
T | /1 | /2 | /3 | /4 | /0 | Pax / Pad /

Totals
Total Passengers No................/ Weight
Total Traffic Load =
Dry Operating Weight +
Zero Fuel Weight MAX. LMC +/-
Take Off Fuel +
Take Off Weight MAX LMC +/-
Trip Fuel -
Landing Weight MAX. LMC +/-

ALLOWED TRAFFIC LOAD
→ ⊖
UNDERLOAD BEFORE LMC =
LAST MINUTE CHANGES
Dest | Specification | Cabin | +/- | Weight
LMC +/- | Total
Notes 1
Balance and Seating Conditions
Prepared by | Approved by
Notes 2
month 'yr

그림 10.21 Load Sheet 견본

■ Load Sheet 작성법

무게중심 계산(Balance Calculation)은 DOW에서 시작하여 아래로 내려가며 무게를 합산해야 하는데, 각 화물칸에 실린 짐의 무게와 승객의 무게, 연료 등의 무게를 더한 값을 구하여 계산을 한 다음, 오른쪽 표에 있는 Index 값을 적용시켜 Trim Sheet에 옮긴다. 자세한 계산 순서는 1번부터 6번까지의 순서로 설명하였다. 다만 각 Index 값과 Dry Operating Weight은 항공사의 기종별로 상이하며 아래는 예시일 뿐이다.

❶ 맨 위 Dry Operating Weight 칸에는 항공기 기종별로 다르지만 항공사에서 설정한 값인 Dry Operating Weight을 적는다(이 경우 294700lb). ❷ 각 Compartment별로 Comp. 1부터 5까지 항공기에 실린 화물의 무게를 적는다. ❸ 오른쪽의 Index 칸에는 승객의 인원수에 해당하는 값을 Index 표에서 찾아 적는다. ★ Dead Load Weight에는 ❶과 ❷ 값을 합산하여 적는다. 그리고 ❹ Zone OA부터 OD까지 Weight에는 각 Zone의 승객 인원수에 평균 체중을 곱하여 각 Zone의 승객 무게를 적는다. ❺ Zero Fuel Weight 칸에는 ★와 ❹의 값, 즉 Dead Load Weight, Zone OA, OB, OC, OD Weight을 합산하여 적는다(이 경우 403130lb). 연료를 탑재하지 않은 상태의, 출발 준비된 항공기의 무게이다. ❺에 Total Fuel Weight(총연료 무게)을 더하면 ❻ Taxi Weight이 된다.

	BALANCE CALCULATION											
	Item		Weight LB						❸ Index −		+	
❶	DRY OPERATING		2	9	4	7	0	0			4	3
❷	Compt.1	+			8	0	0	0	1	1		
	Compt.2	+		1	2	0	0	0	1	0		
	Compt.3	+		1	0	0	0	0				6
	Compt.4	+		1	1	1	2	5			1	1
	Compt.5	+			2	0	0	0				3
								TOTAL	2	1	6	3
									↳	−	2	1
★	Dead Load	=	3	3	7	8	2	5			4	2
❹	Zone OA	+			4	0	7	0		6		
	Zone OB	+			4	8	1	0		6		
	Zone OC	+		3	4	2	2	5		7		
	Zone OD	+		2	2	2	0	0			2	2
								TOTAL	1	9	6	4
									↳	−	1	9
❺	ZERO FUEL	=	4	0	3	1	3	0			4	5
	LMC	+/−							+/−			
	Corrected ZF	=										
	Total Fuel	+	1	2	0	0	0	0	⊕/−			9
		+							+/−			
	TAXI	= ❻	5	2	3	1	3	0			5	4
		=										

(Δindex for loading of passengers)

PASSENGERS							
Zone OA		Zone OB		Zone OC		Zone OD	
No.Pax	Index	No.Pax	Index	No.Pax	Index	No.Pax	Index
22	-6	26	-6	185	-7	120	+22
1	0	1–2	0	1–12	0	1–2	0
2–5	−1	3–6	−1	13–38	−1	3–8	+1
6–8	−2	7–11	−2	39–64	−2	9–13	+2
9–12	−3	12–15	−3	65–90	−3	14–18	+3
13–15	−4	16–20	−4	91–115	−4	19–24	+4
16–19	−5	21–24	−5	116–141	−5	25–29	+5
20–22	−6	25–28	−6	142–167	−6	30–34	+6
23–26	−7			168–193	−7	35–40	+7
27–29	−8			194	−8	41–45	+8
30	−9					46–50	+9
						51–56	+10
						57–61	+11
						62–66	+12
						67–72	+13
						73–77	+14
						78–82	+15
						83–88	+16
						89–93	+17
						94–98	+18
						99–104	+19
						105–109	+20
						110–115	+21
						116–120	+22
						121–123	+23

그림 10.22 Load Sheet 작성법 예시

(3) Trim Sheet 양식

위와 같은 계산 결과를 바탕으로 그림 10.23의 Trim Sheet을 작성하게 되는데, 자세한 Trim Sheet 작성법은 그림 10.24를 참고한다.

TRIM SHEET

BOEING 777-200
INCREASED GROSS WEIGHT
ALL WEIGHTS IN KILOGRAMS

REGISTRATION	FLIGHT NUMBER	FROM	TO	CREW	DATE

VALID ONLY FOR:
A6-EML

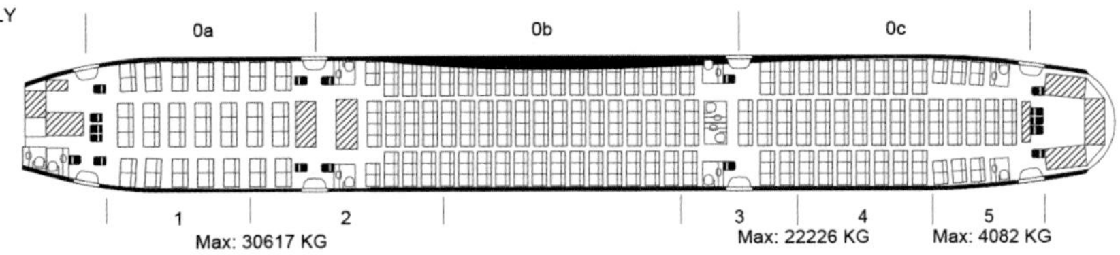

DOI ______

0a	MAX 49	10 PAX
0b	MAX 178	50 PAX
0c	MAX 126	10 PAX
1 FWD BELLY	MAX 15308 KG	1000 KG
2 FWD BELLY	MAX 17780 KG	1000 KG
3 AFT BELLY	MAX 11113 KG	1000 KG
4 AFT BELLY	MAX 12700 KG	1000 KG
5 BULK	MAX 4082 KG	1000 KG

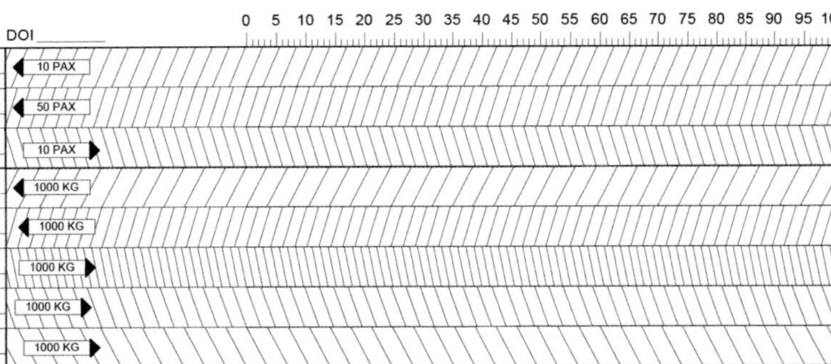

Fuel Index

Wt(KG)	Index	Wt(KG)	Index	Wt(KG)	Index
20000	0	59000	13	99000	-9
21000	0	60000	12	100000	-10
22000	0	61000	12	101000	-10
23000	0	62000	11	102000	-11
24000	0	63000	11	103000	-11
25000	0	64000	10	104000	-12
26000	0	65000	9	105000	-12
27000	0	66000	9	106000	-13
28000	0	67000	8	107000	-14
29000	0	68000	8	108000	-14
30000	1	69000	7	109000	-15
31000	1	70000	7	110000	-15
32000	1	71000	6	111000	-16
33000	1	72000	5	112000	-16
34000	1	73000	5	113000	-17
35000	1	74000	4	114000	-17
36000	2	75000	4	115000	-18
37000	2	76000	3	116000	-18
38000	2	77000	3	117000	-19
39000	3	78000	2	118000	-19
40000	3	79000	2	119000	-20
41000	3	80000	1	120000	-21
42000	4	81000	1	121000	-21
43000	4	82000	0	122000	-22
44000	5	83000	-1	123000	-22
45000	5	84000	-1	124000	-23
46000	6	85000	-2	125000	-23
47000	6	86000	-2	126000	-24
48000	7	87000	-3	127000	-25
49000	7	88000	-3	128000	-25
50000	8	89000	-4	129000	-26
51000	9	90000	-4	130000	-27
52000	10	91000	-5	131000	-27
53000	10	92000	-5	132000	-28
54000	11	93000	-6	133000	-28
55000	12	94000	-6	134000	-29
56000	13	95000	-7	135000	-29
* 56800	14	96000	-8	136000	-30
57000	14	97000	-8	137000	-30
58000	13	98000	-9	137800	-30

* Full Main Tanks

FUEL CORR ______

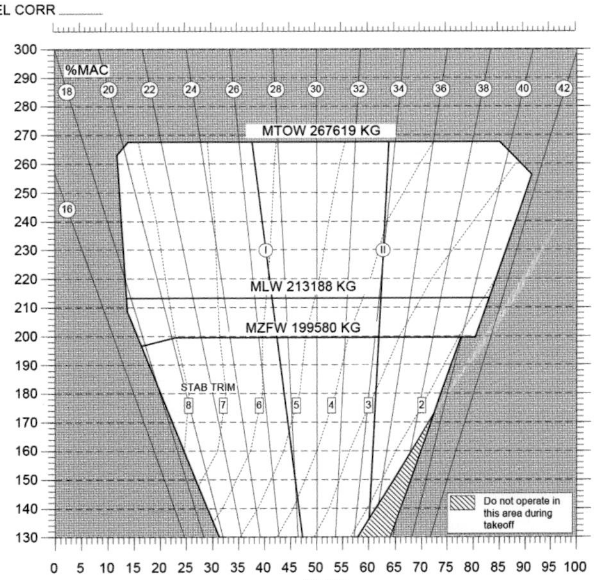

Ⓘ For takeoffs aft of this limit, AFM-DPI Alternate Forward Center of Gravity limit may be used with "ALTFWD C.G." input of 25% MAC

Ⓘⓘ For takeoffs aft of this limit, AFM-DPI Alternate Forward Center of Gravity limit may be used with "ALTFWD C.G." input of 32% MAC

ZFW %MAC ______	TOW %MAC ______	STAB TRIM ______

D043W176-3 July 2000

그림 10.23 Boeing 777-200 기종의 Trim Sheet 견본

상단에 있는 양식에서 계산을 마친 뒤 그 데이터를 가지고 하단에 있는 양식에서 Trim을 구한다. 그림 10.23에 제시한 견본은 B777-200 기종의 Trim Sheet 양식이며 항공기 기종별로 데이터가 상이하지만 보통은 항공사 공통으로 아래의 형식과 방법으로 무게중심을 구한다. 이 양식에서 구한 무게중심 데이터를 운항 승무원이 항공기 조종석의 운항 시스템에 입력하게 된다.

■ **Trim Sheet 작성법**

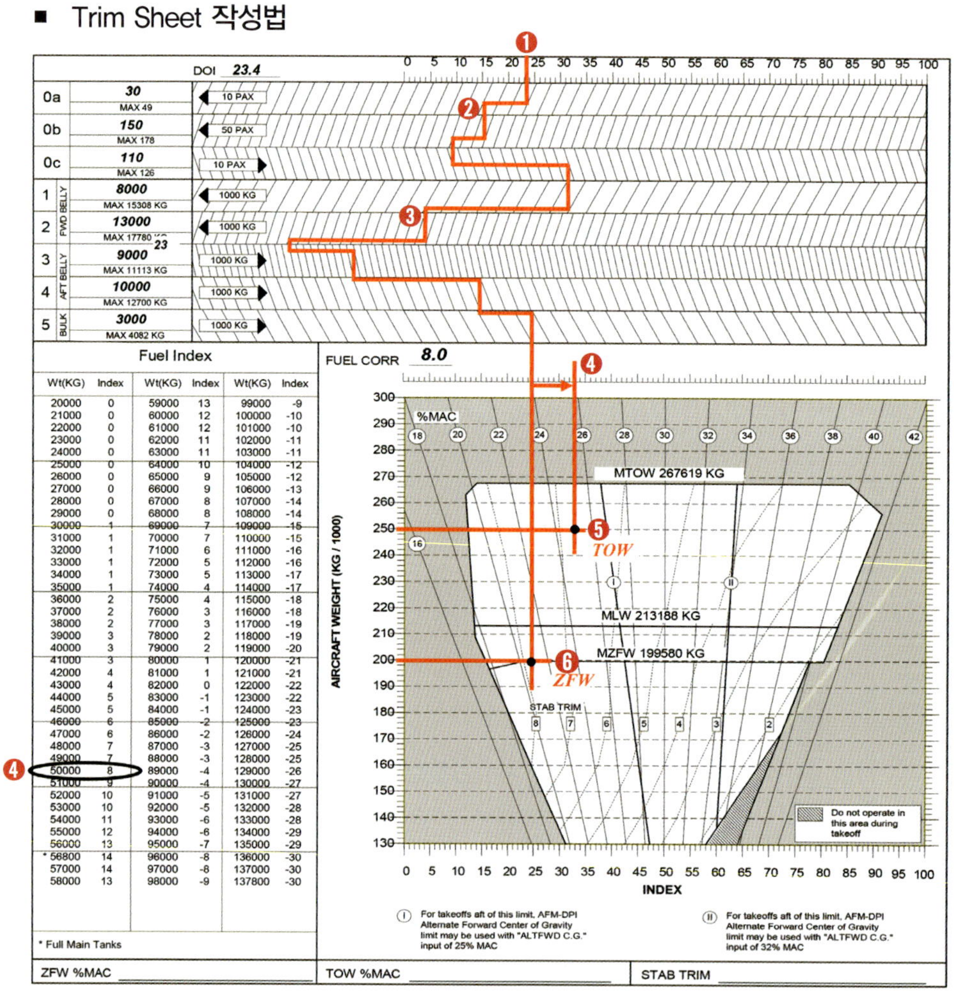

Fuel Index

Wt(KG)	Index	Wt(KG)	Index	Wt(KG)	Index
20000	0	59000	13	99000	-9
21000	0	60000	12	100000	-10
22000	0	61000	12	101000	-10
23000	0	62000	11	102000	-11
24000	0	63000	11	103000	-11
25000	0	64000	10	104000	-12
26000	0	65000	9	105000	-12
27000	0	66000	9	106000	-13
28000	0	67000	8	107000	-14
29000	0	68000	8	108000	-14
30000	1	69000	7	109000	-15
31000	1	70000	7	110000	-15
32000	1	71000	6	111000	-16
33000	1	72000	5	112000	-16
34000	1	73000	5	113000	-17
35000	1	74000	4	114000	-17
36000	2	75000	4	115000	-18
37000	2	76000	3	116000	-18
38000	2	77000	3	117000	-19
39000	3	78000	2	118000	-19
40000	3	79000	2	119000	-20
41000	3	80000	1	120000	-21
42000	4	81000	1	121000	-21
43000	4	82000	0	122000	-22
44000	5	83000	-1	123000	-22
45000	5	84000	-1	124000	-23
46000	6	85000	-2	125000	-23
47000	6	86000	-2	126000	-24
48000	7	87000	-3	127000	-25
49000	7	88000	-3	128000	-25
50000	8	89000	-4	129000	-26
51000	9	90000	-4	130000	-27
52000	10	91000	-5	131000	-27
53000	10	92000	-5	132000	-28
54000	11	93000	-6	133000	-28
55000	12	94000	-6	134000	-29
56000	13	95000	-7	135000	-29
* 56800	14	96000	-8	136000	-30
57000	14	97000	-8	137000	-30
58000	13	98000	-9	137800	-30

* Full Main Tanks

그림 10.24 Trim Sheet 작성법 예시

위의 그림 10.24는 DOI 23.4로 시작하는 항공기이며, 무게중심이 데이터에 의해 앞뒤로 이동하는 것을 선으로 확인 가능하다.

Trim Sheet 작성방법은 1번부터 6번까지의 순서대로 진행하게 되는데, 다음과 같다.

❶ DOI(Dry Operating Weight Index): 맨 위쪽의 첫 시작이 되는 점으로 항공기별로 시작점의 무게가 다르다. 이 Trim의 DOI는 23.4로 시작하며 빨간 선을 따라 내려가 보면 항공기의 무게중심이 승객의 좌석 배치, 화물의 탑재 위치, 연료량에 따라 이동하는 것을 볼 수 있다.

❷ Oa: A 존에 30명의 승객이 탑승한 만큼 앞으로 선을 3칸 이동(단위가 10명)
Ob: B 존에 150명의 승객이 탑승한 만큼 앞으로 선을 3칸 이동(단위가 50명)
Oc: C 존에 110명의 승객이 탑승한 만큼 앞으로 선을 11칸 이동(단위가 10명)

❸ Compartment 1: 8000kg의 화물이 탑재된 만큼 앞으로 8칸 이동(단위가 1000kg)
Compartment 2: 13000kg의 화물이 탑재된 만큼 앞으로 13칸 이동(단위가 1000kg)
Compartment 3: 9000kg의 화물이 탑재된 만큼 뒤로 9칸 이동(단위가 1000kg)
Compartment 4: 10000kg의 화물이 탑재된 만큼 뒤로 10칸 이동(단위가 1000kg)
Compartment 5: 3000kg의 화물이 탑재된 만큼 뒤로 3칸 이동(단위가 1000kg)

❹ Fuel Index: 여기에는 실제 탑재한 연료의 양에 가장 가까운 Index 값을 기재하는데 이 예시에서는 연료량이 5000kg에 가장 가깝기 때문에 Index 값이 +8이다.

❺ 위에서부터 내려온 선인 ZFW(Zero Fuel Weight)값에 연료의 Index인 '+8'을 더해 준 뒤에 TOW(Take-off Weight)의 가로선과 만나도록 세로선으로 내려오게 그린다. TOW%MAC은 25.0이다.

❻ 가로축으로 ZFW, TOW의 값을 찾아 직선으로 가로선을 그리고, 위에서 아래로 내려온 세로선과 서로 교차하는 부분이 C.G 값이 된다. 그림 10.24의 ZFW%MAC은 21.0이다.

(4) 승무원의 평균 무게

Load Sheet의 DOW(Dry Operating Weight)를 구할 때 승무원의 평균 무게가 필요한데, 각 비행마다 승무원의 탑승 인원이 다르므로 승무원의 인원수에 의해 DOW가 변경된다. 승무원은 남승무원과 여승무원으로 무게가 구분되며 평균 무게는 170lb로 설정되어 있다. 승무원의 가방 무게도 포함시켜 항공기의 무게중심을 구하기 위해 표준 무게를 구하게 된다.

항공기의 표준 DOW를 구할 때 각 기종의 MEW(Manufacture Empty Weight), 운항 승무원과 객실 승무원의 총인원과 가방 개수를 파악하여 기준을 잡는다. 노선별 승무원의 탑승 인원수가 다를 수 있기 때문에 언제든 DOW는 변할 수 있다.

표 10.3 승무원의 평균 무게

승무원의 구분	평균 무게	가방을 포함한 무게
운항 승무원	190lb (86.2kg)	240lb (108.9kg)
객실 승무원(남성)	180lb (79.5kg)	220lb (97.1kg)
객실 승무원(여성)	160lb (72.6kg)	200lb (90.7kg)
객실 승무원(평균)	170lb (77.1kg)	210lb (95.3kg)
승무원 가방	30lb (13.6kg)	N/A
운항 승무원 가방	20lb (9.1kg)	N/A
객실 승무원 키트	10lb (4.5kg)	N/A

(5) 수하물의 평균 무게

승객의 가방 무게도 평균을 내는데 국제선의 경우 33lb로, 국내선의 경우에는 24.3lb로 기준을 잡고 승객의 수하물 총무게를 예상하여 Trim을 구한다. 승객의 수하물 무게가 예상을 훨씬 초과하여 무게의 수치가 시스템상의 데이터로 확인되었을 때 시스템상의 평균 무게를 변경 가능하다.

표 10.4 수하물의 평균 무게

항공편의 형태	수하물 표준 무게
국내선	11kg (24.3lb)
유럽 국가	13kg (28.7lb)
국제선	15kg (33.1lb)
기타 노선	13kg (28.7lb)

2) 자동 탑재관리 양식

현재 항공사에서는 업무의 신속, 정확성 유지, 효율적인 인력 활용을 위해 탑재관리 업무에도 자동 시스템을 도입하였다. 승객의 탑승수속 절차 및 탑재관리를 처리하는 시스템을 DCS(Departure Control System)라고 한다.

DCS는 컴퓨터가 자동으로 데이터값을 산출해 내며 주요 자료를 저장한다. 따라서 탑승 승객, 화물 탑재 중량, 연료 탑재량 등을 입력하면 ZFW, TOW, LDW 등 각종 중량과, 각 중량에 해당하는 무게중심, 최종적인 항공기 무게중심점(Stabilizer Trim Unit)까지 컴퓨터가 자동으로 산출해 낸다.

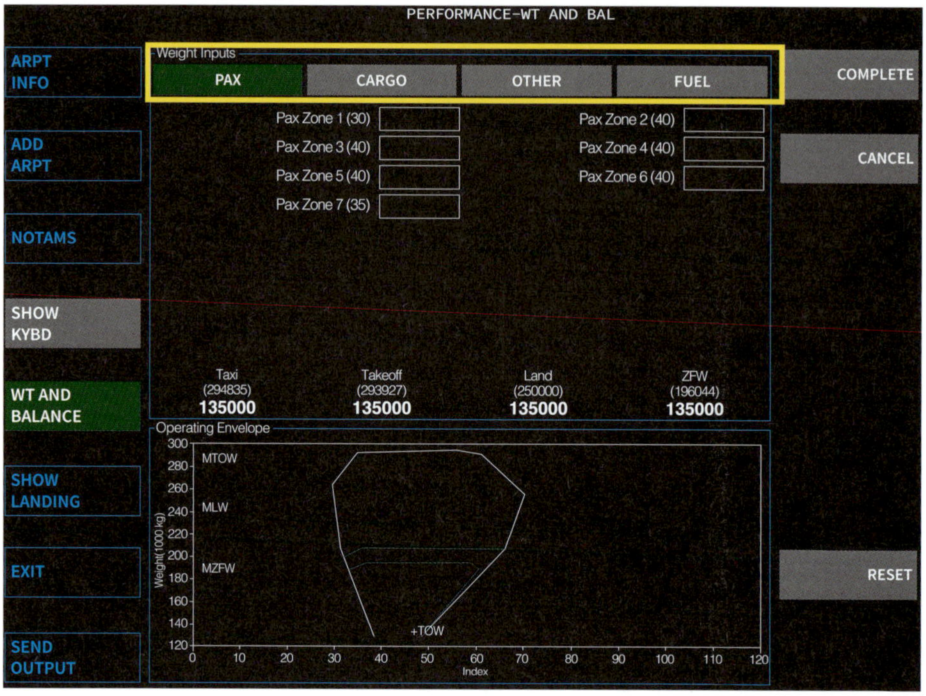

그림 10.25 Weight And Balance System Program의 기본정보 입력 화면

(1) DCS(Departure Control System)

그림 10.25에서 동그라미로 표시된 부분은 탑재관리팀 직원이 필요한 정보를 시스템에 입력하는 난으로, 각 항공기 운항 시 승객 인원, 화물 무게, 수하물 개수와 무게, 연료량을 상황에 따라 입력하게 된다. 자동 시스템에 입력되는 이들 값에 따라 C.G(Center of Gravity)와 Trim 값이 산출되고 하단의 그래프가 변동된다. 기본적인 항공기 탑재관리 시스템 화면에는 다음과 같은 4개의 입력란이 있다.

- PAX: Passenger의 약자로 승객의 인원수를 의미한다.
- CARGO: 화물의 총무게와 각 Compartment별로 탑재된 양을 입력한다.
- OTHER: 추가로 탑재된 물품의 무게를 입력한다(가령 항공기 부품, 게이트백, 유모차나 휠체어 등).
- FUEL: Trip Fuel(여정에 사용되는 연료)와 Taxi Fuel(항공기가 활주로로 이동할 때 사용되는 연료), 즉 Total Fuel(총연료량)을 입력한다.

그림 10.26 Weight And Balance System Program의 PAX 입력 화면

■ PAX

여기에는 승객의 인원수를 좌석을 배정한 각 존별로 입력한다. 승객의 인원수에 평균 무게를 곱한 값이 DCS 시스템에 적용된다. 단, 고도 비만 승객 등 승객의 체중이 평균 범위를 넘거나 추가해야 하는 짐의 무게가 평균을 많이 벗어난다면, 시스템에 그만큼의 무게를 추가해 준다.

그림 10.27 Weight And Balance System Program의 CARGO 입력 화면

■ CARGO

화물의 총 탑재 무게를 입력하는데, Compartment별로 실린 무게를 나누어서 입력해야 한다. 그림 10.27의 경우 Hold 1에 1300kg의 화물이 탑재되었으며, Hold 2에는 2000kg의 화물이, Hold 3에는 3500kg의 화물이, Hold 4에는 4000kg의 화물이, Hold 5에는 4200kg의 화물이 탑재되었다. 각 홀드별로 ( ) 안의 수치는 탑재 가능한 최고치를 의미한다. Hold 5의 탑재 가능한 최고치는 5000kg이다.

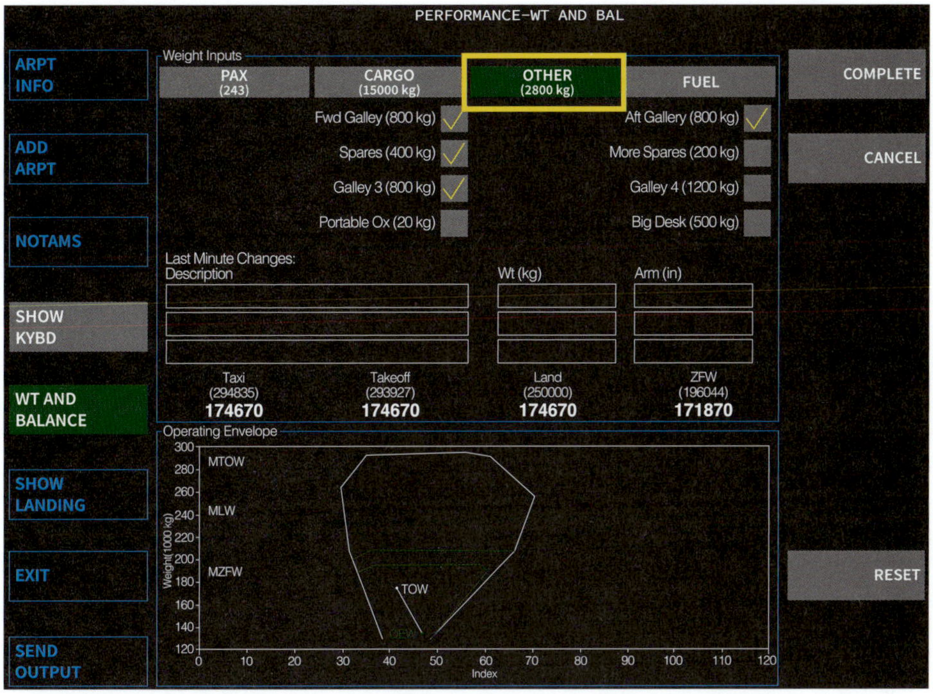

그림 10.28 Weight And Balance System Program의 OTHER 입력 화면

■ OTHER

추가되는 항공기 무게를 입력한다. 이 예시에서는 항공기 Galley의 승객 Meal과 각종 용품, 갤리 장비가 FWD Galley(앞쪽 갤리), AFT Galley(뒤쪽 갤리)에 탑재되었으므로 해당 항목을 체크한다. 항공기 부품 이동 시에도 무게를 추가할 수 있다. 추가적으로 게이트에서 탑승 전에 실리는 Gate Bag(주로 휠체어나 유모차)의 양이 많은 경우에도 추가로 무게를 'More Spares' 항목을 체크하여 입력한다.

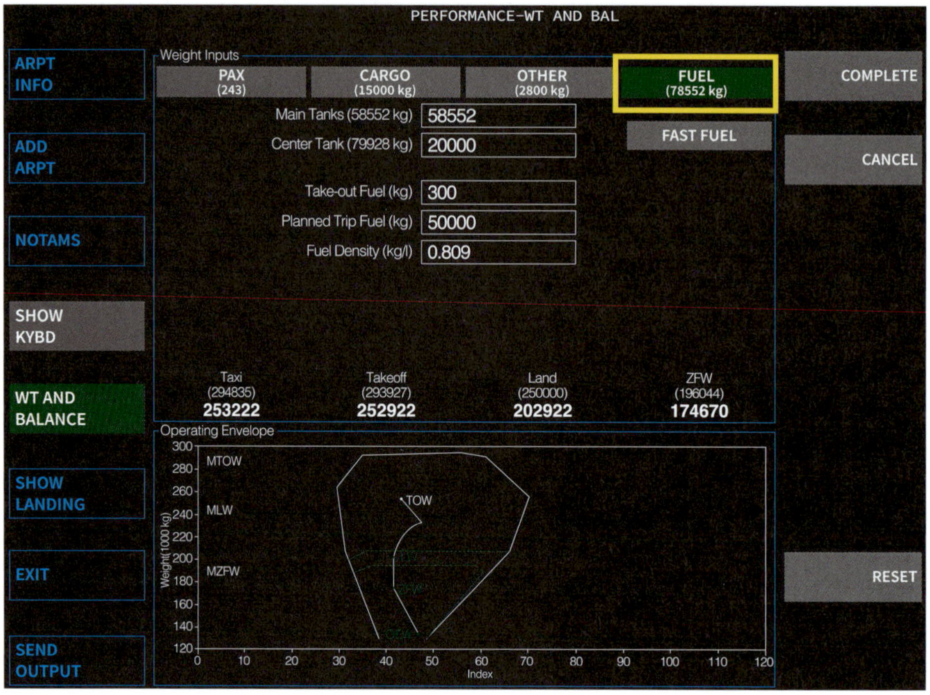

그림 10.29 Weight And Balance System Program의 FUEL 입력 화면

■ FUEL

그림 10.29에 보이는 FUEL에는 항공기 탑재 연료량을 입력하는데, 이때 Main Tanks, Center Tank로 구분하여 입력해야 한다. 이 예시의 경우에는 Main Tanks에 58552kg이 실렸고, Center Tank에는 20000kg이 탑재되었다.

- Taxi-out Fuel: 항공기가 주기장에서 활주로까지 지상에서 이동할 때 엔진 가동에 소모되는 연료이며 이 경우에는 300kg을 소비하는 것으로 예상된다.
- Planned Trip Fuel: 항공기의 항로와 거리를 계산하여 예상되는 연료 소모량과 비상시 예비 연료량을 합한 값을 입력하는데, 이 경우 50000kg이다. 기상이 좋지 않을 때에는 추가 연료를 더 많이 탑재하는데, 이는 Go-around(목적지 공항의 기상악화로 착륙하지 못하고 다시 이륙하는 것)나 다른 공항으로 비상 착륙할 때를 대비하는 것이다.

앞에서 설명한 네 가지 데이터를 입력하고 상단 우측에 있는 Complete 버튼을 누르면 Load Sheet가 완성된다.

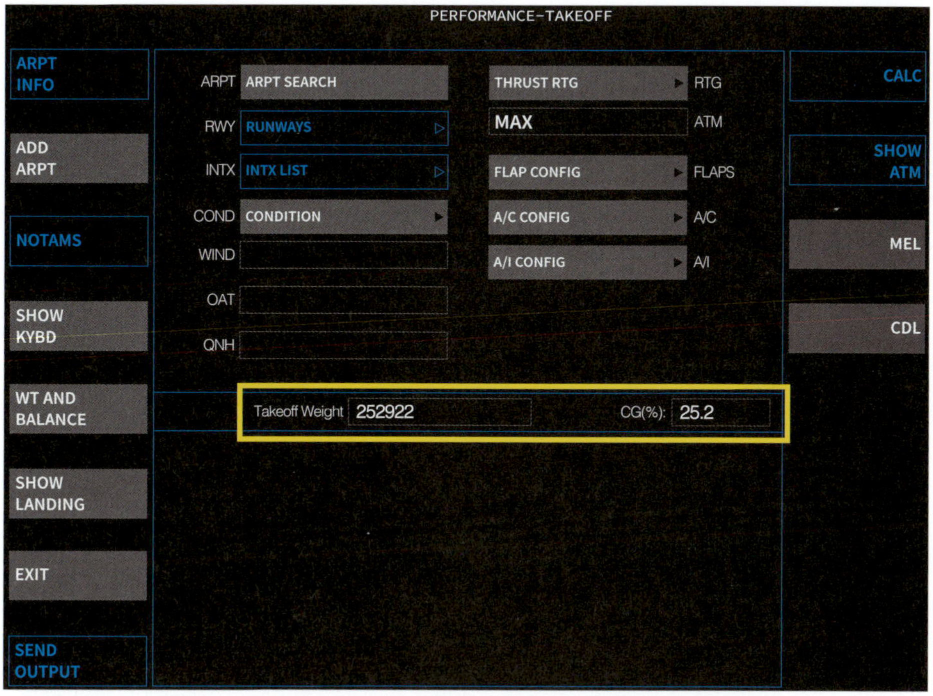

그림 10.30 Weight And Balance System Program의 C.G 값 산출 화면

자동 시스템의 좋은 점은 값을 정확이 입력하기만 하면 저절로 계산되어 Take-off Weight과 C.G 값이 산출된다는 것이다. 그림 10.30을 보면, Take-off Weight은 252922kg이며 C.G는 25.2이다. 이 두 값은 항공기가 Take-off(이륙)하기 위해 필요한 값으로 운항 승무원에게 전달되고 항공기 시스템에 설정되어야 한다.

다음 사진은 저자가 항공기 내에서 직접 촬영한 것으로, 위의 자동 시스템에서 산출된 값을 운항 승무원이 확인한 후 서명하여 지상 직원에게 전달하면 지상 직원은 복사본을 출발지와 도착지 공항에 각각 보관하게 된다.

운항 승무원의 Load Sheet 서명

그림 10.31 항공기 운항에 필요한 데이터

(2) 항공기 운항에 필요한 데이터

■ ATM(Assumed Temperature Method)

항공기 엔진의 가동률이 100%로 설정되면 엔진 수명이 평균 수명보다 빨리 닳고 엔진의 가동률을 낮출수록 엔진 수명이 늘기 때문에, 운항 승무원은 엔진의 추력을 낮추기 위해 FMS(Flight Management System)에 항공기 엔진의 온도를 임의로 높게 설정한다. 외기온도가 높을수록 항공기 엔진의 가동률이 낮아지기 때문이다.

예를 들어 현재 외기온도가 약 15도라는 가정하에 FMS에 55도를 입력하면 15도에서 내야 할 추력을 항공기가 입력된 값에 의하여 55도의 가상 추력을 내게 된다. 엔진을 70~80%만 가동해도 이륙할 수 있기 때문에 보통 운항 승무원은 FMS에 항공기 엔진 온도를 높게 설정한다.

■ 기타 메뉴

- **FLAP:** 이륙 시 FLAP 설정값을 5로 한다는 뜻이다. 항공기 이륙 시 1~15의 값을 사용한다.
- **ACCEL HT(Acceleration Height):** 증속될 고도를 설정하는 것으로, 두 개의 엔진 중 한 개의 엔진이 고장 나거나 꺼질 경우 이 고도가 되면 증속이 된다. 해수면 고도로부터 420피트가 되면 증속이 된다.
- **TRIM:** 항공기 시스템인 FMS에 C.G를 입력하고 산출된 Trim 값을 Stablizer Trim에 설정한다. 이 그림에서 Trim 값은 5.00이다.
- **RWY/INTX:** 활주로가 13 왼쪽(Left)에 있음을 의미한다.
- **TOGW(Take-off Gross Weight):** 항공기 자체 중량에 연료, 화물, 승객을 포함한 항공기의 총무게를 의미한다. 이 경우 252922kg이다.
- **%N1 Setting:** 이륙할 때 사용할 항공기 추력 수치를 백분율로 나타낸 것이다.
- **V1(Velocity 1):** 이륙을 포기할 수 없는 속도를 나타내며 Go Nogo Speed라고도 한다. 항공기가 이륙하는 과정에서 문제가 발생할 수 있으므로 조종사는 길이가 제한된 활주로 내에서 이륙을 포기할 수 있는 속도 범위 내에 있는지 알아야 한다. 항공기의 조종 또는 기계 장치에 문제가 있고 아직 V1 전이라면 조종사는 이륙을 포기할 수 있다.
- **VR(Velocity Rotate):** 이륙하기에 충분한 양력이 항공기 날개에서 발생하는 속도에 이르렀음을 나타낸다. Rotate Speed라고도 하며 항공기의 기수를 들기 시작하는 속도이다.
- **V2(Velocity 2):** 항공기의 한쪽 엔진이 작동하지 않더라도 상승할 수 있는 속도이다.

6.
탑재관리 업무절차

01 BKG Status 확인
02 Seat Block(PB, SEAT) 및 ULD 배정
03 Load Plan 발송
04 수속 진행 Watching
05 Fuel Data Check
06 수속 마감 및 Final Payload CHK
07 Load Sheet 작성 및 전송
08 LDM(Load MSG) 전송

그림 10.32 탑재관리 업무절차

1) BKG Status 확인

승객의 예약 현황을 기초로 승객 짐의 개수와 무게를 예상해 보아야 하기 때문에 Booking Status를 사전에 확인해야 한다. 비즈니스석 승객의 짐은 이코노미석 승객의 짐과 따로 실리기 때문에 ULD를 따로 배정해야 하며, 환승 승객도 항공기 문 앞에서 가장 가까운 곳에 짐을 탑재해야 연결편으로 이동하기가 순조롭기 때문에 ULD 배정에 있어서 승객의 특성 파악은 중요하다. 가령 200명의 승객이 탑승 예정으로 예약되었다면, 1명당 가방을 2개 보낸다고 가정하여 400개의 위탁 수하물을 실을 수 있는 ULD의 개수를 준비하도록 램프 서비스팀(Ramp Service Team)에 요청해야 한다.

2) ULD 배정

승객의 예약 현황을 확인하고 승객의 수하물을 실을 ULD를 램프 서비스팀에 배정한다. 이때 화물의 양을 예상하여 탑재 위치를 설정한 뒤 승객의 수하물용 ULD를 배정한다. ULD 개수는 승객의 예약 인원수에 따라 정해지는데, 보통 위탁 수하물의 무료 허용중량 선에서 준비하고 짐이 많을 경우 추가한다.

화물의 양이 많은데 승객의 예약 인원이 적다면 항공기의 무게중심이 화물 쪽으로 기울 수 있기 때문에 좌석에 Block을 걸어 놓는다. 예를 들어 화물은 Full Booking인데 승객이 20명뿐이라면 어떻게 해야 할까? 좌석을 사용하지 못하도록 화물이 실린 좌석 쪽에 Blocking을 걸고 반대편 좌석으로 배정을 유도한다. 승객의 예약 인원수가 많지 않을 경우 좌석이 골고루 배정되도록 그림 10.33처럼 P 블록을 잡아 무게를 분산한다.

그림 10.34에 보이는 ULD 컨테이너에는 승객의 위탁 수하물이 탑재되며, ULD 번호와 승객의 Bag Tag 번호가 시스템상에 기록된다. 램프 서비스 작업자가 스캐너로 작업을 하며 승객의 짐을 찾거나 빼야 할 경우 ULD 번호로 관리한다.

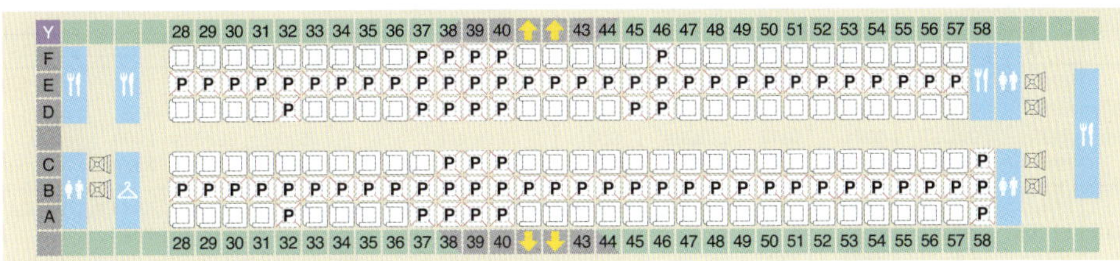

그림 10.33 항공기 좌석 배정 시 사용 불가 좌석

Vitezslav Vylicil/Shutterstock.com

Starz12/Shutterstock.com

그림 10.34 수하물 적재용 컨테이너의 종류

3) Load Plan

승객의 수하물과 화물이 어떻게 탑재될 것인지에 대한 자세한 내용은 Load Plan으로 알 수 있다. Load Plan에는 ULD 번호와 예상 무게, ULD가 탑재될 위치가 표시된다. 보통은 H1~H5까지 1Bay 기준으로 나뉘며, PMC 같은 팔레트는 2Bay 기준으로 탑재된다.

LOADING INSTRUCTION REPORT				
Flight Number	Flight Date	Departure Station	Arrival Station	Date Time
777	11/03/2009	HNL	LAX	11Mar09 1553
Aircraft Type	Registration Number	Version	Certification Number	Prepared by
767-300A	12345	18/246STD		GUY
Special Instructions				
All weights are net weights				
This aircraft has been loaded in accordance with these instructions including the deviations shown on the report. The load has been secured in accordance with company regulations.				
Name and Signature of Loading Supervisor or Person Responsible				

④ COMPT5	COMPT4			COMPT3				COMPT2		COMPT1			
MW:	MW:16200 LB			MW:21600 LB				MW:21600 LB		MW:21600 LB ⑤			
D		D											
51 BLK	43 DQF ① 0269 HA	42L ⑪ DPN 2130 HA	41 DQF 0112 HA	34 DQF 0071 HA	33 ⑩ DQF 0312 HA	32 AKE 76269 NW	31 AKE 8950 NW	22P PAG ② 0861 NW	21P PAG 60176 NW	14 AKE ③ 1599 NW	13 AKE 827 NW	12 AKE 2009 NW	11 ⑨ AKE 8228 NW
LAX BL/240 ⑫ C/57 ⑬	LAX BL/1500	LAX BT/600 ⑦	LAX BL/2100 ⑥	LAX BL/ 2100	LAX BL/ 2100	LAX C/ 130	LAX C/ 403	LAX C/ ⑧ 3485	LAX C/ 3973	LAX C/ 1150	LAX C/ 933	LAX C/ 772	LAX C/ 485
		42R N											
		D								D	D		

※ MW(Maximum Weight), D(Door Location)

그림 10.35 수하물과 화물 탑재 전 Loading Instruction Report 견본

■ **해석**

이 예시에서는 승객의 짐이 ❶ DQF라는 ULD에 탑재되고 화물은 ❷ PAG와 ❸ AKE라는 ULD에 탑재되었다. ❹ Compartment는 1부터 5까지 있으며 ❺ COMPT1에는 11, 12, 13, 14Bay가 있다. 또한 COMPT 3, COMPT 4, COMPT 5에 승객의 짐이 탑재되었는데, 코드는 ❻ BL*과 ❼ BT*로 나누어진다. ❽ C로 표기되어 있는 것은 화물이 탑재되었다는 의미이다.

❾ 11-AKE8228NW(C/485)

→ 11Bay에 AKE8228번의 화물이 485lb 탑재되었다.

❿ 33-DQF0312HA(BL/2100)

→ 33Bay에 DQF0312번의 승객 짐이 2100lb 탑재되었다.

⓫ 42L-DPN2130HA(BT/600)

→ 42Bay 왼쪽(Left)에 DPN2130번의 환승 승객 짐이 600lb 탑재되었다.

⓬ 51BLK-LAXBL/240

→ 51Bay는 벌크(BLK)이고 로스앤젤레스(LAX)까지 가는 BL 승객 짐이 240lb 탑재되었다.

⓭ C/57 → 화물이 57lb 탑재되었다.

---

* **BL(Local Baggage)** 일반석 승객의 짐

* **BT(Transfer Baggage)** 환승 승객의 짐

```
.HNLKRKE 151018/4A0913ABC
KOREA AIRLINE
LOADING INSTRUCTION/REPORT      CHECKED          APPROVED    EDNO
ALL WEIGHTS IN PUNDS          902                              1

①FROM/TO ②FLIGHT  ③A/C REG  VERSION      ④CREW  ⑤DATE   ⑥TIME
 ICNHNL    KE123/18  N583KE   18/241STD83  3/9     18MAY12 0018

⑦PLANNED LOAD
 HNL 0A  17 0B  15 0C  35  0D  94  C 14715 M 0        B 5040
            ⑧                              ⑨
 JOINING SPECS
 TRANSIT SPECS

 LOADING INSTRUCTIONS                                        ACTUAL
 *********************************************               WEIGHT
 CPT 1 F1 MAX 21600                                          IN LBS
                                                   ******************
⑩ 11P      PMC3376KE
  ONLOAD   HNL C/1544
-----------------------------------------------------------------
⑪ 12P      PMC3340KE
  ONLOAD   HNL C/2851
*********************************************            4859
 CPT 2 F2 MAX 21600                              ⑫CPT  1  TOTAL
                                                   ******************
  21P      PMC3020KE
  ONLOAD   HNL C/2974
-----------------------------------------------------------------
  22P      PMC3138KE
  ONLOAD   HNC C/3080
*********************************************
 CPT 3 A3 MAX 21600

  31       DQF0414KE
  ONLOAD   HNL C/1041
-----------------------------------------------------------------
  32       DQF0484KE
  ONLOAD   HNL C/1225
-----------------------------------------------------------------
  33       DQF05072KE
  ONLOAD   HNL BL/1935
-----------------------------------------------------------------
  34       DQF05200KE
  ONLOAD   HNL BL/1935
*********************************************            7732
 CPT 4 A4 MAX 16200                                 CPT  3  TOTAL
                                                   ******************
  41       DQF0195KE
  ONLOAD   HNL BF/510
-----------------------------------------------------------------
  42       DQF0485KE
  ONLOAD   HNL BO/660
-----------------------------------------------------------------
  43       DQF0463HA
  ONLOAD   HNL C/2000
*********************************************            4367
 CPT 5 AB MAX 6305                                  CPT  4  TOTAL
                                                   ******************
  51       N
*********************************************            0
                                                    CPT  5  TOTAL
                                                   ******************

 SI.
 SECURE ALL LOCKS
 *SPECIAL LOADS
⑬AVI/ NONE
⑭DG/ NONE
 ALL WEIGHTS ARE NET WEIGHTS

 THIS AIRCRAFT HAS BEEN LOADED IN ACCORDANCE WITH THESE INSTRUC
 TIONS AND THE DEVIATIONS SHOWN ON THIS REPORT. THE CONTAINER/
 PALLETS AND BULK LOAD HAVE BEEN SECURED IN ACCORDANCE WITH
 COMPANY INSTRUCTIONS.       SIGNATURE
```

그림 10.36 승객 수속 완료 시점의 Loading Instruction Report 특수화물 표기

그림 10.36에 보이는 Loading Instruction Report는 승객 수속 완료 시점에 가까울 때 나오는 Load Plan이다.

■ 해석

❶ FROM/TO → 인천공항(ICN)에서 하와이 호놀룰루(HNL)로 가는 항공편

❷ FLIGHT → 편명은 KE123

❸ A/C REG → 항공기 고유번호는 N583KE

❹ CREW → 기장이 3명, 승무원이 9명 탑승

❺ DATE → 일자는 2012년 5월 18일

❻ TIME → 시간은 0018시

❼ PLANNED LOAD → 승객 탑승 현황

❽ OA → A존 17명 탑승

OB → B존 15명 탑승

OC → C존 35명 탑승

OD → D존 94명 탑승

❾ C.GO → Cargo(화물)는 14715lb 탑재

B → Bag(수하물)은 5040lb 탑재

❿ CPT 1 – 11P PMC3376KE

→ 컴파트먼트 1의 1~2Bay에는 PMC3376KE 팔레트가 탑재

ONLOAD HNL C/1544

→ 하와이까지 화물이 1544lb 탑재

⓫ CPT 1 – 12P PMC3340KE

→ 컴파트먼트 1의 3~4Bay에는 PMC3340KE 팔레트가 탑재

ONLOAD HNL C/2851

→ 하와이까지 화물이 2851lb 탑재

⓬ CPT 1 TOTAL 4859

→ 컴파트먼트 1의 1~4Bay까지 총 탑재 무게가 4859lb

⓭ AVI/ NONE

→ 살아 있는 애완동물이 탑재되지 않았다.

⓮ DG/ NONE

→ 위험물품이 탑재되지 않았다.

4) 수속 진행 Watching

승객의 수속 진행 상황과 승객의 수하물량을 지속적으로 지켜보며(Watch) ULD에 탑재 수용이 가능한지 확인하는 작업을 거쳐야 한다. 만약 탑재할 공간이 부족하다면 화물 탑재량을 줄이고, 탑재 위치가 확보되었다면 승객의 ULD 배정을 늘려 수하물 탑재에 문제가 생기지 않도록 사전에 조치를 취한다.

5) Fuel Data Check

```
  RE FUEL ORDER AND RELEASE MESSAGE  ISSUED  NBR 01
  PLEASE USE CFP PLAN NBR 3720
❶ KE005 / HL7798   ICN/GUM ETD 0100Z  ON30NOV (UTC)
❷ RAMP FUEL          30700LBS
❸ TAXI FUEL            500LBS  PLAN PLD        14000LBS
❹ TOF                30200LBS  PLAN TOW       138800LBS
❺ TIF                21100LBS
  DISPATCHER JASON
  SI.  CCF : REFILE / 0,  NO ALTN / 0,  OTHERS / 0LBS
  PLEASE HOLD THIS MESSAGE FOR AIRLINE CAPTAIN
  IF ANY INFORMATIONS AND PROBLEM FOR OPERATIONS

  PLEASE CONTACT 82-2-180113-1545 FOR DISPATCHER
  OPERATIONS CONTROL CENTER / AIRLINE
```

그림 10.37 항공기 연료 탑재량

■ **해석**

❶ KE005/HL7798 → 편명/항공기 고유번호

ICN/GUM → 인천에서 괌으로

ETD 0100Z → 예상 출발시간(Estimated Time of Departure)은 1시

ON30NOV (UTC) → 날짜는 세계표준시(UTC)로 11월 30일

❷ RAMP FUEL 30700 LBS → 총연료량 30700lb 탑재

❸ TAXI FUEL 500LBS → 항공기 활주로 이동 시 사용 연료 500lb 탑재

❹ TOF 30200LBS → Take-off Fuel의 약자로 항공기가 이륙할 때 연료량 30200lb

❺ TIF 21100LBS → Trip Fuel의 약자로 항공기 항로에서 소모되는 연료량 21100lb

6) 수속 마감 및 Final Payload CHK

승객의 수속(Check-in)이 마감되면 그림 10.38의 화면과 같은 좌석 배정 상황이 나타난다.

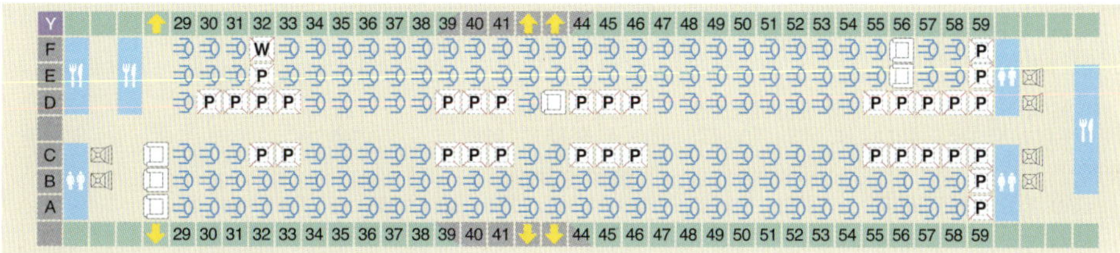

그림 10.38 항공기 탑승수속 현황

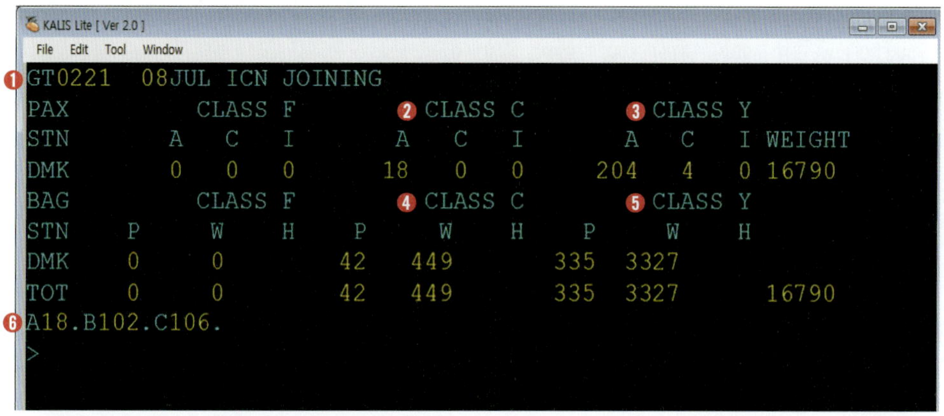

그림 10.39 항공기 탑승수속 마감 화면

■ **해석**

❶ GT0221 08JUL → 항공편명 GT0221, 일자 7월 8일

❷ CLASS C → 비즈니스석 승객 18명 탑승

❸ CLASS Y → 이코노미석 승객 208명 탑승

❹ CLASS C P(42) W(449) → 비즈니스석 승객 가방 42개 449kg 탑재

❺ CLASS Y P(335) W(3327) → 이코노미석 승객 가방 335개 3327kg 탑재

❻ A18.B102.C106. → A존 18명, B존 102명, C존 106명 승객 탑승

7) Load Sheet 작성 및 전송

Load Sheet의 작성이 완료되면 항공기 운항 승무원에게 아래 내용이 전달되며, 운항 승무원이 이 내용을 확인한 후 서명을 해야 항공기가 출발할 수 있다.

```
L O A D S H E E T      CHECKED        APPROVED/TIME        END0
ALL WEIGHTS  IN KILOS                                         01
.
FROM/TO FLIGHT          A/C  REG VERSION      CREW    DATE   TIME
 ICN  GUM KE005   /08JUL  HL7563  0F0C183Y   2/ 1/ 4  08JUL12  0910
.
.                          WEIGHT              DISTRIBUTION
LOAD  IN  COMPARTMENTS      1692    1 /       10    2/      790     3/     892
.                                   4 /        0

PASSENGER/CABIN  BAG       12232    65/  83/  27/  16   TTL  191
.                                 PAX     0/   0/ 175  SOC   0/    0/   0
.                                 BLKD    0
..............................................................................
TOTAL  TRAFFIC  LOAD        13924
DRY  OPERATION  WEIGHT      42494
ZERO  FUEL  WEIGHT  ACTUAL  56418  MAX    61688    L ADJ
TAKE  OFF  FUEL             13379
TAKE  OFF  WEIGHT   ACTUAL  69797  MAX    78997      ADJ  0
TRIP   FUEL                 10113
LANDING WEIGHT      ACTUAL  59684  MAX    65317      ADJ
.
.                                 ............................................
BALANCE AND SEATING  CONDITIONS .        LAST  MINUTE  CHANGES
BI       44. 1   DOI      45. 4    . DEST   SPEC     CL/CPT #  -  WEIGHT
DLI       44. 8   LIZFW      42. 6  .
LITOW      43. 5   MACZFW   19 . 0  .
MACTOW    19. 5   MACDLW   19 . 9   .
0A29 . 0B74 . 0C72 .
STAB   TO                          .
.                                  .
UNDERLOAD  BEFORE LMC        5270.            LMC TOTAL
..............................................................................
```

그림 10.40 항공기 Load Sheet 전송 화면

운항 승무원의 Load Sheet 확인 및 서명

8) Load Message 전송

항공기가 출발하고 난 후 항공기에 탑재된 화물과 수하물의 양, 승객의 수 등이 포함된 Load Message를 목적지 공항에 전송해야 한다.

```
LOADMESSAGE AND CAPTAINS  INFORMATION  BEFORE LMC

TAXI  FUEL     227  TAXI  WGT     70024 MAX   79242

-GUM.65/83/27/16.T1692.1/10.2/790.3/892.4/0
.PAX/0/0/175.PAD/0/0/0.DHC/0/0/0.XCR/0/0/0
.
SI
BW 41022  BI  44.1
. . . .  PL TEXT ADDITION . . . .
CHKD  BY  JASPER.LIU
TTL BAG  -  149  PCS /   1682  KG
.
WING TANK FUEL       13379   FIN / TAIL   TANK  FUEL            0
AUTHORISED  WEIGHTS  USED FOR PASSENGERS  CREW AND  BAGGAGE
PILOTS CERTIFICATE    I  AM SATISFIED  THE LOAD  IS  OF PERMISSIBLE
WEIGHT  SAFELY  DISTRIBUTED  AND  SECURED FOR  FLIGHT
SIGNED                        CAPT               DATE                TIME
.
.
LOADS ARE  DISTRIBUTED AS  PER CURRENT
TRAFFIC    INSTRUCTIONS
LOADSHEET  OFFICER
..........................................................................................
MAX  PAYLOAD     42315LBS   ACTUAL  PAYLOAD      30697LBS
SOW     93682LBS
ZFW   124379LBS TOW   153874LBS  LAW    131569LBS
TOF     29495LBS  TIF      22295LBS
UNDERLOAD  BEFORE  LMC      11618LBS
..........................................................................................
```

그림 10.41 Load Message

추가로 항공기 화물칸 잠금 확인서(Lock Sign off Sheet)도 안전 확인을 위해 도착지 공항에 보낸다. Lock Sign off Sheet은 안전장치의 오작동으로 일어나는 사고를 방지하기 위한 절차의 하나로 화물칸에 탑재되는 ULD의 잠금장치(Locking)를 확인하였다는 로드 마스터의 서명이 있어야 한다. 이 양식은 램프 서비스를 통제(Control)하는 로드 마스터가 최종적으로 책임지며 현장에서 확인한 후 Locking 시스템에 문제가 없으며 어느 곳에 Locking을 하였는지를 보여 준다.

이 양식은 항공기가 출발하기 전에 로드 마스터 이름과 날짜, 항공기 기종과 함께 도착지 공항에 팩스로 전달되어야 한다. 잠금장치 확인에 대한 책임은 항공기에 짐을 탑재하는 로드 마스터에게 있으므로 로드 마스터의 이름과 서명이 필요한 것이다. 항공기가 Push-back함으로써 항공기 탑재관리 업무는 종료된다.

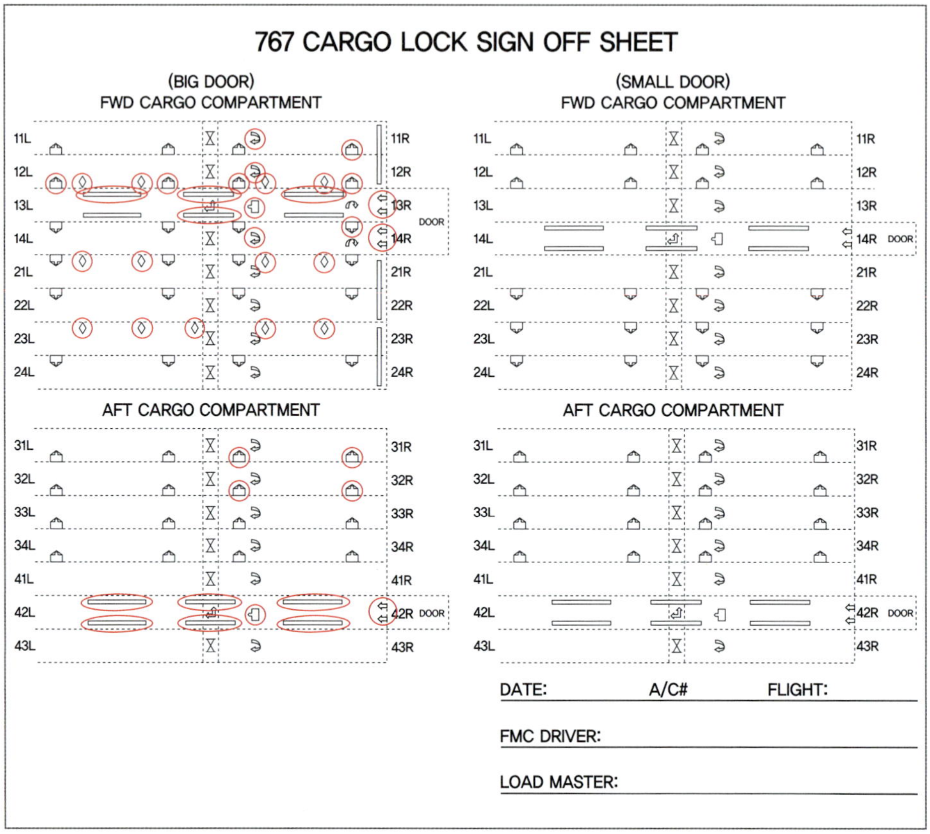

그림 10.42 Lock Sign off Sheet

Special Section 2

Load Sheet Reading

항공기를 운행하기 위해 꼭 필요한 서류 중 하나가 Load Sheet이다. 이 서류로 항공기 운행 준비를 하는 지상 직원과 지상 조업 매니저는 해당 항공기의 승객 수와 수하물 무게, 화물 무게와 탑재위치를 확인하고, 운항 승무원은 Load Sheet의 각 데이터를 항공기 시스템에 입력한다. Load Sheet은 항공기의 전체 자료가 모여 있는 집합체로서, 이 자료를 통해 지상 조업 담당자는 항공기에 화물과 승객의 짐을 탑재하고, 운항 승무원은 탑재된 화물량과 승객, 승무원 인원수, 항공기 고유번호, C.G(Center of Gravity) 등을 확인한다.

지상 직원은 Load Sheet을 만드는 팀을 따로 운영하여 그 팀을 탑재관리팀이라 칭한다. 탑재관리팀에서 작성된 자료를 보통 출입국을 담당하는 지상 직원이 프린트하여 기내로 전달하는데, 기내로 전달하기 전에 항공기 편명과 고유번호, 날짜, 출발시간 등을 확인해야 한다. 모든 자료는 영어로 기재되며, 항공기 모양으로 알아보기 쉽게 표기된다. Load Sheet은 항공기에 탑승하는 객실 사무장이 지상 직원에게 전달받는 기내 탑재 서류 중 가장 중요한 서류로, 미탑재 시 항공기 운항이 불가하다.

다음 그림은 Load Sheet 서류를 읽는 방법을 보여 준다. 각 번호의 의미를 이해하고 항공기에 탑재된 화물과 승객의 짐, 승객의 인원수, 항공기의 출발지와 목적지 등을 파악해 보자.

```
KOREA AIRLINE
LOADING INSTRUCTION/REPORT    CHECKED        APPROVED   EDNO
ALL WEIGHTS IN POUNDS        TOMA                          1

❶ FROM/TO ❷ FLIGHT  ❸ A/C REG ❹ VERSION   ❺ CREW  ❻ DATE    TIME
HNLLAX     KE123/12   N593KE    18/246STD    2/8     12MAR09 0841

PLANNED LOAD
❼ LAX F   17 Y   219            C 11388   M 0       B 8640

JOINING SPECS
TRANSIT SPECS

LOADING INSTRUCTIONS                                         ACTUAL
*******************************************                  WEIGHT
CPT 1 F1 MAX 21600                          ::               IN LBS
                                            ******************
❽ :11P      AKE8228NW
:ONLOAD   LAX C/485
-------------------------------------------------------------
:12P      AKE2009NW
:ONLOAD   LAX C/772
-------------------------------------------------------------
:13P      AKE827NW
:ONLOAD   LAX C/933
-------------------------------------------------------------
:14       AKE1599NW
:ONLOAD   LAX C/1150
*******************************************          3960
CPT 2 F2 MAX 21600                          ❾ CPT 1   TOTAL
                                            ******************
:21P      PAG60176NW
:ONLOAD   LAX C/3973
-------------------------------------------------------------
:22P      PAG0861NW
:ONLOAD   LAX C/3485
*******************************************          7868
CPT 3 A3 MAX 21600                          ::CPT 2   TOTAL
                                            ******************
:31       AKE8950NW
:ONLOAD   LAX C/403
-------------------------------------------------------------
:32       AKE76269NW
:ONLOAD   LAX C/130
-------------------------------------------------------------
:33       DQF0312HA
:ONLOAD   LAX BL/2100
-------------------------------------------------------------
:34       DQF0071HA
:ONLOAD   LAX BL/2100
*******************************************          5841
CPT 4 A4 MAX 16200                          ::CPT 3   TOTAL
                                            ******************
:41       DQF0112HA
:ONLOAD   LAX BL/2100
-------------------------------------------------------------
:42L      DPN2130HA          :42R      N
:ONLOAD   LAX BT/600
-------------------------------------------------------------
❿ :43       DQF0269HA
:ONLOAD   LAX BL/1500
*******************************************          5205
CPT 5 AB MAX 6305                           ::CPT 4   TOTAL
                                            ******************
:51
:ONLOAD   LAX BL/240R/C/57
*******************************************          297
                                             ::CPT 5   TOTAL
                                            ******************

SI.
ALL WEIGHTS ARE NET WEIGHTS

THIS AIRCRAFT HAS BEEN LOADED IN ACCORDANCE WITH THESE INSTRUC
TIONS AND THE DEVIATIONS SHOWN ON THIS REPORT. THE CONTAINER/
PALLETS AND BULK LOAD HAVE BEEN SECURED IN ACCORDANCE WITH
COMPANY INSTRUCTIONS.          SIGNATURE:
```

❶ HNLLAX → 하와이 호놀룰루 공항 출발 로스앤젤레스 공항 도착

❷ FLIGHT KE123 → 편명 KE123

❸ A/C REC → 항공기 고유번호 N593KE

❹ VERSION → 18/246

CONFIGURATION → 승객 좌석 수 비즈니스 클래스 18석
이코노미 클래스 246석

❺ CREW 2/8 → 운항 승무원 2명, 객실 승무원 8명 총 10명 탑승

❻ DATE → 2009년 3월 12일

❼ LAX F 17 Y 219 → 로스앤젤레스 비즈니스석 승객 17명, 이코노미석 승객 219명 탑승

C 11388 M 0 B 8640 → 화물 11388lb, Mail 없음, 수하물 8640lb 탑재

❽ CPT1 11 → Compartment 1의 11번 Bay (위치)

AKE8228 → ULD 번호가 AKE 8228

ONLOAD LAX → 목적지가 로스앤젤레스

C/485 → CARGO 화물 485lb 탑재

❾ CPT1 TOTAL 3960 → Compartment 1에 총 3960lb 탑재

❿ 43 DQF0269HA → 43BAY에 DQF0269 탑재

ONLOAD LAX → 목적지가 로스앤젤레스

BL/1500 → 승객 수하물 1500lb 탑재

Part

4

항공기 탑승수속 및 발권

비자의 정의

미국 비자 | 미국 비자의 종류 | 부속서류 및 유의사항 | 영주권

중국 비자 | 중국 비자의 종류 | 발급 유의사항

몽골 비자 | 몽골 비자의 종류 | 유의사항 | 몽골 TIM 규정

필리핀 비자 | 필리핀 비자의 종류

말레이시아 비자 | 말레이시아 비자의 종류 | 출입국 시 유의사항

무비자 입국 허용 프로그램 | 미국의 비자 면제 프로그램(VWP; Visa Waiver Program) | 캐나다의 eTA(Electronic Travel Authorization) | 호주의 ETA(Electronic Travel Authority) | 유럽의 ETIAS(European Travel Information and Authorization System)

Chapter 11

해외비자

1. 비자의 정의

비자(Visa)란 입국사증으로 한 나라에 외국인이 입국하여 체류할 권리를 공증하는 서류이다. 여권이 신분을 증명하고 자국민의 출국을 통제하는 수단으로 기능한다면, 비자는 불법 체류자이거나 범죄를 일으킬 수도 있는 외국인이 자국으로 함부로 들어오지 못하도록 하는 장치의 역할을 하여 비자 신청 시 직업이나 소득, 입국 목적 등을 심사하고 자국에 범죄를 일으키거나 불법 체류할 가능성이 있는 자인지 선별하여 비자를 발급하게 된다.

비자(Visa)는 방문허가 및 체류허가(Pass)와는 구별된다. 난민이나 질병 치료로 인한 인도적 체류허가가 그 예이며, 방문 이후 거주자 신고를 하고 비자를 신청하는 사례도 있다. '비자'라는 명칭은 언뜻 한자어로 오해할 소지가 있지만, 본래 프랑스어로 '확인된 문서(Document Seen)'를 의미하는 '카르타 비자(Carta Visa)'가 영어권 국가에 들어가 정착한 말이다. 우리나라에서는 이에 대응하는 한자어 '사증(査證)'이라는 말도 사용된다.

대한민국 국민이라면 도착 비자가 가능한 국가를 포함해 관광과 친지방문, 출장 등을 목적으로 단기간 방문 시 비자를 발급받지 않아도 되는 국가가 190개국 있다. 2022년 1분기 헨리여권 지수순위*를 보면, 공동 1위인 일본과 싱가포르에 이어 우리나라가 여권 순위로 세계 2위에 올랐다.

비자 면제로 입국 가능한 국가 수는 그 나라의 경제력과 외교력을 나타내는 척도가 되기도 한다. '무비자로 얼마나 많은 나라를 여행할 수 있느냐'는 그 나라가 그만큼 세계 무대에서 좋은 의미로 인정을 받는다는 것이다. 비자는 '그 나라 국민이 비숙련 노동 등을 목적으로 불법 체류할 가능성이 매우 낮다'는 전제 하에 내주는 것이어서 여행의 자유도가 그만큼 높다는 의미도 되기 때문이다. 그래서 국력은 강하지만 대외관계가 대체로 원만하지 못한 나라는 무비자 협정 체결국이 그리 많지 않은 편이다. 무비자 입국은 어느 정도 상호주의를 반영하여 무비자로 갈 수 있는 나라가 많다는 것은 무비자로 올 수 있는 외국인 국적도 다양하다는 것을 의미한다.

■ 일반적인 비자의 종류

- 단기간 관광/출장용 비자
- 투자 이민 비자
- 장기간 체류용 비자
- 이민 비자
- 배우자 비자
- 도착 비자
- 별지 비자
- 전자 비자

이 절에서는 지상 직원이 탑승수속을 할 때 필요한 기본 지식인 각국의 비자 형태와 함께 확인해야 하는 각종 서류들에 대해 알아본다.

*** 헨리여권 지수순위(Henry Passport Index)**
IATA 글로벌여행 정보를 바탕으로 특정 국가의 여권 소지자가 비자 없이 방문하거나 무비자로 갈 수 있는 국가가 얼마나 되는지를 합산해 산출한 순위를 말한다.

2. 미국 비자

미국 관세국경보호청(U.S Customs and Border Protection)에서는 미국에 입국하는 사람에게 입국허가를 비자의 형태로 내어 주게 된다. 미국은 90일 이내 체류하는 여행자를 위한 비자 면제 프로그램(VWP Program)과 장기 체류하는 입국자를 위한 비자 프로그램을 운영하고 있으며, 전 세계 나라 중 입국심사가 까다로운 나라로 평가받고 있다.

항공사에 근무하면서 미국 비자규정에 대해 모른다는 것은 미국에 살면서 영어를 모른다는 것과 같을 정도로 미국 비자는 항공사 체크인 업무에서 중요한 부분을 차지하므로 미국 비자의 종류와 비자의 판독법을 알아본다.

1) 미국 비자의 종류

미국 비자는 크게 이민 비자와 비이민 비자로 나눠고 비이민 비자에는 다시 A 비자부터 M 비자의 13개 비자와 기타 비자로 공연 비자와 종교 비자가 있다.

(1) 이민 비자

이민 비자(그린카드 혹은 영주권)는 미국으로 이민하고자 하는 사람들에게 발급하는 비자이다. 일을 하거나 학교를 다니며 미국에서 생활하면서 미국에서 영구히 거주하려는 사람들을 위한 비자이다. 미국 이민법에서는 이민 비자를 이민 목적과 용도에 따라 직계가족, 가족, 취업, 추첨에 의한 Diversity Visa 등 크게 네 가지 유형으로 분류한다.

이민 비자는 단독으로(Single) 유효기간 내에 한 번만 입국 가능하며, 부속서류 안의 내용을 열어 볼 수 없어서 확인이 불가하나, 노란 봉투 겉면에 비자 소지자의 세부내용이 적혀 있으니 소지자 여권과 정보가 동일한지 확인해야 한다.

(2) 비이민 비자

비이민 비자는 관광객, 유학생, 사업 또는 단기 취업을 위해 일정 기간 단기적으로 미국에 체류하려는 사람들을 위한 비자이다.

표 11.1 비이민 비자의 유형

비자 유형	발급 대상 및 용도
A 비자	외국 정부 직원 등에게 발급하는 비자의 총칭
B 비자	비즈니스 비자/관광비자(B1/B2)
C 비자	미국 경유 비자
D 비자	선박 또는 항공기의 승무원인 외국인이 그 직무상의 이유로 미국에 일시적으로 입국, 체류하는 경우에 받는 비자
E 비자	상용 주재원(E1)/투자자(E2) 비자
F 비자	F1 : 유학생 비자, 공부를 목적으로 입국하는 학생이 받는 비자
	F2 : 동반 비자, F1 비자를 받고 미국으로 출국하는 학생의 가족이 받게 되며, 동반하는 가족의 이름은 입학허가서에 기재되어야 한다.
G 비자	UN처럼 국제조직 면책법에 바탕을 둔 특권, 면제 및 면책의 권리를 향유하는 국제조직의 대표, 직원 및 그 가족에게 발급한다.
H 비자	일시적으로 미국에서 취업하거나 서비스를 하거나 훈련을 받거나 실습을 하기 위해 입국하는 외국인에게 발급한다.
I 비자	언론 비자
J 비자	교환교수, 교환학생 비자
K 비자	미국 시민권자의 약혼자 비자
L 비자	Intracompany Transferee Visa(회사 내 미국 전근자 또는 관리자 비자)
M 비자	직업교육 비자
기타	공연 비자(O/P/Q), 종교 비자(R)

2) 부속서류 및 유의사항

(1) 부속서류가 필요한 비자

앞의 미국 비자의 종류를 확인하였다면, 승객이 미국 입국 시 확인받을 부속서류를 함께 확인해야 하는데, 미국 비자 서류와 부속서류를 SET로 제출해야만

하는 비자는 아래와 같다.

- C1/C2 비자(미국 경유 비자): 미국이 아닌 제3국이 목적지인 확약 티켓
- J 비자(교환학생 비자): DS-2019 서류
- K 비자(미국인의 약혼자): I-129F 서류
- F 비자(학생 및 가족 비자): I-20 서류
- M 비자(취업 가능 유학생 비자): I-20 서류

이 중에서 카운터에서 빈번하게 접하게 되는 F, M 비자와 J 비자를 예로 들어보았는데, F와 M 비자를 소지하고 미국에 입국하기 위해서는 I-20 서류를, J 비자를 소지한 경우에는 DS-2019 서류를 함께 준비해야 한다.

I-20 서류는 미국 학교의 입학허가를 확인하는 양식이다. 학교 코드와 학교 주소, 입학승인 날짜, 전공, 학업의 시작과 완료 일자를 확인하며, 영문 이름이 여권

Department of Homeland Security
U.S. Immigration and Customs Enforcement
I-20, Certificate of Eligibility for Nonimmigrant Student Status
OMB NO. 1653-0038

SEVIS ID: N0004720633

SURNAME/PRIMARY NAME: Sample
GIVEN NAME: Student
PREFERRED NAME: Student Sample, II
PASSPORT NAME:
COUNTRY OF BIRTH: LAOS
COUNTRY OF CITIZENSHIP: LAOS
DATE OF BIRTH: 04 MAY 1995
ADMISSION NUMBER:
FORM ISSUE REASON: CONTINUED ATTENDANCE
LEGACY NAME:
Class of Admission: F-1 ACADEMIC AND LANGUAGE

SCHOOL INFORMATION
SCHOOL NAME: SEVP School for Advanced SEVIS Studies / SEVP School for Advanced SEVIS Studies
SCHOOL ADDRESS: 9002 Nancy Lane, Ft. Washington, MD 20744
SCHOOL OFFICIAL TO CONTACT UPON ARRIVAL: Helene Robertson, PDSO
SCHOOL CODE AND APPROVAL DATE: BAL214F44444000, 03 APRIL 2015

PROGRAM OF STUDY
EDUCATION LEVEL: BACHELOR'S
MAJOR 1: History and Philosophy of Science and Technology 54.0104
MAJOR 2: None 00.0000
PROGRAM ENGLISH PROFICIENCY: Required
ENGLISH PROFICIENCY NOTES: Student is proficient
EARLIEST ADMISSION DATE: 04 APRIL 2016
START OF CLASSES: 01 JUNE 2016
PROGRAM START/END DATE: 04 MAY 2016 - 30 MAY 2020

FINANCIALS

ESTIMATED AVERAGE COSTS FOR: 9 MONTHS		STUDENT'S FUNDING FOR: 9 MONTHS	
Tuition and Fees	$ 15,000	Personal Funds	$ 19,000
Living Expenses	$ 4,000	Funds From This School	$
Expenses of Dependents (0)	$ 0	Funds From Another Source	$
Other	$ 0	On-Campus Employment	$
TOTAL	$ 19,000	TOTAL	$ 19,000

REMARKS

SCHOOL ATTESTATION
I certify under penalty of perjury that all information provided above was entered before I signed this form and is true and correct. I executed this form in the United States after review and evaluation in the United States by me or other officials of the school of the student's application, transcripts, or other records of courses taken and proof of financial responsibility, which were received at the school prior to the execution of this form. The school has determined that the above named student's qualifications meet all standards for admission to the school and the student will be required to pursue a full program of study as defined by 8 CFR 214.2(f)(6). I am a designated school official of the above named school and am authorized to issue this form.
X
SIGNATURE OF: Helene Robertson, PDSO — DATE ISSUED: 04 May 2016 — PLACE ISSUED: Ft. Washington, MD

STUDENT ATTESTATION
I have read and agreed to comply with the terms and conditions of my admission and those of any extension of stay. I certify that all information provided on this form refers specifically to me and is true and correct to the best of my knowledge. I certify that I seek to enter or remain in the United States temporarily, and solely for the purpose of pursuing a full program of study at the school named above. I also authorize the named school to release any information from my records needed by DHS pursuant to 8 CFR 214.3(g) to determine my nonimmigrant status. **Parent or guardian, and student, must sign if student is under 18.**
X
SIGNATURE OF: Student Sample — DATE
X
NAME OF PARENT OR GUARDIAN — SIGNATURE — ADDRESS (city/state or province/country) — DATE

ICE Form I-20 A-B (3/31/2018) Page 1 of 3

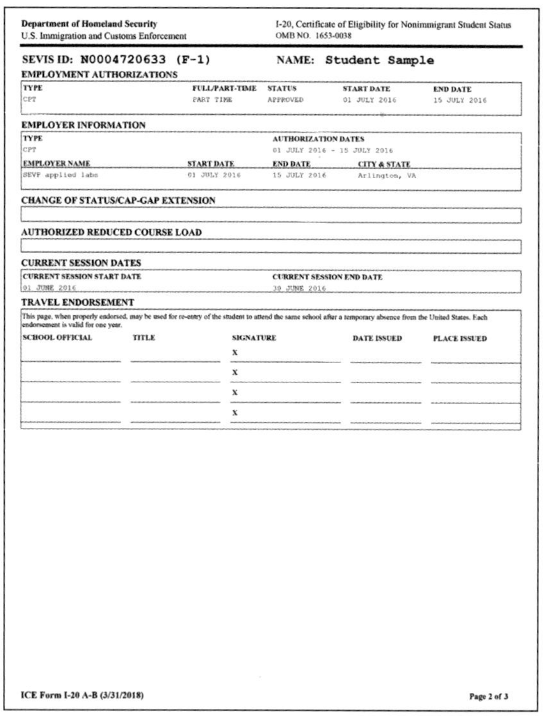

Department of Homeland Security
U.S. Immigration and Customs Enforcement
I-20, Certificate of Eligibility for Nonimmigrant Student Status
OMB NO. 1653-0038

SEVIS ID: N0004720633 (F-1) NAME: Student Sample

EMPLOYMENT AUTHORIZATIONS

TYPE	FULL/PART-TIME	STATUS	START DATE	END DATE
CPT	PART TIME	APPROVED	01 JULY 2016	15 JULY 2016

EMPLOYER INFORMATION
TYPE: CPT
AUTHORIZATION DATES: 01 JULY 2016 - 15 JULY 2016

EMPLOYER NAME	START DATE	END DATE	CITY & STATE
SEVP applied labs	01 JULY 2016	15 JULY 2016	Arlington, VA

CHANGE OF STATUS/CAP-GAP EXTENSION

AUTHORIZED REDUCED COURSE LOAD

CURRENT SESSION DATES
CURRENT SESSION START DATE: 01 JUNE 2016
CURRENT SESSION END DATE: 30 JUNE 2016

TRAVEL ENDORSEMENT
This page, when properly endorsed, may be used for re-entry of the student to attend the same school after a temporary absence from the United States. Each endorsement is valid for one year.

SCHOOL OFFICIAL	TITLE	SIGNATURE	DATE ISSUED	PLACE ISSUED
		X		
		X		
		X		
		X		

ICE Form I-20 A-B (3/31/2018) Page 2 of 3

그림 11.1 F 비자와 M 비자의 부속서류 I-20 견본

자료: 미국 국토안보국(Homeland Security) 공식 홈페이지

이름의 스펠링과 동일한지 확인하고, 학교 담당자 서명란을 확인한 뒤 수속을 진행해야 한다.

I-20 서류가 필요한 비자는 F 비자와 M 비자로 F 비자는 유학생 본인과 그 가족 비자이고, M 비자는 취업 가능한 유학생을 위한 것이며, 이 두 가지 비자는 부속서류인 I-20의 소지 여부를 확인한 뒤 수속을 진행한다(그림 11.1 참조). 한편 교환학생 비자인 J 비자의 경우 I-20 서류와 유사해 보이지만 양식이 다른 DS-2019 서류의 소지 여부를 확인하고, 서류에서는 I-20 서류와 동일하게 학교 이름과 전공 이름, 유효한 날짜를 확인해야 한다(그림 11.2 참조).

(2) 미국 거주자 수속 시 유의사항

미국행 승객을 수속할 때 위와 같은 비자의 양식과 다른 비자 대용 서류를 가져온 승객을 볼 수 있다. 아래에 열거한 서류를 확인하게 되면, 수속을 진행해도 되는 승객으로 판단하여 업무를 진행한다. 이 서류들은 미국 비자들과 동일한 효

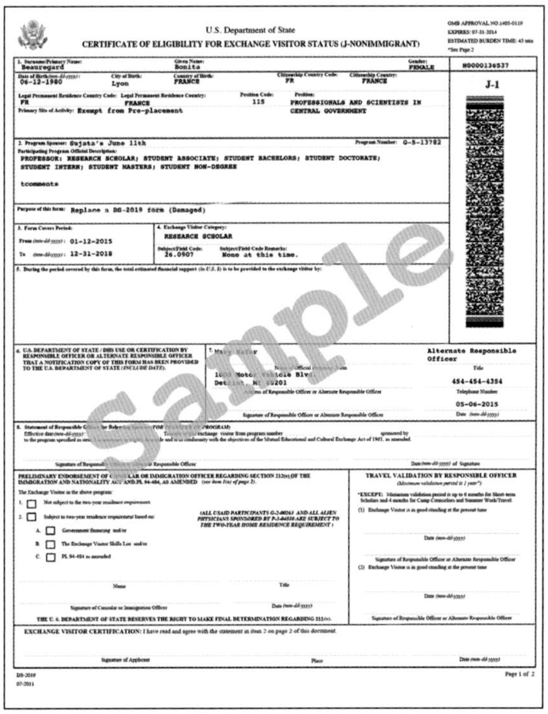

U.S. Department of State
CERTIFICATE OF ELIGIBILITY FOR EXCHANGE VISITOR STATUS (J-NONIMMIGRANT)

OMB APPROVAL NO.1405-0119
EXPIRES: 07-31-2014
ESTIMATED BURDEN TIME: 45 min
*See Page 2

1. Surname/Primary Name: Beauregard　Given Name: Bonita　Gender: FEMALE　N0000136537

Date of Birth (mm-dd-yyyy): 06-12-1980　City of Birth: Lyon　Country of Birth: FRANCE　Citizenship Country Code: FR　Citizenship Country: FRANCE

J-1

Legal Permanent Residence Country Code: FR　Legal Permanent Residence Country: FRANCE　Position Code: 115　Position: PROFESSIONALS AND SCIENTISTS IN CENTRAL GOVERNMENT

Primary Site of Activity: Exempt from Pre-placement

2. Program Sponsor: Sujata's June 11th　Program Number: G-5-13782

Participating Program Official Description:
PROFESSOR; RESEARCH SCHOLAR; STUDENT ASSOCIATE; STUDENT BACHELORS; STUDENT DOCTORATE; STUDENT INTERN; STUDENT MASTERS; STUDENT NON-DEGREE

tcomments

Purpose of this form: Replace a DS-2019 form (Damaged)

3. Form Covers Period:
From (mm-dd-yyyy): 01-12-2015
To (mm-dd-yyyy): 12-31-2018

4. Exchange Visitor Category: RESEARCH SCHOLAR
Subject/Field Code: 26.0907　Subject/Field Code Remarks: None at this time.

5. During the period covered by this form, the total estimated financial support (in U.S. $) is to be provided to the exchange visitor by:

6. U.S. DEPARTMENT OF STATE / DHS USE OR CERTIFICATION BY RESPONSIBLE OFFICER OR ALTERNATE RESPONSIBLE OFFICER THAT A NOTIFICATION COPY OF THIS FORM HAS BEEN PROVIDED TO THE U.S. DEPARTMENT OF STATE (INCLUDE DATE).

7. Mary Hafer　Alternate Responsible Officer
Name of Official　Title
1000 Motor Vehicle Blvd.
Detroit, MI 48201　454-454-4354
Address of Responsible Officer or Alternate Responsible Officer　Telephone Number
05-06-2015
Signature of Responsible Officer or Alternate Responsible Officer　Date (mm-dd-yyyy)

8. Statement of Responsible Officer for Releasing Sponsor (FOR TRANSFER OF PROGRAM)
Effective date (mm-dd-yyyy):　Transfer of this exchange visitor from program number　sponsored by
to the program specified in item 2 is necessary or highly desirable and is in conformity with the objectives of the Mutual Educational and Cultural Exchange Act of 1961, as amended.
Signature of Responsible Officer or Alternate Responsible Officer　Date (mm-dd-yyyy) of Signature

PRELIMINARY ENDORSEMENT OF CONSULAR OR IMMIGRATION OFFICER REGARDING SECTION 212(e) OF THE IMMIGRATION AND NATIONALITY ACT AND PL 94-484, AS AMENDED (see item 1(a) of page 2).
The Exchange Visitor in the above program:
1. ☐ Not subject to the two-year residence requirement.
2. ☐ Subject to two-year residence requirement based on:
A. ☐ Government financing and/or
B. ☐ The Exchange Visitor Skills List and/or
C. ☐ PL 94-484 as amended
(ALL USAID PARTICIPANTS G-2-00263 AND ALL ALIEN PHYSICIANS SPONSORED BY P-3-04510 ARE SUBJECT TO THE TWO-YEAR HOME RESIDENCE REQUIREMENT)
Name　Title
Signature of Consular or Immigration Officer　Date (mm-dd-yyyy)
THE U.S. DEPARTMENT OF STATE RESERVES THE RIGHT TO MAKE FINAL DETERMINATION REGARDING 212(e).

TRAVEL VALIDATION BY RESPONSIBLE OFFICER
(Maximum validation period is 1 year*)
*EXCEPT: Maximum validation period is up to 6 months for Short-term Scholars and 4 months for Camp Counselors and Summer Work/Travel
(1) Exchange Visitor is in good standing at the present time
Date (mm-dd-yyyy)
Signature of Responsible Officer or Alternate Responsible Officer
(2) Exchange Visitor is in good standing at the present time
Date (mm-dd-yyyy)
Signature of Responsible Officer or Alternate Responsible Officer

EXCHANGE VISITOR CERTIFICATION: I have read and agree with the statement in item 2 on page 2 of this document.
Signature of Applicant　Place　Date (mm-dd-yyyy)

DS-2019
07-2011　Page 1 of 2

Sample

그림 11.2 J 비자의 부속서류 DS-2019 견본

자료: 미국 국토안보국(Homeland Security) 공식 홈페이지

력을 갖는 서류로, 그중 영주권 카드를 가진 승객이 많은데 이 경우에도 발급일자와 유효기간을 정확하게 확인해야 한다. 영주권 카드만 보고 수속을 진행하였다가 비자의 유효기간이 지난 시점에 입국 시도를 하게 된다면 미국에 입국하지 못하고 INAD(입국거부자)가 되어 한국으로 다시 돌아오는 경우가 종종 있기 때문이다.

승객도 인지하지 못한 상황에서 직원이 유효기간을 확인하지 않고 수속을 진행하여 승객이 왕복 20시간이 넘는 비행 후 미국에 입국하지도 못하고 한국으로 되돌아가게 된다면 승객의 컴플레인은 심각할 것이다. 또한 유책사유가 직원에게 돌아올 소지가 있으므로 항상 일자를 정확히 확인하고 두 번씩 체크하는 꼼꼼한 점검을 습관화해야 한다.

비자를 대용할 수 있는 서류는 다음과 같다.

- 영주권 카드(I-551)
- 연장된 유효기간이 표기된 I-797과 영주권
- Boarding Letter
- 여권이나 I-94*에 찍힌 임시거주 스탬프(ADIT)
- 이민국 비자
- 재입국 허가서(I-327)
- Parole Letter 영주권 신청 중 임시입국 허가증(I-512)
- 난민용 여행증명서(I-571)
- 미연방정부 발행 여행(통행)증명서
- 기타(콤보카드, 취업허가증 EAD)

*** I-94 Form**
항공기를 통해 미국에 도착하는 외국인 방문객이라면, 그 방문객의 도착/출발 정보가 전자여행 기록에서 자동으로 수집되어 그 방문객의 기록을 온라인 도착/출발 기록 정보에서 조회하는 것이 가능하다. 이전에는 종이 I-94 Form이 있었으나, 현재는 CBPOne™ 모바일 앱 또는 CBP I-94 웹사이트(https://i94.cbp.dhs.gov/I94/#/home)에서 I-94를 신청하도록 권장한다.

3) 영주권

영주권의 유효기간은 보통 10년으로 영주권 유효기간 내에 미국에 입국할 수 있다. 하지만 미국 이외의 지역에서 1년 이상 체류 시에는 영주권 카드상의 유효기간에 상관없이 효력이 상실된다. 여권상에 임시 영주권 스탬프가 있는 경우 I-551 서류로 간주한다. 이 서류에서 확인해야 할 일자는 'CARD EXPIRED 13/01/25'로, 카드 유효기간이 만료되는 시점을 나타내며 이 경우 2025년 1월 13일이 카드 만료일이라는 뜻이다.

그림 11.3 미국 영주권 앞뒷면 견본

Special Section 1

미국 비자 읽는 법

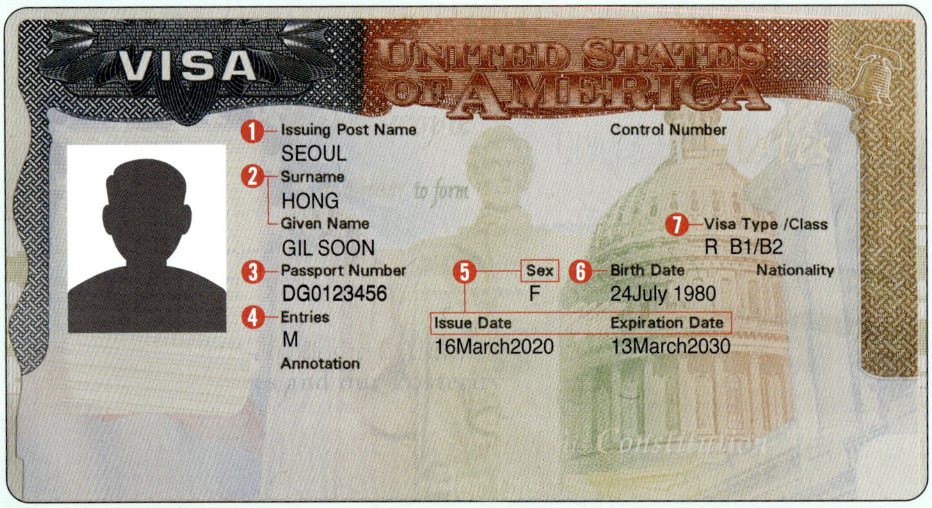

❶ Issuing Post Name: SEOUL → 비자 발급 지역

❷ Surname: HONG → 성

Given Name: GIL SOON → 이름

❸ Passport Number: DG0123456 → 여권 번호

❹ Entries: M → 사용가능 횟수 Multi(복수) ※ S는 Single의 약자

❺ Issue Date: 16March2020 → 비자 발급일

Expiration Date: 13March2030 → 비자 만료일

Sex: F → 성별

❻ Birth Date: 24July 1980 → 생년월일

❼ Visa Type/ Class: R B1/B2 → 여권의 종류 R은 일반 여권, B1/B2는 비자의 종류 비즈니스, 관광 비자

Special Section 2

미국 영주권 대용 서류

■ I-797(기간 연장 청원승인서)

유효기간이 만료된 영주권의 기한 연장을 청원하는 승인서[R, H1B, H2B, E 비자의 청원승인서(Notice of Approval)]이다. 영주권을 대용하려면 반드시 만료된 영주권을 소지하고 I-797 서류에는 기간 연장에 대한 문구가 있어야 한다. 가령, "Your conditional resident status is extended for a period of one year."이라는 문구와 영주권 유효기간을 확인해야 한다. 참고로 유효기간이 10년인 영주권의 경우, 만료 후 180일 이내라면 입국 가능하다. 아래 견본의 경우 영주권 유효기간의 만료일을 기준으로 1년이 연장되었다.

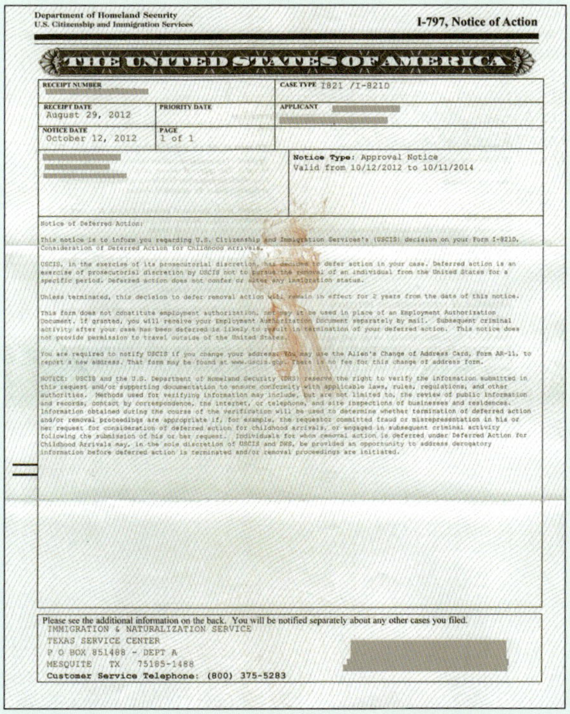

Department of Homeland Security
U.S. Citizenship and Immigration Services

I-797, Notice of Action

THE UNITED STATES OF AMERICA

RECEIPT NUMBER		CASE TYPE I821 /I-821D
RECEIPT DATE August 29, 2012	PRIORITY DATE	APPLICANT
NOTICE DATE October 12, 2012	PAGE 1 of 1	

Notice Type: Approval Notice
Valid from 10/12/2012 to 10/11/2014

Notice of Deferred Action:

This notice is to inform you regarding U.S. Citizenship and Immigration Services's (USCIS) decision on your Form I-821D, Consideration of Deferred Action for Childhood Arrivals.

USCIS, in the exercise of its prosecutorial discretion, has decided to defer action in your case. Deferred action is an exercise of prosecutorial discretion by USCIS not to pursue the removal of an individual from the United States for a specific period. Deferred action does not confer or alter any immigration status.

Unless terminated, this decision to defer removal action will remain in effect for 2 years from the date of this notice.

This form does not constitute employment authorization, nor may it be used in place of an Employment Authorization Document. If granted, you will receive your Employment Authorization Document separately by mail. Subsequent criminal activity after your case has been deferred is likely to result in termination of your deferred action. This notice does not provide permission to travel outside of the United States.

You are required to notify USCIS if you change your address. You may use the Alien's Change of Address Card, Form AR-11, to report a new address. That form may be found at www.uscis.gov. There is no fee for this change of address form.

NOTICE: USCIS and the U.S. Department of Homeland Security (DHS) reserve the right to verify the information submitted in this request and/or supporting documentation to ensure conformity with applicable laws, rules, regulations, and other authorities. Methods used for verifying information may include, but are not limited to, the review of public information and records, contact by correspondence, the internet, or telephone, and site inspections of businesses and residences. Information obtained during the course of the verification will be used to determine whether termination of deferred action and/or removal proceedings are appropriate if, for example, the requestor committed fraud or misrepresentation in his or her request for consideration of deferred action for childhood arrivals, or engaged in subsequent criminal activity following the submission of his or her request. Individuals for whom removal action is deferred under Deferred Action for Childhood Arrivals may, in the sole discretion of USCIS and DHS, be provided an opportunity to address derogatory information before deferred action is terminated and/or removal proceedings are initiated.

Please see the additional information on the back. You will be notified separately about any other cases you filed.
IMMIGRATION & NATURALIZATION SERVICE
TEXAS SERVICE CENTER
P O BOX 851488 - DEPT A
MESQUITE TX 75185-1488
Customer Service Telephone: (800) 375-5283

그림 11.4 기간 연장 청원승인서 I-797 견본

■ Boarding Letter

영주권 분실 시 미국대사관에서 발급받는 서류이다. 원본 개봉이 불가하여 항공사 제출용 사본으로 확인해야 하는데, 이때 유효기간을 체크해야 한다. 미국 영주권 분실 시 한국 내 미국대사관에서는 재발급받을 수 없다.

■ ADIT(임시거주 스탬프)

여권이나 I-94 서류에 찍어 주는 스탬프이다.

■ I–327(재입국 허가서)

'Permit to Re-Enter Form I-327'은 재입국을 허가한다는 내용이 담긴 서류로, 서류 오른쪽의 유효기간을 확인해야 한다.

UNITED STATES OF AMERICA
Department of Homeland Security
U.S. Citizenship and Immigration Services
Permit to Re-Enter/
Permis de Réentrée
Type/ Catégorie: PR
Country code/ Code de pays: USA
Passport No/ Passeport No.: 400354566
Surname/Nom: HONG
Given Names/Prénoms: GIL DONG
Nationality/ Nationalité: U.S.A (United States of America)
Date of Birth/Date de Naissance: 13JAN1980
Personal No / No. personnel: A000000001
Gender/Sexe: M
Date of Issue/Date de Délivrance: 24 MAR/MARS 2021
Authority/ Autorité: U.S. Citizenship and Immigration Services
Date of Expiration/Date d'Expiration: 25 MAR/MARS 2035
Entries/Entrées: M
Restrictions/Restrictions: NONE
Form I-327 (Rev. 05/10/2010)Y

PRUSA HONG<<GIL<DONG<<<<<<<<<<<<<<<<<<<<<<<<<<<<<<<<<<<<<<<<<<<<<
<<<<<<<<<<<<<<<<<<<<<<<<<<<<<<<<<400354566COD8008173M1003259LIM0799950001<62

그림 11.5 재입국 허가서 I–327 견본

■ I-571(Parole Letter) 난민용 여행증명서

영주권 신청 중 임시로 받는 입국허가증(I-571) 또는 난민용 여행증명서(Refugee Travel Document Form I-571)이기도 하다. 난민용 여행증명서는 커버가 청록색으로 되어 있어 식별할 수 있다.

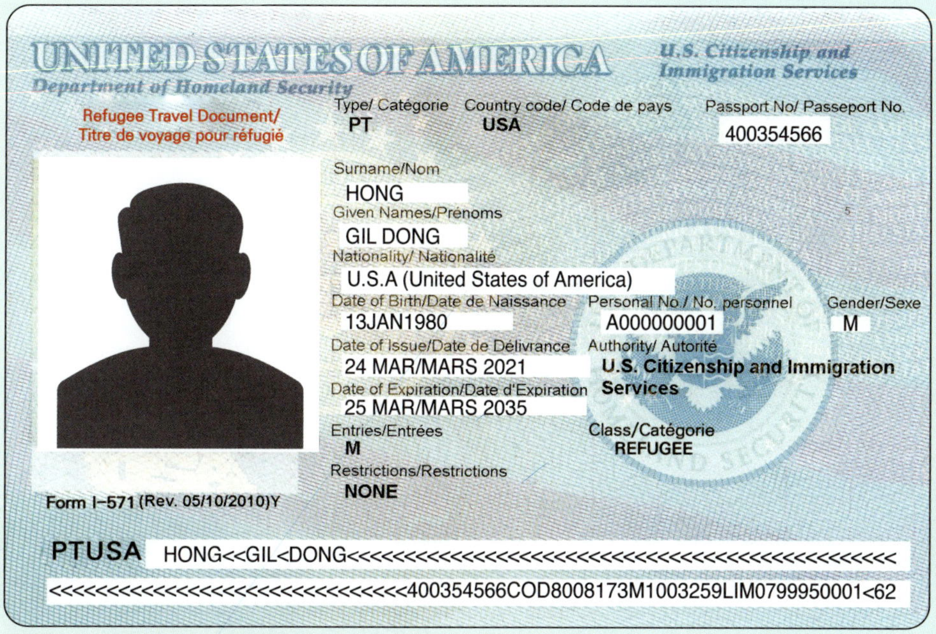

UNITED STATES OF AMERICA
Department of Homeland Security
U.S. Citizenship and Immigration Services

Refugee Travel Document/
Titre de voyage pour réfugié

Type/ Catégorie: PT
Country code/ Code de pays: USA
Passport No/ Passeport No: 400354566
Surname/Nom: HONG
Given Names/Prénoms: GIL DONG
Nationality/ Nationalité: U.S.A (United States of America)
Date of Birth/Date de Naissance: 13JAN1980
Personal No./ No. personnel: A000000001
Gender/Sexe: M
Date of Issue/Date de Délivrance: 24 MAR/MARS 2021
Authority/ Autorité: U.S. Citizenship and Immigration Services
Date of Expiration/Date d'Expiration: 25 MAR/MARS 2035
Entries/Entrées: M
Class/Catégorie: REFUGEE
Restrictions/Restrictions: NONE

Form I-571 (Rev. 05/10/2010)Y

PTUSA HONG<<GIL<DONG<<<<<<<<<<<<<<<<<<<<<<<<<<<<<<<<<<<<<<<<<<<<<<<<<<<<<
<<<<<<<<<<<<<<<<<<<<<<<<<<<<<<<<<<<<400354566COD8008173M1003259LIM0799950001<62

그림 11.6 난민용 여행증명서 I-571 견본

■ 미국 연방정부 발행 여행(통행)증명서

미국 연방정부에서 임시로 발행하는 여행증명서가 있다. Parole Letter와 같이 영주권 신청 중에 임시로 입국을 허가한다든지, 정식 비자 발급은 아니지만 난민용 여행증명서와 유사하게 미국을 통행해도 좋다는 허가를 내주는 증명서이다. 이 여행증명서와 I-512(임시입국 허가증)를 비교해 보면, 두 서류는 인정되는 효력이 유사한 증명서로 임시적으로 1회만 사용 가능하다는 공통의 특징이 있다. 반면에 이 여행증명서는 I-512과 달리 여행을 허락하는 내용의 긴 문장을 기재하는 편지 형식과 본인의 증명사진으로 구성된다는 양식상의 차이가 있다.

■ I-512(임시입국 허가증)

이 허가증으로 입국 수속이 가능하여 이 서류를 소지한 승객은 임시로 미국에 입국하는 것이 가능하다. 허가증에서 'SERVES AS 1-512 ADVANCE PAROLE' 문구를 확인해야 한다.

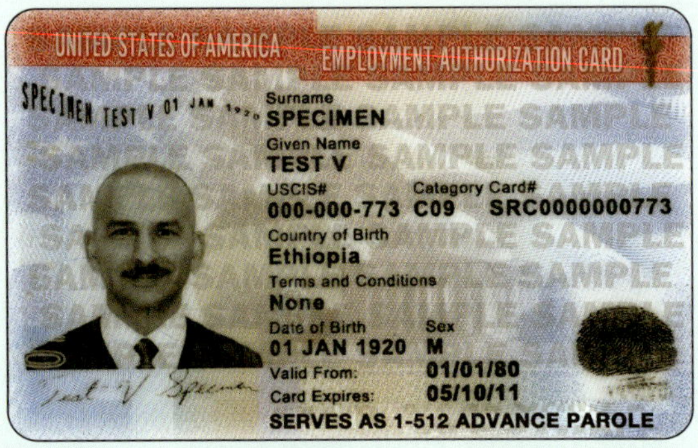

그림 11.7 임시입국 허가증 I-512 견본

■ 취업허가증(EAD)

'EMPLOYMENT AUTHORIZATION CARD'라고 표기되어 있는 카드로 미국에서 일할 자격을 갖춘 특정 외국인에게 발급하는 취업허가증이다. 이민국에서는 이 카드와 같은 효력을 보이는 고용허가 문서의 양식을 I-766으로 칭한다. 카드 앞면에 미국 재입국이 유효하다는 문구(VALID FOR REENTRY TO U.S.)가 표기되어 있는지 확인해야 한다.

그림 11.8 유효하지 않은 EAD(왼쪽), 유효한 EAD(오른쪽) 견본

3. 중국 비자

중국은 입국 시 비자가 꼭 필요한 나라이며 미국 비자에 못지않게 종류가 다양하고 입국절차도 까다롭다. 인천에서 출발하는 수많은 항공편들 중 중국으로 출발하는 항공기가 많은 편인데, 항공사 직원들은 중국 비자를 미리 발급받지 않고 탑승수속을 진행하고자 하는 승객을 종종 보게 된다. 따라서 지상직 직원은 비자 종류를 숙지하여야 하며, 탑승수속 카운터에서 중국으로 출국하는 승객의 비자와 서류를 확인하는 교육을 정기적으로 이수하고 있다.

중국 비자는 중국에서 여행 목적에 따라 발급하는 비자의 종류가 다르다. 중국 비자신청서비스센터를 방문하거나 여행대행사를 통해 신청해야 하고 미국 비자만큼 발급기준이 까다로우므로 철저히 준비해야 한다. 이 절에서는 체크인 카운터에서 수속하기 전에 확인해야 할 중국 비자 조건에 대해 알아본다.

1) 중국 비자의 종류

중국 비자는 중국 비자를 관장하는 기관이 중국의 법률과 법규에 근거하여 중국에 출입국하거나 중국을 경유하는 외국인에게 발급하는 허가증명서로, 여권 종류에 따라 방문 목적에 근거하여 관광 비자, 상용 비자, 유학 비자, 취업 비자, 정착거주 비자 등을 발급하고 있다.

(1) 관광 비자(L)

- 관광(L) 30일 단수비자(30일 체류, 1회 사용)
- 관광(L) 90일 단수비자(90일 체류, 1회 사용)
- 관광더블(L) 비자(30일 체류, 2회 사용/유효기간 6개월)
- 단체비자(30일 체류/5명 동반 입출국 시 발급)

(2) 상용 비자(F)

- 상용(F) 30일 단수비자(30일 체류, 1회 사용)
- 상용(F) 90일 단수비자(90일 체류, 1회 사용)
- 6개월 상용(F) 복수비자(30일 체류, 6개월간 다회 사용)
- 1년 상용(F) 복수비자(30일 체류, 1년간 다회 사용)
- 미조건 6개월 상용(F) 복수비자(30일 체류, 6개월간 다회 사용)
- 미조건 1년 상용(F) 복수비자(30일 체류, 1년간 다회 사용)

(3) 기타 비자

- 유학/연수(X) 비자(유학기간 내내 체류 가능)
- 취업/재직(Z) 비자(취업기간 내내 체류 가능)
- 도착 비자(F): 출장 30일(30일 체류, 1회 사용)
- 별지 비자(L)*: 관광 60일(60일 체류, 1회 사용)
- 승무(C) 비자
- 정착거주(D) 비자
- 통과 비자
- 상주 외국 기자(J-1) 비자

2) 발급 유의사항

일반적인 중국 비자 발급방법에는 중국 비자신청서비스센터(대사관)에서 신청하여 발급하거나 여행대행사를 통해 발급하는 방법이 있다. 발급비용과 소요시간은 보통 신청과 급행 신청, 특급 신청에 따라 달라진다. 중국 비자신청서비

*** 별지 비자**
중국 공안청에서 발급하는 비자로 대사관에서 발급하는 단체비자와 비슷하이다. 단순 관광 및 방문 목적의 L 비자로, 60일 유효기간 동안 중국 방문이 가능하다.

*** 거류증**
중국 장기 거주 외국인이나 X 비자를 받은 학생을 대상으로 발급하며, 우리나라의 주민등록증에 해당하는 것으로 중국인과 같은 혜택을 받을 수 있다.

스센터에서 직접 신청 시 발급비용은 대략 5~17만 원선이며, 대행사 이용 시 수수료가 포함된 금액이 부과된다. 발급하는 데 평균 3~5일 정도 소요되므로 최소 여행 일주일 전에 넉넉히 시간을 두고 신청하는 것이 좋다. 또 중국 비자는 비자 거절 시 비용이 발생하는 특이점이 있는데, 금액은 다음과 같다.

표 11.2 중국 비자 발급 수수료

국적	비자 종류	보통 신청	급행 신청	특급 신청
한국	단수	5만 5000원	8만 9000원	11만 원
	더블*	7만 3000원	10만 7000원	12만 8000원
	6개월 복수	9만 원	12만 4000원	14만 5000원
	1년 이상 복수	12만 원	15만 4000원	17만 5000원
비자 거절 시 비용		2만 원	3만 원	4만 원

자료: 중국 비자신청서비스센터

그림 11.9 중국 비자 견본

*** 더블 비자**
2차 입국 비자로 중국에 두 번 입국 가능하며 각 입국 시 최대 30일 체류할 수 있다.

■ 중국 비자 발급에 필요한 기본 서류

여권, 비자용 사진, 온라인 인적 사항(영문), PU 초청장(중국 정부에서 받은 바코드 초청장), 백신접종 1차, 2차 확인증명서, 출입국 사실증명서(입출국 기록이 없어도 제출) (2021년 11월 기준)

☞ 중국 비자신청서비스센터는 우리나라 서울 2곳과 부산, 광주에 각각 위치한다.

- 참고 사이트 https://www.visaforchina.org

2020년 이후 달라진 중국 비자 발급 조건

중국 외교부는 2020년 9월 23일, 유효한 중국 거주 허가증을 소지하고 있다면 새로운 비자를 신청할 필요 없이 중국에 입국할 수 있다고 발표하면서 다음 조건의 비자를 추가하였다.

❶ '높은 수준의 외국인 재능에 대한 확인서'를 소지한 외국인은 'R' 비자를 신청할 수 있다. 배우자 및 미성년자 아동은 관계 증명(예: 결혼증명서, 출생증명서 등)을 제출하는 경우 'S2' 비자를 함께 신청할 수 있다.

❷ 경제, 기술 및 무역 활동을 위해 중국에 입국하는 외국인은 상업 및 무역(M), 교환 방문(F), 민간 비즈니스 비자(S1 또는 S2)를 신청하고 중앙 및 국가 기관, 지방 외교 또는 비즈니스 행정기관에 초대장을 제출하게 된다.

❸ 중국과 한국 인사의 교류를 용이하게 하는 조치에 따라 한국 국민은 취업(Z-letter) 비자를 신청하고 유효한 '취업 허가'를 제출한다.

❹ 중국과 한국 인력의 교환을 용이하게 하기 위한 조치에 따라 한국 국민은 유학비자(X1 또는 X2)를 신청하고 수수료 없이 유효한 유학형 거주허가증을 제출할 수 있다. 유효한 유학허가증이 없는 경우, 유학신청서(표 JW201 또는 JW202)와 학교의 원래 수락서를 제출한다.

❺ 긴급 인도주의 비자는 병원에서 발급한 진단서를 근거로 발급받을 수 있다. 고인 또는 중병에 걸린 배우자, 자녀, 부모, 조부모, 손자를 포함해 중증으로 아픈 사람들의 친척을 방문하기 위해 중국으로 여행하거나 18세 미만의 미성년자일 경우 두 부모는 모두 중국인이어야 하며 자녀를 위해 부모를 동반해야 한다.

❷, ❸, ❹, ❺ 신청자는 비자를 신청하기 전에 Covid-19 예방 접종을 완료하고 예방 접종 증명서를 제출해야 한다. 비자 신청 양식(https://www.visaforchina.org)을 온라인으로 작성하여 예약하고 기한 내에 신청서를 제출해야 하며, 상기 비자 요건 외에도 비자 사본, 최근 입국 증명서 또는 입국 확인 전표, 유효한 한국 외국인 등록카드 또는 한국 비자를 제출해야 한다.

자료: 중국 비자신청서비스센터(2021. 8. 30)

4. 몽골 비자

몽골은 러시아와 중국 사이의 아시아 북부에 위치한 나라로 수도는 울란바토르이다. 인천공항에서 직항으로 비행시간이 4시간 정도이며, 여행을 위해서는 비자를 발급받아야 한다. 이 절에서는 인천공항에서 울란바토르까지 가는 항공편을 수속하면서 확인해야 할 비자의 조건들을 다루었는데, 몽골 비자의 종류와 용도별 심사 기준을 알아보고자 한다.

1) 몽골 비자의 종류

몽골 비자는 크게 단기종합 비자(C-3), 유학 비자(D-2), 어학연수 비자(D-4), 결혼 비자(F-6)로 나뉘며, 비자별로 비자를 신청할 수 있는 자격 요건과 용도별 심사 기준은 다음과 같다.

(1) 단기종합 비자(C-3)

■ **신청자격 요건**

- 관광, 경유, 요양, 친지방문, 친선경기, 각종 행사나 회의 참석 또는 참관, 문화예술, 일반 연수, 강습, 종교의식 참석, 학술자료 수집, 기타 이와 유사한 목적으로 단기간 체류하려는 자(영리를 목적으로 하는 자는 제외)
- 외국기업 지사, 외국인 투자기업 등의 설립준비를 위하여 활동하는 자, 구매활동을 하는 자영업자, 국내 공·사기관의 초청으로 입국하여 상담·계약 등의 활동을 하는 자, 기계 등의 수출입업자 및 관련자(설치, 검수 등에 따른 보수를 받는 자는 제외)

☞ 생산현장에서 노동력을 제공하여 기술, 기능을 습득하는 형태의 연수 목적 방문자에게는 단기사증 발급이 불가하다.

■ **심사 기준**

- 관광: 해외관광을 할 만한 경제력을 갖추었는지 여부
- 친지방문: 경제력 유무, 실제 친인척 및 지인인지 여부
- 회의, 세미나, 행사 참석 등: 초청자와의 관계(업무 유관성), 피초청자의 직업(사회보험 가입 여부) 등
- 의료 관광: 의료 및 체류비용을 지불할 만한 경제력을 갖추었는지 여부
- 교민 투자회사 직원 방한: 재직 여부, 방문 목적 등
- 상업용 방문: 시장조사, 계약체결, 구매활동 등 방문 목적의 타당성, 초청업체와의 연관성, 초청인원의 적정성 여부 등

(2) 유학 비자(D-2)

■ **신청자격 요건**

전문대학 이상의 교육·학술기관에서 정규과정(학사·석사·박사)의 교육을 받거나 특정 방면의 연구를 하고자 하는 자

■ **심사 기준**

- 학위증·성적증명 등 진위 여부
- 학교성적, 어학능력 등 수학능력
- 유학 목적의 진실성, 학습계획
- 학비부담 능력 등 경제력

(3) 어학연수 비자(D-4)

■ **신청자격 요건**

- 대학부설 어학원에서 한국어를 연수한 자
- 유학(D-2) 자격에 해당하는 기관 또는 학술연구기관 이외의 교육기관에서 교육을 받은 자

■ **심사 기준**

- 학위증·성적증명 등 진위 여부
- 학교성적 등 수학능력
- 어학연수 또는 연수 후의 계획
- 학비부담 능력 등 경제력

(4) 결혼 비자(F-6)

■ **신청자격 요건**

자국민의 배우자 ☞ 신청자 및 초청자는 인터뷰를 실시한다.

■ **심사 기준**

- 혼인의 진정성 여부
- 제출서류의 진실성
- 혼인생활을 영위할 만한 경제력 유무

2) 유의사항

(1) 몽골인이 한국에서 몽골로 출국 체크인 시 유의사항

- 몽골인이 한국에 불법 체류한 기간이 있는지 확인한 후 수속을 진행해야 한다.
- 출국해야 하는 날짜가 경과했을 경우 외국인 등록증에 완전 출국 표시를 해야 한다.
- 한국에 입국한 날짜와 비자에 명시된 체류기간을 확인하여 한국에서의 체류기간이 90일 이상 경과된 경우에는 외국인 등록증을 소지해야 하므로 등록증 소지 여부를 확인한다.
- 외국인 등록증 표시는 인천 출입국관리사무소의 요청에 의한 것이다.
- 외국인 등록증 앞, 뒷면에 있는 체류기간을 확인하여 Over Stay 여부를 확인한다.
- Over Stay일 경우, 출입국관리사무소에 가서 당일 출국할 수 있다는 도장을 받아오도록 안내한다.

외국인 등록증에 명시된 체류기간 내에 출국하였다가 한국에 재입국하고자 하는 사람에 한하여 재입국 허가 스티커 또는 도장을 확인해야 한다. 재입국 허가서에는 Single, Multi 형태 및 유효기간이 명시된 소인이 찍히므로 반드시 이를 확인해야 한다(그림 11.11 참조). 또한 외국인 등록증은 외국인이 한국 영주권을 소지한 것과 같으므로 주민등록과 같이 개인기록을 한국에 등록한 외국인

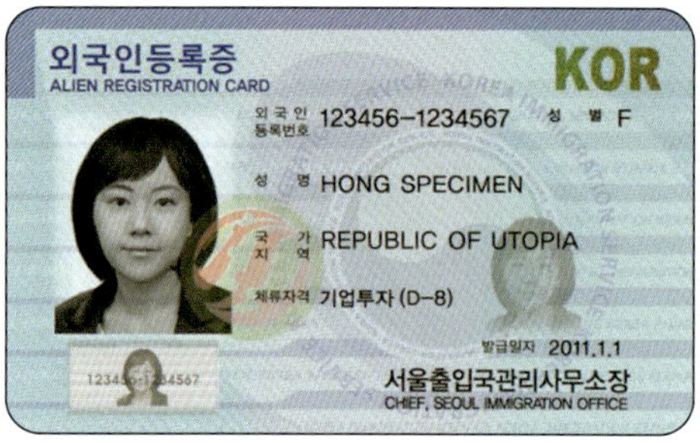

그림 11.10 대한민국의 외국인 등록증

자료: 나무위키

그림 11.11 대한민국 외국인 등록증에 찍힌 유효기간 소인

이 완전히 출국하고자 하거나 체류기간이 얼마 남지 않은 경우, 탑승권에 '등록증 반납'이라고 기재해야 한다.

(2) 외국인의 몽골 입국 수속 시 유의사항

외국인이 몽골을 방문하기 위해서는 몽골 해외공관이나 대표부에서 비자를 발급받아야 한다. 그렇지 않은 경우 특정 상호협약의 규제를 받으므로 다음 사항을 확인해야 한다.

- 일반 여권 소지자는 반드시 비자를 발급받아야 한다.
- 비자를 발행한 날짜가 반드시 당일 또는 그 전의 날짜로 되어 있어야 한다.
- 비자의 종류 및 몽골 입·출국 도장을 확인해야 한다.
- 한국으로 돌아오는 티켓(Return Ticket)은 반드시 비자 만료일 전에 입국하는 티켓이어야 한다.
- 모든 비자는 일주일 이상 머물 경우 몽골 출입국관리사무소에 신고해야 한다.

대한민국 국적을 가진 자는 특정 상호협약에 의거하여 몽골 출입국관리법을 위반하지 않고 최근 2년 동안 4회 이상이나 1998년부터 총 10회 이상 몽골을 방문한 기록이 있을 경우, 몽골에서 비자 없이(No Visa) 30일간 머물 수 있다.(단, 불법 체류 및 범죄 사실이 없고 몽골의 법 규정을 준수하며 사업상 세금을 정한 기간 내에 납부한 자라야 한다.) 외교, 관용 여권 소지자는 한-중 비자 면제 협정 체결에 따라 30일간 무비자로 입국이 가능하다.(단, 30일 이상 체류 시 비자가 필요하다.)

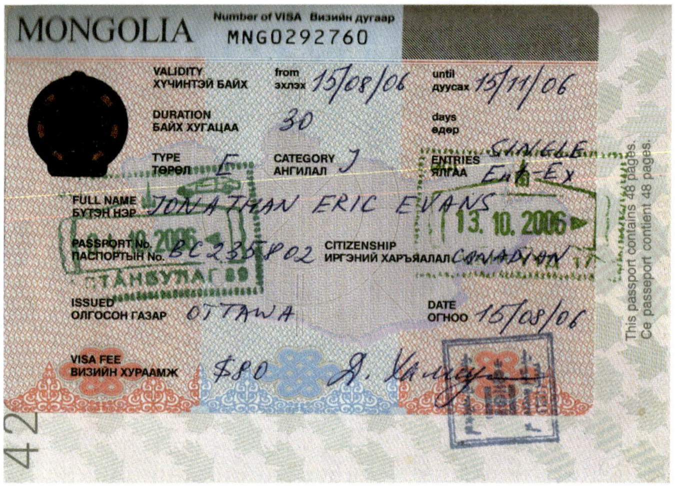

그림 11.12 외국인이 몽골로 입국 시 비자 견본

표 11.3 국가별 비자 필요 여부

여권 소지 시 비자가 필요 없는 국가	체류기간
아제르바이잔, 벨라루스, 조지아, 카자흐스탄, 키르기스스탄, 우크라이나, 타지키스탄, 마카오, 미국	90일
이스라엘, 쿠바, 말레이시아	30일
필리핀	21일
홍콩, 싱가포르, 인도네시아	14일
반드시 비자가 필요한 국가	
대한민국, 태국, 베트남, 인도, 러시아, 루마니아, 불가리아, 체코, 헝가리, 멕시코, 슬로바키아	
외교, 공무원 여권 소지 시 무비자 국가	**체류기간**
체코, 멕시코, 러시아, 슬로바키아, 베트남, 라오스, 유고슬라비아	90일
대한민국, 태국, 터키, 쿠바, 헝가리	30일
UN에서 발행한 여권 대용 통행허가증, 몽골에서 발급받은 거주증 또는 재입국 허가서를 소지한 자	유효기간 내

3) 몽골 TIM 규정

TIM은 TIMATIC(Travel Information Manual Automatic)의 줄임말로 여행객이 다른 국가에 입국할 때 필요한 규정을 조회해 볼 수 있는 시스템이다. IATA가 1963년 처음 제작하였으며, 그후 여러 항공사들과 항공 제휴사들이 승객들이 올바른 규정을 준수할 수 있도록 데이터베이스를 활용하여 항공사 시스템에서 TIM 조회가 가능하도록 발전시킨 것이다. 비자, 여권, 예방접종, 외화반입, 세관 등 전 세계 국가의 입국조건 규정과 여행정보를 알 수 있다. 그중 몽골의 입국 TIM에서 알 수 있는 내용을 분류하여 알아보면 다음과 같다.

■ **Passport(여권 관련 정보)**

- 유효기간 내의 여권 소지자
- 국적이 없는 승객에게 발행한 서류를 소지한 자
- UN에서 발급한 통행허가증을 소지한 자

■ **Document Availability(서류 유효성)**

- 여권과 여권을 대체할 수 있는 서류는 입국심사 시점을 기준으로 유효해야만 한다.
- 2002년 6월 30일까지 발행되었던 라트비아 일반 여권은 라트비아 정부로부터 무효화되었으며, 유효하였던 여행증명서(Travel Document)도 여권의 대용 서류가 될 수 없다.

■ **Currency(통화소지 가능금액)**

- 수입품, 수입액: 현지 통화인 몽골 화폐[투그릭(Tugrik, MNT)]와 외화는 입국심사 시 신고한다면 소지 가능금액에 제한이 없다.
- 수출품, 수출량: 현지 통화와 외화는 입국 시 신고한 금액만큼 반출 가능하다.

■ **Health(예방접종)**

예방접종이 불필요하다.

■ Airport Tax(공항세)

몽골을 떠나는 모든 승객은 세금을 납부해야 한다. (USD) 12달러이다.

■ Customs(세관신고)

- Cigarettes 200개, Cigars 50개, Tabacco 250g
- 보드카 1*l* , 와인 2*l* , 맥주 3*l*
- 오래된 화폐는 사용 목적이 아닌 수집용으로만 반입 가능
- 승객마다 (USD) 1000달러 값어치의 제품(산업 및 무역 목적이 아닌)
- 개인 소지품

■ 기타 정보

- 도착하자마자 신고해야 할 품목: 고대 예술품, 고서와 고대 원본, 예술작품, 전자기기 등
- 금지 품목: 책, 필름, 과격하거나 선정적인(포르노그래피) 것으로 간주될 수 있는 매체나 테이프, 마약 등
- 제한 품목: 고고학 또는 고대 예술품, 총기류와 예비 부품, 인간의 혈액이나 신체 부위, 처방전이 없는 의약품, 독, 방사성 물질이나 화학물질, 동물의 견본 또는 분석을 위한 식물, 무기류 등
- 동물: 개와 고양이는 검역 증명서 필요

5.
필리핀 비자

필리핀 항공 카운터에서 탑승수속을 진행하면서 우리나라에서 필리핀으로 출국하는 유학생, 골프 여행객, 이민 승객, 단순 여행 승객, 신혼여행 승객 등 한국이 사랑하는 여행지가 필리핀임을 실감하며 수많은 승객에게 지상 서비스를 제공하였다. 필리핀은 대한민국 여권 소지자가 단기체류할 경우 최대 21일까지 무비자로 체류가 가능한 국가이다. 단, 제3국으로 가는 여정의 티켓이나 본국으로 다시 돌아오는 리턴 티켓이 있다는 가정하에 무비자로 입국이 가능하다. 그러나 장기체류나 이민이 입국 목적인 경우에는 비자와 함께 구비서류가 필요하다. 이 절에서는 필리핀 비자의 종류와 필요서류에 대해 알아보고자 한다.

1) 필리핀 비자의 종류

필리핀 비자는 종류가 많다. 여기서는 종류를 학생 비자, 취업 비자, 특별 투자 거주 비자(SIRV), 선교 비자, 종교 비자, 임시거주 비자 혹은 결혼 비자(TRV), 관광 비자, 은퇴 비자와 SSP(특별수학허가증)로 나누고, 각 비자를 발급받기 위해 구비해야 할 서류와 각 비자의 장단점을 자세히 알아본다.

(1) 학생 비자(Student Visa)

학생 비자는 대학교 이상 과정의 정식 입학생에게 발급되는 비자로 초·중·고등 학생에게는 발급되지 않으며, 학업을 하는 동안에는 비자를 유지할 수 있다.

■ 구비서류

• 각 학교 입학 담당자의 서명과 직인, 관인이 찍혀 입학생에게 발급된 보증서
• 각 학교 입학 담당자의 서명과 직인, 관인이 찍힌 입학허가서 원본의 사본

- 생활비, 학비, 잡비 등 비용의 조달이 가능함을 증명하는 재정보증서와 은행 잔고증명은 학교마다 기준이 다르다(약 1000~2000달러).
- 59일 이하 필리핀에 거주할 신청자는 한국 경찰청의 신원증명서 첨부
- 59일 이상 체류자로 입학서류상의 변화 또는 정정이 있는 경우 필리핀 국가 정보원(NBI)의 확인서
- 필리핀 국립 검역원의 신체검사 확인증
- 한국에서 신체검사를 받았다는 신체검사 확인증
- 최근의 2×2인치 사진이 첨부된 간략한 이력서
- 학업 중인 대학생이나 대학원생은 첫 발급 시 1년, 그 후에는 학기(보통 6개월)별로 비자를 연장하게 된다. 학업 중에는 계속 연장이 가능하다.

■ 단점

초·중·고등학생에게는 비자가 발급되지 않기 때문에 SSP(특별수학허가증)를 발급받아야 한다. 뿐만 아니라 학생 비자는 업체에서 연장을 대행하는 경우가 거의 없기 때문에 대학생이나 대학원생이 시간을 내어 직접 연장해야 한다.

■ 발급 수속절차

- 각 서류는 영문으로 준비한다. 영문으로 발급받을 수 없는 증명서는 국문으로 받아서 변호사 사무실 또는 번역 사무실에 번역을 의뢰한다.
- 필리핀 고등학교를 졸업하였을 경우 한국에서 공증은 필요 없으나 필리핀 고등학교 교육청에서 졸업증서와 성적표 공증을 받는다. 공증 비용은 장당 약 120페소이다.
- 경찰서에서 범죄경력 자료회보서를 발급받아 그중 신원증명서를 제출한다.
- 재정보증서를 영문으로 발급받은 후 변호사 사무실에 가서 통장 예금주인 보호자가 학생의 재정을 책임진다는 내용의 영문 편지를 쓴다. 따라서 이편지와 재정보증서가 한 묶음이 된다. 공증 시 서류에는 가급적 원화가 아닌 달러로 표시하는 것이 좋다.
- 모든 서류가 영문으로 준비되었으면 5가지 서류[① 고등(대)학교 졸업장, ② 고등(대)학교 성적표, ③ 한국 주민등록등본, ④ 신원증명서, ⑤ 재정보증서]를 들고

변호사 사무실로 가서 변호사 공증을 받는다.

- 공증받은 5가지 서류를 들고 다시 서울에 있는 필리핀 대사관에 가서 확인서류를 발급받는다.

■ **필리핀에서 해야 할 일**

- 보건당국(마닐라 호텔 뒤쪽)에 가서 신체검사를 받는다. 이때 준비물은 사진 1장, 대·소변, 수수료 600페소이다. 다음 날 신체검사 결과에 이상이 없으면 여권에 도장을 찍어 준다.
- 입국 후 59일이 지나면 필리핀 신원조회(NBI)를 받아야 한다. 그 이전이라면 필요하지 않다.
- 위의 5가지 서류 완비, 신체검사 통과, 필리핀 신원조회가 끝나면 학생 비자 Form을 작성하여 이민국으로 간다.
- 학생 비자(특별한 서류 없이 여권에 도장으로 표시)가 나오면 다시 이민국에 가서 A.C.R이라는 거류증(우리나라의 주민등록초본에 해당)을 만들어야 하는데 2×2인치 사진 10장이 필요하다. 수수료는 약 3000페소이다.
- 학생 비자와 A.C.R을 만든 후, 한국 등 제3국을 여행하려면 SRC Card(Green Card; 필리핀 외의 국가를 입·출국하기 위한 카드)를 만들어야 한다. S.R.C는 이민국에서 발급받으며 출입국 때마다 이 카드에 자신의 출입국 날짜가 기록된다. 사진 10장과 수수료 2000페소가 필요하다. 한국 및 제3국으로 갈 때마다 반드시 이민국에 들러 A.C.R을 맡기고 E.C.C*를 받아야 한다. 수수료는 약 2000페소이다. 여행 후에는 다시 약간의 수수료(약 250페소)를 지불하고 A.C.R Card(외국인 등록증)를 되찾아야 한다.

(2) 취업 비자(Working Visa)

워킹 비자는 회사를 설립한 회사의 임원, 즉 대표이사, 부대표, 회사 직원들에

---

* ECC(Emigration Clearance Certificate)
필리핀에 6개월 이상 체류하는 경우 이민자의 범죄사실 유무를 증명하는 서류이다. 필리핀에서 출국하기 한 달 전부터 준비 가능하며 발급하는 데 3~4일 정도 소요된다. 이 서류가 없으면 공항에서 입국이 거절될 수 있다.

게 발급하는 것으로 회사의 고용주와 피고용인이 취득할 수 있다.

■ 구비서류

- Letter Request from the Petitioner*(회사 대표 또는 인사담당자의 비자 요청서)

- 서명란에 이사회(Board of Secretary)의 서명이 있어야 한다.
- 각 회사의 공식 양식으로 작성한 서류(Head Letter)여야 한다.

- BI(Background Investigation; 신원조사양식) General Application Form(with 1pc. 2×2 picture)

- 이민국 제출서류에 2×2인치 사진 1매가 부착되어야 한다.
- 서명란에 이사회(Board of Secretary)의 서명이 있어야 한다.

- Bio-data of Applicant(신청자의 신체검사 이력서)
- Contract of Employment(직원 연락처)
- Affidavit* of Support from the Employer(회사 대표 또는 인사담당자의 신원보증서)

- 서명란에 이사회(Board of Secretary)의 서명이 있어야 한다.
- 각 회사의 공식 양식으로 작성한 서류(Head Letter)여야 한다.
- 변호사 공증이 필요하다.
- 신청자가 회사 대표인 경우 SEC(Securities and Exchange Commission) 증권거래위원회 등록서류를 제출해야 한다.

---

* **Petitioner** 법률적 처리를 요청하는 신청인
* **Affidavit** 법률상 진술서로 공증서라고도 하며, 법적 증거능력을 가진다.

- Income Tax Return & Proof of Payment of Taxes by the Petitioner(기납부한 소득세 신고서 사본)

- 신청자가 직원인 경우 회사에서 기납부한 소득세 신고서 사본을 제출해야 한다.
- 신규 회사인 경우 필리핀 국세청(BIR)에서 발행한 등록증(Certificate of Registration)을 대신 첨부한다.

- Passport Copy(여권 사본)

- Page with Picture(사진면 사본)
- Page with Latest Arrival/Entry Visa(출입 및 비자 승인면 사본)
- Page with Updated Tourist Extension(최근 입국면 사본)

- Alien Employment Permit (with signature of applicant)(외국인 취업허가증 사본)
- Family Census (if with Dependents)[제적등본(가족관계 증명서)]

- 영문 주민등록등본이거나 호적등본을 영어로 번역해야 한다.
- 대사관 공증이 필요하다.

- Certification from Human Resource Division(인적 증명서)

- 소속 회사에 근무하고 있는 한국인 및 외국인 현황을 나타내는 증명서이다.
- 변호사 공증이 필요하다.

(3) 특별 투자거주 비자(SIRV; Special Investor's Resident Visa)

필리핀에 (USD) 75,000달러 이상의 투자자에게 투자기간 동안 거주권을 제공하는 비자로, 투자가 지속되는 동안 비자를 연장할 수 있다. 매년 투자심사를 거쳐

투자금액과 투자분야가 필리핀에 적합하다고 판단될 경우 비자를 연장해 준다.

■ **구비서류**

- 송금증명서
- 입금확인서
- 환전확인서
- 여권 사진면, 비자면 사본
- 신체검사 확인서
- 에이즈 검사확인서
- 신원증명서
- 호적등본(번역 인증)
- 사진 4매

■ **장단점**

- 투자비용으로 필리핀에서 사업이나 취업을 하는 것이 가능하며 투자기간 동안 비자 연장이 가능하다는 장점이 있다.
- 최초 비자 발급 시에는 발급이 어렵지 않으나 외국인 투자 제한과 비자 연장 시 재심사가 있어 까다롭다. 최근 은퇴비자의 예치금이 하향 조정되어 발급과 유지가 간단한 은퇴 비자로 전환하는 경우가 많다.

(4) 선교 비자, 종교 비자(Missionary Visa)

종교와 연관된 일을 하고자 하는 외국인에게 발급하는 비자이다.

■ **신청자격 요건**

- 필리핀의 비영리 종교교단의 회원인 자
- 필리핀 종교교단에서 성직자와 같은 종교 업무 수행을 목적으로 하는 자
- 필리핀 종교조직의 요청을 받고 종교 업무 수행을 위해 입국하는 자
- 종교 교육과정 이수, 정상적인 조직의 훈련(수행)을 목적으로 하는 자

(5) 임시거주 비자 혹은 결혼 비자(TRV; Temporary Residential Visa)

정확한 명칭은 임시거주 비자이나 통상 결혼 비자라고 하며, 필리핀인과 결혼하면 취득할 수 있다. 발급 시 1년 체류가 허용되고, 그 후 연장 신청 시 2년씩

연장되는 비자이다. 그러나 필리핀인과 결혼하여 결혼 비자를 발급받았다 하더라도 취업, 사업 등 경제활동을 하려면 D.O.L.E(노동부)에서 발급하는 고용 증명을 취득해야 한다. 시민권 취득은 결혼 비자를 거쳐야 가능한데, TRV를 발급받은 후 5년이 경과하면 영주권을 신청할 수 있다.

■ **장단점**

별도의 비용 없이도 계속적으로 비자를 연장하여 필리핀에 거주할 수 있으며 거주 증명과 신청만으로도 취업과 사업 영위가 가능하다. 그러나 필리핀인과 결혼한 경우에만 발급 가능하다.

(6) 관광 비자(Tourist Visa)

단기 입국자를 위한 비자로 비즈니스, 관광, 휴양을 목적으로 하는 단기 체류자에게 발급해 주는 비자이다. 2003년 6월에 체결한 한국과 필리핀의 비자 면제 협정에 따라 21일간 무비자 입국이 가능하다. 그 이상을 경과하여 체류할 경우 다음을 준비하여 주한 필리핀 대사관(서초동 소재)에 9(a) 관광 비자를 신청하면 59일간 체류 가능한 비자를 받을 수 있다.

> 6개월 이상 기간이 남은 여권, 9(a) 비자신청서, 여권사진 2매, 왕복비행기표, 비자수수료 40,000원

■ **연장 신청**

- 9(a) 관광 비자의 연장은 매월 해야 하며, 통상 비자기간 만료일 일주일 전에 연장 신청을 한다.
- 연장 신청은 적합한 대리인을 찾아 대행을 의뢰하는 것이 경제적이라고 할 수 있다. 그러나 비자 연장에 대해 알고 싶고 영어공부도 겸해 본인이 직접 신청하는 경우, 오전 9시경 인트라무로스 이민국에 도착해서 Express로 배송하면 보통 오후 3~4시경에 비자를 받을 수 있다. 입학기간 등 업무가 많은 경우 2, 3일이 걸리기도 하며, Regular 배송 시 보통 1주일 정도 걸려 연장 신청에 최장 15일이 걸리기도 한다.

- 최대 6개월까지 연장 가능하므로, 다른 종류의 비자로 전환하는 경우 3개월 이내에 서류 준비를 끝내고 나머지 3개월 동안에 비자를 받을 수 있도록 해야 한다.
- 컴퓨터 프린터로 인쇄되어 나오는 이민국의 영수증 내역과 스탬프 상태, 연장기간이 명확하게 표시되었는지를 잘 살펴보고 영수증 등 서류는 버리지 않고 보관하는 것이 체류기간 동안 반드시 해야 할 일의 하나이다.
- 9(a) 비자는 다른 비자로 전환 중이더라도 계속해서 연장해야 한다. 6개월이 넘으면 블랙리스트에 등재되어 성명과 여권번호, 생년월일 등이 모두 전산망에 기재되므로 출입국이 제한된다. 전산망이 구축된 이래 출입국상의 여러 가지 편법이 통하지 않으므로 주의한다.

(7) 은퇴 비자(SRRV; Special Retiree's Residence Visa)

은퇴 비자는 35세 이상 외국인이나 이전 국적이 필리핀이었던 사람이 필리핀에 체류하려 할 때 신청할 수 있다. 35~50세에 해당하면 약 75,000달러, 50세 이상인 경우에는 약 50,000달러를 필리핀 은퇴청(PRA; Philippines Retirement Authority)이 지정하는 은행에 6개월간 예치해야 한다. 이 예치금은 6개월 후 총 지급이자의 20%를 원천 과세한 후 원하는 통화로 환전할 수 있다. 또한 21세 이하의 미혼 직계 자녀도 은퇴 비자 신청자와 같은 조건으로 거주가 가능하나, 1인당 15,000달러를 추가 예치해야 한다.

은퇴 비자로 비자 연장 없이 필리핀에 거주할 수 있으나, 부동산은 소유할 수 없다. 은퇴 비자 소지자가 필리핀 시민권자와 결혼한 경우, 소유권은 필리핀 시민권자가 갖게 되고 이를 등록하여 주거용 건물을 지을 수 있다. 단, 필리핀 출생자로서 이 비자를 소지한 경우 도시 지역은 5000m^2, 농지는 3ha까지 소유가 가능하다. 은퇴 비자는 PRA의 승인 후 이민국으로 신청서가 제출되어 통과되면 일주일 내에 받을 수 있으며, 발급까지 통상 30일 정도가 소요된다.

■ 구비서류(SIRV와 동일)

- 송금증명서, 입금확인서, 환전확인서
- 여권 사진면, 비자면 사본
- 신체검사 확인서
- 에이즈 검사확인서

- 신원증명서
- 호적등본(번역 인증)
- 사진 4매

(8) 특별수학허가증(SSP; Special Study Permit)

학생 비자의 취득 없이 임시적으로 어학연수 등의 간략한 공부를 필리핀에서 하려는 사람에게 발급되는 허가증이다. 대학에서 청강하는 경우와 부설 어학연수기관에서 연수를 받는 경우 6개월, 즉 한 학기를 공부할 수 있는 허가증을 1년에 2회(12~6월, 6~12월) 발행하며, 이민국에 등록된 어학원에서는 통상 4개월 단위로 SSP를 발행하며, 발행비용은 연수기관마다 상이하다.

SSP는 합법적인 체류를 보장하는 것이 아니라 수학이 가능하다는 허가증이므로 체류기간 동안 반드시 기한 내에 비자를 연장해야 한다. 비자 연장 시 적법한 이민국에서 발행한 영수증인지 확인하고 SSP를 발행하는 연수기관인지 살펴본 후 강의를 등록하는 것이 좋다.

■ 체류 비자별 확약 티켓(Return Ticket) 필요 여부

- 9A(관광비자): RTN TKT* 필요 (○)
- 9B(통과비자): Onward TKT* 필요 (○)
- 9C(선원비자): RTN TKT 불요 (×)
- 9D(투자비자): RTN TKT 불요 (×)
- 9E(외국 공무원 비자): RTN TKT 불요 (×)
- 9F(학생비자): ACR 카드*를 소지한 경우, RTN TKT 불요 (×)
- 9G(취업/선교비자): ACR 카드를 소지한 경우, RTN TKT 불요 (×)

*** RTN TKT(Return Ticket)**
왕복여정 확약 티켓 중 두 번째 여정으로 본국으로 돌아가는 티켓을 리턴 티켓이라고 한다.

*** Onward TKT**
제3국으로 가는 확약 티켓이다.

*** ACR 카드**
신분증을 요하는 필리핀의 모든 곳에서 사용 가능한 카드이다. 필리핀에 등록된 외국인 체류증명서로 은행계좌 개설 및 은행 이용 시, 필리핀 국내 관광 시 여권을 대신하여 사용할 수 있다.

6.
말레이시아 비자

한국인이 말레이시아 입국 시 말레이시아 출입국 서류 규정에 따르면 여권의 잔여 유효기간이 6개월 이상인 여권을 소지해야 하며 관광, 사업 등의 비영리 목적인 경우 3개월 무비자 입국이 가능하다. 3개월 이상을 체류하기 위해서는 비자를 발급받아야 하는데 말레이시아에서는 비자(Visa)와 패스(Pass)를 구분하여 비자는 입국에 대한 허가를 의미하고, 패스는 거주 혹은 취업, 영리활동에 대한 허가를 뜻한다. 말레이시아에서는 단기 단순방문비자, 장기방문비자, 말레이시아 취업패스로 구분되어 관리된다.

1) 말레이시아 비자의 종류

(1) 단기 단순방문비자

아래와 같이 단순방문 또는 사업상 방문하는 외국인에게는 단기 단순방문비자가 발급된다. 하지만 취업 또는 기계 설치나 공장 건설 감독 목적의 체류에는 사용될 수 없다.

- 회사의 회의, 총회 또는 세미나 참석, 회계조사 또는 원활한 운영을 위한 목적으로 말레이시아에 입국하는 회사의 소유주와 대표
- 사업이나 투자기회 또는 제조공장 설립을 모색하고자 말레이시아에 입국하는 투자자, 기업인
- 말레이시아에서 제조할 제품을 소개할 목적으로 입국하는 외국인 회사 대표(단, 당해 제품의 직접 판매 또는 유통을 영위할 목적이 아닐 때에 한한다.)
- 재산의 매도, 임대 또는 이를 위한 협상의 목적으로 입국하는 재산 소유자
- 스포츠 행사 참가자

- 말레이시아 내 행사 취재를 목적으로 입국하는 대중매체의 외국인 언론인 또는 기자
- 말레이시아 국내 대학의 시험을 치르기 위해 또는 친선사절단으로 입국하는 학생

(2) 장기방문비자

장기방문비자는 6개월 이하의 기간 동안 말레이시아에 일시 체류하는 외국인에게 발급된다. 체류기간은 외국인 방문자의 체류자격과 일정 조건 충족 여부에 따라 연장될 수 있다. 말레이시아 국민의 외국인 배우자는 장기방문비자를 소지한 경우, 당해 비자를 취업비자 또는 단기취업비자로 변경하지 않고도 모든 형태의 유급 고용직이나 사업 또는 전문직에 취업이 허용된다.

(3) 취업패스

말레이시아 투자개발청(MIDA)에 따르면, 말레이시아 정부는 근로 활동을 할 수 있는 외국인을 파견 외국인(Expatriate)과 외국인 노동자(Foreign Worker)로 구분한다. 파견 외국인은 관리직, 전문직, 기술직 등에 종사하는 외국인을 지칭하며, 외국인 노동자는 농업, 건설업, 제조업 등에 종사하는 단순 노무자를 의미한다. 이와 같은 파견 외국인과 외국인 노동자의 구분은 말레이시아 정부가 외국인의 국적에 따라 정하며, 한국인, 일본인, 미국인 등은 파견 외국인으로만 일할 수 있도록 규정되어 있으므로 한국인은 농업, 건설업, 제조업 분야의 단순 노무직으로는 취업이 불가하다.

말레이시아 취업패스(EP)는 아래와 같이 3가지로 분류되며, 취업 시 계약 내용에 따라 제공되는 혜택에 차이가 있다. 말레이시아 취업패스는 취업한 회사에서 지원해 주는 형식으로 취득이 가능하며, 취득요건은 아래와 같다.

■ 말레이시아 취업패스 취득을 위한 학력 및 경력 요구사항

- 최종학력: Degree(4년제 대학 학사 졸업) / 취업직종 관련분야 경력: 최소 3년 이상

- 최종학력: Diploma(영국제 학위 개념으로 2년제 대학 졸업과 고졸 사이) / 취업직종 관련분야 경력: 최소 5년 이상
- 최종학력: Technical Certificate or Equivalent / 취업직종 관련분야 경력: 최소 7년 이상

☞ 해당하는 최종학력과 취업직종 관련분야의 경력을 둘 다 충족해야 한다.

말레이시아 취업패스를 취득하기 위해서는 말레이시아 주재 회사 혹은 보증인을 통하여 말레이시아 출입국관리소에서 발급한 비자허가서, 여권 원본과 사본 1부, 여권용 사진 1장, 신청서 1부(대사관 홈페이지 지정 양식)를 지참하여 주한 말레이시아 대사관에 방문하여 신청해야 한다.

EP III로 분류되는 취업비자를 발급받은 경우 비자 갱신을 2번 혹은 3년 연속으로 받았거나 고용주가 변경되었을 때에는 반드시 3개월간 말레이시아를 벗어나는 Cooling-off Period를 실시해야 한다는 점에 유의한다. 단, EP III를 EP I 혹은 II로 변경한 경우에는 해당 사항이 면제된다.

2) 출입국 시 유의사항

외화의 반입은 무제한이며 반출은 반입 시 신고한 금액만큼만 가능하다. 말레이시아 화폐로는 RM*10000까지 가능하다.

- 특이물품: 애완동물, 골동품, 식물 등은 사전허가를 얻은 후 반입 가능하다.
- 출입국카드: 입국 시 출입국카드를 작성하여 제출하고 나머지 한 부는 따로 떼어 보관하였다가 출국 시 제출해야 한다. 출입국카드는 통상 입국 시 사용되는 부분과 출국 시 사용되는 부분이 붙어 있어 절취한 뒤 사용해야 한다.

*** RM**

말레이시아의 화폐단위로 링깃이라고 읽으며, 100링깃, 50링깃, 20링깃, 10링깃, 5링깃, 1링깃 총 6가지 단위가 있다. RM10000은 10000링깃이라고 읽으면 된다. 소수점 이하, 즉 말레이시아 동전은 모두 센트를 단위로 한다.

7.
무비자 입국 허용 프로그램

비자 면제 제도란 방문자가 국가를 이동할 때 원칙적으로 필요한 비자를 면제해 주는 제도로 무비자 입국을 허용하는 것이다. 주로 국가 간 협정이나 상호 조치에 의해 비자 없이 상대국에 입국할 수 있게 한 제도이다.

우리나라 국민이 무비자 입국을 할 수 있는 국가는 190개국이며, 우리나라는 독일과 공동으로 세계 2위의 비자 자유도를 갖고 있다. 무비자 입국이 가능한 조건은 짧게는 30일에서 길게는 180일까지 단기체류여야 하며, 반드시 돌아오는 여정의 확약 티켓을 발급한 상태여야 하고, 범죄기록이 없어야 하며, 여행을 목적으로 해야 한다는 것이다.

취업이나 장기체류의 목적과 다른 단기체류 관광 비자 프로그램을 통하여 무비자로 입국하였다가 비자를 변경할 수 없어 불법 체류하게 될 경우 다시 그 나라로의 입국이 거절된다. 보통은 무비자 입국 협정을 맺으면 여권과 항공권만으로도 입국이 가능해지는데, 미국과 캐나다의 경우에는 자동 무비자 시스템의 승인을 받아야 한다. 참고로, 대한민국의 전자여권은 하단에 표식이 있고 여권번호가 M으로 시작한다(그림 11.13 참조).

그림 11.13 대한민국 전자여권 견본

자료: 외교부 여권과 공식 홈페이지

1) 미국의 비자 면제 프로그램(VWP; Visa Waiver Program)

VWP는 미국 정부가 지정한 국가의 국민에게 최대 90일간 비자 없이 관광 및 상용 목적에 한하여 미국 방문을 허용하는 제도이다. VWP가 불가한 경우를 그림 11.14에 요약, 정리하였다.

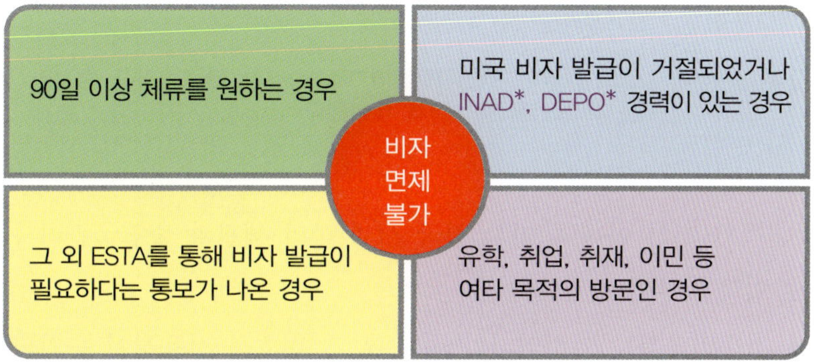

그림 11.14 비자 면제가 불가한 경우

VWP를 적용하는 나라는 아시아 3개국, 유럽 22개국, 오세아니아 2개국이고, 오스트레일리아와 뉴질랜드가 관광 목적으로 무비자 입국을 허용하게 되었다. 그 후 14개 국가가 신규 가입하여 현재 총 39개 국가가 미국 비자 면제 프로그램을 적용하고 있다. VWP에서는 전자여권 소지자만이 비자 면제가 가능하므로 전자여권 하단부의 전자여권 표식을 체크해야 한다. 전자여권이 아닌 승객에게는 비자 면제가 적용되지 않으므로 이 표식을 꼭 확인해야 한다.

- **ESTA(Electronic System for Travel Authorization)**

VWP에 따라 미국을 방문하고자 하는 여행객이 직접 정보를 입력하여 승인받는 자동시스템으로 미국 사전여행 허가신고 프로그램이다. 자신의 여행정보를 입력하여 미국에 입국해도 좋은지 승인 여부를 확인할 수 있는데, 여행객의 적격성을 판단하여 승인을 내줄지 거부할지는 ESTA에서 결정한다. 그러나 이 승

* INAD 입국거절 승객
* DEPO 강제추방 승객

표 11.4 VWP를 적용하는 국가

VWP 적용 지역	국가
아시아(3개국)	일본, 싱가포르, 브루나이
유럽(22개국)	노르웨이, 네덜란드, 덴마크, 독일, 룩셈부르크, 리히텐슈타인, 모나코, 벨기에, 산마리노, 스웨덴, 스위스, 스페인, 슬로베니아, 아이슬란드, 아일랜드, 안도라, 영국, 오스트리아, 이탈리아, 포르투갈, 프랑스, 핀란드
오세아니아(2개국)	오스트레일리아, 뉴질랜드
신규 가입국(12개국)	체코, 리투아니아, 라트비아, 에스토니아, 슬로바키아, 헝가리, 몰타, 대만, 그리스, 폴란드, 칠레, 대한민국

인은 절대적인 것이 아니며 미국 입국 시 미국의 세관과 출입국관리사무소의 소관으로 입국 여부가 결정된다.

ESTA 접수번호를 기억하였다가 며칠 후 그 번호를 사용하여 승인되었는지 여부를 확인할 수 있다. ESTA의 승인을 받지 못한 승객은 항공사에서 탑승수속을 진행하지 않으며 ESTA의 승인이 없어도 수속이 가능한 승객은 체류 비자를 발급받았거나 그에 상응하는 서류를 소지한 사람이다.

다만, ESTA 시스템으로 미국에 관광 목적으로 입국했던 경우에는 입국 후에 비자 연장, 목적 변경 등이 되지 않으며 전자여권이 아닌 일반 여권의 경우에는 반드시 사전에 비자를 발급받아야 한다는 점을 주의해야 한다. 현재는 한국에서 새로 발급되는 여권은 모두 전자여권으로 발급되지만, 전자여권이 아닌 일반 여권 소지자의 경우에는 ESTA 승인 여부와 상관없이 입국이 불가하다. ESTA 홈페이지에서 접수 및 확인이 가능하며, 접수방법은 그림 11.15에 요약하여 나타내었다.

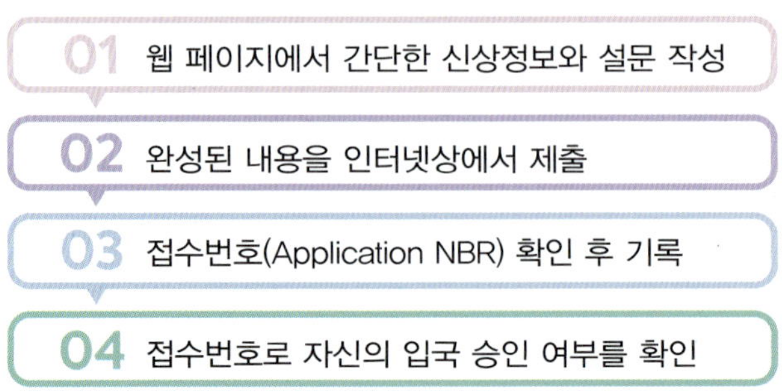

그림 11.15 미국 ESTA 접수절차

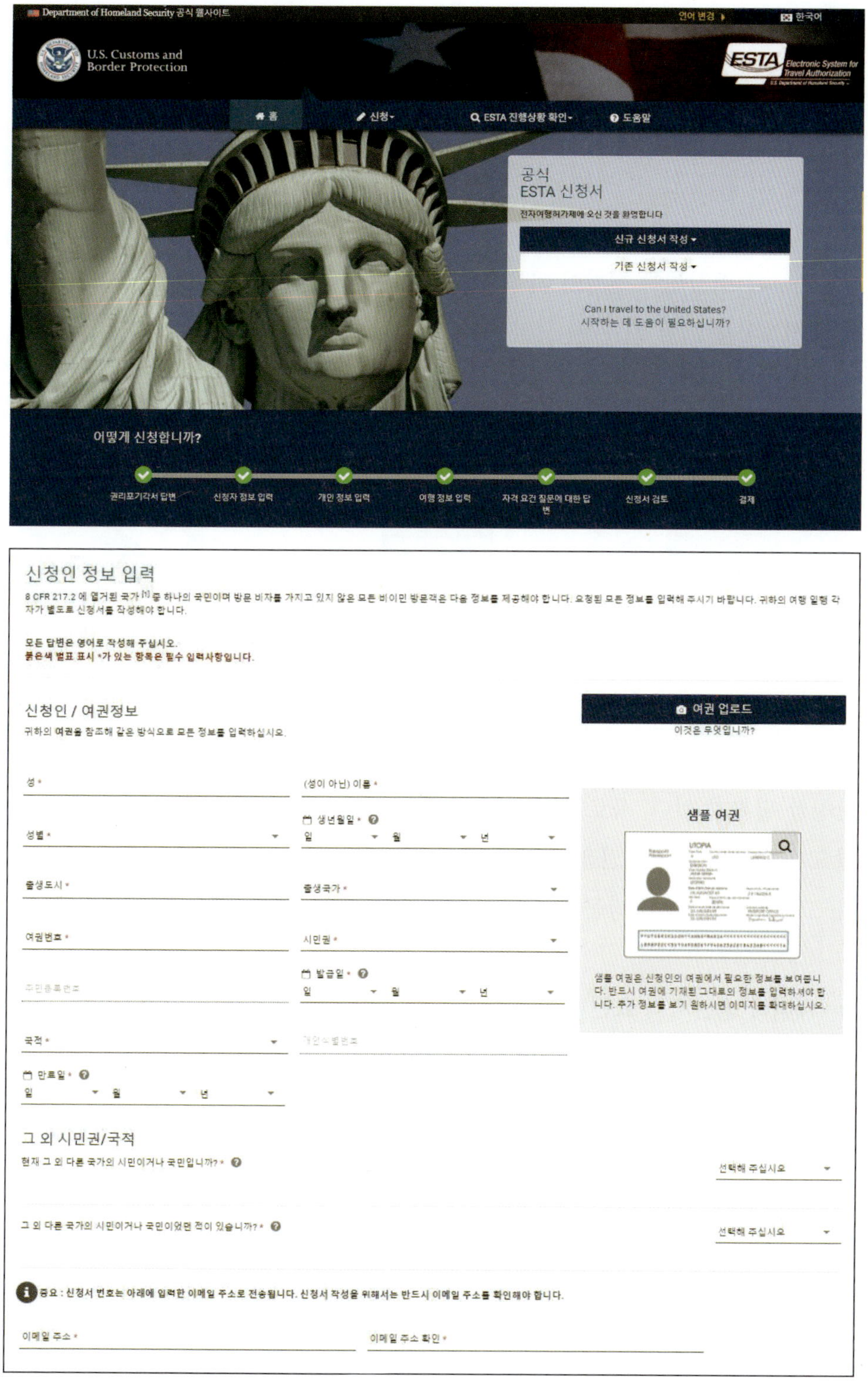

그림 11.16 ESTA 홈페이지 화면

2) 캐나다의 eTA(Electronic Travel Authorization)

2016년 3월부터 방문객이 관광, 단기 체류, 비즈니스 방문 등의 목적으로 캐나다에 입국하는 경우, 캐나다의 전자여행허가 eTA를 통해 허가 승인을 받고 입국할 수 있다. 승인 시 자동으로 전자비자가 발급되며, 발급일로부터 5년이 유효하고, 캐나다 최장 체류기간은 6개월로 제한된다. eTA는 여권, 이메일 주소, 신용카드를 소지해야 신청이 가능하며 eTA 홈페이지에서 신청할 수 있다. eTA의 신청절차를 그림 11.17에 요약하였다.

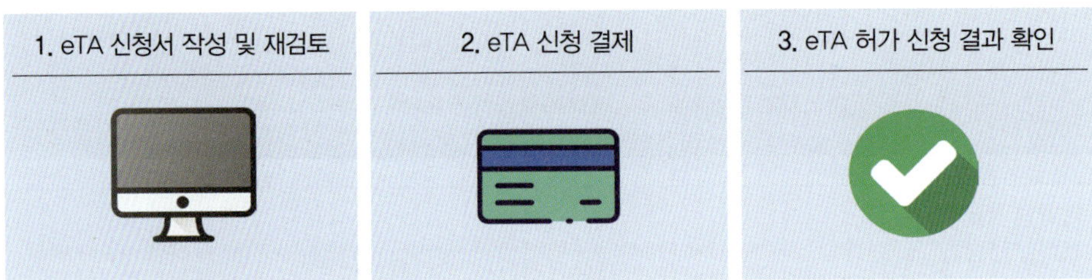

그림 11.17 캐나다 eTA 신청절차

미국 시민권을 가지고 있거나 유효한 비자를 가지고 있는 외국인은 eTA를 신청할 필요가 없다. 육로나 해로를 통해 캐나다로 입국할 경우 eTA를 취득할 필요가 없으며 전자여권을 소지한 방문객은 항공편으로 캐나다에 입국해야 한다. 그 외에 캐나다를 방문하기 위해 충족해야 하는 요구사항은 다음과 같다.

■ **캐나다 방문자격 요건**

- 여권 소지자
- 건강에 이상이 없는 자
- 범죄 기록이나 캐나다 이민 계획이 없는 자
- 직업, 가정, 재정상태, 가족 등 신청인의 본국으로 돌아갈 근거에 대한 증명(리턴 티켓 소지자)
- 체류하는 동안 충분한 체류비가 있음을 증명할 수 있는 자로 호텔주소나 체류기간을 보고 승인한다.

■ **eTA 신청자격 요건**

eTA 신청 가능 국가의 여권을 소지한 경우, 전 세계 48개국에서 캐나다 eTA를 신청할 수 있다.

■ **eTA 신청 가능 국가(총 48개국)**

그리스, 네덜란드, 노르웨이, 뉴질랜드, 대한민국, 덴마크, 독일 연방 공화국, 라트비아, 리투아니아, 리히텐슈타인, 모나코, 몬세라트, 몰타, 바베이도스, 바하마, 버뮤다, 브루나이, 사모아, 산마리노, 세인트 헬레나, 솔로몬 제도, 스웨덴, 스위스, 스페인, 슬로베니아, 싱가포르, 아이슬란드, 아일랜드, 안도라, 앤티가 바부다, 앵귈라, 에스토니아, 영국령 버진 아일랜드, 오스트리아, 이탈리아, 일본, 지브롤터, 체코 공화국, 칠레, 케이맨 제도, 터크스 케이커스 제도, 파푸아뉴기니, 포르투갈, 포클랜드 제도, 폴란드, 프랑스, 핀란드, 핏케언 섬

eTA 승인 결과는 이메일로 확인할 수 있다. eTA에서는 신청인이 eTA를 신청할 때 사용한 여권이 전산으로 자동 연결되어 항공편 탑승수속을 할 때 eTA 신청 시 사용한 여권을 직원에게 보여 주면 된다. eTA 승인 결과는 대부분 12시간 이내에 메일로 발송되며, 예외적인 신청인에게는 추가 서류가 필요하거나 eTA 승인 시간이 지연될 수 있다. 캐나다 입국 시에는 입국 심사관이 신청인의 여권이나 여행증명서를 보고 몇 가지 질문을 한 뒤 신청인의 캐나다 입국 여부를 결정하게 된다.

3) 호주의 ETA(Electronic Travel Authority)

ETA는 호주를 방문하려는 방문객이 관광이나 상용의 목적으로 최대 3개월 동안 무비자로 입국할 수 있도록 전자비자를 신청, 승인해 주는 자동 시스템이다. ETA는 홈페이지를 통해 신청이 가능하며 호주 달러(AUD)로 20달러의 수수료를 지불해야 한다. 승인 여부는 이메일로 확인할 수 있다.

■ 호주 방문자격 요건

호주를 방문하는 모든 사람(뉴질랜드 여권 소지자 제외)은 호주 입국(노퍽섬 여행 포함)에 앞서 비자, 환승비자 또는 전자여행허가증(ETA)을 취득해야 한다. 여권과 전자식으로 연결되는 ETA로 호주 입국이 허가되며, 호주 내무부(Australian Department of Home Affairs)는 해당 승객들에게 계획된 여행 2주 전에 ETA를 신청하도록 권고하고 있다.

■ ETA 신청자격 요건

대한민국 국적의 여권 소지자를 기준으로 여권 유효기간이 6개월 이상 남아 있어야 하며, 최대 체류기간은 호주 입국일로부터 90일(3개월)이다. 비자 신청은 반드시 호주 외 다른 나라에서만 가능하며 방문 목적이 여행, 회의나 컨퍼런스 참석이어야 한다.

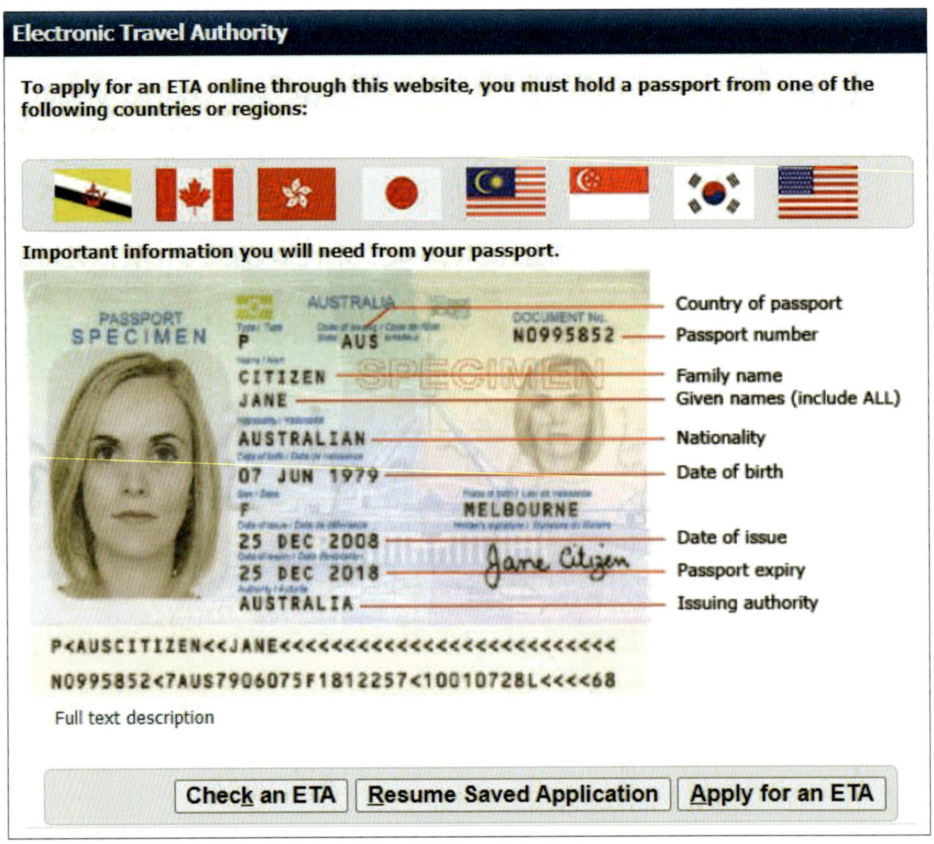

그림 11.18 ETA 홈페이지 화면

4) 유럽의 ETIAS(European Travel Information and Authorization System)

ETIAS는 여행객으로 솅겐지역에 속하는 EU 회원국을 방문할 경우 필요한 유럽 여행정보 인증제도이다. 솅겐협약은 유럽지역 26개 국가들이 여행과 통행의 편의를 위해 체결한 협약으로, 솅겐협약 가입국을 여행할 때에는 마치 국경이 없는 한 국가를 여행하는 것처럼 자유로이 이동할 수 있다. 단, 출국 예정일을 기준으로 여권의 유효기간이 3개월 이상 남아 있어야 하며 사전에 ETIAS에 정보를 입력하고 허가를 받은 뒤 입국할 수 있다.

ETIAS는 2018년 9월 유럽의회의 승인을 받아 2022년 말부터 EU 회원국에 적용될 예정으로, 무비자로 유럽을 방문할 수 있는 국가를 대상으로 시행된다. 2021년부터 솅겐조약 가입국가를 무비자로 방문할 때에는 ETIAS를 통해 사전 여행허가를 받아야 한다. 미국의 ESTA, 캐나다의 eTA와 유사한 제도로 만 18세 이상 성인은 수수료로 7유로를 지급해야 하고, 그 외에는 무료로 발급할 수 있다.

동시에 솅겐조약 회원국 간에는 출입국 정보 공유를 통해 장기적으로 출입국 심사 도장 날인을 폐지하고, 이를 통해 더 많은 비EU 회원국 국민이 자동 출입국심사를 더 편리하게 이용할 수 있게 하였다. 종래에는 솅겐조약 가입국가 간에 출입국 정보가 공유되지 않아서 출국심사 시 허용된 체류기간을 초과하였는지 확인할 방법이 입국 시 받은 도장의 날짜와 비교하는 방법뿐이었기 때문이다. 참고로, 항공편이 아닌 육로를 통한 입국의 경우 즉석에서 허가를 받을 수 있다.

여행자에게 EU 여행허가를 요구하는 ETIAS 국가에는 현재 EU 솅겐국만이 아니라 유럽자유무역협회(EFTA) 회원국인 국가도 있다.

■ 솅겐협약 가입국가 내에 비솅겐 국가 국민이 체류할 수 있는 기간

솅겐국 최종 출국일을 기준으로 이전 180일 이내 90일간 솅겐국 내 무비자 여행이 가능하다. 최장 체류 가능 일수인 90일은 솅겐국 내에서 여행하였던 모든 기간(이전 출국일과 입국일 포함)을 합산한 것이며, 출국 시마다 이전 180일 기간 중 체류일수를 출국심사관이 계산하게 된다.

셍겐협약(Schengen Agreement)

EU 회원국을 중심으로 유럽국가 간의 자유로운 이동과 국경철폐를 골자로 하는 국경통행 자유화 협정으로 비자나 여권 심사, 검문 없이 자유롭게 국경을 넘나들 수 있도록 한 규정이다. 1985년 프랑스, 독일, 벨기에, 네덜란드, 룩셈부르크 5개국 대표가 룩셈부르크의 작은 마을인 솅겐에 모여 국경검문소 철폐와 자유로운 왕래를 약속하면서 솅겐협약이 시작되었다.

솅겐협약 가입국(총 26개국)

그리스, 네덜란드, 노르웨이, 덴마크, 독일, 라트비아, 룩셈부르크, 리투아니아, 리히텐슈타인, 몰타, 벨기에, 스위스, 스웨덴, 스페인, 슬로바키아, 슬로베니아, 아이슬란드, 에스토니아, 오스트리아, 이탈리아, 체코, 포르투갈, 폴란드, 프랑스, 핀란드, 헝가리

국경이 개방된 유럽

마이크로네이션, 모나코, 바티칸 시국, 산마리노, 안도라

■ ETIAS 신청 가능 국가

이하의 54개국 여행자는 솅겐조약 가입국가로의 비자 취득이 면제되어 비자 없이 여행이 허가되나 각국의 여권은 필요하며, 이 목록은 변경될 수 있다.

과테말라(Guatemala), 그라나다(Grenada), 뉴질랜드(New Zealand), 니카라과(Nicaragua), 도미니카(Dominica), 동티모르(Timor-Leste), 마샬제도(Marshall Islands), 미크로네시아(Micronesia), 마케도니아 구 유고슬라비아(Former Yugoslav), 마케도니아(Macedonia), 말레이시아(Malaysia), 멕시코(Mexico), 모리셔스(Mauritius), 몬테네그로(Montenegro), 몰도바 공화국(Republic of Moldova), 미합중국(United States of America), 바누아투(Vanuatu), 바베이도스(Barbados), 바하마(Bahamas), 베네수엘라(Venezuela), 보스니아 헤르체고비나(Bosnia and Herzegovina), 브라질(Brazil), 브루나이 다루살람(Brunei Darussalam), 사모아(Samoa), 산타루치아(Saint Lucia), 세르비아(Serbia), 세이셸(Seychelles), 세인트 빈센트 그레나딘(Saint Vincent and The Grenadines), 세인트 키츠 네비스(Saint Kitts and Nevis), 솔로몬 제도(Solomon Islands), 싱가포르(Singapore), 아랍 에

미리트(United Arab Emirates), 아르헨티나(Argentina), 알바니아(Albania) 안도라(Andorra), 앤티가 바부다(Antigua and Barbuda), 엘살바도르(El Salvador), 온두라스(Honduras), 우루과이(Uruguay), 이스라엘(Israel), 일본(Japan), 칠레(Chile), 캐나다(Canada), 코스타리카(Costa Rica), 콜롬비아(Colombia), 키리바시(Kiribati), 통가(Tonga), 투발루(Tuvalu), 트리니다드 토바고(Trinidad and Tobago), 파나마(Panama), 파라과이(Paraguay), 팔라우(Palau), 페루(Peru), 한국(South Korea), 호주(Australia)

■ ETIAS 신청서 작성 시 필요사항

- 여권정보
- 주소
- 연락처
- 건강상태
- 전쟁국가로의 여행기록(이라크, 시리아)
- 추방/입국거절 기록
- 범죄 기록 증명

Special Section 3

ESTA, eTA, ETA, ETIAS 비교

미국 ESTA, 캐나다 eTA, 호주 ETA, 유럽 ETIAS 4개의 프로그램은 국가 간에 체결한 비자 면제 협정에 따라 자체의 프로그램으로 구축되어 운영된다는 공통점이 있다. 비자 면제 시스템상의 전자비자 허가를 입국 전에 취득해야만 입국이 가능하며, 각 국가의 수수료나 승인기간은 다르지만 필요로 하는 방문자의 개인정보 수준은 비슷하다.

각국의 안전을 보호하기 위해 만든 시스템으로 테러나 범죄자 유입을 사전에 차단할 수 있으며, 여행자들에게는 비자를 발급받지 않아도 일정기간 자유로운 여행이 가능하도록 편리함을 제공하는 제도이다. 문서로 진행되던 업무가 전산 시스템으로 처리됨으로써 발생할 수 있는 여러 가지 인적 요소 문제를 미연에 방지할 수 있으며, 전산화를 통해 좀 더 활발하게 승객의 정보를 취합할 수 있게 되었다. 각국의 비자 유효기간은 다르지만, 입국 가능 시기에 여권 유효기간이 만료되었을 경우 여권과 비자를 재발급해야 한다는 공통점이 있다.

만료된 여권은 사용 불가하며, 입국날짜를 기준으로 최소 3~6개월 이상의 여권 유효기간이 남아 있어야 한다. 나라별로 조건은 다를 수 있으나 최소 3개월이 비자 면제 여행기간인 경우가 많으므로 여권 유효기간을 확인한 후 여행을 해야 한다.

여행자들은 이처럼 나라별로 입국비자 조건을 살펴보고 여행준비를 마쳐야 하며, 공항에서 근무하는 직원들은 비자와 관련된 내용을 모두 숙지하고 승객들에게 안내해야 한다. 항공권 체크인 카운터에서 비자서류나 전자비자 준비가 제대로 되지 않은 승객 또는 여권 만료기간이 지난 승객의 탑승수속을 진행했을 경우, 승객은 도착지 입국절차 시 입국거부자(INAD)가 되어 도착지 공항에서 한국으로 바로 돌아오는 항공기를 타야 하기 때문이다.

이 경우 수속 카운터 직원의 실수로 빚어진 결과이기 때문에 항공사는 해당 정부기관으로부터 페널티를 받을 수 있으며, 승객이 도착지 공항에서 받는 불필요한 조사와 한국으로 바로 입국하는 강제추방 과정에서 승객의 불만, 추가비용 등의 리스크가 발생하므로 항공사 직원은 각국의 비자 요구상황에 변동이 있는지 항상 모니터링하며 승객의 탑승수속을 진행해야 한다.

표 11.5 무비자 입국 허용 프로그램 비교

구분	ESTA	ETA	eTA	ETIAS
적용국가	미국	호주	캐나다	유럽
발급기관	미국 국토안보부	호주 연방정부	캐나다 정부	유럽위원회
신청자격	비자 면제 국가의 국민	비자 면제 국가의 국민	비자 면제 국가의 국민	ETIAS 신청 가능 국가의 국민
유효기간	2년	1년	5년	5년
주의사항	• 입국 전 허가요망 • 전자여권만 가능 • 여권 유효기간만큼만 사용 가능			
기타사항	• 유효기간 안에 여권 유효기간이 만료될 경우 재사용이 불가하여 새로운 여권으로 비자를 재발급해야 한다. • 해외 겸용 신용카드로 14달러 결제수수료	• 해외 사용 카드로 AUD 20달러 결제수수료	• 직불카드로 CAD 7달러 결제수수료	• 18세 미만 미성년의 경우 보호자가 ETIAS에 등록한다. • 다른 나라 출신인 EU 시민권자의 가족인 경우 관계, 거주, 배경정보를 제공해야 한다. • 입국은 사전에 신청한 최초 입국(예정)국가로만 가능하다.
홈페이지	esta.cbp.dhs.gov/	www.eta.homeaffairs.gov.au/ETAS3/etas	www.canada.ca/en/immigration-refugees-citizenship/services/visit-canada/eta/apply-ko.html	etias-euvisa.com/ko/

항공운임 | 공시운임의 분류 | 항공운임의 산정 요소 | 항공운임의 종류 | 항공운임과 통화규정

항공예약 시스템(CRS) | 미주지역의 CRS | 유럽과 아시아의 CRS | GDS 기능 | 대표적인 항공 예약 시스템

항공 알파벳 | 포네틱 알파벳(Phonetic Alphabet) | 숫자 포네틱(Number Phonetic)

Chapter 12

항공여행 정보시스템

1.
항공운임

항공운임은 특정 구간 항공편의 좌석을 판매하기 위해 공시운임*을 상한선으로 하여 항공사의 판매정책에 따라 판매가격을 자유롭게 운용할 수 있다. 공시운임은 항공사에서 항공권을 판매할 때 책정할 수 있는 최고 수준의 운임이라고 보면 된다. 항공사에서는 이 범위 안에서 성수기, 비수기, 구매일자, 체류기간, 사용기간 등을 고려하여 다양한 가격대로 항공권 운임을 만들어 낸다. 즉 항공운임의 공급가격에 따라 보통 여행사에서 판매하는 상품의 가격이 책정되는 것이다.

그리고 항공사에서는 책정한 항공권 가격에 따라 Class를 구분하여 차등이 있는 서비스를 제공하게 된다. 항공권의 Class에 따라 마일리지 적립여부, 여정 변경 가능여부, 항공권 취소나 변경 시 발생하는 수수료가 책정되며, 항공권 가격이 고가일수록 여정변경이 자유롭거나 수수료가 없고 마일리지 적립이 가능하게 된다. 따라서 여행사에서 책정한 저가상품의 단체 항공권이나 출발 및 도착 여정이 짧게 정해진 항공권일수록 항공권 변경이 불가하거나 취소 시 수수료가 많이 부과되는 것이다.

1) 공시운임의 분류

(1) 공통 공시운임(Published Fare)

공통 공시운임에는 IATA Fare와 Carrier Fare 2가지 종류가 있다. 전자는 IATA가 노선을 등록해 놓고 판매처의 제약 없이 공통으로 사용할 수 있도록 한

*** 공시운임**
각 항공사가 운임요금을 IATA에 등록한 다음 각 정부 교통부의 허가를 받아 공시하는 요금제로, 항공권의 Fare Calculation Box에 표시되어 Shown Fare라고도 부른다.

운임이고, 후자는 항공사가 개별적으로 설정한 운임이다.

(2) 개별 공시운임(Private Fare)

개별 공시운임은 여행조건에 제약이 없는 Normal Fare와 제약이 있는 Special Fare로 나눈다. Normal Fare는 특정 조건을 가진 판매처를 대상으로 운임 사용에 제한이 있으나 여행조건에는 제약이 거의 없는 운임이고, Special Fare는 항공사가 신분이나 여행조건 등의 제한을 설정하여 저렴하게 제공하는 운임이다. 이외에 지역별, 여행사별 판매처로 구분되어 운임이 달라지는 일반 개별운임과 할인가로 계약된 상용 기업을 대상으로 하는 상용 개별운임이 있다.

2) 항공운임의 산정 요소

A-B-C의 공시운임은 [(A에서 B 도착) 공시운임 + (B에서 C 도착) 공시운임]으로 결정되며, 일반적으로 공시운임은 노선별로 상이하다. 항공운임 결정절차는 운항하는 항공사가 제안하고 IATA의 승인을 받은 뒤 각국 정부의 승인을 얻은 다음 국토교통부에 항공운임을 등록하는 것으로 완료된다.

그림 12.1 항공운임의 결정절차

항공운임은 기본적으로 해당 노선의 이동거리, 출발지 국가의 경제·사회적 수준, 해당 지역의 항공수요, 각 국가의 정책과 항공운송의 영향을 받는 세금이나 부가비용 등을 고려하여 책정한다. 항공운임 산정에 영향을 주는 각 요소를 자세히 살펴보자.

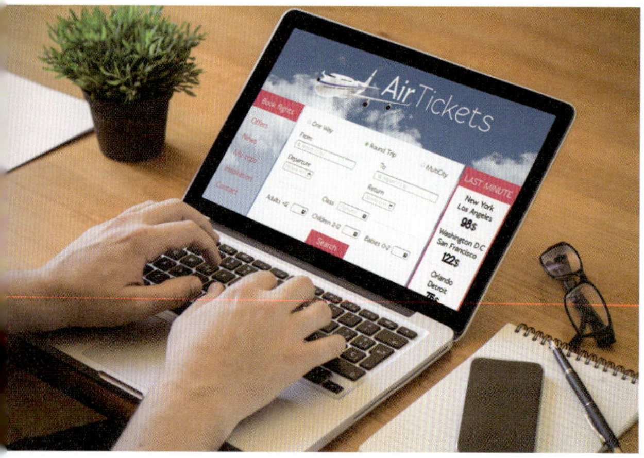

■ 운항거리

두 도시 간의 이동을 위한 운항거리를 기초로 하여 이동거리가 길면 이에 비례하여 운임도 올라간다.

■ 출발지 국가의 사회 및 경제적 수준

출발지 국가의 통화가치와 경제성장 수준, 사회환경, 기타 운송수단의 운임 등을 고려하여 항공운임을 결정한다.

■ 해당 지역의 수요 및 탑승실적

기존 노선의 경우 항공편 탑승실적, 항공편 수 등을 고려하고, 신규 노선의 경우 수요에 대한 예측과 전망을 하여 항공운임을 결정한다.

■ 국가 정부 및 항공사 정책

항공운임은 운항 국가의 대내외적 교통정책과 해당 항공사 판매정책의 영향을 받는다.

■ 운송 소요비용

운송을 위한 유류비용, 도시와 공항에 적용되는 세금이나 추가 서비스 비용도 영향을 미치는 요소이다.

3) 항공운임의 종류

항공운임은 항공사마다 다양한 항공 여행객의 여행조건 등을 반영하여 정상운임, 특별운임, 할인운임 등으로 구분하여 활용하고 있다.

■ 정상운임(Normal Fare)

항공운임 책정 시 기본이 되는 운임으로 체류기간을 1년으로 한다. 여행일자, 체류기간과 횟수, 예약변경의 제한이 거의 없는 운임이다.

■ 특별, 판촉운임(Special, Promotional Fare)

다양한 체류기간, 발권시점, 여행 목적(신혼여행, 유학, 단체)을 고려하여 왕복 여행을 기준으로 설정, 판매되는 운임이다. 여행일자, 체류기간, 예약변경의 제약이 있을 수 있다.

■ 할인운임(Discounted Fare)

정상운임과 특별운임을 기준으로 하되 신분이나 연령에 따른 할인이 적용된다. 운임규정은 기준운임을 따르며, 할인율은 일정하게 적용된다.

표 12.1 운임코드 종류와 시스템 입력어

코드 종류	시스템 입력어	설명
Prime Code (Mandatory)	F: First Class (Booking Class R, P, F, A) C: Business Class (Booking Class: J, C, D, I, Z) Y: Economy Class (Booking Class: W, S, Y, B, H, K, L, M, N, Q, T, V, X 등 Multi-Class 표기됨)	탑승등급(Booking Class)
Season Code	H: High Season K: Shoulder Season L: Low Season	운임의 사용(적용)시기 • 성수기 • 성수기와 비수기 사이 • 비수기
Part of Week Code	W: Weekend X: Weekday	주말 주중
Fare Type Code	OW: One-way (편도) RT: Round Trip (왕복) AP: Advanced Purchase (사전예매 할인) EX(EE): Excursion (단체 단기) PX: Promotional Excursion (단체 프로모션) GV: Group Inclusive (단체 항공권)	여정형태, 운임규정을 표시 (특별운임, 판촉운임)
Discount Designator	SD25: Student Discount CH25: Child Discount IN90: Infant Discount CG00: Conductor of Group AD: Agent Discount	연령, 신분에 따른 할인율 • 일반석 학생 25% • 일반석 소아 25% • 유아(Infant) 90% • 단체인솔자 100% • 대리점용 할인운임
실제 사용 예	YLXEE1M: 일반석/비수기/주중/단체 단기 여행/남자 1명 MHPX15: 일반석/성수기/단체 프로모션/유효기간 15일 YRT/SD25: 일반석/왕복/학생 할인 25% GV10/IN90: 단체 항공권/유효기간 10일/유아 할인 90%	

4) 항공운임과 통화규정

1989년 이전에는 모든 항공운임을 미국 달러(USD) 기준으로 공시하고, 각 국가는 환율을 적용하여 현지 통화단위(Local Currency Fare)로 표기하였다. 그러나 출발지와 목적지 사이에 여러 지점을 경유하여 여행하는 경우에는 통화단위가 여러 가지로 혼합된다. 또한 항공운임의 통화단위는 출발지 국가의 통화인데, 각국의 통화가 다르므로 운임 계산방식이 복잡해진다.

따라서 합리적인 항공운임을 산출하기 위해서는 운임을 공통 단위로 환산할 필요가 있는데, 이때 계산의 편이성을 위해 설정하는 가상의 공통되는 중립 통화단위가 NUC이다. NUC로의 환산 결과는 소수점 이하 둘째 자리까지만 표기하는데, 이를 'Currency Rounding Rules'라고 한다. 예를 들어 NUC 412.7984는 NUC 412.79로 표기한다.

이에 국제선 항공운임은 첫 국제선 여정의 출발지 국가 통화단위로 표기해야 하는 원칙과, 1989년 이후 도입되어 항공운임의 결합 및 설정 시 통화 기준이 되는 NUC의 적용을 따르게 되었다. 따라서 모든 항공권에는 출발지 국가 통화단위로 표기된 항공운임과 구간별 운임의 결합 여부를 NUC로 환산한 결과를 표기해야 한다. 출발지 국가의 통화운임은 NUC와 ROE를 곱하여 구한다.

출발지 국가 통화운임 = NUC x ROE

여기서 ROE(Rate of Exchange)는 현지 통화운임(Local Currency Fare)을 NUC로 환산할 때 사용되는 환율이다. ICH*에서 3개월마다 한 번씩 1월, 4월, 7월, 10월에 ROE를 공시한다. 항공권 발행일을 기준으로 유효한 ROE 값을 적용하며 ROE의 계산 결과는 소수점 이하 여섯 자리까지 표기한다. NUC와 ROE의 환산 공식은 다음과 같다.

*** ICH(IATA Clearing House)**
IATA 가맹 항공사 간의 운임정산을 목적으로 운영하는 기구이다. IATA 가맹 항공사 및 가맹 항공사의 추천을 받은 Non-IATA 항공사 간에 발생하는 항공과 관련된 각종 채권, 채무 관계를 IATA 규정과 항공사 간 계약에 따라 정산해 준다. Non-IATA 항공사는 IATA에 가입되지 않아 운임정산 시 규정을 적용하지 않으므로 항공사별 운임 관련 분쟁의 소지가 있어 이 또한 ICH에서 관리한다.

NUC = 현지 통화운임(Local Currency Fare) ÷ ROE

현지 통화운임(Local Currency Fare) = NUC × ROE

IATA(International Air Transport Association)

국제항공운송협회(IATA)는 여객/화물 운송과 관련된 규정의 표준화를 목표로 항공운임의 결정 및 관련 규정 제정 등을 수행한다. IATA 회의에서 결정되는 운임 및 서비스의 조건, 운송절차, 대리점에 관한 규정 등은 전 세계 IATA 항공사와 대리점에 대해 구속력이 있으며 각국 정부가 이를 인정하고 있다. IATA 기능 중 현재 우리나라를 비롯한 각 지역 국가에서는 국제선 항공권 판매대금 정산을 위한 BSP*, 국제선 항공화물 운임정산을 위한 CASS(Cargo Account Settlement System), 대리점 인가 업무(Accreditation)를 수행하고 있다.

다음 통화규정은 IATA에서 정한 것이며 모든 항공사에서 의무적으로 따라야 한다.

■ IATA의 **통화규정**(Currency Rule)

- 모든 항공운임은 일반적으로 출발지 국가의 통화를 기준으로 한다.
- 네팔, 베트남 등과 같이 통화가 불안정한 경우에는 미국 달러(USD)로 표기한다.
- 승객의 여정이 단순편도 또는 단순왕복이라면 공시된 출발지 국가의 통화운임으로 직접 징수한다.

---

* BSP(Billing And Settlement Plan)
항공사와 대리점 간의 항공권 배포, 항공권 발행, 항공권 판매보고, 항공권 판매대금 정산을 간소화, 표준화한 절차를 말하며, 우리나라에는 1990년 4월 2일부터 이 제도가 도입되어 IATA 한국지부의 BSP-KOREA 사무국에 의해 운영되고 있다.

Special Section 1

통화코드와 등급별 마일리지

주요 국가의 화폐단위 코드

국가	통화코드	통화명
Austria(오스트리아)	EUR	EURO
Finland(핀란드)	EUR	EURO
France(프랑스)	EUR	EURO
Germany(독일)	EUR	EURO
Greece(그리스)	EUR	EURO
Italy(이탈리아)	EUR	EURO
Netherlands(네덜란드)	EUR	EURO
Portgugal(포르투갈)	EUR	EURO
Australia(오스트레일리아)	AUD	Dollar
Hong Kong(홍콩)	HKD	Dollar
Singapore(싱가포르)	SGD	Dollar
United States(미합중국)	USD	Dollar
Bahrain(바레인)	BHD	Dinar
Canada(캐나다)	CAD	Dollar
China(중국)	CNY	Yuan
Denmark(덴마크)	DKK	Krone
India(인도)	INR	Rupee
Japan(일본)	JPY	Yen
Malaysia(말레이시아)	MYR	Ringgit
Saudi Arabia(사우디아라비아)	SAR	Riyal
South Korea(대한민국)	KRW	Won
Thailand(타이)	THB	Bath
United Kingdom(대영제국)	GBP	Pound

등급별 마일리지 적립률

각 항공사에서 운영하는 마일리지 제도의 적립률은 항공권의 등급에 따라 달라진다. 항공권 등급에 따라 항공운임이 책정되는 것처럼 마일리지도 적립률이 달라진다. 마일리지 적립이 불가한 티켓일수록 운임이 저렴한 것이 특징이며, 적립률이 높을수록 운임이 높게 책정된다. 승객들이 항공권 예약 시 항공사 마일리지를 현금처럼 사용할 수 있어 항공사 경영상 부채로 작용할 수 있지만, 항공사 고객의 충성도를 높이고 잠재수요를 이끌어 내는 좋은 마케팅 수단으로 마일리지 적립제도를 운영하고 있다.

표 12.2 대한항공 예약 등급별 마일리지 적립률 예시

일등석		
국제선		적립률
P		200%
F		165%
A		적립 불가
프레스티지석		
국내선	국제선	적립률
–	J	135%
C, D	C, D, I, R	125%
Z	Z	100%
O	O	적립 불가
일반석		
국내선	국제선	적립률
W, Y, B, M, S, H, E	W, Y, B, M, S, H, E, K, L, U	100%
G	G	80%
Q, T	Q, N, T	70%
K, L, N, U, X, V	X, V	적립 불가

2. 항공예약 시스템(CRS)

항공 좌석은 생산시점과 소비시점이 일치하여 일회성과 한시성의 특징을 지닌다. 따라서 생산과 동시에 소비가 이루어지지 않을 경우 막대한 손실이 발생한다. 이에 항공사에는 상품이 생산되는 순간에 최대한 소비될 수 있도록 상품의 사전판매를 '예약'이라는 형태로 확보함으로써 상품 수요량을 예측, 계획하여 수익을 극대화한다.

CRS(Computerized Reservation System)란 컴퓨터를 통해 항공 좌석을 예약, 판매하며 항공편의 운영정보와 기타 항공 여행정보 등을 관리하는 시스템이다. 항공수요가 증가하고 산업이 발전하면서 종래에 수작업으로 이루어지던 예약발권 업무가 자동화, 전산화되면서 CRS가 탄생하게 되었다.

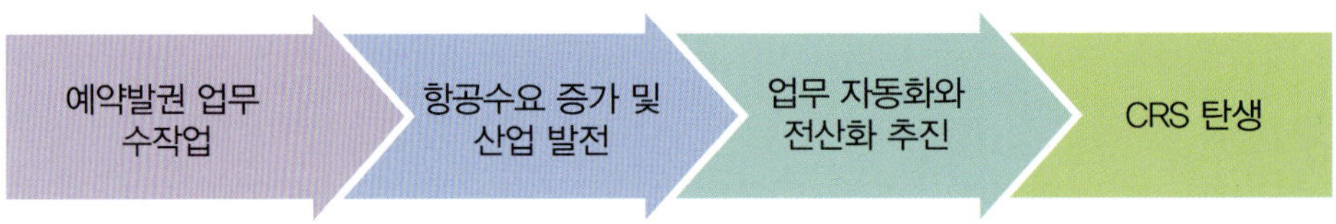

그림 12.2 예약발권 업무의 시스템화 과정

예약발권 업무가 전산화되면서 시스템을 통해 항공예약의 수요와 공급을 효율적으로 관리하게 되고, 생산성 향상과 비용절감 등의 효과를 보게 되었다. 또한 대리점에 항공사 CRS를 설치하여 좌석판매가 증대되면서 CRS는 영업활동의 중요한 도구로 자리 잡게 되었다.

1) 미주지역의 CRS

1964년 아메리칸항공이 IBM과 합작하여 최초의 CRS인 'SABRE(세이버)'를 개발하여 운용을 시작하였다. 이후 델타항공의 DATAS, 트랜스월드항공의 PAR, 콘티넨털항공의 SYSTEM ONE, 유나이티드항공의 APOLLO 등 미주지역에서는 CRS가 특정 항공사들을 중심으로 개별적으로 발전하였다. 이러한 CRS는 효과적이지 못한 결과를 냈는데, 항공사 간에 정보를 공유하지 못하고 한 여행사가 항공권을 판매하기 위해 여러 항공사의 CRS 시스템을 사용해야 하는 번거로움이 있었기 때문이다. 시간적, 물리적, 비용적 부담이 종국에는 다른 형태의 서비스를 발전시키는 계기가 되어 이후 GDS(Global Distribution System)를 널리 사용하게 되었다.

2) 유럽과 아시아의 CRS

미주지역이 특정 항공사를 중심으로 발전한 것과 달리, 유럽과 아시아에서는 여러 항공사의 제휴 형태로 CRS가 발달하였다. 유럽의 대표적인 시스템은 아마데우스 시스템과 갈릴레오 시스템으로 발전하였다. 미주를 중심으로 발전한 CRS는 점차 글로벌한 특징을 갖고 갈릴레오, 세이버, 아마데우스 시스템이라는 고유한 명칭으로 다르게 불리다가 GDS라는 용어로 통칭되기 시작하였다. GDS는 여행사와 항공사 간 업무를 연계하는 시스템으로, 어느 한 항공사에 치우치지 않는 중립성과 독자성을 확보해 나갔다.

3) GDS 기능

- **정보 조회(Search)**

항공운항 스케줄, 항공편 좌석 잔여 상태, 항공편 제공 서비스 및 기타 정보를 조회할 수 있다.

■ **항공 예약(Reservation)**

승객의 예약기록인 PNR을 작성하고 관리하며 예약기록을 수정하고 삭제하며, 전자비자를 발행하는 것도 가능하다.

■ **발권(Ticketing)**

항공 예약기록을 이용하여 항공기에 탑승하기 위한 항공권을 발행한다.

■ **호텔, 렌터카 예약 및 출입국 여행정보 제공**

부가 기능으로 호텔 및 렌터카 예약도 가능하며 출입국 여행정보도 제공한다.

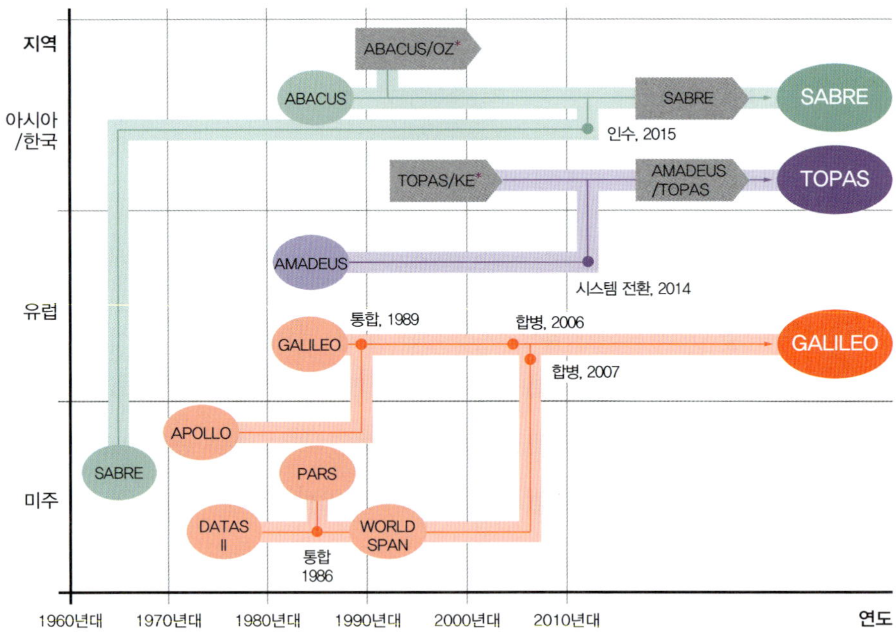

* KE(대한항공), OZ(아시아나항공)

그림 12.3 CRS/GDS의 전개 과정

자료: 아시아나세이버시스템 교육자료

4) 대표적인 항공 예약 시스템

(1) 아시아나 세이버(Asiana Sabre)

아시아나 세이버는 항공 예약 및 발권 시스템과 호텔, 렌터카 예약 등 여행사의 전자업무를 처리하는 프로그램이다. 미국 아메리칸항공의 사내업무 전산화를 위해 탄생한 CRS를 기반으로 아시아나항공의 아바커스와의 제휴하에 발전하게 되었다. 아시아나 세이버에서 운영하고 있는 아시아나 세이버 시스템 자격증 과정을 통해 항공사와 여행사 업무의 대략의 흐름과 기본적인 절차를 파악할 수 있다. 세이버 시스템의 구성 메뉴는 다음과 같다.

- 메뉴바: 화면과 정보 설정 관련, 자주 활용되는 정보 페이지 링크, 도움말을 제공한다.
- 아이콘바: 평상시 자주 조회하는 기능 중 사용자가 선별하여 구성하는 메뉴이다. 좌석지정과 도시코드, 잔여매수, 고객관리, 일정관리, 증빙코드, 이력조회, 프린트 등의 아이콘을 넣을 수 있다.
- 탭: 업무 종류별로 지시어 입력공간이 분리되는데, 예를 들면 국제선, 국내선 등으로 구분된다.
- 작업창: 사용자가 지시어를 입력하고 응답 화면을 확인하는 창이다.
- 마스크창: 사용자가 지시어를 직접 입력하지 않고 해당 MASK 항목에 정보를 입력하면 지시어로 자동 전환되는 편리한 기능을 모아 놓은 것이다. 마스크창에는 문자 전송 서비스, 발권, 항공권 재발행, 현금영수증 발급, 단체예약 등의 기능이 있다.
- 아시아나 세이버 홈페이지 https://www.asianasabre.co.kr/

(2) 토파스(TOPAS)

대한항공의 예약발권 시스템인 토파스는 국내 여행사에 설치되어 전 세계 700여 개 항공사에 대한 좌석정보 및 발권 서비스를 제공하며 항공권의 예약 및 구입이 가능하고 현재 국내 항공시장의 70% 이상을 점유하고 있는 항공 예약 시스템이다. 1988년 대한항공과 아마데우스가 공동 출자하여 설립한 회사에서 개발하여 운영 중이며 증가하는 여행업계의 다양한 요구를 폭넓게 수용하는 종합여행정보 시스템이다. 전적으로 웹을 기반으로 제작되어 별도의 시스템 설치와 프로그램 다운로드가 필요하지 않다.

- 토파스 홈페이지 https://www.topasweb.com/home/Main.do

3.
항공 알파벳

1) 포네틱 알파벳(Phonetic Alphabet)

'음성 알파벳'으로도 불리는 포네틱 알파벳은 전화나 무전 등으로 통신할 때 단순히 알파벳만을 발음할 때 생길 수 있는 소통 오류를 최소화하고 소통을 원활히 하기 위해 만들어졌다. 예를 들어 B와 V, N과 M, S와 F는 발음이 비슷하여 혼동하기 쉽다. 게다가 영어를 모국어로 사용하지 않는 사람들이 알파벳을 나름의 방식으로 발음할 경우 정확한 소통을 기대하기는 더욱 힘들다. 군사 작전 중이거나 관제사, 항공기와의 통신 시 부정확하거나 잘못된 소통은 심각한 결과를 초래할 수 있으므로 각 알파벳을 첫 글자로 가지는 쉬운 단어들로 항공 알파벳을 만들게 되었다. 특히 B와 V는 통신 시 발음을 혼동하기 쉽기 때문에 이를 방지하고자 국제민간항공기구(ICAO)에서 포네틱 알파벳을 지정한 것이다.

현재 항공 통신에 사용되고 있는 음성 알파벳은 나토 부호로, ICAO와 협의를 거쳐 1956년부터 사용해 왔다. 운항 승무원은 음성 알파벳을 여러 업무에 많이 사용하지만, 운송업무 중에는 주로 승객의 이름을 확인하거나 여권정보를 입력할 때 오차범위를 줄이기 위해 사용한다.

표 12.3 포네틱 알파벳

알파벳	포네틱 알파벳	알파벳	포네틱 알파벳	알파벳	포네틱 알파벳
A	Alpha	J	Juliet	S	Sierra
B	Bravo	K	Kilo	T	Tango
C	Charlie	L	Lima	U	Uniform
D	Delta	M	Mike	V	Victor
E	Echo	N	November	W	Whiskey
F	Fox/Foxtrot	O	Oscar	X	X-ray
G	Golf	P	Papa	Y	Yankee
H	Hotel	Q	Quebec	Z	Zulu
I	India	R	Romeo		

2) 숫자 포네틱(Number Phonetic)

알파벳마다 특정 단어를 지정해 놓은 포네틱 알파벳 외에 무선교신에서 혼선을 방지하고자 만든 숫자 포네틱도 있다. 조종사와 관제사 및 지상직 직원들은 숫자 포네틱을 필수로 익혀야 한다. 여기서는 숫자와 소수점 등을 의미하는 약어를 중심으로 국제민간항공기구(ICAO)와 미국 연방항공청(FAA)에서 사용을 권장하는 코드를 표 12.4에 나타내었다.

표 12.4 ICAO와 FAA의 권장 코드

숫자	기호	약어	발음
0	Zero	Zee-ro	지-로
1	One	Wun	원
2	Two	Too	투
3	Three	Tree	트리
4	Four	Fow-er	포(f)우어
5	Fife	Fife	파(f)이프(f)
6	Six	Six	식스
7	Seven	Sev-en	세븐
8	Aight	Ait	아이트
9	Niner	Nin-er	나이너
소수점(ICAO)	Decimal	Decimal	데시몰
소수점(FAA)	Point	Point	포인트

Special Section 2

요일 및 날짜, 승객 호칭의 표기

항공사 전산시스템에서 요일과 날짜를 표기하는 방법은 우리나라의 일반적인 표기 방법과 다르다. 시스템상의 요일과 날짜 표기 방법은 영어를 기본으로 하며 타 항공사와 전문을 치거나 메시지를 주고받을 때 사용되는데 요일과 날짜는 다음 순으로 표시한다.

13	JAN	2018	SAT
날짜	월	연도	요일

그리고 월과 요일은 다음과 같은 영어 약어로 표기한다.

JAN	FEB	MAR	APR	MAY	JUN	JUL	AUG	SEP	OCT	NOV	DEC
1월	2월	3월	4월	5월	6월	7월	8월	9월	10월	11월	12월

MON	TUE	WED	THU	FRI	SAT	SUN
월	화	수	목	금	토	일

PNR 작성 시 승객의 Title은 아래와 같이 표기한다.

호칭 표기	대상 승객	호칭 표기	대상 승객
MS	여성	MR	남성
MRS	기혼 여성	MSTR	남성의 유·소아
MISS	미혼 여성	DR	의사
PROF	교수	CAPT	기장

참고문헌

chapter 1. 항공운송사업

국가물류통합정보센터(National Logistics Information Center). 물류통계
국제항공통신협회. 2015 수하물 보고서
국토교통부(2021). 제3차 항공산업발전기본계획
국토교통부(2020). 항공·철도사고 사례집
국토교통부(2018). 항공산업일자리통계조사 보고서
국토교통부(2018). 항공의 자유(1-9자유)
뉴데일리 경제(2020.12.31). 대한항공+아시아나 … 세계 7위 메가 캐리어 탄생
외교부(2021). 경제협정체결동향, 국적항공사 취항국가 및 도시
외교부(2021). 항공협정체결현황
통계청(2018). 2017년 기준 운수업 조사보고서 및 광업 및 제조업 조사보고서
포르쉐 컨설팅(Porsche Consulting). The Future of Vertical Mobility
한국교통안전공단. 교통통계
한국교통연구원(2021). 코로나19 위기 이후 우리나라 항공운송산업 경쟁과 정책에 대한 고찰
한국교통연구원(2019). 항공 산업부문의 혁신성장 방안 연구
한국항공협회(2019). 2019 포켓 항공현황
Aviation Benefit Beyond Borders 홈페이지
Bogdan AVRAM(2017). The Hybrid Airline Model. Generating Quality for Passengers
CAPA(2016). ULCCs, hybrid airlines in the Americas. True LCCs start to look like a vanishing species
Forecast int'l&Teal Group(2020)
IATA(2020). IATA Economics' Chart of the Week
ICAO(2021). Electric and Hybrid Aircraft Platform for Innovation(E-HAPI)
ICAO(2019). Electric and Hybrid Aircraft Projects
ICAO(2018). ICAO World Civil Aviation Report 2017
ICAO(2013). Reference Manual on the ICO statistics programme
James F. Moor(1996). Business Ecosystem

chapter 2. 국내공항과 외국공항

국토교통부(2018). 정책자료, 공항운영증명 제도
네이버 지식백과(두산백과, 위키백과)

아부다비국제공항. Terminal Maps 웹페이지 https://www.abudhabiairport.ae/en/passenger-guide/departure/airport-information/terminal-maps
인디라 간디국제공항(델리공항). Delhi Airport 웹페이지 https://www.newdelhiairport.in/corporate/our-company
인천공항공사 홈페이지
World Airport Codes 웹페이지 https://www.world-airport-codes.com/

chapter 3. 전략적 제휴 및 국제업무기구

네이버 지식백과(두산백과, 위키백과)
스카이팀 홈페이지
스타얼라이언스 홈페이지
원월드 홈페이지
항공정보포털시스템(2021). 항공산업정보
항공정보포털시스템(2017). 세계제휴그룹별 국제선 여객킬로미터 실적점유율
항공정보포털시스템(2017). IATA 항공통계편. 세계주요제휴그룹실적

chapter 4. 항공기

네이버 지식백과(두산백과, 위키백과)
항공사 교육자료
Aviation Week Network(2016). Industry Data: 2016 vs 2025 Fleet Market Share: Top10 Original Equipment Manufactures
Boeing Commercial Market Outlook(2020-2039)

chapter 5. 지상직 업무와 항공기 운항절차

국토교통부 홈페이지
네이버 지식백과(나무위키)
샤프에비에이션케이(Sharp Aviation K) 홈페이지
에어코리아(Air Korea) 홈페이지
항공사 교육자료

chapter 6. 항공기 비정상 상황과 안전관리

국토교통부. 항공보안법의 액체, 겔류 항공기내 반입금지물질 고시 개정안
보잉사 상용제트비행기 사고통계보고서(2019). Statistical Summary of Commercial Jet Airplane Accidents - Worldwide Operations 1959-2018
에어라인 레이팅스(AirlindRatings.com)(2021). WORLD'S SAFEST AIRLINES; QANTAS TOPS ONCE AGAIN AS SAFEST AIRLINE FOR 2021 (세계에서 가장 안전한 항공사)

에어라인 레이팅스(AirlindRatings.com)(2021). WORLD'S TOP TWENTY COVID-19 COMPLIANT AIRLINES (세계 20대 COVID-19 준수 항공사)
항공사 교육자료

chapter 7. 항공안전등급

국토교통부(2021). 정책자료. 항공운송사업자 안전도 정보, 최근 5년 민간항공사 항공기 사망사고 발생현황
국토교통부(2018). 국내취항 외국항공사 안전정보
김훈위험관리연구소 블로그(2021). 스위스 치즈 모델
유기성, 김재문(2018). 스위스 치즈 모델을 적용한 철도 감전사고 발생형태에 관한 연구
항공정보포시스템. 항공보안등급 웹페이지 https://www.airportal.go.kr/knowledge/security/plan04.jsp
BMC Health Services Research. 스위스 치즈 모델 웹페이지 https://bmchealthservres.biomedcentral.com/articles/10.1186/1472-6963-5-71

chapter 8. 수하물

국제항공통신협회(SITA). 2015 수하물 보고서
인천공항공사 홈페이지
항공사 교육자료

chapter 9. 항공화물 서비스

네이버 지식백과(세계 브랜드 백과, 위키백과)
매일경제(2021.6.29). 화물 수송 역발상 통했다 … 대한항공 '항공 오스카상' 받는다
에브리피디아 페덱스 웹페이지 https://ko.everipedia.org/wiki/lang_ko/%ED%8E%98%EB%8D%B1%EC%8A%A4
페덱스 홈페이지
항공사 교육자료
UPS 홈페이지

chapter 10. 항공기 탑재관리(Weight and Balance) 및 용어

항공사 교육자료
항공안전연구소. 비행원리 웹페이지 https://www.asi.or.kr/edu/drone_edu_theory.jsp

chapter 11. 해외비자

네이버 지식백과(나무위키, 위키피디아, 두산백과)
미국 공식 ESTA 신청 웹사이트 http://esta.cbp.dhs.gov/

미국 국토안보국(Homeland Security) 홈페이지
미국 국토안보국. Arrival/Departure Forms: I-94 and I-94W 웹페이지 https://www.cbp.gov/travel/international-visitors/i-94
미국 국토안보국. Student and the Form I-20 웹페이지 https://studyinthestates.dhs.gov/students/prepare/students-and-the-form-i-20
미국 이민국(United States Citizenship and Immigration Services) 홈페이지
미국 이민국. ICE Form I-20 A-B 웹페이지 https://studyinthestates.dhs.gov/sites/default/files/I-20_Active.pdf
외교부 여권과 홈페이지
위키피디아 Form I-327 웹페이지 https://commons.wikimedia.org/wiki/File:US_Re-entry_Permit_(USCIS_I-327).jpg
위키피디아 Form I-797 웹페이지 https://upload.wikimedia.org/wikipedia/commons/f/fb/USCIS_I-797_Notice_of_Action_-_Deferred_Action_Under_DACA.pdf
유럽연합회 ETIAS 홈페이지
중국 비자신청서비스센터 홈페이지
캐나다 공식 eTA 신청 웹사이트 https://canadavisa-eta.org:50013/sub/sub0101.asp
항공사 교육자료
호주 공식 ETA 신청 웹사이트 https://www.eta.immi.gov.au/ETAS3/etas

chapter 12. 항공여행 정보시스템

아시아나 세이버 교육자료
아시아나 세이버 홈페이지
토파스 홈페이지
항공사 교육자료
항공우주공항용어사전